北京外国语大学中国语言文学学院中文学科建设丛书

总主编　詹福瑞　张晓慧

曲通万殊·
多元理论话语的对话与交响

主编　韩振华

外语教学与研究出版社
北京

▌**图书在版编目 (CIP) 数据**

　　曲通万殊·多元理论话语的对话与交响 / 韩振华主编. —— 北京 ：外语教学与研究出版社，2020.10（2023.9 重印）

　　（北京外国语大学中国语言文学学院中文学科建设丛书 / 詹福瑞，张晓慧总主编）

　　ISBN 978-7-5213-2118-0

　　I. ①曲… Ⅱ. ①韩… Ⅲ. ①语言学－文集 Ⅳ. ①H0−53

中国版本图书馆 CIP 数据核字 (2020) 第 202092 号

出 版 人　王　芳
责任编辑　刘雪梅
责任校对　崔　超
装帧设计　姚　军
出版发行　外语教学与研究出版社
社　　址　北京市西三环北路 19 号（100089）
网　　址　https://www.fltrp.com
印　　刷　北京捷迅佳彩印刷有限公司
开　　本　710×1000　1/16
印　　张　21
版　　次　2020 年 10 月第 1 版 2023 年 9 月第 2 次印刷
书　　号　ISBN 978-7-5213-2118-0
定　　价　58.00 元

如有图书采购需求，图书内容或印刷装订等问题，侵权、盗版书籍等线索，请拨打以下电话或关注官方服务号：
客服电话：400 898 7008
官方服务号：微信搜索并关注公众号"外研社官方服务号"
外研社购书网址：https://fltrp.tmall.com

物料号：321180001

目 录

──┤ **一、现代西方** ├──

──┤ **二、西方马克思主义** ├──

一、现代西方

哲学诠释学的"反美学"与人文科学的审美真理立场

李建盛

▶ **摘　要**：美学问题在当代哲学诠释学中具有头等重要的地位，哲学诠释学站在人文科学立场对审美经验和审美真理问题的理解和解释体现了显著的"反传统美学"特征。本文从美学作为人文科学特殊理解方式、审美真理如何表现以及审美真理如何可能这三个方面探讨了伽达默尔哲学诠释学的"反美学"思想，然后在当代美学语境中比较性地论述了其基于人文科学立场对审美真理问题的理解和解释所具有的重要理论意义。

▶ **关键词**：哲学诠释学；人文科学；反美学；审美真理；理解和解释

　　无论从诠释学的发展历史，还是从当代诠释学的理论类型来看，诠释学都不只是指某种单一的理论，各种诠释学都对理解、如何理解、理解如何可能的问题作出了有益的探讨[1]。但我认为，就诠释学对当代美学和艺术理论的思考来说，伽达默尔（Hans-Georg Gadamer）创建的哲学诠释学具有更为重要的意义，尤其是在如何以人文科学的特殊方式理解和解释方法艺术经验和审美经验的真理问题

---

[1]　关于诠释学不同的理论立场和发展方向，乔瑟夫·布莱切尔在《当代诠释学》中对当代诠释学的不同理论或哲学的区分作了比较详细的论述。他认为，当代诠释学的现代起源尽管可以追溯到 19 世纪，但仍可以将其松散地定义为对意义解释的理论或哲学，它已经成为当代社会科学、艺术哲学、语言哲学和文学批评中的中心话题。这些学科都关注人类表现中的意义和如何理解这种意义的问题，因此，也就必然导致"诠释学的问题"。当代诠释学的不同特性就是由关于这个问题的冲突观点所决定的。布莱切尔把当代诠释学分为三种明显不同的诠释学派别，即诠释学理论、诠释学哲学和批判诠释学。（Josef Bleicher. Contemporary Hermeneutics: Hermeneuticsas Method, Philosophy and Critique. Boston: Routledge, 1980.）近年来关于诠释学的研究中，又有研究者在布莱切尔概括的三个流派的基础上发现了另一种诠释学，即以雅克·德里达的解构理论为典型代表的"激进诠释学"，以区别于方法论诠释学、哲学诠释学和批判诠释学。（John D. Caputo. Radical Hermeneutics: Repetition, Deconstruction, and the Hermeneutics Project. Bloomington: Indiana University Press, 1987.）也许还应该加上法国哲学家保罗·利科尔的"调和诠释学"。此外，贝蒂和赫施等人的方法论诠释学也仍然是当代诠释学整体语境中一个不可忽视的存在，也对哲学诠释学提出了新的挑战和质疑。因此，我以为，把布莱切尔的四种诠释学概括与约翰·D.卡普托所提出的"激进诠释学"和保罗·利科尔的"调和诠释学"结合起来，把当代诠释学看作由这五个不同的方面构成的更为全面。在所有这些当代诠释学发展倾向中，伽达默尔的诠释学是一种哲学诠释学。关于当代诠释学不同理论立场和发展方向的论述，可参见本人拙著《理解事件与文本意义——文学诠释学》（上海：上海译文出版社，2002 年 3 月版）第一章"当代诠释学语境中的哲学诠释学"部分，该章对当代诠释学中的五种重要理论作出较为详细的论述，并对哲学诠释学与其他诠释学作了比较性的论述。

上，为我们探讨艺术问题和美学问题提出了许多新的可资借鉴的思想洞见。

J. 格龙丹谈到伽达默尔的《真理与方法》时写道："《真理与方法》开始部分的核心是'对审美意识抽象的批判'。《真理与方法》从美学开始似乎采取的是一种迂回曲折的路径。因为《真理与方法》所提供的所有关于艺术的肯定性观点，开头几章提出的不是一种美学，而是一种反美学。因此，一种自律美学的创造只不过是一种抽象，对我们来说，为了更好地理解出现在人文科学中的认识方式，这种抽象必须摧毁或相对化。"(Jean Grondin, 1994) 那么，相对于以往的美学来说，伽达默尔的美学理论在哪些方面是一种"反美学"呢？格龙丹意识到了这个问题，但没有作出深入论述。本文力图通过哲学诠释学对传统美学方法论的批判、艺术审美真理的表现方式和审美真理如何可能的问题的探讨，论述伽达默尔的"反美学"思想及其在当代美学中所具有的理论意义。

一、反自然科学方法论的美学理论

伽达默尔的哲学诠释学美学中一个非常明确的理论立场，就是反对传统美学对艺术和审美问题的自然科学方法论理解，并坚持认为艺术和审美经验作为人文科学对象有其自身的特殊认识方式和真理表现方式，并力图把艺术、审美经验和审美真理等问题置于真正的人文科学的理论视域中来理解和诠释。哲学诠释学的这种双重美学任务，意味着伽达默尔既要批判那种认为美学中不存在认识和真理的自然科学方法立场和认识论观点，又要坚持艺术和审美经验中存在认识和真理的人文科学立场。

在以往的美学和艺术哲学中，由于受自然科学方法论的影响，美学家和艺术哲学家往往利用自然科学的方法来理解人类的艺术和审美经验。自然科学的认识论一直支配着自 17 世纪以来的哲学和人文社会科学的研究，成为一种普遍的放之四海而皆准的方法论基础。康德哲学试图为人类的知识和理性奠定认识论的坚实基础，可以说，他所导致的西方哲学史上的认识论转向开创了西方哲学和美学的新纪元，但是也使自然科学的认识论和方法论成为统治和支配所有人类经验领域的哲学基础。在这种哲学观点看来，凡是不能通过自然科学方法证实的经验都不能视为知识和真理。"诠释学之父"狄尔泰尽管认识到精神科学的特殊性，但他仍然企图通过自然科学认识论模式为精神科学建构普遍有效的方法论。随着自然科学在此后的迅猛发展，自然科学的认识论和方法论成为唯一合法的哲学基础，并深刻地影响了美学对艺术审美经验的理解。我们一直认为，科学的方法是理解和解释艺术和审美经验问题的根本途径，只有运用科学化的研究方法和使研究方法科学化才能解答美学的所有问题。这一点也深刻存在于中国当代美学研究中。[2]伽达默尔哲学诠释学却认为，这是一种忽视了人文科学特殊表现方式和理解方式的自然科学天真，实际上，用自然科学的方法无法完全理解和解释艺术和审美中的复杂问题，例如，我们如何用自然科学的方法去解释达·芬奇的《蒙娜丽莎》呢？这个作品仅仅是一种知觉相等物的错觉吗？我们能用实证主义的方法去认识和确定恩斯特的《家庭的天使》或米罗的《绳子与人物》等现代艺术作品的意义和真理吗？用自然科学和实证主义的方法所理解的东西真能符合我们的实际艺术经验和审美经验吗？仅仅根据作品所再现和反映的存在物、根据作者的意图和艺术作品的文本结构，仅仅利用自然科学和实证科学的方法，而不是根据作品自身的特殊表达方式和我们对艺术作品的真实经验，我们能真正通达艺术作品的真理吗？

哲学诠释学的真理理论拒绝和否定了启蒙运动以来那种用自然科学方法论理解和解释艺术和审美经验的做法。伽达默尔明确指出，自然科学方法在美学和艺术领域中的运用，不仅不能深刻地意识到这些特殊的真理表现形式，而且严重地遮蔽了人文科学中的真理经验，实际上否定了艺术和审美经验中的认识和真理问题，因为它只承认只有通过科学的方法论认识和证实了的东西才具有认识和真理，而像艺术和审美这样的人文科学对象便不存在认识和真理。哲学诠释学认为，对艺术和审美中的人类经验的理解，并不具有与自然科学相同的普遍性要求，它有着自身的特殊规定性和理解方式。因此，艺术经验和审美经验中的真理问题根本

2　这种观点也深刻存在于中国当代美学研究中。例如，高尔太认为美学与自然科学享有同样的方法论基础，"美学作为人类精神世界的科学，并不是一门可以独立于自然科学以外的科学。所谓美学与科学的矛盾，也像所谓精神与物质的矛盾，存在与意识的矛盾等等一样，不过是由于这些方面的不彻底性所产生的不确定的和模糊的认识罢了。"（《论美》，兰州：甘肃人民出版社，1982，第247页）李泽厚则多次提出用数学方程式解决复杂的审美心理问题，"现在应该提出如何能用比例的理论把人的心理结构以精确的数学形式研究出来。……从作为它的物态化成果的艺术作品中，研究由各种形式的不同配置而产生的不同心理效果，探测不同比例的心理功能的配置，将是目前大有可为的事情。"（《李泽厚哲学美学文选》，长沙：湖南人民出版社，1985，第214页）彭立勋在进入21世纪的今天仍然认为审美心理学的研究应当使用定量化的科学研究方法，"要建立科学的现代心理美学体系，必须使审美心理研究奠定在科学的方法论基础之上。"（《20世纪中国心理学建设》，载汝信等主编：《美学的历史：20世纪中国美学学术进程》，合肥：安徽教育出版社，2000，第266页）可以说，试图把自然科学方法运用于美学研究以解决艺术和审美中的复杂问题是中国当代美学的一个极为严重的倾向，这一严重倾向极大地忽视了美学作为人文科学的重要特征。

不是一个方法论的问题。哲学诠释学所关注的问题是："在经验所及的地方和要求自身合法性的地方，探寻超越于科学方法统治的对真理的经验。因此，人文科学就与那些存在于科学之外的经验方式相联系：即与哲学、艺术和历史本身的经验相联系。所有这些经验方式中所传达的真理都不能用适用于科学的方法论手段来加以证实。"（Hans-Georg Gadamer，1989）在人文科学的对象中，艺术和审美经验与其他任何人文科学对象的经验相比，尤其显示了其非自然科学的方法论和认识论特性。

在这里，向哲学诠释学美学提出的问题是，没有认识论和方法论做基础，对艺术和审美经验这些美学问题的理解是否能够揭示其中的认识和真理呢？康德以来的美学都以自然科学认识论为方法论，并认为只有以这种方法论为基础才能揭示真理，哲学诠释学美学否定了这种认识真理的方法，如此，人们还能够认识和确证艺术和审美中的真理吗？伽达默尔对此的答复是肯定的。伽达默尔恰恰提出美学中的特殊真理问题："在艺术中不存在认识吗？在艺术的经验中不存在一种确实不同于科学的、不从属于科学真理的真理吗？艺术中确实不存在着真理吗？而且，美学的任务不就是要确定艺术经验是一种独特的认识方式，一种确实不同于为建构自然知识而为科学提供最终数据的感性认识，确实不同于所有道德理性认识以及不同于所有概念认识，但又仍然是认识如传输真理的认识方式吗？"（Hans-Georg Gadamer，1989）无可否认，艺术作为一种审美经验，显然是一种不同于自然科学的经验，它有着自身特殊的意义和真理表现方式。伽达默尔反对自然科学方法论对人文科学的统治，就是为了反对启蒙运动以来的美学否定艺术和审美中的认识和真理存在的自然科学观点，以重新恢复、重视和捍卫艺术和审美中的认识和真理问题。

在哲学诠释学看来，艺术和审美经验问题并不简单的是一种关于趣味的美学，它同样是一种人类自我认识的方式；艺术也显然不只是简单的趣味问题，也是我们得以认识自身存在的一种方式。通过对艺术作品的理解，我们不仅仅理解作为对象性的艺术作品，同时还通过艺术作品所展开的意义世界和真理世界理解我们自身的存在。在伽达默尔看来，传统的自然科学方法和实证方法不仅没有解释艺术和审美中的真理，反而是对真理的遮蔽。因此，艺术和审美经验中的审美真理问题并不是一种自然科学和实证科学的认识论和方法论问题，而是一种理解和解释的问题，只有通过作为历史性和时间性的我们的理解和解释，艺术作品的独特的存在方式才能被理解，审美真理也只有在理解和解释中才能出现和发生，美学也才能谈论和把握艺术作品和审美经验中的真理问题。换言之，艺术和审美中的认识和真理只有在作为此在历史性和有限性的人的理解和解释中才能出现，没有作为历史性和时间性的我们的参与和经验，审美真理就不可能存在。

这显然是一种反传统美学的观点，传统美学把艺术和审美经验作为一种像自然科学对象一样可以得到确证和证实的对象性存在，而哲学诠释学美学从艺术和审美真理经验的特殊性出发，把审美与艺术经验变成了一种既是此在的、时间性的、有限性和历史性的存在，同时也是真理性的存在。因而，美学问题便不是自然科学的认识论和方法论问题，美学的任务和目的也不是去确证某种已然存在的对象性存在，而是在理解和解释事件中敞开艺术和审美经验的真理，这才是人文科学把握艺术和审美真理的重要方式。

二、艺术作品本体论与审美真理的表现方式

艺术既是审美经验的主要对象，也是美学的重要对象，因而也就成为哲学诠释学探讨人文科学特殊表现方式和理解方式的对象。为什么艺术和审美经验等人文科学对象不能用自然科学认识论和方法论来理解和解释呢？其根本原因，就在于艺术有其不同于自然科学对象的特殊的表现方式。我们知道，哲学诠释学的艺术作品真理理论是以海德格尔的此在本体论事实性诠释学为基础的，伽达默尔正是在海德格尔事实性诠释学的基础上提出他的艺术作品本体论存在方式和真理表现方式的，"如果我们想知道人文科学领域中的真理是什么，我们就必须以海德格尔向形而上学提出问题和我们对审美意识提出问题一样的方式，对人文科学的整个程序提出哲学问题。但是，我们不能简单地接受人文科学的自我理解，而是必须对什么是真理的理解方式提问。尤其是艺术真理的问题有助于为更广泛的问题开辟道路，因为艺术作品的经验包含着理解，其本身就表现为一种诠释学现象——但这根本不是科学方法意义上的，更不用说，理解从属于与艺术作品本身的遭遇，因此，这种从属只有在艺术作品自身的存在方式的基础上才能得到说明。"（Hans-Georg Gadamer，1989）正是艺术作品特殊的本体论存在方式决定了艺术作品的意义和审美真理不同于自然科学和实证科学的经验对象，因此，艺术作品

的本体论存在方式以及真理表现方式也就与自然科学和实证科学的经验对象有着根本的区别。那么，艺术作品的本体论存在方式究竟是怎样的？这是伽达默尔哲学诠释学美学的审美真理理论所阐述的第二个重要方面。

在《真理与方法》《美的现实性》与其他著作及论文中，伽达默尔从游戏、象征和节庆三个方面阐释了艺术作品本体论存在方式和真理表现形式：通过游戏的表现性阐述了艺术的表现性特征，通过象征的自身意义性阐述了艺术作品的真理性维度，通过节庆的时间性阐述了艺术作品的时间结构，而所有艺术本体论层面和真理表现方式，都是通过作为具有此在历史性和时间性的存在方式来阐述的。

伽达默尔在《真理与方法》和《美的现实性》中都非常突出地强调了游戏的重要性。西方哲学史和文艺理论史中的许多理论家都探讨过"游戏"这个概念，如席勒、斯宾塞、谷鲁斯、斯汤达，苏珊·朗格等都把游戏作为美学和文艺理论中的重要范畴。伽达默尔的诠释学更是赋予了这一概念以哲学和美学的崇高地位。在哲学诠释学看来，艺术作品的真正本质就在于它能够超越创作者本身和创作活动本身进入理解者的理解事件中，并与作品所表现的世界进行交流和对话，同时在这种对话和交流中建构艺术作品的意义世界。艺术的存在不能被规定为某种审美意识的对象，正好相反，审美行为远比审美意识对自身的了解要多，审美行为是表现活动的存在过程的一部分。在以往的美学和文艺理论研究中，往往去设定作为审美活动和阅读活动的对象性客体，如对象的形式结构、对象所体现的作家艺术家的审美意识，通过预先的设定去分解构成艺术的各个要素，去分析审美意识中的各种因素。这固然可以看作是美学研究和艺术批评中的重要内容，然而实际上，作为一种活动过程的审美才应当是美学和文艺理论研究的真正核心内容。

伽达默尔认为，我们不能把艺术作品的形式符号当成一种中立的、客观的东西来对待，同样，艺术作品也不纯粹是审美意识的表现。伽达默尔重新理解了"游戏"的概念，并把"游戏"的概念运用于艺术作品本体论存在方式的理解和解释中，在他看来，艺术作品的本体论存在方式类似于游戏的存在方式。"不是审美意识而是艺术经验，因而是艺术作品的存在方式的问题，必须成为我们检验的对象。但是，我所坚持的艺术作品的经验显然是与审美意识的平行过程相对立的，即艺术作品并不是一个与自身存在的主体对立的对象，恰恰相反，艺术作品具有其自身的真实存在，就在于它成了一种在艺术的经验中改变经验者的经验。保持和坚持艺术经验的'主体'，不是经验艺术者的主体性，而是作品本身。正是这一点，使游戏的存在方式具有重要性。因为游戏有其自身的本质，它独立于进行游戏的人的意识。确实，游戏——真正的游戏——也存在于当主题视域不受主体性的自为存在的限制的时候，以及不存在'游戏'行为的主体的地方"（Hans-Georg Gadamer，1989），游戏既不依赖于客观的对象，也不依赖主体的意识，游戏就是游戏本身。艺术作品正如游戏的存在一样，是一种自我表现的运动和事件，也就是说，艺术作品只有在我们对艺术的审美经验中才成为真正的艺术作品，艺术的认识和真理也只有在我们的审美经验过程中才能发生和出现。在这里，哲学诠释学通过游戏这种类比性的中介把艺术作品、审美经验和审美真理问题联系起来了，把艺术作品的存在方式视为一种类似于游戏的东西，实际上就消解了传统美学把艺术视为客观的对象性存在或把艺术作品视为审美意识的表现的传统美学观点。

如果说，伽达默尔对游戏的重新阐释和理解把艺术作品的存在方式理解为一种参与性的事件，那么，他对象征的阐释和理解则旨在揭示艺术作品的意义和真理表现问题。美和艺术作品所具有的意义和真理，不是指某种简单的可以被我们直接看到的东西，不是某种一旦呈现在我们面前就可以理解的东西，也不是一种比喻和替代，而是一种充满了意义的象征，一种人类经验和存在真理的昭示。"如果我们真的想思考艺术经验的话，我们就可以，而且必须沿着这些路线来思考：艺术作品不只是指示某种东西，因为它所指示的东西已经存在在那里了。我们可以说，艺术作品意味着存在的一种拓展。"（Hans-Georg Gadamer，1986）因此，艺术作品与可复制的产品不同，它是不可替代的，每一部艺术作品都是一种象征，一种可以认识事物和认识我们自身的独特的形式。因此，艺术的象征是那种"我了悟整体而被寻找的始终是作为生命的片段的另一部分。……美的经验，特别是艺术的美的经验，是我们在任何地方都可以发现的一种对潜在的整体和永恒的事物秩序的召唤。"（Hans-Georg Gadamer，1986）因此，艺术就不仅是以往的美学所认为的一种客观性的形式结构，也不是简单的摹写和反映，更不只是创作主体的意图实现。在伽达默尔这里，象征不只局限于艺术作品本身，而是一种经由我们的艺术经验扩大了的人类经验，艺术的象征既体现和证实着艺术作品的存在自身，也开启着人类经验和审美真理的诠释学空间。

艺术作为类似于游戏的表现事件，作为一种象征，都表达着艺术和审美经验的真理，都不是如以往的美学所认为的那样是中立的、客观的、无时间性的。恰恰相反，艺术的和审美的真理只在时间性的理解和解释中才能出现，一句话，艺术的真理表现是一种时间性的结构和过程存在。正是这种时间性结构，将哲学诠释学的审美真理理解与康德以来的形式主义美学区分开来。以自然科学方法论为哲学基础的美学认为，艺术作品的存在要求理解者采取一种中立的审美态度；哲学诠释学则认为艺术作品要求理解者参与到艺术作品表现事件中，理解艺术作品的存在必须像参加节日庆典一样参与到艺术作品的表现事件中。我们对艺术作品，如毕加索的《格尔尼卡》的艺术经验，并不是由艺术家的创作意图决定的，也不是单纯地由作品的色彩、形式和结构决定的，而是由于我们的参与决定的，我们参与到这个作品所表现的世界之中，并对这个作品进行对话性的理解和解释，艺术中的审美真理才在这种参与性的理解事件中变得可能，审美经验和审美真理都是与我们的经验世界相联系、与我们对艺术作品的解释相关联的。"美学必须被并入诠释学中。这个表达不仅是指问题的范围，而且从根本上也是精确的。反过来，诠释学必须这样得到规定，即它作为一个整体可以公正地对待艺术经验。理解必须被看作是意义得以出现的事件的一部分，在理解事件中，所有陈述的意义——艺术的陈述和所有其各种传统陈述的意义——才能形成和实现。"（Hans-Georg Gadamer, 1986）因此，在艺术和审美的真理问题上，不是作者的创作意图、创作过程、审美意识对象和文本本身决定着其意义世界，而是在审美经验的过程中时间性地展现其意义世界。

可以看出，哲学诠释学的这一美学思想无疑是反传统美学的，在伽达默尔看来，无论是艺术作品的存在方式，还是艺术作品的真理表现，抑或是艺术作品的真理发生，都必须在人类经验性的理解和解释事件中才能出现。这种反传统美学的思想，不仅质疑和挑战了以往那种从艺术家的创作动机或意图、艺术作品客观的形式结构、美学理论的抽象概念去理解和解释艺术和审美真理的传统美学观点，而且在此在历史性和时间性的理解事件中阐发了其独特的艺术作品本体论存在方式和真理表现方式。

三、诠释学的理解途径与审美真理的可能性

从诠释学的立场出发，艺术作品文本只是一种半成品（Hans-Georg Gadamer，1986）。这无疑是一种反传统美学和艺术哲学的本体论观点，是不同于传统美学的"反美学"。"艺术理论提出的问题必须面向全部，必须既在艺术理解自身作为艺术之前，同样艺术也在艺术不再理解自身作为艺术之后把艺术作为艺术来对待。是什么东西使得绘画、雕塑、建筑、歌曲、文本或舞蹈表现为美的，而假如'不再美了'，仍然作为艺术？……真正说来，美规定艺术之为艺术，即作为从所有按照某种目的建立并使用的事物中脱颖而出的事物。事实上，美只是将人邀请入直观的请柬，而这就是我们所谓的'作品'。"（伽达默尔，1997）也就是说，只有在理解事件中，审美真理才具有可能性，这是哲学诠释学的审美真理理论所解决的第三个问题。

我们知道，海德格尔把狄尔泰的方法论诠释学改造为一种事实性的诠释学，把作为工具论的诠释学变成了一种本体论的诠释学。伽达默尔则通过进一步阐发海德格尔的事实性诠释学，洞见诠释学所隐含的意义，"海德格尔对近代主观主义的批判的建设性成果，就在于他对存在的时间性的解释为上述立足点开辟了特有的可能性。从时间的视域对存在的解释并不像人们一再误解的那样，指此在是这样被彻底的时间化，以致它不再是任何能作为恒在或永恒的东西而存在，而是指此在只能从其自身的时间和未来的关系上去理解。"（伽达默尔，1999）哲学诠释学认为，从根本上说，艺术经验和审美真理的理解本身就是作为此在存在的我们的一种存在方式。

可以说，审美真理理解的有限性观点是伽达默尔始终坚持的思想，他把有限性的观念运用到经验的分析中，并认为我们对艺术的审美经验从根本上说始终是一种有限的经验。正如《哲学诠释学导论》的作者所指出的：："如果诠释学有什么是普遍的东西的话，也许就是它认识到它自己的有限性，也许就是这样一种意识，意识到了实际的表达是不可能穷尽的内在对话，因而推动我们去理解。"（Jean Grondin，1994）因此，在伽达默尔看来，我们对于我们的社会、对于我们的历史的理解，以及对于艺术意义和审美真理的理解，都是在一种具有特定历史境遇

规定性中用某种已然具有的思想、情感、洞见，去观看、理解和解释我们所面对的东西。因此，要获得唯一的、最终的、客观正确的解释是不可能的，理解始终是此在历史性的一种运动方式，艺术作品文本的理解只能是有限的理解。正是艺术作品和审美真理的理解的此在规定性，决定了艺术作品的意义和审美真理的理解始终是历史性和开放性的。这正是哲学诠释学的美学理论与传统的意义和真理重建论具有本质性区别的地方。正如大卫·霍伊所说的："伽达默尔诠释学最具有独特性和重要性，也是最困难的地方便存在于对理解以及对理解发展和变化条件的描述中。"（David Couzens Hoy, 1982）它既是伽达默尔对传统诠释学的挑战，也是对发生在人类经验中的理解如何可能的问题所做的回答。

伽达默尔试图通过探讨这样几个问题来回答审美真理是如何可能的：第一，根据我们历史性的存在，什么东西被带进了艺术的理解事件中？第二，作为具有自身有限性和历史性的理解者，我们如何能够理解同样具有历史性的艺术作品？第三，作为理解者的我们，对历史上的艺术作品进行理解后，所产生的究竟是什么？或者说我们的理解过程所导致的是什么样的结果？

启蒙运动以来发展的理性意识认为我们可以不带任何"偏见"地去理解某一艺术作品，我们可以克服自身所具有的种种偏见，达到对艺术作品和审美经验的客观认识。伽达默尔坚决拒斥这种观点，他认为这种理论本身就是一种偏见。事实上，在对艺术作品的经验和理解中，"解释者无需丢弃他内心已有的前见解而直接地接触文本，而是只要明确地考察他内心所有的前见解的正当性，也就是说，考察其根源和有效性。"（Hans-Georg Gadamer, 1989）理解是一种不断地向未来筹划的过程，我们总是在这种筹划中联系着艺术作品文本和我们自己，并在这种筹划中实现艺术理解的可能性和意义的可能性。以往的历史主义诠释学还认为，虽然作为理解者的我们与所要理解的历史上的艺术作品对象之间存在着时间的距离，但我们却可以通过克服这种距离达到对艺术作品的完全理解。而哲学诠释学坚持认为，正如前理解在理解运动中具有积极而重要的作用一样，时间距离也在人类的艺术经验和审美理解活动中具有极为重要的意义。因此，时间距离不仅不是为了获得正确的、客观的理解所必须克服的障碍，恰恰相反，是一种艺术作品文本意义和真理建构的积极因素，是一种开放性的事件。那么，我们怎样才能把理解的真偏见与误解的假偏见区分开来，从而使我们的理解具有有效性呢？

　　伽达默尔是通过视域融合中产生的"效果历史意识"(consciousness of effective history)来回答这一问题的。理解的有效性和开放性就是由这种效果历史事件(historically effected event)来实现的,艺术作品的意义和审美经验的真理也同样是一种效果历史事件。所谓效果历史意识,首先意味着对自己的诠释学处境的意识。我们的存在总是一种历史性的存在,我们必须首先意识到理解者自身的历史性。这种效果历史意识决定了效果历史本身的有限性和开放性的真正意义,这也就进一步决定了艺术经验和审美真理的理解活动中的效果历史意识是一种持续性的、不间断的历史事件。"谁进行理解,谁就已经进入了一种事件中,通过这种事件意义的东西才表现自身。因此,这便证明了诠释学现象所使用的游戏概念,正如美的经验所运用的概念一样。当我们理解一个文本时,吸引我们的意义丰富的东西正如美对我们的吸引一样。在我们意识到自身并站在某一立场证明文本向我们提出的意义要求之前,文本就已经确证自身和已经把我们吸引着了。我们在美的经验和传统意义的理解中所遭遇的确实是具有某种像游戏的真理一样的东西。在理解中,我们进入了一种真理事件,假如我们想知道我们所要确信的东西,这种真理的获得似乎已经为时已晚。"(Hans-Georg Gadamer,1989)在对艺术作品文本的理解过程中,理解者是从具有根本意义的历史距离出发去理解历史上的文本,这种历史距离正是历史的艺术作品文本得以理解的诠释学处境,它所形成的诠释学语境对于理解来说就是一种理解视域,效果历史意识通过不断地提问的恰当视域来实现。正是由于我们在对传统文本的理解中获得了一种恰当的问题视域,才有可能不断修正自己的前理解、前见解和前把握,在新的提问与回答中达到新的视域融合,并不断地使审美真理成为可能。

　　艺术经验中的审美真理是在艺术作品的表现事件与理解者的历史性事件的对话与交流过程中实现的。艺术作品以其自身的存在方式存在着,并需要我们去对它做出理解和解释,而理解和解释也努力地去接近我们所要理解的事物。这既是艺术经验、审美真理得以发生和实现的必要条件,也是一种艺术经验和审美真理真正发生的过程,艺术作品的经验和审美真理也只有在这种紧张过程中才能得以展开和建构。在审美真理的理解事件中,我们总是以自我已有的经验进入理解事件中,正是这种参与性的理解才扩大和丰富了人类审美经验的历史,延续了人类的艺术。由此,伽达默尔哲学诠释学所理解的艺术作品的意义和真理问题,就不是一种自然科学和实证科学所认为的可证实的问题,也不是客观结构形式论所认为的仅仅存在于作品本身的问题，更不是审美意识抽象论所认为的那样与我们的具体经验没有关系的问题，同时也不是作者意图论所认为的对艺术家的审美意识和创作动机进行重建的问题。

这里，我们也看到了哲学诠释学的反传统美学思想，即它反传统美学所标举的艺术经验、审美经验和审美真理的纯粹性思想。正如维斯海默所指出的："审美纯粹主义的抛弃意味着艺术是与非艺术不可分割地联系在一起的。这种关系的古典术语是'模仿'，伽达默尔用它解释理解问题。艺术"理解着"非艺术，所有的理解都包含着把某种东西作为某种东西的理解。'作为'在这里意味着理解总是这样的发生：既'是'又'不是'。"（Joel Weinsheimer，1991）以往的美学认为，我们是以一种纯粹的审美态度去理解艺术和审美对象的，是以一种纯粹的审美意识抽象去理解审美真理的，而哲学诠释学否定了这种纯粹的审美态度和审美意识抽象，它把审美经验和审美真理视为一种历史性和时间性的理解事件，因而把艺术经验和审美真理的有限性、历史性和开放性辩证地统一在同样具有有限性、历史性、差异性和开放性的人类理解经验的效果历史事件之中。

四、哲学诠释学"反美学"的当代理论意义

哲学诠释学的审美真理理论所面对的问题是当代美学所面临的重大问题，一方面，传统的美学理论确实无法回答当代艺术和审美经验中的真理问题，在此背景下，美学需要进行彻底的改造；另一方面，激进的后现代理论彻底否定艺术和审美中的真理问题，而艺术和审美中的真理问题又确实是美学作为人文科学的重要主题，因此如何理解和诠释人类艺术和审美经验中的真理问题，便成为当代美学的重大难题。

后现代语境中的哲学诠释学美学坚持了艺术和审美真理可能性，但很明显，这种审美真理立场不同于法兰克福学派的真理立场。法兰克福学派坚持艺术自律性与意识形态问题，哲学诠释学不怎么具有审美意识形态的批判立场，这一点受到了当代一些理论家的批评，如伊格尔顿和哈贝马斯等；同时，哲学诠释学的审美真理立场主张审美真理并不是某种完全自律于艺术作品本身的，而是需要理解者和解释者参与的游戏事件，艺术作品文本是一个自律性半成品，其意义和真理

必须由理解者和解释者在与作品的对话中才得以实现，因而，意义和真理都是差异性的和多元化的，审美真理的任何一种理解都不具有绝对的有效性。确定性永远是相对的，而差异性则是绝对的，也许正是由于这一审美真理的差异性和相对性立场，才使伽达默尔的效果历史理论被著名文艺理论家赫斯视为一种"历史虚无主义"。不过，由于伽达默尔的审美理论仍然坚持艺术作品的概念和真理的可能性问题，又被激进的后现代主义理论家如德里达视为传统的保守主义。

伽达默尔的审美真理理论处于现代与后现代的交叉语境中并倾向于后现代：就坚持艺术作品的自律性来说，他的美学在某种程度上具有现代主义的特征；就他提倡解释的主观性和游戏性、真理的差异性和不确定性等方面来说，则倾向于后现代主义。可以说，对于西方的形而上学传统，伽达默尔与德里达发挥着某种相似的作用。正如大卫·霍伊所说的："德里达和伽达默尔都拒斥筹划经验总体的可能性和效用性。伽达默尔希望避免黑格尔式的经验完成（绝对的自我确证）和最后历史的观念；德里达认为总体化是不可能的，这不仅因为经验所具有的不可能性，而且也由于游戏所具有的有限性特征。……伽达默尔也是从有限性得出他的开放性观念的。这两位思想家都以坚持开放性来作为形而上学的解毒剂，尤其是把它作为神学或末世论思想的解毒剂，是那种认为在历史和思想发展中有必要设置秩序的做法的解毒剂。"（David Couzens Hoy，1982）但是，伽达默尔毕竟不同于德里达，前者力图在理解与对话中发展一种关于人文科学真理的哲学，而后者则在解构的游戏和策略中致力于消解人文科学和审美中的真理；前者虽然坚持艺术和审美的真理发生在主体性的理解和解释中，坚持真理理解的多样性和差异性，但并没有否定审美真理的存在和理解的可能性；而后者则既坚持理解的差异性，也坚持艺术和审美真理的不可确定性，从而否定了审美真理的存在和理解的可确定性。

伽达默尔的哲学诠释学美学理论认为，艺术作品正是作为一种严肃的人类游戏的艺术，真理性地见证着我们人类生存的差异性秩序结构。在《艺术的游戏》中，伽达默尔写道："我们在创造性的艺术形式中所遭遇的东西，不只是某种奇思怪想的自由或本质的盲目的肤浅丰富性，艺术作品的游戏能够跨越所有的阶级、种族和所有的文化层面洞悉我们所有的社会生活维度。因为这些属于我们的游戏的形式就是我们自由的形式。"（Hans-Georg Gadamer，1986）无论是传统的再现性艺术，还是现代的非再现性艺术，只要是一种富有创造性的形式，都是人类存在的一种扩展，一种秩序的象征，一种审美真理的严肃游戏，一种可以在其中"逗留"的审美经验世界，一种如"在家"（Einhausung）一般的充满了差异性自由的和谐。

以上论述表明，伽达默尔试图站在人文科学的立场上，在一种发生了巨大变化的哲学和美学语境中肯定和重新理解审美真理问题，这无疑显示了其重要的理论价值和现实意义。[3] 很显然，伽达默尔哲学诠释学的审美真理理论的复杂性，反映出后现代整体语境中的美学和艺术哲学主题，试图在后现代转向中以一种新的理论视域和哲学立场去解释和回应当代美学所提出的问题，力图以某种在传统的美学理论看来是一种后现代主义的立场，而在激进的解构理论看来是一种保守的传统主义立场的"辩证视域"中思考美学作为人文科学所存在的真理问题，并试图在我们这个日益工业产品化、科学技术化以及图像信息化的后现代社会和文化中，以一种既开放又肯定的思想观点理解美学的重大问题。这对我们在图像化的时代中思考包括艺术和审美真理在内的所有美学问题，无疑提供了一种极为重要的思想洞见和理论视域。

参考文献 ┠

[1] 高尔太. 论美. 兰州：甘肃人民出版社，1982.

[2]〔德〕伽达默尔. 邓安庆译. 伽达默尔集. 上海：上海远东出版社，1997.

[3]〔德〕伽达默尔. 洪汉鼎译. 真理与方法. 上海：上海译文出版社，1999.

[4] 李泽厚. 李泽厚哲学美学文选. 长沙：湖南人民出版社，1985.

[5] 汝信等. 美学的历史：20 世纪中国美学学术进程. 合肥：安徽教育出版社，2000.

[6] Brice R. Wachterhauser. Ed. Hermeneuticsand Modern Philosophy. New York: State University of New York, 1986.

[7] David Couzens Hoy. The Critical Circle: Literature, History and Philosophical Hermeneutics. Berkeley: University of California Press, 1982.

3　这一点引起了中国当代美学界的重视，一种把美学视为具有自身特殊性和有着特殊方法要求的观点已经出现，并对这一问题进行了富有意义的思考。从人文科学角度思考美学问题的著作有很多，如蒋培坤的《审美活动论纲》（北京：中国人民大学出版社，1988）提到应把美学定位为"人文科学"；王杰主编的《现代美学原理》（桂林：广西师范大学出版社，1996）明确提出了把美学定位为"人文科学"的观点，并对这种定位进行了较为深入细致的阐发；阎国忠等的《美学建构中的尝试与问题》（合肥：安徽教育出版社，2001）提出了美学作为人文科学要以"反思、思辨和体验"为主要方法论的构想等。在我看来，中国当代美学界开始意识到美学人文科学的学术属性，标志着中国当代美学开始迎来新的起点和新的转向。同时需要指出的是，国内对哲学诠释学对美学作为人文科学的理解和诠释虽有所意识，但在关于美学作为人文科学的学科定位上，却很少注意到哲学诠释学所提供的思想洞见和理论视域，不能不说这是中国当代美学研究中的一个理论盲点。

[8] Hans-Georg Gadamer. The relevance of Beautiful and Other Essays. Cambridge: Cambridge University Press, 1986.

[9] Hans-Georg Gadamer. "Text and Interpretation". in Hermeneutics and Modern Philosophy. New York: State University of New York, 1986.

[10] Hans-Georg Gadamer. Truth and Method, New York: Crossroad, 1989.

[11] Jean Grondin. Introduction to Philosophical Hermeneutics. New Haven: Yale University Press, 1994.

[12] Joel Weinsheimer. Philosophical Hermeneutics and Literary Theory. New Haven: Yale University Press, 1991.

[13] John D. Caputo and Radical Hermeneutics. Repetition, Deconstruction, and the Hermeneutics Project. Bloomington: Indiana University Press, 1987.

[14] Josef Bleicher. Contemporary Hermeneutics: Hermeneuticsas Method, Philosophy and Critique. Boston: Routledge, 1980.

作者简介 ┠

李建盛，1964 年生，毕业于北京师范大学，文学博士，教授。主要研究方向为文艺理论、美学和文化理论。学术著作主要有《美学：为什么与是什么》《理解事件与文本意义——文学诠释学》《后现代转向中的美学》《公共艺术与城市文化》《艺术 科学 真理》等，译著主要有《现代性的终结：虚无主义与后现代文化诠释学》《激进诠释学》《诠释学与他者的声音》等。入选北京市新世纪社科理论百人工程、新世纪百千万人才工程北京市级人选，兼任北京市文艺学会会长、中国瑶族文化传承研究中心主任、全国文化智库联盟常务理事等。

（原载《人文杂志》2003 年第 1 期，

中国人民大学书报复印中心《文艺理论》2003 年第 3 期转载）

现代性的多元之维 *
——艾森斯塔特的"多元现代性"观
及其对中国的启发

李世涛

▶ **摘　要**：艾森斯塔特阐述了多元现代性的形成及其动力，从时间与空间、事实描述与理论反思的角度阐释了"多元现代性"观念，批判了隐含于现代性、多元现代性之中的破坏性因素。艾森斯塔特的"多元现代性"观念对中国的现代性建设具有重要的启发意义：有助于我们认识当代世界的状况及全球化的发展趋势，全面而科学地认识现代性；促使我们注重从中国的实际出发，发挥自己作为后发展国家的优势，发挥传统与历史经验的作用，趋利避害，探索有自己特色的现代性之路。

▶ **关键词**：艾森斯塔特；多元现代性；多重阐释

我们对"多元现代性"观念并不陌生。2002 年，詹姆逊在上海所作的"单一的现代性"的报告，招致了国内一部分学人的强烈批评，并引发了关于单一或多元现代性的讨论，由此可以反证"多元现代性"观念与我国学术界的亲密关系。[1] 2004 年，泰勒曾经到上海作过关于"多元现代性"的报告，受到了学界的欢迎。[2] 但从我国学界对"多元现代性"观念的研究来看，艾森斯塔特并没有引起我国学界足够的重视，甚至可以说是被严重忽视的，只有很少的社会学文章涉及他的理论，他的理论根本没有进入许多文化研究者的视野。

艾森斯塔特（S. N. Eisenstadt）是以色列的社会学家，他的比较现代化研究和多元现代性研究都独树一帜，在国际学术界享有很高的声誉。实际上，他的《帝

---

* 本文系国家社科基金《现代性视域中的西方艺术思潮》（11BA010）的成果。

1　讨论详情见李世涛 . 现代性视领域中的中国问题——詹姆逊与中国现代性道路的选择 . 东南学术，2005（5）.

2　泰勒首先在北京商务印书馆作了比较法国革命与俄国革命的学术报告，之后又在上海作了以多重现代性为议题的学术讲座，并与学者们进行了交流，仅笔者读到的综述文章就有刘擎的《多重现代性的观念与意义》（参见许纪霖、刘擎主编：《丽娃河畔论思想》，华东师范大学出版社 2004 年版）、童世骏的《多重现代性、斯特劳斯和当代知识论》（http：//www.cul-studies.com/community/tongshijun/1576.html），上海《东方早报》还报道了讲座的盛况。

国的政治体系》《现代化：抗拒与变迁》等著作都已被翻译成中文出版，并在相关专业产生了一定的影响。令人奇怪的是，与国内学术界对吉登斯、鲍曼、卡林内斯库、泰勒、伯曼等学者的现代性理论的竞相追逐相比，可以毫不夸张地说，艾森斯塔特的现代性研究确实被冷落了，他的多元现代性研究也一直没有能够引起我国学术界的重视。从我国对多元现代性理论的接受来看，仅仅从泰勒中国之行所受到的隆重礼遇而言，就知道艾森斯塔特的影响根本无法与之相比。究其原因，可能与艾森斯塔特没有处在国际学术中心有关，国际学术话语权的不平等使国内学界对英美发达国家的学者尊敬有加，而忽视（甚至无视）了那些边缘的有价值的学术研究。实际上，与上述学术大师相比，艾森斯塔特的理论对中国有更多的关切，不仅因为以色列与中国的国情比欧美发达国家更为接近，还因为艾森斯塔特对中国的研究要比上述其他学者深入得多。从这种意义上说，我们更应该关注艾森斯塔特的研究。本文无意研究艾森斯塔特的全部学术思想，仅研究其多元现代性理论及其对中国的意义。

一、多元现代性的形成

对任何研究来说，界定研究对象的含义都是非常重要的，现代性的研究也是如此。但迄今为止对现代性的理解仍然没有定论，它仍然是一个众说纷纭、莫衷一是的概念，这与不同研究者切入现代性问题的路径不无关系。不同的研究路径不但决定了研究的视角、切入点和内容，也决定了研究的方向和结论。本文以艾森斯塔特理解现代性的路径为切入点，看他是从哪些方面来把握现代性的，从而进入他的"多元现代性"的论说。

艾森斯塔特是这样理解现代性的：首先，现代性是一种文明，但这种文明是一种独特文明，它与历史上其他类型的文明的区别在于：它是轴心文明的转折的产物。其次，现代规划所导致的人的自主性、开放的未来观念和反思意识，与现代文明有着密切的关系，它规定了这种文明独特的文化前提和政治前提，也决定了现代性的基本预设、文化特征、政治取向、意识形态前提和制度前提。最后，现代性是一个多方面、多层次的复杂的综合体，它不断地变化、不断地重构，但这种重构是继承与变异的统一，也是多方面力量相互作用的结果。这些方面构成了现代性的各个侧面，也是研究现代性需要正视的问题。不但在研究现代性的历史、现实问题和发展趋势等问题时需要考虑这些因素，而且在进行相关判断时也需要考虑这些因素。实际上，正是对现代性的这些方面的把握，促使艾森斯塔特以此为起点，发展出了"多元现代性"观念。

作为对社会发展状态、趋势的一种宏观性的描述和概括，现代性是一个多维的复合性的概念。为了全面而深入地把握它，我们可以从构成现代性的主要因素入手，分析它们在现代性形成过程中的作用，进而把握现代性的复杂性和多元现代性的形成。这也是艾森斯塔特的思路，他主要分析了现代性的主要构成因素，诸如作为现代规划的现代性的文化方案和政治方案、集体和集体身份的建构、现代性的意识形态模式和制度模式、传统和社会历史经验在形成现代性时所起的作用、非西方社会对最初的现代性的挪用、国际因素的影响等，这些因素既产生了最初的西方现代性，也产生了多元现代性。我们尝试从这些因素入手来解释多元现代性的形成。

现代规划包括现代性的文化方案和政治方案，在最初形成时，带来了现代性的意识形态前提和制度前提。其中，现代性的文化方案起着非常重要而独特的作用："现代性的文化方案带来了人的能动性和人在时间之流中的位置的观念的某些独特转变。它持有这样一种未来观念，其特征是通过自主的人的能动性、众多的可能性得以实现。社会秩序、本体论秩序和政治秩序的前提和这类秩序的合法化，不再被认为是理所当然的了。围绕社会政治权威的秩序的基本本体论前提，产生了一种强烈的反思意识——甚至原则上否定这种反思意识的合法性的现代性最激进的批评者都具有这种反思意识。"（S. N. 艾森斯塔特，2006）现代性文化方案所导致的反思意识比此前的社会更为强烈：对于存在于特殊社会或文明中的超验图景和基本本体论概念，不但可能有多种不同的解释，而且还可以被质疑。而且，这种反思意识有可能使现代性进行自我纠正、自我更新，获取不断发展的动力。现代性文化方案使个体获得了前所未有的自由感：除了固定的角色之外，他们还需要承担多种其他的角色；他们有可能属于超越地域的、处于变化之中的共同体。总之，现代性文化方案极为重视人的自主、解放和创造，希望把人从传统政治和文化权威等各种束缚中解放出来，以扩大个人和制度的自由度和活动领域，这必然导致对人的反思意识、探索精神和掌控自然（包括人性）能力的强调。这些观念的结合产生了现代性文化方案的自信：人的积极的、有意识的活动能够塑造社会。这种自信由两种途径（既互补，又矛盾）得以实现：人的现实行动可以弥合超验秩序与世俗秩序的鸿沟，实现一些乌托邦和末世论的构想，使人面对无限开放的未来；同时也认识到个体、群体的多元目标与利益的合理性，认识到对共同利益的不同解释的合理性。

实际上，正是现代性文化方案形成了现代规划的基本特征，即人的自主性与开放未来的结合；人的有意识的行动可以塑造社会。现代规划的基本特征决定了现代政治秩序和集体认同与边界的前提，也使政治秩序的概念和前提、政治领域的构建和政治进程的特征都发生了根本性的变革。现代性政治方案的出现，极大地冲击了传统的政治秩序，并引发了社会的重大变化："新概念的核心在于，政治秩序的传统合法性已经衰竭，而建构这一秩序的各种可能性则相应地被开辟出来，结果，在人类如何建构政治秩序的问题上，出现了聚讼纷纭的局面。它把反叛的倾向、思想上的反律法主义与建立中心、设立制度的强烈倾向结合起来，引起了社会运动、抗议运动。这些运动成为政治过程的一个持久成分。"（S. N. 艾森斯塔特，2006）现代性政治方案使现代政治领域和政治进程呈现出这些基本特征："最重要的首先是政治场域和政治过程的公开性；其次是强调'社会'的边缘阶层、社会的全体成员应直接地、积极地参与政治场域的活动；第三是出现了中心渗透边缘、边缘侵入中心的强烈倾向，从而，中心与边缘间的区分变得模糊不清了；第四，中心或多个中心被赋予了奇里斯玛的品质，与此同时，各种抗议的主题和象征也被中心所吸纳，这些主题和象征作为这些中心的前提的基本的、合法的组成部分，变成了近代超越理性的组成部分。"（S. N. 艾森斯塔特，2006）这些主题和象征主要有平等与自由、正义和自主、团结和认同等，也构成了现代性规划的核心。

现代规划的基本特征也决定了建构集体和集体认同边界的方式。首先，把集体认同的基本成分（市民成分、原生成分、普遍主义成分和超越的"神圣"成分）从思想上绝对化。其次，集体认同的市民成分更为重要。再次，政治边界的建构和文化集体边界的建构之间关系密切。最后，既强调集体的领土边界，又强调集体的领土的和／或特殊主义成分与更为广泛的普遍主义成分之间的紧张。此外，集体的认同和建构还以反思的形式被质疑，并成为具有浓厚意识形态色彩的斗争和争论的焦点。（S. N. 艾森斯塔特，2006）正是从现代规划中产生了两种主要的现代性的意识形态：一种是极权主义的意识形态，它强调集体的优先权，视之为本体论实体，强调其诸如民族精神之类的初始的、精神性的特征；另一种是雅各宾主义的意识形态，它强调政治原则的优先权，认为人的努力能够重建政治和改造社会。这两种意识形态的共同特征是："怀疑公开的政治秩序和制度，尤其是代议制和公开讨论的制度。其次，它们都表现出一种专制独裁的倾向，排斥他人，并且竭力把被排斥者妖魔化。"（S. N. 艾森斯塔特，2006）但现代性的意识形态在现代性文化方案和政治方案上的表现又有不同：极权主义的意识形态表现为理性至上的原则，即把实质理性或价值理性统摄到工具理性之下，或把它统摄到总体性的道德乌托邦理想之下；雅各宾主义的意识形态表现为与多元化对立的极权式的全面控制的合理性，但现代性政治方案也承认个体和集体利益的多元化，以及对它们的多重解释的合理性。现代性的意识形态不但影响到个体、群体的方方面面，也体现在对社会制度的影响上，而且对后者的影响更为重要，它直接影响到现代性的制度选择。

在现代性的产生和发展过程中，虽然历史经验和传统经常被视为社会进步的障碍而受到拒斥，但其作用实在是不能忽视的。例如，传统对原教旨主义的影响、历史经验的影响使日本和印度的民主模式与欧洲、美洲的民主模式大相径庭。在艾森斯塔特看来，在当代社会的发展中，社会的历史经验和传统不仅不会消亡，也不可能只产生封闭的文明，而是以特殊的方式延续着自己的历史和模式。它们与现代规划结合起来，获得了现代品质，并成为塑造现代社会的重要力量，发挥着其独特的作用："这些不同的经验，影响到现代性的不断互动、对任何单一的社会和文明的冲突、不断构成的共同参照点以变化不定的多种方式得以成形。"（S. N. 艾森斯塔特，2006）

从现代性的发展历史来看，现代性的扩张经常伴随着经济上的侵略、政治上的压迫和军事上的威胁，这势必影响到现代性的形象。特别是对于非西方社会而言，一方面现代性意味着进步和社会发展的趋势，它们渴望实现现代性，融入世界并成为世界的一部分；另一方面，先天性的不平等和面临的各种压迫，使它们对现代性产生了一种矛盾、抵触和抗拒的情绪。这样一来，就形成了非西方社会对现代性的爱恨交加的态度，并影响了其现代性的建构。这些原因促使非西方社会挪用最初的西方现代性的主题和制度模式，根据自己的利益与需要对其进行不断的利用、选择、重释和重构，并逐渐产生了不同的意识形态和制度模式。

此外，现代性的扩张还伴随着民族—国家之间、政治经济权力中心之间的冲突和对抗，以及权力中心为争夺国际霸权而展开的斗争。有时候，这些矛盾、冲突、对抗和斗争非常激烈，甚至到了只有依靠战争才能解决的程度。这些因素也参与了现代性的建构，并促使现代性的制度和文化发生了某些变化。

在现代性的扩张过程中，现代规划与制度性的政治、经济和文化结合起来，共同形成了现代性发展的动力，再与不同的传统和历史经验相结合，形成了现代性的制度模式和意识形态模式；此外，国际性的因素也是促使现代性的制度模式和意识形态模式发生变化的重要原因。正是通过这些因素的共同的、相互的作用，才最终产生了现代性和多元现代性的结果，这也是现代性、多元现代性研究中必须考虑的因素。

二、"多元现代性"观念的多重阐释

何谓"多元现代性"？借用艾森斯塔特的原话："现代性的历史，最好看作是现代性的多元文化方案、独特的现代制度模式以及现代社会的不同自我构想不断发展、形成、构造和重构的一个故事——有关多元现代性的一个故事。"（S. N. 艾森斯塔特，2006）

艾森斯塔特曾经多次解释过"多元现代性"的观念，在《宗教领域的重建：超越"历史的终结"和"文明的冲突"》一文中，他对这个观念做了迄今为止最为全面的解释："第一种含义是，现代性和西方化不是一回事；西方模式或现代性模式不是唯一的、'真正的'现代性，尽管相对其他现代图景而言，它们在历史上出现的时间在前并继续成为其他现代图景的至关重要的参照点。第二种含义是，这类多元现代性的成形，不仅在不同国家间的冲突中留下了烙印，因而需要将民族—国家和'社会'作为社会学分析的普通单位，而且在不同的纵观全国的（cross-state）和跨国的领域打下了烙印。多元现代性概念的最后一层含义是认识到这类现代性不是'固定不变'的，而是不断变化的，正是在这类变化的架构内，当代时期宗教维度的兴起和重构才能得到最好的理解。"（S. N. 艾森斯塔特，2006）

艾森斯塔特的解释为我们理解"多元现代性"观念打下了很好的基础，鉴于这个观念的丰富性，我们仍然需要从多个角度进行阐释。"多元现代性"观念既是对现代性的历时性的描述，也是对现代性的共时性的描述；既是对事实的描述，也是理论反思的产物，这需要从时间和空间的双重角度予以解释。我们尝试从这些方面入手逐一分析这个观念的多重含义。

现代性的产生和发展过程大致是这样的：最初的现代性是特定时间和地域的产物，即最初的现代性产生于 17 世纪的西欧，产生时带有明显的特征："欧洲现代性的独有的特征开始时主要是努力形成一种'理性'的文化、有效的经济、民众（阶级）社会和民族国家，在这当中，'理性'扩展的趋势越来越清楚，并形成了一种以自由为基础的社会和政治秩序。"（S. N. 艾森斯塔特，2002）后来，随着帝国主义和殖民主义的扩张，现代性也随之超出了其发源地西欧，扩张到欧洲其他地方，再进一步扩散到美洲、亚洲、非洲等世界各地，最终成为一种全球性的现象。军事侵略、经济上的渗透和掠夺、殖民主义的统治等因素的结合促成了现代性的扩张，其中占优势地位的军事、经济和通信技术是现代性扩张的重要前提。

从时间上来说，现代性可以被划分为最初的现代性、古典时期的现代性和上个世纪末以来的现代性。现代性的萌芽可以追溯到中世纪，经过长时间的发展，终于在 17 世纪的西欧形成了最初的现代性；如果说最初的现代性较为单一的话，那么古典时期的现代性就呈现出了多元的态势，从 19 世纪到 20 世纪六七十年代，作为现代性缩影的领土国家、革命国家和社会运动纷纷涌现，展现了现代性的多元图景，这些后来发展出来的各种现代性与最初的现代性既有相同之处，又有变化和差异。与最初的现代性相比，这个时期的现代性在作为其前提的现代规划、文化方案、政治方案、意识形态和制度模式等方面都有很大的不同，在具体面貌和发展态势上都呈现了出多元化的局面；自上个世纪末以来，随着社会的发展，出现了一些新的现象，诸如原教旨主义、种族宗教，包括女权运动、生态运动等在内的各种各样的新社会运动以及新的散居者和新的少数民族，这些新的现象不仅挑战了经典的现代民族—国家模式，也挑战了最初的现代性模式，使现代性又有了新的发展、呈现出不同的形态和特点。由此看来，不同历史时期的现代性有很大的差异，具有多元化、多样性的特征。

从空间上来说，虽然同属于欧洲，但西欧的现代性与由此发展而来的诸如东欧、中欧等其他欧洲地区的现代性有很大的差异。虽然同为发达地区，但美洲与欧洲的现代性也有很大的差异；亚洲、非洲的现代性与欧美的现代性之间的差异就更大了；在美洲内部，北美、加拿大和拉丁美洲的现代性之路也大为不同；即使同属于儒教文化圈，中国、日本和新加坡的现代性也有很大的差异，更不要说它们与印度之间的差异了。虽然这些现代性有相似之处，但政治、文化、制度模式和意识形态模式的具体面貌又大相径庭，呈现出了多元化的表现形式和发展态势。

从事实上看，最初发源于西欧的现代性以及由此发展而来西方的现代性，在其文化前提、政治前提、意识形态模式和制度模式方面都有很大的变化，西方现代性扩张所导致的亚洲、非洲等地的现代性的变化就更大了。结果，现代性的发展不但突破了最初现代性的前提，而且发展出了诸如西欧、美洲、中国、日本和印度等多种类型，而不是单一的文明模式和制度模式。上个世纪末以来现代性所发生的变化更有说服力，这个时期出现的新社会运动倾向于由国家转向地方，新的散居者和新的少数民族挑战了经典的现代民族—国家模式，反对民族—国家的同质化文化前提的束缚。这些运动的目的是为了争取在教育、公共通讯等中心制度领域和国际上的自主性，同时也为了争取在公民认同及与之相关的权利等方面的自主性，由此促进了种族的、地区的、地域的和跨国的等被压抑身份的建构。此外，还有浓厚宗教色彩的原教旨主义和种族宗教运动、多种多样的排他主义的种族运动，这些运动有着浓厚的全球色彩，仍然具有现代品质。而且，随着资本主义全球扩张的加剧，跨国组织、国际移民等现象引发了许多国际性的问题（诸如全球犯罪等），它们都挑战了经典的民族—国家模式，削弱了民族国家控制和管理其政治、经济的能力，同时也削弱了民族国家对暴力的垄断权，出现了许多分裂主义和恐怖主义活动。这些运动和全球化趋势都加剧了现代性的变化，使现代性呈现出新的特点。这些现象从事实上有力地说明了现代性的多元化和多样性。

从理论上看，"多元现代性"观念不但是反思、反拨现代化理论的产物，而且还积极地借鉴了后现代主义等文化理论的成果。实际上，在20世纪50年代，以帕森斯为代表的现代化理论一度支配了欧美学术界的现代性研究，成为占主流地位的最有影响的理论。现代化理论依托历史进步主义，认为非西方社会将会通过抛掉自己的传统、采用西方（特别是美国）先进的现代化模式而取得发展，西方的现代化模式将会为世界带来全面的进步；现代性模式和制度模式也将是单一的，世界将呈现出同质化（西方化或美国化）的图景。由于受到世界冷战格局的影响，现代化理论表现出了维护西方霸权和继续扩张的极强的意识形态性，它的自信和乐观是建立在对现实的简化和歪曲之上的。现代化理论忽视了现代性的矛盾、冲突和内在紧张，也忽视了现代性的破坏力量，甚至对"一战""二战"给世界所造成的毁灭性的创伤也充耳不闻，更缺乏必要的理论反思，并因此产生了不良的影响。现代性的发展打破了现代化理论的预言，也启发人们从理论上反思其片面性和诸多错误。艾森斯塔特不但多次直接地批评过现代化理论，而且从各个方面指出过现代化理论的错误和偏狭。通过对"多元现代性"观念与现代化理论的比较，我们可以发现，在现代性的模式和制度、传统与社会历史经验之于现代性的影响、现代性的发展图景、现代性的价值判断和现代性内在关系的认识等方面，"多元现代性"观念与现代化理论的差别和对立都是显而易见的，前者反思了后者的理论预设、前提和意识形态性，批评与纠正了后者的错误和理论盲点，进而形成了独特的现代性的观念。

此外，艾森斯塔特也受到了后现代主义的影响。我们知道，继20世纪50年代的现代化研究高潮之后，西方学术界便出现了后现代主义研究，并有取代现代化理论之势；接着，在七八十年代又出现了新一轮的现代性研究。实际上，后现代主义话语的部分动力就来源于对现代化理论的质疑和反思。20世纪末以来的现代性研究不但是对现代化理论的反拨和反思，也是对后现代主义提出的问题的反思，并由此引发了学术界广泛关注现代性、重新认识现代性的高潮。其中，后现代主义致力于颠覆中心与边缘的二元对立和等级秩序，挖掘被压抑对象的潜力，强烈地质疑了西方霸权和西方中心主义的意识形态。后现代主义话语对现代化理论和其他现代性话语的冲击是巨大的：它不仅反对西方的现代性是本真的、唯一的现代性，也反对西方现代性的霸权和同质性，指出要承认西方之外的现代性的合法性。这些方面也是艾森斯塔特强调的，后现代主义话语对"多元现代性"观念的影响可见一斑。而且，在艾森斯塔特看来，从不同方面体现了现代性的最新变化的新社会运动也与后现代主义存在着复杂的关系，诸如流散者的身份认同等新社会运动就是在后现代主义理论的直接指导下产生的，反映了后现代主义的某些理念。艾森斯塔特把这些运动视为体现了现代性最新发展的运动，虽然他不像有的论者那样把这些运动视为后现代运动，也不承认后现代性已经取代了现代性，但他仍然承认这些运动与后现代主义之间的互动关系，也部分地接受了新社会运动对现代性的反思。因此，其"多元现代性"观念同样也受到了后现代主义话语的影响。

这样，从时间与空间、事实观察与理论反思的角度入手，我们才能够全面而深入地认识"多元现代性"观念的丰富性和复杂性。

三、直面破坏性的多元现代性批判

自现代性诞生以来，对它的批判就没有间断过。我们可以列出诸如维科、哈曼、卢梭、德·迈斯特、卢卡契、霍克海默、阿多诺、马尔库塞、海德格尔、德里达、福柯、鲍曼等一长串的名字。对现代性的批判既有"左翼"阵营，也有"右翼"阵营；既有现代性的倡导者，又有现代性的反对者；既有人文学者的激情宣泄，又有社会科学学者的冷静分析；既有来自外部的批判，又有对现代性内在危机的批判。在这些批判中，有的真实，有的偏激，有的保守，有的反动。这些批判大都从不同角度涉及了现代性的局限、消极面和破坏性。其中，霍克海默、阿多诺、鲍曼等学者把现代性的破坏性揭示得淋漓尽致，并把它视为现代性发展逻辑的必然产物，诸如鲍曼的名著《现代性与大屠杀》，为我们提供了由现代性发展出来的一桩桩令人发指的事件。艾森斯塔特也加入了批判现代性的大合唱，尽管他也从外部批判了现代性的消极面，但主要还是从现代性的内在结构的紧张和冲突中揭示了现代性的破坏力。

正如硬币的正反面一样，现代性的阴暗面（即现代性的破坏性因素）与现代性的积极因素一起构成了现代性的整体，忽视任何一方面的认识都是不完整的。谈起现代性，我们经常想到现代性带来的成就，诸如自由与民主的扩大、科技的进步、物质生活水平的改善等，但往往缺少对它的消极后果和破坏性及其原因的认识和分析，尽管现代性的积极意义远大于其消极后果。当然，现代性的消极结果是多方面的，但从其破坏性入手来研究其消极结果，无疑是一个很好的切入点。实际上，破坏性也是多元现代性的消极后果之一，正是从揭示现代性的破坏力入手，艾森斯塔特才由对现代性的批判过渡到对多元现代性的批判，尤其是对多元现代性的破坏力的批判。

现代性的内在矛盾和紧张、资本主义制度的发展与政治领域中的民主化要求之间的矛盾和紧张，与民族国家之间的冲突、争夺中心霸权的冲突交织在一起，导致了现代性的破坏性，也改变了人们对现代性的乐观态度。人们经常通过外在与内在的视角来认识现代性的阴暗面：从外在的视角来看，现代性的前提和制度阻碍了人的创造力，削弱了人的精神的丰富性，摧毁了社会秩序、社会道德及其先验的基础，破坏了人与自然、社会的有机联系；从内在的视角来看，现代性方案所强调的人的能动性与强大的控制倾向之间存在着全面而连续的冲突，现代制度导致了社会的不平等和社会秩序的动荡。虽然有些指责过于偏激，但这些问题都不同程度地存在，有的甚至发展到了非常危险的地步。

在艾森斯塔特看来，现代规划的基本前提内部就充满着紧张与悖论，现代性的阴暗面就直接存在于现代规划的内在冲突中。这些紧张与悖论表现在："首先，存在于有关这一方案的主要成分的总体论概念与更多样化的或多元主义的概念之间（涉及理性的概念本身及其在人类生活与社会中的地位，自然、人类社会及其历史的建构）；其次，存在于对自然和社会的反思和积极的建构之间；第三，存在于对人类经验的主要思维度的不同评价之间；第四，存在于控制和自主之间。"(S. N. 艾森斯塔特，2006) 概而言之，就是多元主义和极权主义之间的紧张和对抗。这些矛盾是造成现代性的破坏力量的最主要的原因，也体现了现代性的破坏潜能，把暴力、恐怖、战争意识形态化和神圣化，这些破坏潜能在法国大革命和浪漫主义运动中都有明显的表现。多元主义和极权主义之间的紧张还派生出其他矛盾，诸如乌托邦或开放的态度与实用主义之间的矛盾、封闭的身份认同与多种身份认同之间的矛盾，这些矛盾都可能成为现代性的破坏性因素。除此之外，在现代性扩张过程中，非西方社会与西方的关系、对西方社会与现代性之间的关系的认识，也都可能成为现代性的破坏性因素。就此而言，艾森斯塔特一针见血地指出："野蛮主义不是前现代的遗迹和'黑暗时代'的残余，而是现代性的内在品质，体现了现代性的阴暗面。现代性预示了形形色色宏伟的解放景观，不仅带有不断自我纠正和扩张的伟大许诺，而且包含着各种毁灭的可能性：暴力、侵略、战争和种族灭绝。"(S. N. 艾森斯塔特，2006)

艾森斯塔特认为，野蛮主义的根基在于人性的某些基本特征，在于构建人类社会、文化和社会秩序的活动中。社会秩序、意义系统和边界的构建与集体认同，一方面具有克服生存的焦虑、获得信任和保障创造力量等积极意义，另一方面也涉及权力的实施和合法化，使人感受到了社会秩序的专断和脆弱，并把对社会秩序的矛盾态度转化为暴力和侵略倾向，把他人视为陌生和邪恶的对象而予以拒斥或攻击，从而具有了破坏的潜能，极端法西斯主义和国家社会主义便是在建立集体边界过程中将现代性的破坏潜能彻底暴露出来的典型。

这种潜能能够在任何社会产生，一旦与现代规划结合起来，其建设性和破坏性都非常强烈。虽然现代性的文化方案为现代性的扩张找到了合法性，但现代性的扩张主要是依靠殖民主义和帝国主义的力量通过战争、经济掠夺和通信技术等手段实现的，这加剧了非西方社会与西方社会之间的对抗，使现代性的破坏潜能暴露无遗。不仅如此，现代性的扩张还产生了现代性霸权之间的冲突和对抗，甚至这种冲突和对抗只有通过战争才能解决，使现代性的破坏潜能发展到了触目惊心的程度。第一次世界大战和第二次世界大战都充分地展示了现代性的破坏潜能，其中的种族清洗、纳粹大屠杀、恐怖主义更是惨不忍睹、令人发指！遗憾的是，现代性的破坏潜能并没有绝迹，一旦遇到时机，它就可能死灰复燃，20世纪末发生在一些苏联加盟共和国、科索沃、卢旺达的"种族清洗"，都说明了现代性破坏潜能的顽强。现代性的破坏性是对现代文明的极大嘲讽，它破除了笼罩在进步主义上的光环，呈现出现代性残酷的一面。此外，现代性的某些消极后果则是现代性的某些方面发展到极端的产物，如现代性的扩张把启蒙运动的"理性至上"原则推向极端，使工具理性膨胀、越位，最终使工具理性有取代价值理性、实质理性的危险，造成了事实与价值、目的与手段之间的紧张，导致了人的精神的平面化和生存意义的亏空，使人成为理性的"铁笼子"的囚徒。

事实上，破坏性是现代性的内在局限和表现，也同样是多元现代性的内在局限和表现。破坏性不仅表现在最初的现代性及由其发展出来的多元现代性上，也表现在现代性扩张过程中所伴随的战争、侵略和压迫上。对现代性阴暗面的批判，也同样是对多元现代性阴暗面的批判。

因此，我们既要看到现代性的成就和建设性潜能，又要看到其消极面和破坏性潜能，并分析导致这些结果的原因。同时，我们也应该认识到，现代性的缺陷有外在、内在之别：外在的缺陷容易被识别、被克服；而内在的缺陷则是内在于其前提中的紧张、矛盾与冲突，我们应该更仔细地辨认、更认真地对待。只有这样，我们才能认识到现代性、多元现代性的破坏性，才能把这些消极因素扼杀在萌芽状态，或将其危害程度降低至最低，以达到趋利避害的目的。

四、"多元现代性"何为？

艾森斯塔特对欧洲文明、美洲文明、印度文明和中国文明等轴心文明都有精深而扎实的研究，对这些文明的现代化进程的研究更是独树一帜。"多元现代性"观念就是他集多年比较现代化研究得出的结论，既有恢宏的视野、严密的理论论证，又有强烈的现实针对性和非常重要的理论价值和现实意义。由于该理论的丰富性，这里很难全面地分析其得失，仅从四个方面对"多元现代性"观念之于中国现代性建设的意义略作分析。

第一，"多元现代性"观念在认识当代世界状况、全球化等方面具有重要的认识价值。在对当代世界发展状况（包括现代性）的判断中，两种观点最具影响力：一个是弗朗西斯·福山的"历史的终结"观，另一个则是塞缪尔·P.亨廷顿的"文明的冲突"观。前者认为，社会主义与资本主义两大阵营的对立被打破之后，资本主义已经大获全胜，自由主义和市场经济将取得支配地位，现代性文化方案之间的意识形态冲突将趋于终结；后者认为，以伊斯兰教和儒教为主要代表的文明反对西方、反对现代文明（现代性的缩影），它们仅仅在延续其历史上的文明，并形成了自己封闭的文明，未来的世界将会是这些文明与西方文明之间的矛盾、冲突和对抗。

"多元现代性"观念是艾森斯塔特对这两种观点的直接回应：虽然资本主义在世界范围内占优势地位，但现代性文化方案的意识形态模式和制度模式的冲突仍然存在，而且有时候还非常激烈，这足以说明"历史终结"论的错误；以反西方、反现代面貌出现的伊斯兰等文明不可能只产生封闭的文明，它们以特殊的方式延续着自己的历史，而且还与现代规划结合起来获得了现代品格，有时它们甚至还通过挪用西方现代性的主题和制度来反对西方，用"文明的冲突"来概括世界的发展显然是错误的。因此，尽管时有冲突发生，但当代世界的趋势只能是多元现代性的存在和发展，这是艾森斯塔特对世界现状的基本判断。这意味着，现代性的基本现实仍然是我们思维和行动的出发点，围绕现代性展开的各种问题仍将继续存在，现代性文化前提的内在矛盾所导致的意识形态模式和制度模式（包括资本主义和社会主义）之间的紧张、冲突和矛盾依然会继续上演；资本主义、社会主义都是多元现代性的表现，但现代性又不仅仅限于它们，还包括了更多的内容；后现代主义话语虽然从表面否定了现代性，但实际上是从不同的角度重新反思了现代性的问题，后现代性无法也不可能取代现代性。这些观点对于我们全面认识当代世界现状、资本主义和社会主义的发展、现代性与后现代性之间的关系都是有启发意义的。

此外，艾森斯塔特的全球化论述也颇有特色。他认为，现代性的古典时期（从19世纪到20世纪六七十年代）是第一波的全球化，上个世纪迄今的现代性是第二波的全球化，也就是说，全球化就是现代性的扩张；全球化挑战了经典的民族—国家模式，但仍然无法从根本上消除民族—国家的力量，现代性仍然是认识全球化的主要内容，也是处理全球化问题必须面对的现实。既然艾森斯塔特承认了多元现代性、民族—国家模式的正当性，实际上也就是否定了整齐划一式的全球化模式，其论述有助于帮助我们走出一味地追求与国外雷同的全球化误区。

第二，"多元现代性"观念有利于我们全面、客观而科学地认识现代性。改革开放之初，现代化成为全民的共识，举国上下无不对之顶礼膜拜。这样乐观的态度和想象支配了我们对现代性的认识，现代性成为自明的、无须质疑、论证和反思的对象，好像我们只要无条件地按照西方的道路重走一遍，就什么问题都解决了，就能迎来无限光明的前途，甚至对现代化的反思都被视为保守、落后。现在看来，这些认识的局限性是不言而喻的，现实的发展首先需要我们打破现代性的幻觉，科学而全面地认识现代性，并走出适合自己的现代性道路。因此，面对现代性时，只有全面认识到现代性的利弊、得失、机遇与挑战，才不至于被现代性的光环所迷惑而忘了其可能隐藏的陷阱。此外，要区别对待现代性的外在缺陷和内在缺陷；虽然外在的缺陷容易识别，但我们还是应该及早地防范这些问题；现代性的内在缺陷则比较隐蔽，是现代性与生俱来的痼疾，应尽力将其危害降至最小，如：现代性的扩张和建构经常以否定传统的合法性为前提，也由此破坏了社会秩序、政治秩序和其他和谐因素，造成了社会的动荡，诸如此类的问题都是由现代性的内在缺陷所导致的，既是我们必须面对的问题，也是我们应该予以特别重视和警惕的因素。在这种意义上，"多元现代性"观念对现代性破坏性的揭示，无疑能够使我们打破对现代性的幻觉，直面其矛盾、冲突、残酷和野蛮性，促使我们全面地认识这些问题，并解决好这些问题。

第三，"多元现代性"观念对现代性主体自主性的强调有着重要的现实意义。

"多元现代性"观念既强调西方现代性的始源地位、规范意义和参照价值，又强调现代性的多元化和多样性。尽管西方的现代性模式曾经在历史上发挥了重要的作用，并作为其他现代性的基本参照物还在继续发挥作用，但现代性不是西方化，西方的现代性并不是唯一真实的现代性，应该把现代性从西方的霸权中解放出来，同样地重视非西方社会的现代性的理念和实践。这个观念不仅能够启发发达国家更全面地看待现代性的得失，认真对待后发展国家对现代性的探索，而且对于后发展国家也有重要的启发意义。中国作为发展中国家，一方面要理解现代性的复杂性和利弊得失，在遵守现代文明游戏规则的基础上充分享受现代性的成果、抓住现代性的机遇，在国际上争取更大的发展空间；同时也应该重视自己的具体国情，从实际出发，建构适合自己的现代性。否则，如果完全按照西方的现代性模式来规范自己，不但发挥不了自己的长处，甚至可能重复西方现代性的弯路，从而付出不必要的代价或坐失良机。

第四，"多元现代性"观念对传统和社会历史经验的重视，有利于发挥它们对于建构现代性的作用。我们知道，每一个国家（或民族）的传统和历史经验都是传承和发展的统一，既不能完全抛弃，也不能原样照搬。同样，在社会（包括现代性）的发展中，传统和历史经验是塑造现代性的不可忽视的力量。"多元现代性"观念揭示了传统和历史经验之于现代性的重要作用，有助于帮助我们认识、发挥传统与社会历史经验的积极作用，避开其可能导致的负面影响，甚至有意识地予以改造和转化。中国传统尽管有许多阻碍现代性的因素，但它对人与人、人与自然、人与社会之间的有机联系与和谐共处的重视，对伦理在塑造个人与社会中的作用的重视，在现代性建设中仍然具有现实意义，通过继承或转化还可以继续发挥其应有的作用。

中国的现代性建设尚有相当长的路要走，也将面临许多难题，为此，我们需要宽广的视野、科学的态度、勇于进取的精神和强有力的实践，国外的现代性论述也因此成为我们的现代性建设的重要资源和参照点。毫无疑问，艾森斯塔特的"多元现代性"观念应该是我们吸收的重要资源之一。艾森斯塔特的现代性理论有丰富的内容、重要的理论价值和现实意义，限于篇幅，这里只涉及了其中的一些主要部分，相信大家通过阅读他的著作能够得到多方面的收获。本文权当是"抛砖引玉"，希望中国学界能够给予他的理论足够的重视，并从汲取更多的、有益的资源。

参考文献 ┠───

[1]〔以色列〕S. N. 艾森斯塔特. 历史传统、现代化与发展. 载《20 世纪西方现代化理论文选》. 上海：生活·读书·新知三联书店，2002.
[2]〔以色列〕S. N. 艾森斯塔特. 反思现代性. 上海：生活·读书·新知三联书店，2006.

作者简介 ┠───

　　李世涛，1968 年生，毕业于中国人民大学，文学博士，教授，博士生导师。主要从事中西现当代文论、美学、文艺思潮研究。独立完成国家社科基金艺术学一般项目 2 项，主持完成国家社科基金后期资助项目 1 项，独立完成文化部青年课题 1 项、中国艺术研究院课题 2 项。独著《在中西文论与文化之间》等 3 部，合著《中国当代美学口述史》（第一作者）等 3 部，参著《当代中国文艺理论研究》等 5 部。发表学术论文 82 篇，《中国社会科学文摘》《新华文摘》《中国人民大学复印报刊资料》转载 20 多篇；发表学术史访谈 30 多篇。中国文联北京二外中国文学批评中心兼职研究员、广东外语外贸大学外国文学文化研究中心兼职研究员。

〔原载《厦门大学学报（哲学社会科学版）》2007 年第 2 期〕

客体、文学与接触空间
——通向接触空间诗学之路

陶家俊

▶ **摘　要：**后弗洛伊德时代，尼古拉·亚伯拉罕、玛丽·托罗克、D.W.维尼柯特、安东·埃伦兹维格等学者持续研究自我心理成长过程中客体的中介／转化功能及相应的过渡现象，将文学这一独特的过渡客体视为文化的创新之源。以此为理论基础，伽达默尔对话诠释学的第三代传人嘉贝丽·施瓦布传承伽氏对话精神，发掘文学独具的文化生成转换能量，继伍尔夫冈·伊泽尔的读者反应论和文学人类学理论之后，提出融诗性语言论、文化接触论和创伤文化论为一体的接触空间理论。

▶ **关键词：**客体；空间；嘉贝丽·施瓦布；诗学

伍尔夫冈·伊泽尔早期受恩师伽达默尔点化，浸淫于对话诠释学的研究，旁涉罗曼·英伽顿的现象学，服膺瓦尔特·佩特的现代主义否定美学，提出系统的读者反应理论。20世纪80年代末，他进一步提出文学人类学观念，探讨文学诠释对人和文化的塑形功能，即文学诠释在文化间对话和转化过程中的文化创新力。伊泽尔推动了伽达默尔对话诠释学向读者反应论和文学人类学的转变。伊老的学生嘉贝丽·施瓦布是伽达默尔对话诠释学的第三代杰出传人。乘80年代中期的人类学文化转向之劲风，她既传承欧陆诠释学命脉，又从客体关系心理分析话语中汲取营养，持续关注心理、审美、文化、政治共同塑造的接触空间，重构以多维、动态、异质性为突出特征的接触空间中文学的认知模式及文学的文化价值和功能。从西方当代人文学术生态角度看，施瓦布立足接触空间的文学功能和价值重构行为呈现出一幅二源汇聚、景应时节而兴的动态思想景观。

一、后弗洛伊德时代的"客体"

从伊泽尔到施瓦布，伽达默尔之后的当代诠释学经历了深度思想震荡，形成独特的心理分析转向。施瓦布有力地揭示了思想史意义上以自我与他者之间的对话互动为基础的诠释的双重性。一方面，伽达默尔对话阐释学滋润的文艺阐释和文化关怀将中心从作者和文本转到作为独特审美体验模式的阅读过程。褒扬跨文化的差异对话伦理，重写以同质文化共同体为参照域的价值规范；另一方面，后弗洛伊德时代心理学经历了一系列裂变。几番改造和加工之后，心理学话语中主体、象征、文化与无意识、镜像、前象征这两个序列的概念双双排挤的"客体"跃入知识话语的中心，有效地修正了我们关于文艺审美、文化、政治乃至存在的认知模式，为我们提供了一套新的知识重构话语。因此，要全面理解施瓦布文学的接触空间论及其深刻的心理学基础，有必要梳理弗洛伊德之后围绕客体的批评心理学话语，借以突显逐渐出现在 20 世纪批评心理学话语中的"过渡客体"概念[1]。

1. 游戏客体

1917 年之前，弗洛伊德集中探讨个体心理成长过程中的暴力和创伤，之后，他转向关注外界暴力施加于个体心理的创伤。有的弗洛伊德研究专家将《超越快乐原则》（1920）视为客体关系理论的起点，但更早的萌芽是"悲悼与抑郁症"（1917）。在"悲"中，弗氏探讨爱的客体之死亡使主体沉溺于其中的两种心理状态——悲悼与抑郁症，但他却没有深刻揭示主体这种饮鸩止渴、作茧自缚式的创伤心理的本质及根源。

在《超越快乐原则》中，弗洛伊德提出"死亡本能"这一概念。爱的本能令人充满创造力，将和谐、性结合、繁殖和自我保护烙进个体心理的内核；死亡本能却导致破坏和毁灭，使人充满进攻欲望和死亡冲动。因此，爱欲左右的快乐原则之外存在着现实原则——个体与现实商榷并催生自我心理防卫的心理机制。促成个体与现实商榷并妥协的中介环节就是具有替代爱欲对象之功能的游戏客体。在《超越快乐原则》第二章，他集中探讨了幼儿游戏隐含的进攻型心理防御机制

---

[1] 客体关系心理学使用"过渡客体""过渡现象""中介""过渡空间"等概念，施瓦布更多地使用"接触空间"这一表述。

及其移情作用——借游戏将对暂时消失的母亲的情感焦注转移到游戏客体上。不断重复游戏客体的消失和回返游戏，在自我的快感满足与爱恋客体的消失引起的失落感之间寻求平衡支点。

无论是那些自封的弗氏传人，还是 20 世纪主宰法国心理分析舞台的拉康，都有意回避甚至抛弃了弗洛伊德后期思想的核心概念："死亡本能"和"游戏客体"。1939 年，客居英伦的弗洛伊德离世，他对战争、工业机械、屠杀、文明灾难给予现代人心灵的创伤及其愈合可能性的反思也画上了句号。

2. 心力投入与内并

尼古拉·亚伯拉罕与玛丽·托罗克是匈牙利的哲学家和心理分析家，二人于 20 世纪 50 年代至 70 年代中期客居法国巴黎。他们延续并升华了弗洛伊德对悲悼和抑郁症的研究，同时将桑多尔·费伦齐[2]的"心力投入"（introjection）概念加工成系统的创伤心理理论，将"心力投入"定义为："通过与客体接触将无意识包含在自我中的过程。心力投入扩展并丰富自我，竭力将无意识、无名的或被压抑的力比多导入自我的领地。……心力投入赋予客体在自我与无意识之间进行调停的作用。……将本能刺激转化成欲望和欲望幻想，使之在客体空间中展现并合法存在。"（Nicolas Abraham and Maria Torok，1994）心力投入在自我、爱的客体与本能之间形成动态的心理体验空间，横跨自我与无意识、自我和无意识建构的内在心理与爱的客体栖居的外界之间的边界。其目标是借爱的客体，将无意识能量成功、和谐地纳入自我的领地，实现自我向完整、同一主体的转化。因此，爱的客体发挥双向作用：既承受来自自我的心理焦注，又承受本能的欲望之流。本能欲望合法地进入自我焦注的客体世界，由此自我完成一轮对无意识本能的转化和占有。心力投入过程完成后，爱的客体从心理体验的想象圣台跌入纯客体化的世界；自我将爱欲投射到下一个客体之上，再次踏上新的客体世界与本能欲望征服之旅。

心力投入是理想的主体塑造过程。在心理体验空间中，作为中介环节的客体的闪失和外在世界的诡秘变异，在自我的征服之旅上布下暗礁和陷阱，产生内

2　匈牙利心理学家桑多尔·费伦齐（1873—1933）与卡尔·荣格一样是弗洛伊德的密友和弟子，代表著作包括《精神分析的发展》和《精神分析技术的灵活性》。费伦齐在《心理分析问题与方法的最后贡献》一书中给"心力投入"概念的明确界定是："我将心力投入描绘成通过将客体包含在自我之中的方式延伸到原初自发的性兴奋域的外部世界。……一般而言，人只能爱自己；如果他爱某个客体，就会将之纳入自我。……我使用'心力投入'概念来泛指所有这类自我的扩展、所有这类将被爱的客体包含在自我中的现象。"

并（incorporation）这种独特的心理创伤。[3] 内并的动态过程是：爱的客体的缺失在心力投入过程中形成无法逾越的障碍，给自我造成无法承受的痛苦现实；缺失的爱的客体被隔离、压抑、限制、埋葬在心理空间的秘穴中。"突然间失去了自恋基础上的必需的爱的客体，但是这种丧失却被禁止表露出来。否则内并也就没有存在的理由。"（Nicolas Abraham and Maria Torok，1994）内并的首要特征是幻想。内并幻想将爱的客体或其他与之相关的事物吸纳进身体，通过幻想式的占有方式来拒绝接受痛苦的现实——爱的客体的丧失。内并的第二特征是隐秘。被内并的幻想客体寄生于心理空间中的"秘穴"（crypt）[4]。可怕的隐秘使人无力悲悼，在心理空间中形成沉默笼罩下的秘密坟场。语词变得空洞无声，灾难场景徘徊在记忆的大门之外，无泪的双眼变得干涩呆滞。（Nicolas Abraham and Maria Torok，1994）

亚伯拉罕与托罗克的心力投入理论聚焦个体心理成长和集体文化心理演变的创伤环节，剖析作为创伤心理主要症候之一的内并现象，为创伤文化研究打开了一条心理分析通道。内并对语言的隐喻和象征再现功能的排斥、对思考和认知的拒绝、对暴力的无言体验，撕开心理空间的完美图景，产生沉默、隐匿、无法破译的心理内核，剥夺了人直面自我、世界和历史的力量。

3. 过渡客体

与心力投入论不同，20世纪五六十年代，英国心理学家D.W.维尼柯特积极肯定主体建构过程中过渡客体积极的塑形作用。他最早于1951年在《心理分析国际学刊》上发表《过渡客体与过渡现象》（D. W. Winnicott, 1967）一文。《游戏与现实》（1971）以"过渡客体与过渡现象"为基础，将视野扩展到文化艺术客体与人的创造力之关系研究。过渡客体最早出现在幼儿游戏中[5]，在现实与心理间形成潜能空间——一个连接主观客体与真实客体的经验领域。潜能空间最初产生幼儿无所不能的全能幻觉，继之成为幼儿克服焦虑和寂寞的游戏空间，后来变成幼儿与现实商榷融合的中介区域，最后转变为成人的艺术创造、宗教仪式、想

3　心力投入的目标是本能，内并的目标是爱的客体。两者形成对立的心理体验现象。

4　秘穴是内并在心理空间中形成的隐秘区域，以心理幻想方式将失去的爱的客体封存起来，受欺骗的自我对创伤或损失处于茫然无知的状态。在此基础上进一步提出代际间创伤论——幻影理论。简言之，幻影论（一说幽灵论）关注隐秘状态下战争、灾害、屠杀等造成的家族秘密给后代带来的沉默、遗忘、记忆丧失、失语症等心理创伤。受创伤的、逝去的他者寄生在下一代的心理空间中并导致下一代自我身份的紊乱或丧失。幻影论有益于揭示战争、大屠杀、大灾难等暴力现象在个体、家族、共同体等多层面上形成的创伤文化现象，有助于人们学会悲悼，恢复记忆，战胜沉默和遗忘。

5　幼儿游戏中常见的过渡客体包括毯子、衣服、玩偶、幼儿的咿呀学语、不断重复的动作等。

象等各种文化活动的发源地。正是过渡体验使我们既扎根于心灵世界，又与外在世界水乳交融。过渡体验从母婴时期延伸到成人生活，伴随着我们整个的成长过程，弥漫于整个文化生活，连接着过去、现在与未来。

过渡客体、过渡现象与潜能空间是维尼柯特客体关系理论的重要构成元素，共同凸现出以创新力为价值核心的过渡空间雏形。将过渡客体从纯粹的心理影像和现实世界中分离出来，积极肯定过渡客体在心理成长和文化秩序中独特的创造功能，这恰恰是心力投入理论忽略的问题。它揭示了个体心理成长及文化生活另一副生动激越的面孔。维尼柯特提出的根本问题是：在我们与客体生息相通的世界里，在与文化象征秩序商榷沟通的过程中，创造性的力量之源何在？[6]

4. 艺术创造力

安东·埃伦兹维格[7]以客体关系论为基础，在《艺术的隐匿秩序》（1967）中将心理学、艺术史、文艺批评、艺术教育和哲学思考融为一体，建构了以过渡现象为视域的艺术创造论。艺术表现出两种极端对立的现象：一类艺术自然地呈现出规则匀称的结构、明晰的意义、一目了然的中心；另一类艺术似乎刻意追求含混、时空和形式错位，表现出极端的非理性和混乱。前者与意识对应，是理性和秩序的太阳庇护的宠儿，是意识的力量在艺术创作中高歌猛进的明证；后者与无意识对应，表现出酒神的癫狂，展现了无意识摧枯拉朽般的狂暴之力，几乎吞噬消耗掉所有的艺术规范和习俗。值得注意的是，秩序和混乱仅仅是描述艺术想象的两种认知模式。将秩序与混乱、意识与无意识的对立绝对化，只不过是在重复秩序的谵言妄语，借秩序和理性的独白来抹煞混乱和无意识包含的自成一格的秩序——隐匿的秩序。

艺术涉及的混乱遵循隐匿的秩序和规则，如无序、自发性、偶然性、任意性。换言之，秩序呈现为不同类型。现实主义的强光照耀下的艺术恪守生活现实的秩序；浪漫主义的狂飙却任激情的洪流奔涌，让想象的翅膀飞翔，无意识自发地显露出隐匿的秩序和风景。无论是意识遵从的差异化原则还是无意识支配的非差异化模式，都仅仅是艺术创造的一个阶段或层面。就整个艺术创造过程和艺术史而言，差异化、非差异化和再差异化形成一个循环往复的过程：

6　拉康对语言情有独钟，将语言奉为欲望、主体的阿基米德支点。维尼柯特关注儿童心理成长和主体建构过程中的前语言体验期，考察文艺客体形成的人类文化实践意义上独特的过渡空间。

7　奥地利人埃伦兹维格二战前夕逃往英国，在伦敦大学戈尔密斯学院教授艺术教育，《艺术的隐匿秩序》是其代表作。

在最初（"精神分裂"）阶段，自我分裂的碎片被投射进艺术品之中；不被承认的分裂因素自然显得出人意料、碎片化、多余、令人烦恼。第二个（"偏执狂"）阶段引出无意识扫描，容纳艺术的潜结构，却不一定必然愈合表层格式塔的分裂散乱。例如大部分现代艺术最终都未达化境。但无意识仍将单个的因素连缀在一起，以完整的图画空间来呈现无意识综合的意识信号。在第三阶段的再次心力投入过程中，作品隐匿的潜结构在更高的精神层面部分地回返到艺术家的自我之中。因为在意识分析中非差异化的潜结构必然显得混乱无序，所以第三阶段也常常被严重的焦虑困扰。（Anton Ehrenzweig, 1967）

达达主义、超现实主义、意象派等现代主义艺术消解了现实主义艺术建立的秩序，以癫狂的非差异化力量涤荡了人们的灵魂，震撼了人们的神经，但是现代主义的技巧和信条转眼间就沉入大众消费文化的巨浪之中，失去了震撼力和想象力。面对现代艺术颠覆性的爆炸留下的苍凉、庸俗和贫乏，埃伦兹维格预言，新一轮艺术创造高峰必将来临，想象的火焰将再次照彻人间，伟大的艺术将继续滋润人类文化的未来。

此处有两点需要注意：

（1）后弗洛伊德时代，自我心理成长过程中客体的中介/转化功能及相应的过渡现象研究形成欧陆心理学一大流派，其思想源头是 1917 年之后的弗洛伊德之学，将文学艺术视为独特的过渡客体，探索人类文化的创新之源，与拉康、梅兰妮·克莱恩等主导的心理学潮流呈平行对话之势；

（2）亚伯拉罕与托罗克的内并/创伤论、维尼柯特的过渡客体论及埃伦兹维格的艺术创造论的批评重心和价值取向各不相同，由此深刻影响施瓦布对文学的两大文化功能的描摹，即文学表征的文化接触行为的创新力、记忆与创伤书写和叙事的文化/历史创伤愈合力。

二、文学的接触空间

文学的边界延伸到哪里？文学的文化转化力量何在？以伊泽尔后期的文学人类学和后弗洛伊德时代以"客体"为核心的批评心理分析话语论为基础，施瓦布执着地追问上述两个问题，提出文学的接触空间理论。诗性语言过渡空间论、文化接触论和创伤文化论是其三大主要构成部分。过渡空间论涉及心理体验过渡空间、诗性语言过渡空间和文化过渡空间。文化接触论关注阅读行为、批评理论和书写文化等独特的文化接触形式。创伤文化论探讨文化 / 历史创伤及其认同根源、创伤文化征兆的新文化形态及新的文化认知范式和文化政治模式。

1. 过渡空间论

维尼柯特和埃伦兹维格为施瓦布的诗性语言和文学主体性研究奠定了理论基础。维氏将文学和其他文化客体定格到特定的心理体验过渡空间。他认为，在意识与无意识、镜像认同过程与象征认同过程之间存在一个过渡空间。在此过渡空间中，主体疆界的差异化、反差异化和再差异化反复进行。埃伦兹维格认为，审美意义上的反差异化激发对创造过程来说至关重要的无意识体验模式，语言从无意识吸取能量，形成独特的表现形式和风格。因此，镜像认同过程自成一体，与象征认同过程构成审美生产和接受的两极，这两极相互作用、相互渗透，不断瓦解并重构意识与无意识的疆界。[8]

现代主义和后现代文学中，诗性语言不再依附于文化象征秩序和象征认同，在文化象征秩序与个体、意识与无意识之间形成不间断的商榷、转换的语言过渡空间。诗性语言过渡空间表征着文化过渡空间，征兆了文化和历史的断裂、初露端倪的新知识形态、文学和其他文化客体新的转化和创造功能。"不同文化环境在文化客体的形式和使用上产生明显不同的作用。独特的历史视角能有效地描述这些差异变化。"（Gabriele Schwab，1994）18 世纪小说兴起之时，小说家依靠现实主义原则基础上的诗性语言，建构资产阶级同一、进取的主体。现代主义小说家放弃了现实主义，转向偏重镜像认同过程的碎片化、开放、变动形式，借以表现资本主义文化分裂、创伤的主体。从现实主义到现代主义，从资产阶级同一主体到去中心主体，文学和文化的主体性疆界成了一个持续的建构、解构和重构过程。诗性语言同时生成解构与重构的力量。彰显无意识，让他者发出声音，瓦解

8　施瓦布让现代和后现代实验文学征兆的新的诗性语言和文学主体性与后现代、后结构的再现终结和主体死亡论对簿公堂，巧妙地将西方心理分析及相关批评理论反复诘问的心理体验过渡现象与诗性语言过渡现象结合在一起，使诗性语言呈现出另一副以过渡心理体验为特征的面孔，探索语言和主体新的不断变动的边界，将无意识与意识、主体生成的原初过程与次级过程、镜像认同与象征认同、无意识语言与意识语言、自我与他者重新解释成开放的整体系统中由文学或其他文化过渡客体沟通、协调、转化的两极。值得一提的是，施瓦布在理论层面上评点拉康的"滑动的能指"和"无意识铭写"、德里达的"持续的流动"、克里斯蒂娃的"诗性语言越界"、杰姆逊的"象征秩序对无意识的殖民化"等有关语言和主体性的观点。

主体的疆界；同时又限制无意识，重新划定主体的疆域。

在《镜子与迷人王后：文学语言中的他者性》中，施瓦布分析文学语言的他者性，探讨跨文化视野中文化内部、文化之间的过渡现象与接触形式。文学再现论偏重文学的摹仿功能，将文学比喻成世界的镜子。但是诗性语言的转化特征赋予文学特有的镜像化功能，使不同力量接触并相互转化。"……镜子标志着向其他语言和规则制约的其他世界的过渡。镜像比喻将转换和接触联系在一起，暗指修辞、文化和心理范围的连接。"（Gabriele Schwab，1996）文学过渡空间同时充溢着修辞、审美、文化、心理、政治领域的交往互动。文学从单一的审美领域转到文化接触空间，从审美实践变成复杂的文化接触行为。

2. 文化接触论

文学生成的文化接触形式主要包括阅读、批评理论和书写文化。文学不断跨越文化的边界，成为动态的文化接触行为。从方法论角度看，文学的文化接触功能研究既不同于传统的文学审美、形式或心理研究，也不同于流行文化研究中的种族批评、多元文化论或文化政治论，它立足审美、文化、心理、政治四个界面交互形成的动态接触空间探讨文学的文化功能和价值。

阅读不再局限于文本的艺术规则或读者的审美体验。文化对文学审美空间的体制化制约着文学传播与接受的历史和文化差异，使阅读成了"一种跨越文化和历史边界的商榷行为，一种与他者接触的形式"（Gabriele Schwab，1996）。"……阅读影响边界——读者、阐释群体或广义的文化的边界。……读者持续地消解、重构、扩展或僭越他们在不同层面上为自我文化划定的边界。"（Gabriele Schwab，1996）与阅读相似，批评理论也是文化他者性的表征，是建立在他者性基础上的理论变异、越界、对话甚至对抗。"通常我们按照文化接触模式理解阅读行为、理论的互文性、理论的干预和争鸣态势"。（Gabriele Schwab，1996）

批评理论必然具有自身的价值诉求。伊泽尔、巴赫金都关注历史、文本、读者、文学语言的他者性，展望他者性孕育的对话伦理。当代文化批评全面批判西方文化和政治的他者性逻辑，褒扬对抗伦理——对抗不同文化、种族、地域、性别、知识体系、价值伦理、生命世界、人的精神领域和心理空间中普遍存在的殖民现象。批评理论的这两种价值诉求是对当代人类文化现实的两种反应。对话伦理超越了等级化和边缘化导致的不平等文化现实；对抗伦理将矛头直指文化现实，干预并瓦解种族主义、男权、西方中心论共同建构的关于他者的一整套权力/知识话语。

从全球跨文化视角看，书写文化标志着新的文学研究范式的出现。其根本问题包括：(1) 书写语言怎样在文化知识的生产和传播过程中发挥塑形作用？(2) 作为独特的书写文化形式，文学在文化知识的传播过程中使用了哪些形式、修辞，形成哪种风格并产生何种独特的接受模式？

与非文学的书写文化不同，文学在文化接触过程中传播的是另一种形式的文化知识，不仅促成不同文化的相互转化，而且参与、影响、促进不同文化背景中的人之间的情感投入和互动。文学书写在最根本的情感层面持续地推动文化和心理转化，塑造我们的心理、想象、情绪、认同乃至幻想。

施瓦布尖锐地指出，在与西方强势书写文化狭路相逢的过程中，只有在无意识和元交流层面，我们才能捕捉到本土文化策略及其塑造的文化自觉意识。本土文化主体常常借助仪式性的表演间接促成文化交流，通过隐喻（metaphor）、混杂（hybridity）、讽刺（irony）、仿真（simulation）、摹写（palimpsest）等策略建构自己的主体性，颠覆不平等的文化交流秩序，激活新的本土文化自觉意识。

3. 创伤文化论

从时间上讲，创伤文化论晚于过渡空间论和文化接触论，其代表论述包括《抵制记忆和遗忘的书写》（Gabriele Schwab，2006）、《认同障碍：罪、羞耻与理想化》（Gabriele Schwab，2007）、《梦魇般的传统：施暴者后代的创伤》（Gabriele Schwab，2004）等文章。关于创伤文化论，有两点值得我们反思：

(1) 创伤文化论与过渡空间论和文化接触论都从客体关系心理学的两种不同潮流中汲取养分。一股潮流的弄潮儿是弗洛伊德、费伦齐、亚伯拉罕和托罗克，"暴力"和"创伤"是关键词；顺着另一股潮流踏浪而来的是维尼柯特和埃伦兹维格，他们力图阐发心理和文化过渡空间蕴藏的创造转化之力。施瓦布将两股潮流逐渐汇聚融合，因此过渡空间论呈现出色差鲜明、梯次推进、交错阐发的学术生态特征。

(2) 文化接触与创伤文化是过渡空间文化的两种样态。与此对应，作为独特书写文化形式的文学分别扮演了传播文化知识、塑造情感和想象认同与愈合创伤的角色。在跨历史、跨文化语境中，文化接触书写与创伤文化书写都是想象的铭写，是一种表演的文化政治[9]。但前者是模仿式表演，发挥情感投射和想象移情的功能；后者借言语的表演性本身的持续重复来悲悼创伤，发挥与记忆和遗忘的屏障效果对立的调节功能。

创伤历史损害个体和集体的文化记忆，将悲痛封存在心理空间最隐匿的秘穴之中。它破坏悲悼过程，施暴者与受害者都无力或拒绝悲悼暴力造成的生命死亡和文化劫难事件。意识与无意识之间失去了灵活变动的边界，记忆与遗忘被无限期地抛弃在心灵的荒漠中。创伤历史竖起一道沉重的沉默之墙，导致心理死亡和文化瘫痪，产生一种借叙事来见证、表演、悲悼创伤历史和创伤主体的需要。因为只有故事才能打破沉默。叙事脱胎于创伤和包围着创伤的沉默之墙，又穿越记忆与遗忘共同筑成的沉默之墙，发出悲悼的声音，哪怕是恍若隔世的谵言妄语、扑朔迷离的书写或诡异的风格。

战争、大屠杀、殖民征服、工业化、城市化、大灾难共同将我们的历史和文化谱写成暴力历史和创伤文化。扎根暴力和创伤的文学形成一种与不可言说的文化隐秘及其被压制的暴力传统之间紧密相连的文化接触形式。这类文学叙事依靠间接手段或诗性语言的无意识铭写来表现创伤，形成有关创伤的高度矛盾含混的证据，抗拒着记忆中那无法忍受的痛苦以及因遗忘造成的威胁。因此，这些将语言创伤文化的隐喻和转喻功能发挥到极致的叙事，发挥着纪念碑、展览馆、纪念日所无法替代的功能，在扭曲的记忆与遗忘、悲悼与沉默、生活的现实场景与历史创伤、罪恶与苦难、耻辱与荣耀之间塑造出以悲悼为醒目标记的过渡空间。

创伤文化论进一步拓展了文学书写的边界。与文学的文化接触功能不同，文学的创伤文化功能建构的是悲悼的、打破沉默的、借助记忆灰烬中残留的碎片和余热让创伤从心灵的墓地中爬出来并自行言说的主体。创伤历史掩藏下的施暴者和受害者，借叙事、叙事者的讲述和书写来完成或不断地表演个体与个体之间、个体与集体之间、种族之间、不同代人之间对历史创伤的悲悼。

9　英国哲学家约翰·L. 奥斯丁（1911—1960）在《如何以言行事》一书中提出言语行为理论，区分出三类言语行为——语内（illocutionary）表演行为、非语内（locutionary）表现行为和言语表达效果（perloutionary）行为。美国当代后女权理论家朱迪丝·巴特勒在《性别烦恼》和《至关重要的身体》中进一步提出性别认同表演论，强调文化象征秩序中我们对认同规范的援引是持续的创造和生成行为，形成开放、延异的性别认同表演。施瓦布的文化接触论和创伤文化论聚焦书写的表演性及其不同类型，可算是对表演性这一理论命题的丰富和发展。

三、结论

文学生成的接触空间持续地重构主体和文化的边界，始终以现当代多元、开放、动荡的文化语境中人的审美体验、日常生活实践、知识传播、情感塑造、心理感知、文化认同、政治诉求为参照，在阅读、批评、书写、言说、沉默、语言的形式和风格等多层面探讨文学独特的文化转化和边界重构功能。文学的接触空间理论致力于在无意识与意识、个体与文化秩序、弱势文化与强势文化、历史与现实和未来、施暴者与受害者之间重新确定文学的功能、价值和意义。

与纯粹的文学审美批评或对时髦理论的生搬硬套不同，与文学批评中蛊惑人心的极端民族主义和后结构虚无主义论调不同，文学的接触空间理论不懈追问以下问题：

1. 过渡空间的心理和文化纬度及其不同的历史文化类型是什么？

2. 作为过渡文化客体，文学以什么方式、在怎样的历史文化语境中发挥文化转化和再生功能？

3. 接触空间认知怎样重塑我们对文学、文化乃至存在的认知？

4. 在大众传媒和跨文化主宰的当代，接触空间认知能否有效地促进文学的合理性、边界和价值场域的重构？文学的边界又将延伸到何处？

当代世界中，大众传媒文化泛滥成灾，暴力仍是人类生命境遇中加速恶变的"肿瘤"，全球化在全球范围内攻城略地，将福音和灾难的种子同时播撒。我们不能承受文学缺场后的失重，无法忍受主体死亡后的苍凉和空虚，更无力面对价值和信仰的大幅贬值。正是在此现实背景下，伊泽尔从读者反应论转向文学人类学，力图澄清人类以文学客体为表征的虚构化冲动涉及的真实、虚构和想象三大要素及其越界和双重化特征，探讨人的可塑性和文化的可转化性。[10] 施瓦布在读者反应论与客体关系心理分析话语的交叉路口转向文学人类学，她系统分析生成接触空间的各类文学行为，如诗性语言、阅读、批评理论、书写文化、创伤叙事等，探讨主体、语言、思想、情感、想象、记忆、遗忘、书写等的边界，反思文学的

---

10 参阅伍尔夫冈·伊泽尔的《虚构与想象：绘制文学人类学的图谱》(The Fictive and the Imaginary：Charting Literary Anthropology, Baltimore：The Johns Hopkins University Press, 1993) 和《 解 释 的 范 围 》(The Range of Interpretation，New York：Columbia University Press, 2000)。前者探讨人的可塑性，后者探索文化的可塑性。

文化边界商榷、转化和重构力量。与老师伊泽尔一起，师徒二人都从文艺诠释转向文学人类学，在新的历史文化语境中重新认知文学的可塑性、人和文化的可塑性。

参考文献

[1] Anton Ehrenzweig. The Study in the Psychology of Artistic Imagination. Berkeley: University of California Press, 1967.

[2] D. W. Winnicott. "Transitional objects and transitional phenomena", International Journal of Psycho-analysis. 1951 (34).

[3] Gabriele Schwab. Subjects without Selves: Transitional Texts in Modern Fiction. Cambridge: Harvard University Press, 1994.

[4] Gabriele Schwab. The Mirror and the Killer-Queen: Otherness in Literary Language. Bloomington: Indiana University Press, 1996.

[5] Gabriele Schwab. "Children of Perpetrators", Postcolonial Studies: Culture, Politics, Economy, Vol. 7, No. 2 (July 2004).

[6] Gabriele Schwab. "Wring against Memory and Forgetting", Literature and Medicine, Vol. 25, No 1 (spring 2006).

[7] Gabriele Schwab (eds.). Derrida, D Psychoanalysis. New York: Columbia University Press, 2007.

[8] Nicolas Abraham and MariaTorok. The Shell and the Kernel. Chicago: the University of Chicago Press, 1994.

[9] Sandor Ferenczi. Final Contribution to the Problems and Methods of Psycho-Analysis. New York: Brunner/Mazel Publishers, 1980.

作者简介

陶家俊，1967 年生，毕业于北京外国语大学，文学博士，教授，博士生导师，英国文学学会副会长，文学人类学研究会理事。主要研究领域为西方批评理论、后殖民研究、文化研究、比较文学与比较文化研究。承担并完成国家级、省部级、国际合作和横向科研项目 10 多项。在本学科核心刊物、CSSCI、A&HCI 刊物上发表学术论文 50 多篇。代表著作有《文化身份的嬗变》《思想认同的焦虑》《文学、权力与主体》等。所著《思想认同的焦虑》获北京市第十一届哲学社会科学优秀成果奖二等奖，论文《书写中国，想象中国——论英国现代主义话语中的中国转化》获辽宁省第三届哲学社会科学学术年会优秀成果一等奖。

（原载《当代外国文学》2008 年第 4 期）

同一与差异：从现代到后现代身份认同

陶家俊

▶　**摘　要**：在以启蒙和后启蒙自由—人文主义为主导思想的西方现代知识话语中，同一占据支配地位，力图整合充满差异的现代文明，弥合现代人分裂的精神世界。在后现代全球化文化中，各种边缘话语对身份认同政治的强调使得差异变得异常活跃，成为解构后现代文化中同一支配下的文化霸权和主导意识形态的力量。但是，后现代文化身份认同也力图借助反霸权意识形态走向同一的理想世界。同时，从这一视角反观现代文化，在西方启蒙和后启蒙同一作用下的文化身份认同也包含差异的隐形作用。

▶　**关键词**：同一；差异；文化身份认同；现代；后现代

艾略特·杜茨奇在《文化和现代性：东西哲学视野》中指出："很久以来，人们就认为解释对文化研究来说至关重要。事实上，文化分析或人种研究的成果也是关于社会群体生活的文本。"（Eliot Deutsch，1991）文化身份认同研究就是解码作为思想主体的人与文化的关系。在欧洲现代和后现代知识话语中，文化身份认同都受到同一原则和差异原则的支配。然而，这两种原则在现代和后现代文化身份认同中支配地位的变化决定了现代文化身份认同与后现代文化身份认同的区别。斯图亚特·霍尔在《文化身份与族裔散居》一文中论及了认知文化身份认同的两种不同思维方式。（罗钢、刘象愚，2000）一种思维方式认为，文化身份认同是预设的，扎根于真正的集体"自我"，以稳定性和连续性为特征。文化身份认同超越现实和历史，趋向同一和永恒；相反，另一种思维方式认为，文化身份认同受历史、文化和权力游戏的制约，随异质文化间力量的转换而不断地分裂并重构。其实，第一种方式根植于以相似性、稳定性和连续性为特征的同一原则，是一种诗性建构；后者却是以断裂、分裂和动态为特征的差异原则为基础，以政治关怀的姿态反对文化霸权，强调差异，是一种政治性建构。按照巴赫金的观点，前者体现出向心力，而后者却是离心式的。

福柯在《词与物》（1966）中分析了支配现代知识型的同一原则。他认为，18 世纪末至 20 世纪初这一时期属于现代知识型。人横空出世，占据了词与物之间的位置，开始在知识型中占一席之地，因此古典时代的再现知识型强调的词与物之间的对应秩序被打乱，人首次成了有限世界中被关注的焦点。"现代人——那个可依靠身体、劳动和言说把握其存在的人——被视为有限存在中的实体……现代文化能构想人，因为它能设想一个以人为基础的有限世界。"（Michel Foucault，1970）在现代知识型中，以人为中心的文化具有了时空界限，人和文化具有了历史性和空间性。相应地，强调同一而非差异的现代思想用重构的同一体来消弭充满差异的现代世界中现代人的分裂危机，"……因为现代思想再也不趋向开放的差异结构，而是力图一劳永逸地揭开同一的面纱"（Michel Foucault，1970）。

让差异在同一中销声匿迹，以古典文化中人的理想原型反观分裂的现代人，在超越现实的乌托邦世界中实现现代人的文化身份认同，这是欧洲启蒙和后启蒙理念的宗旨。哈贝马斯认为席勒是同一原则驱动下解构现代性、重构现代人的第一人。（Jürgen Habermas，1987）从 1793 年开始构思到 1795 年完成并首次刊登在《季节女神》上的《美育书简》是德国启蒙传统中第一部对现代性进行审美批判的著作。席勒认为，现代人的形象体现出感性和理性的分离，唯有艺术审美乌托邦才能弥合现代人的分裂，因为源于艺术的游戏冲动能调和情感冲动和理智冲动的分裂。在审美乌托邦中，人"变成了完整意义上的人"，"更高的必然法则化解了自然法则的物质束缚和道德法则的精神禁锢"（Hazard Adams，1971）。席勒显然受到了康德《纯理性批判》中的理性认识论的影响，将人的理智经验上升到游戏冲动隐喻的同一审美乌托邦。席勒审美关怀以启蒙思想惯用的二分法为基础，在超验的同一乌托邦中重构现代人的自我形象。黑格尔的哲学思考也体现出启蒙思想构思的同一世界。在《意识哲学》和《精神现象学》（1807）中，黑格尔精雕细琢出人的意识发展的等差序列，意识借理性之力趋向绝对精神。他在《意识哲学》中说："关于理性的本质、纯粹真理是理性导致主体性、客观性和普遍性相互认同。因此，此时真理的普遍性本身……就是普遍的，渗透并包含着自我……"（G. W. F. Hegel，1971）黑格尔对启蒙时代诊断后开出的药方是绝对理性——具有整合差异世界之力的理性。（Jürgen Habermas，1987）对黑氏而言，理性能澄清、瓦解生活现实，同时又能重构现实。

19 世纪英国中产阶级知识分子的后启蒙自由—人文主义思想是启蒙思想同一理念的延续。正是基于同一原则支配下的后启蒙理念，该时期的思想家们大胆质疑民族国家英国的大规模工业化和殖民强国大英帝国的海外殖民侵略，剖析被工业化和殖民事业扰乱了的社会生活秩序。马修·阿诺德和托马斯·卡莱尔深刻地批判了边沁实用主义的泛滥。他们希望借文化之力消灭混乱，整肃工业化英国的社会秩序，挽救处于精神危机中的现代人。这样，阿诺德的文化乌托邦取代了启蒙时代康德的审美乌托邦和黑格尔的理性同一体。

后启蒙自由—人文主义也被用于解决与海外殖民遭遇相关的文化差异问题。后启蒙进化人类学观认为：不同种族的历史发展和文明程度构成"伟大的存在之链"。整个人类文明史就是一个连续、递进发展的进程。白种人位于人种进化之巅，欧洲文明是人类文明所能达到的顶点，也是反观其他非白种文明的一面镜子。这样，属差异世界之一端的欧洲人和欧洲文化被赋予了普遍性。自由—人文主义的人类普爱精神被用来重构欧洲殖民主义与殖民地本土文化间的差异，对与欧洲白种文明对立的"落后、黑暗、野蛮"的非白种文明进行分析、归类。以阶级、民族和种族为底色的后启蒙文化身份认同浸润了白人中产阶级知识精英的政治无意识，很难将其具有的阶级偏见与种族偏见分开。罗伯特·扬在《殖民欲望》的《文化的复杂性：阿诺德的人种政治》一章里，对阿诺德的《文化与无政府状态》中的希伯来主义和希腊主义进行了后殖民话语式的重读：

> 《文化与无政府》这部颇具影响的英国文化批评奠基之作以种族差异为基础来确定文化的力量和历史。因此，它重新彻底地确定并置换它所描述的动荡不定的社会场景中存在的明显的阶级冲突。阿诺德在他所揭示的四个阶级之间的抗争与种族间抗争的历史之间画等号……他将不同阶级利益产生的冲突变成内在的种族冲突，将他生活时代围绕特定政治事件的斗争——改革、爱尔兰自治和妇女的地位——置换成种族间的历史宿怨。(Robert J. C. Young, 1995)

现代文化身份认同力图整合的另一对差异是文化与自然的对立。文化身份认同就是在客观自然世界和人性自然两者之间不断进行自审。文化是自我，自然成了他者。文化成了欧洲、中产阶级、白种人澄清种族间差异的一种策略，将阶级、种族差异转换成普遍、永恒的范畴。任何与欧洲式文化身份认同冲突的事物都被排斥，被塞进他性的自然。自然成了颇具消极性、破坏力的一个能指符号，游离于中产阶级、欧洲和文化之外。海登·怀特在论述 19 世纪"野蛮人"这一观念的历史意义时，就指出了 19 世纪欧洲思想界对人性的消极理解：

> 尽管有浪漫主义的影响，19 世纪的人却不再将原始人看作理想的人，而是将其视为野性尚存的另类，尚未摆脱对自然的依赖，是一种返祖现象。科学、工业、基督教和种族优势使文明人摆脱了野蛮状态。（Hayden White，1978）

可是，在现代文化身份认同中，自然向人敞开了一道双扇门。在被赋予消极意义、被排斥进他者世界的同时，自然仍是人的留恋之所。自然的双重性实质上反映出现代人对现代文明的两种态度。科学进化思想和种族中心论对欧洲现代工业文明予以了肯定和褒扬；而对自然的认同则体现出对欧洲现代工业文明和资本主义制度的怀疑和批判。最终，不是自然本身弥合文化差异，而是被美化、道德化的自然向人敞开一个超越现实的诗意居所。这是一个乌托邦公民社会，其理想型就是马修·阿诺德的具有整合力的国家。在这个乌托邦公民社会中，"……与'团结不同的阶级'这种观点相反，……应该'废除阶级差别'。国家成了一件艺术品，民族则是国家文化的载体"（Robert J. C. Young，1995）。在这个诗意居所中栖居的人是席勒在《美育书简》中呼唤的理想原形：

> 可以说，人类的每个个体都潜藏着理想人的原型。造化弄人，人终生渴望与这个永恒不变的理想体认同。然而，尽管在每个个体中都能窥见其踪迹，这个理想原型的代表却是国家、客观世界和每个主体所代表的能将差异同一化的规范形式。（Fredrich Schiller，1967）

可是，后现代全球化进程和文化转型使后启蒙文化身份认同成了一个现代性疑难。全球化和跨国资本主义引发了第一世界内的少数群体和第三世界反抗文化压制的政治浪潮。在现代时期，这些欧洲文化内部的"少数群体"和"名正言顺"被殖民的民族的声音被压制、扭曲，甚至一笔勾销。在后现代文化中，文化身份认同从同一原则作用下的诗性认同变成了差异原则支配下的身份认同，从欧洲知识话语的独白走向少数话语和后殖民话语的多声部合唱，交织着革命、反抗和其他政治斗争手段。

乔纳森·费雷德曼在《文化认同和全球性过程》中认为文化身份认同政治兴起于 20 世纪 70 年代中期。其实，文化身份认同政治真正兴起的时间比这还要更早，它是第二次世界大战后风起云涌的反文化和后殖民民族独立运动的产物。第三世界的反殖民运动、民族独立运动蓬勃如燎原之火：1947 年，印度赢得独立，结束了英帝国 400 多年的殖民掠夺和征服；继 1957 年加纳独立后，法属次撒哈拉殖民地经 1959 年的戴高乐主义公民投票后独立；阿尔及利亚的独立战士在 1957 年 1 月至 3 月与殖民势力进行了面对面的"阿尔及尔之战"。第一世界也是一片异声喧哗：吸毒、摇滚乐和性解放等反文化运动、美国的新黑人政治和民权运动、反越战示威游行、法国 1968 年的"五月风暴"等把整个西方世界搞得天翻地覆。第一世界和第三世界的反文化和民族独立运动的目的是按照新的价值标准来确定文化身份认同。这些新的身份认同交织着第一世界的边缘身份认同（学生、青年、工人阶级、妇女、少数群体、少数种族等）和殖民地被殖民主体的身份认同。后现代身份认同政治强调差异，参照非阶级的政治、文化和社会范畴来重新界定文化身份认同，尤其关注受压制的边缘群体。

在后现代社会中，现代文化身份认同被重写，白人中产阶级知识精英褒扬的代表理想人性和美好社会的文化被政治化、商品化和大众化。拼盘杂烩不仅仅是后现代艺术和理论的特点，也是后现代文化身份认同的特点。后现代文化身份认同交织着发达与落后、白种人与非白种人、城市与乡村、高雅文化与商业文化、真实与仿真等异质成分。文化身份认同演变成文化政治冲突。特里·伊格尔顿在《文化概念》中也指出了后现代文化身份认同的政治性：

> 唱一曲不列颠情歌，进行非洲和美洲艺术展或称自己是女性同性恋，本身并不具有政治意义。这些事物的政治性并不是持久不变。只是在特定的（通常是令人不快的）历史条件下才会如此。只有在压制和反抗的过程中，它们才具有政治性。（Terry Eagleton，2000）

从现代超验、同一的文化身份认同到后现代基于差异原则的身份认同政治，这种转变不仅是文化身份认同范式的转换，而且也是差异文化政治中权力关系更迭的晴雨表。在全球化文化空间中，主体承受着异质文化间的冲突。在《词与物》的前言中，福柯认为身份认同的域限是个异质结合体（heteroclite）。在这个封闭的空间中，同一原则努力将其转换成同质空间，使事物的排列按差异静止地连续排列；另一方面，差异原则激活整个空间，"在身份认同的空间里……创造不同的群体，又将之分散，将分散的相似体聚拢，毁灭那些显得最清晰的身份认同，分裂那些可分辨的事物，将不同的标准并置……"（Michel Foucault，1970）从符号学角度看，文化身份认同体现出现代和后现代之间的断裂。在现代世界中，人在文化的象征秩序中与某个具有同质力的透明象征符号认同，然而在后现代文化中，人与某个所指不断增生、自身不断分裂的能指认同。对后现代文化身份认同的积极肯定势必得出这样一个结论：符号学意义上的所指增生是话语和反话语的增生，是站在少数受压制文化群体一边对主导文化的颠覆。这样，文化身份认同的诗性让位于政治性。因自由—人文主义神秘的普爱隐含着帝国主义、中产阶级和白种人霸权意识，文化身份认同跌进赤裸裸的阶级、种族和性别政治的深渊。

从后现代文化身份认同反观现代文化身份认同，对基于同一原则的现代文化身份认同的政治化就是对现代文化文本中被历史化、边缘化的话语中心化，让欧洲民族国家和资本主义殖民帝国内暗含的压制和反抗的力量从台后走到台前，从沉默走向言说。正是在主导文化和从属文化之间的缝隙处，压制和反抗的斗争最激烈，文化身份认同最活跃。主导文化和从属文化之间的空间既与主导文化霸权分离，又与从属文化的绝望之境相异，折射出文化身份认同的积极取向。异质的文化在这里互换，文化身份认同在此被质疑、修复、否定或重构：

> 互换的过程就是在殖民表征的中心开辟另一个政治和文化冲突场所。在这里，对本土符号的积极肯定使对神圣权威的表述混杂有其他成分。正是在压制过程中，主子的语言变成了杂交混合语言——非此非彼。(Homi K. Bhabha，1994)

无论在资本主义现代民族国家内还是整个殖民帝国的地缘政治空间中，异质时空相互交错，主导文化和从属文化狭路相逢，异质文化在这片空间相互混杂。从这个独特的缝隙处发出的声音使过去和现在、传统和现代的二元对立在文化再现层面上被疑难化。(Homi K. Bhabha，1994) 这些二元对立的疑难化反过来使现代身份认同范式中的阶级、性别、种族和国家这些恒定范畴成了疑难的一部分。这种疑难化实质上是现代文化身份认同话语中权力和知识共同作用的结果。阶级、种族、性别等现代文化身份认同代码在这片异声的时空分裂，差异的力量打破了同一的独白。

然而，从后现代、后殖民边缘话语视角看，现代文化身份认同代码的差异化和分裂本身并不是终结，这个动态过程最终又指向另一种同一和规范。对受后启蒙自由—人文主义影响、被边缘化的白人中产阶级主体而言，同一的世界是与工业化、城市化和海外殖民的混乱和无序状态对立的乌托邦。在这个同一的理想乌托邦中，中产阶级、民族国家和整个民族重新确定集体文化身份认同。对边缘化的殖民主体而言，同一意味着新的后殖民集体文化自我的诞生和成熟，以及政治上独立的后殖民民族国家理念的形成。但是，在这两种情形下，"同一"并不完全是超验、非政治的。相反，在压制和反抗之间，同一的世界是一个干涉现实的空间，具有修正作用的时间。边缘主体从这个新的时空返回现实。这种文化干预直指此时此地，过去和未来被乌托邦化。然而，对受压制的主体而言，通往过去的象征之旅有着特别的意义，因为回归过去就是去寻根，去把握传统，去触摸被压制、歪曲或抹掉的历史。

文化身份认同政治意味着异质文化冲突中文化主体的分裂和重构。雅各·拉康对弗洛伊德的自我理论进行了修正，对自我整体进行解构，从而为从后结构主义文化心理角度分析文化身份认同的心理机制提供了一把钥匙。拉康将主体的文化身份认同过程分为三级：镜像级、象征级和真实级。镜像级的对立在自我（"我"或理想本我）和作为认证对象的他者之间展开。在镜像阶段（8 个月到一岁半期间），主体第一次分裂成欲望的自我和他者并导向象征级的文化身份建构。在镜像级的身份认同中，主体的分裂使得主体虽能在镜子前获得完整的形象认同，却不能建构完整的主体。换句话说：

> ……片段、不连续性等特性，使人永远不会得到一个完整的主体认证！……人所得到的只是分裂的主体。……它与他人和环境，它的语言和文化性合在一起成了综合主体。（方汉文，2000）

在象征级，主体的自我与大写的他者（the Other）认同，即与先在的语言文化体系中的语言和象征文化秩序认同。自我是欲望的我（I），"属于更大的、在某种意义上是由冲动、情感和偏好构成的无意识之一部分"（Surder and Jere Paul，1998）。欲望的对象事实上是在更大的语言、文化能指系列中被预设的身份认同位置。在象征级，自我再次分裂成欲望的"我"和社会化的"我"，可是作为他者的文化象征体系并不是将自己完整地显现给主体，他者的世界总是在延伸，在掩藏自己的秘密。正是这神秘的、永远无法窥其全貌的领域被拉康称为真实级。但是，如果我们从文化差异的角度来审视主体在象征级的身份认同过程，就会发现，主体认同的文化他者再次分裂成集体文化自我及其认同的集体文化他者。爱德华·萨义德的《东方学》就是一本关于象征级内文化自我和文化他者间关系的巨著：作为自我的欧洲和作为他者的东方。

主体自我和文化他者、文化自我和文化他者之间的相互作用就是一个不断指涉或差异化的过程。在分析德里达提出的"延异"观时，吉尔·索伯指出：

> 差异既不是符号，也不是符号间的差异；是从符号和差异中产生的开放的游戏空间。它被每个确定的符指行为覆盖或压制；但它同时又是符指的最终来源和先决条件，是拓展空间的过程……而不是空间本身，是时间化过程，却不是任何特定的时间事件，是不断退却、延迭的过去和未来符指行为的痕迹在现在的显现。（Surder and Jere Paul，1998）

斯拉沃热·齐泽克也认为："他者居无定所。这事实上是因为他或她从来都不是完整的，永远无法在某个确定的语境中生根，总是有一定程度的'开放'和'漂移'。"（Terry Eagleton，2000）这个不间断的符指和他者化过程就是拉康主体身份认同三级分法中的真实级的领地。然而，无论是在现代民族国家还是封闭的殖民文化空间中，不同文化的相互作用的真正本质是文化政治、主导文化和从属文化间的压制与抵抗。这意味着对拉康式自我他者文化心理模式的机械理解、诠释和应用必然走向极端，跌入无休止的符指和分裂状态。当然，在文化冲突的异质空间中，各种形成、修正、分裂和重构文化身份认同的力量并不仅仅限于主导文化和从属文化。因此，主体的文化身份认同比简单、机械的理论模式要复杂得多。肯定主体的文化身份认同的复杂性也就是承认文化身份认同政治的特殊性，用差异的准则来肯定权力化的现代文化空间中边缘存在、少数话语的合理性和积极意义。当从差异的视角凝视权力压制下的他者时，这种凝视将与权力凝视下他者的不屈和饱含怨恨、激情、渴望的目光交融，被压制主体的声音将汇成战斗的呐喊、对自由的呼唤和对权力的诅咒。

从现代诗性身份认同到后现代政治性身份认同的转折，反映了从现代到后现代的诸多变化：从植根于同一的现代知识型到强调差异的后现代知识型，从关于文化身份认同的现代美学、诗学和启蒙理性主义哲学到文化身份认同政治，从本质主义到相对主义，从普遍性到特殊性，从精英主义和欧洲中心论到其对立面，从自由—人文主义批判走向多维视野中对资本主义现代文化和后现代文化的批判，以及对现代性进行批判的自由—人文主义的再批判。所有这些变化中，有一个不变的焦点，就是人——席勒分离的现代人、尼采所谓的失去了对上帝虔诚信仰的人和福柯宣告的死亡的人。人是且永远是文化批评的出发点，更是文化批评的归宿。一方面，政治现实激发起人反抗强权和奴役的渴望；另一方面，传统的自由—人文主义呼唤永恒的终极价值——纯洁、诗、人类普爱和高贵的人性。当代文学、文化批评中的这种对立可以在更高的层面上统一起来——差异和同一的辩证互补。罗伯特·扬在《殖民欲望》第一章中关于这两者关系的论述颇为精辟："……这样，差异被转变成同一，同一被转变为差异；可是同一再也不是原来意义上的同一，差异也不再是简单的差异。"（Robert J. C. Young，1995）无论是对广义的文化批评，还是狭义的文化身份认同研究而言，这段论述揭示了同一和差异间辩证关系的本质：互补和动态。我们生活于其中并从中维系存在之根的文化空间以同一为基础排列组合，同时差异给这个独特的空间注入了活力和生命。差异是文化政治现实的本质，是文化身份认同的动力；同一则先于差异并最终统一、整合差异。即使如此，罗伯特·扬的分析仍显得并不彻底，因为他未能将这种思辨与从后启蒙文化身份认同到后现代文化身份认同的历史转变有机地结合起来，正是转变形成的历史断裂使得制约后现代文化身份认同的同一不同于后启蒙理念褒扬的同一。对现代民族国家和殖民文化中后启蒙文化身份认同的政治性解读使后启蒙本质主义被相对化。同一再也不拥有同一力，同一成了差异文化政治的一员。后现代文化身份认同倡导的同一本身也包含着悖论：走向中心和消解中心，走向同一和打破同一，用权力颠覆权力，走向精神的乌托邦却又反对沉溺于乌托邦的虚幻世界，既反对西方文化霸权，又不得不借助西方知识话语来言说自我；既要走上政治独立之路，又对西方的经济文化新殖民忍气吞声。

参考文献

[1] 方汉文. 后现代主义文化心理：拉康研究. 上海：生活·读书·新知三联书店，2000.

[2] 罗钢. 刘象愚. 文化研究读本. 北京：中国社会科学出版社，2000.

[3] Eliot Deutsch. Culture and Modernity: East-West Philosophic Perspectives. Honolulu: University of Hawaii Press, 1991.

[4] Fredrich Schiller. On the Aesthetic Education of Man. Oxford: Oxford University Press, 1967.

[5] G. W. F. Hegel. Philosophy of Mind. Oxford: Oxford University Press, 1971.

[6] Hayden White. Tropics of Discourse: Essays in Cultural Criticism. Baltimore: The Johns Hopkins University Press, 1978.

[7] Hazard Adams (eds.) . Critical Theory since Plato. New York: Harcourt Brace Jovanovich Publishers, 1971.

[8] Homi K. Bhabha. The Location of Culture. London: Routledge, 1994.

[9] Jùrgen Habermas. The Philosophical Discourse of Modernity. Cambridge: Polity Press, 1987.

[10] Michel Foucault. The Order of Things: An Archaeology of the Human Sciences. New York: Vintage Books, 1970.

[11] Robert J. C. Young. Colonial Desire: Hybridity in Theory, Culture and Race. London: Routledge, 1995.

[12] Surder and Jere Paul. Culture and Critique: An Introduction to the Critical Discourses of Cultural Studies. Colorado: Westview Press, 1998.

[13] Terry Eagleton. The Idea of Culture. Oxford: Bl Publishers Inc., 2000.

作者简介 ┝

　　陶家俊，1967 年生，毕业于北京外国语大学，文学博士，教授，博士生导师，英国文学学会副会长，文学人类学研究会理事。主要研究领域为西方批评理论、后殖民研究、文化研究、比较文学与比较文化研究。承担并完成国家级、省部级、国际合作和横向科研项目 10 多项。在本学科核心刊物、CSSCI、A&HCI 刊物上发表学术论文 50 多篇。代表著作有《文化身份的嬗变》《思想认同的焦虑》《文学、权力与主体》等。所著《思想认同的焦虑》获北京市第十一届哲学社会科学优秀成果奖二等奖，论文《书写中国，想象中国——论英国现代主义话语中的中国转化》获辽宁省第三届哲学社会科学学术年会优秀成果一等奖。

（原载《四川外语学院学报》2004 年第 2 期）

"身体": 批判的抑或审美的, 消费的抑或生产的?
——兼论当代西方"身体美学"的理论面向

韩振华

▶ **摘　要**: 20世纪下半叶以来, 西方理论界对"身体"日益重视, "身体"日益取代"意识"而成为哲学讨论的核心话题。西方哲学界的这种"翻身"运动大致呈现为两个路向: 一是以梅洛·庞蒂为代表的现象学存在主义, 一是以福柯、德勒兹为代表的结构-解构主义。这两个路向与美国的实用主义思潮结合, 庸俗化为以舒斯特曼为代表的"身体美学"。身体美学的兴盛, 固然有感性解放的功用, 但亦因其复杂性而极易遭到误读。

▶ **关键词**: 身体; 现象学存在主义; 结构-解构主义; 审美生存

"身体"是我们这个时代的时髦词。任何行为只要与"身体"有牵连, 就与个体性、当下性建立了联系, 由此, 它的合法性仿佛就成了不言自明的。可是, 历史地看, "身体"在20世纪中叶之前却从未取得这种正当性。"身体"话语的兴起, 大致与西方后现代主义的兴起如影随形; 从哲学史的宏观角度回溯, "身体"从古至今经历了一个落而复起的波折运动, 在这个意义上, 将当代哲学的"身体转向"(汪民安、陈永国, 2004)说成"身体"的复兴似乎更为准确。

当代西方的"身体"理论有一个直接的敌对面, 即在17世纪笛卡尔那里发展到极致的扬心抑身的意识哲学。的确, "晚近的身体讨论都将笛卡尔作为批判的起点"(汪民安, 2004)。笛卡尔以思考精神或心灵的本性为主要职事, 在他那里, 精神和心灵是不灭的、不可分的, 而身体是短暂的、可分的。心灵和精神截然二分, "严格说来, 我只是一个在思维的东西, 也就是说, 一个精神, 一个知性, 或者说一个理性"(笛卡尔, 1986), 由此他得出了"我思故我在"的命题。在笛卡尔那里, 身体"只是一个有广延的东西而不能思维, 所以肯定的是:这个"我", 也就是说我的心灵, 也就是说我之所以为我的那个东西, 是完全、真正跟我的身体有分别的，心灵可以没有身体而存在"（笛卡尔，1986），身体只是一个客体化的表象，丝毫不具有主体地位。事实上，笛卡尔的这种身心二分并且贬低身体的唯理主义哲学在 18 世纪启蒙哲学那里就已开始受到唯物论的有力反驳，19 世纪哲学在克服纯粹意识的超然性方面继续纠偏，而"这些偏离意识哲学和机械身体观的努力，为身体恢复其自身地位埋下了伏笔"（杨大春，2007）。

　　20 世纪西方"身体"理论的复兴，主要沿两个路向展开，其一是以梅洛·庞蒂为代表的现象学存在主义，其二是以福柯、德勒兹为代表的结构 – 解构主义。前一个路向受益于胡塞尔开创的现象学方法，尤其是经海德格尔发展或转化了的存在论现象学思路；而后一个路向则受到了尼采意志论哲学的启发。

一、肉身化主体：梅洛·庞蒂的身体现象学

　　胡塞尔建立了以"意向性"为核心的现象学，其"先验自我"主张虽然在客观上强化了哲学的某种绝对主观趋向，但现象学的最初设想却是为了克服传统主客对立的二元论形而上学思想。值得注意的是，胡塞尔晚年提出了"生活世界"的范畴，认为"生活世界"是非反思的前科学的世界。（胡塞尔，2001）这表明，较之早期现象学思想，胡塞尔在后期明显重视了境遇性问题。胡塞尔的学生海德格尔完成了现象学的生存论转向，"在世存在"被确认为人的根本境遇，他强调"物"的上手状态先于对物的对象化认识，生存在意识之前。（海德格尔，2006）而梅洛·庞蒂也正是在这种行为前提和意义基础的意义上来界定"知觉"，在他看来，知觉的主体是身体，这种身体并非笛卡尔意义上的客观身体，而是现象身体，其实质是物性的客观身体与心灵的统一体。（杨大春，2005）梅洛·庞蒂本人也认识到其身体现象学在坚持生存论立场并克服意识哲学这个意义上其来有自，他强调，"作为对康德的或笛卡尔唯心论类型的哲学的反应，生存哲学对于我们来说首先由于其中一个主题——肉身化主题——的优势而获得表达"（杨大春，2007）。

　　在《知觉现象学》一书中，梅洛·庞蒂举了幻肢现象和疾病感缺失症等例子，[1]来说明心灵与身体的浑然一体性，"灵魂和身体的结合不是由两种外在东西（一

---

[1] 事实上，西方 physiological psychology（生理心理学）和 psychophy siology（心理生理学），前者关注的是生理机制怎样导向心理活动，后者研究的是心理活动如何产生生理反应。二者致思方向不同，但都是关注身、心二维的相互作用。梅洛·庞蒂在论证过程中引用病理学的例子，在主旨上同为关注身心的相关性，但其落脚点始终在"现象学"，所以他在《知觉现象学》中强调"疾病感缺失和幻肢既不接受心理学解释，也不接受生理学解释"（第 114 页）。

个是客体，另一个是主体）之间的一种随意决定来保证的。灵魂和身体的结合每时每刻在存在的运动中上演"（梅洛·庞蒂，2003）；这种浑然一体的所在即"知觉场"，它是前意识的。这样，"身体"在梅洛·庞蒂那里就呈现为一种处境化的、"灵性化的身体，体现为物性和灵性有张力的结合"（杨大春，2007）：一方面是心灵的肉身化，一方面是身体的心灵化；海德格尔的"在世存在"于梅洛·庞蒂而言变成了"在世界中的身体存在"。"肉身"成为"我"与世界生命与灵性的体现，"我"就是身体，而不是"我""有"一个身体。"身体"成为"我"与世界的本体。

在梅洛·庞蒂的身体现象学视野中，"身体"是本体，但它首先是意向性的主体。梅洛·庞蒂没有彻底消除主体的视角，"物"仍然是"我"的身体的关联物，物体首先为"我"的身体而存在；没有"身体"这一能动主体的意义赋予，没有身体对"物"的把握，"物"是无意义的。也就是说，"物体不可能与感知它的某个人分离，物体实际上不可能是自在（in itself）的"（梅洛·庞蒂，2003）。然而"身体"对物体的意义赋予并不是意识哲学意义上的意识的构造过程，而是在物体之中对物体意义的前意识的占有，这一过程其实也是在意向性中向身体本真地呈现出来的物体意义对身体意向的占有。这种双向占有（或者说"相互占有"）只有在一种统一性的含混逻辑中才是可能的，而这种含混性正是梅洛·庞蒂所谓的"前理论层次"的特征，他认为对这种具有超越性的"前理论层次"的揭示正是现象学的最终任务。（梅洛·庞蒂，2000）晚年的梅洛·庞蒂着重确立"肉"的本体地位，借以克服身体与世界在其现象学中的二元论危险，他认为"肉"的含混性以及由此延伸出来的超越性可使"看"与"被看"、"可见者"与"不可见者"获得本体上的统一。（Maurice Merleau-Ponty，2004）

尽管梅洛·庞蒂有意克服其身体现象学的二元论趋向，但现象学自身的"看"与"被看"模式似乎让它难逃主体主义的诟病，恰如一位论者所说："问题的关键并不在于承认在对事物的认知中不可避免地包含着人化的倾向，……而是在于将此种人化以知觉的名义，甚至肉的名义合法化为世界的本真构造，在于试图在本体论上把一种并不属于自然事物的观念性强加给事物"（郑震，2007）。或许只有到了后结构主义者那里，"人（主体）死了"的口号才真正宣判了主体性的落幕；也只有到了后结构主义者那里，现象学层面上中性意义的"身体"才真正与"欲望"联手，变身为非中心的、流动的"身体"，并如根茎般上演着无休止的生产性游戏。

二、"身体政治"抑或"无器官的身体"：尼采的幽灵

尼采是名副其实的后现代主义的鼻祖，即便在身体观方面也是如此。早在19世纪末，尼采就认识到"我们处在意识该收敛自己的时刻"，是什么迫使意识"收敛自己"？当然只有"身体"。尼采要求"以身体为准绳"，认为"身体乃是比陈旧的'灵魂'更令人惊异的思想"，"一切有机生命发展的最遥远和最切近的过去靠了它又恢复了生机，变得有血有肉"（尼采，2000）。他借醒悟者、明智者的话来挖苦那些轻视身体的人："我完完全全是身体，此外无有，灵魂不过是身体上的某物的称呼。身体是一大理智，……你的一点小理智，所谓'心灵'者，也是你身体的一种工具，你的大理智中一个工具、玩具。""在你的思想与感情后面，有个强有力的主人，一个不认识的智者——自我。他寄寓在你的身体中，他便是你的身体。"（尼采，1997）尼采所说的"身体"，也就是体现在超人身上的积极的力（生命意志）和权力意志。在他那里，身体不再是受意识支配的被动器具，而是与自我等同；身体也"不是取代或者颠倒了意识，而是根本就漠视意识，甩掉了意识，进而成为主动的而且是唯一的解释性力量"（汪民安、陈永国，2004）。

尼采将"身体"置于哲学思考的中心，开辟了哲学的新方向，而福柯和德勒兹又从两个不同的方向上分别继承和发展了尼采的思想遗产。

福柯通过他的谱系学考察，发现"身体"在历史上一直处于权力斗争的旋涡中心，上面写满了政治角斗的痕迹，因此，解码身体就是解码政治，有形的身体可以让无形的政治显形。在《规训与惩罚》（1975）中，福柯发现，规训（discipline）其实是产生于近代的一种特殊的权力技术，其实质是用公共权力干预、训练和监视肉体。在他看来，监狱、医院、学校等机构都是对身体进行规训的场所。而早在《疯癫与文明：理性时代的疯狂史》（1965）中，他已振聋发聩地喊出，疯狂不是一种自然现象，而是一种文明产物；没有把这种现象说成疯狂并加以迫害的各种文化的历史，就不会有疯狂的历史。由此推展开去，权力对身体的规训几乎渗透于社会的各个方面，而且伴随着现代科技的发展，这种规训与日俱增，日益强化。

那么，个体在这个"规训社会"中有没有突围之路？有，这条路即是福柯晚年致力于探讨的"自我技术"和"生存美学"。就在写作《性经验史》的过程中，福柯已经把注意点转向古希腊罗马人对自身进行教育、纠正和解放的实践艺术——"自身技术"，他自称："我应该承认，同'性'等问题相比，我更多地对'自身的技术'以及与此相关的问题感兴趣。"（高宣扬，2005）"自身技术"如其名称所示，关怀的是个体与自身的关系，即实践中的自我，其实质是一种自我控制的伦理学。"通过自己的知识来达到自我改变和美感经验是差不多相近的事情"，自我控制的目标不是压制，而是出于自身关怀。节制不是力图让个体服从规范，而是让他成为自己的主人；节制指向的是美学目标。通过这种自身技术的实践，"福柯的最终目标是达到审美的生存理想，实际上就是要剥离各种观念或道德的覆盖，恢复活生生的身体经验。……他在宣布意识主体性终结的同时，却极力地扩张了身体主体、欲望主体的地盘。"（杨大春，2007）就此而言，晚期福柯走向了一种重视"自身技术"、生活技艺的"生活美学"。

如果说，福柯认为身体在身体与社会维度上具有很强的被操纵性的话，那么，在德勒兹那里，不管在身体与自我，还是在身体与社会的维度上，"身体"都是主动的，"它为一种欲望之流所灌注，它永远在生产、在逃逸、在冲决、在连结"（汪民安，2004）。在与瓜塔里合著的《反俄狄浦斯》（1972）一书中，德勒兹将这种灌注了欲望之流的主动的身体称为"无器官的身体"。"无器官的身体"是与有机体意义上的身体相对的身体概念，强调身体的生成性和可变性，这种身体是碎片化的、自由放任的，同时它具有某种解域化（de-territorialization）功能，能够摧毁资本主义制度对欲望的编码和领域化（territorialization）。

德勒兹把身体与欲望联系在了一起，只不过需要强调的是，德勒兹意义上的"欲望"本身即是"生产""创造"和"实验"，它并非源自"匮乏"，而仅仅是伴随着异质性要素之间的"聚集"运动而自然产生；欲望是由差异产生的，而不是由主体或某种整体性的社会制造的。是"欲望机器"[2]生产出了现实，"无器官的身体"即一种"欲望机器"。德勒兹对"欲望"的生产性和力量特征的强调，让我们想起了尼采对权力意志的相同态度。写过《尼采与哲学》（1962）的德勒兹当然是尼采的忠实信徒，的确，"我们可以说，当德勒兹挪用尼采时，权力意志就转化为欲望机器，尼采的生物主义就变成德勒兹的机械主义，尼采的'一切都

---

2 关于德勒兹和瓜塔里的"欲望机器"概念，可参考于奇智《欲望机器》一文，载《外国文学》2004年第6期。

是权力意志'就变成德勒兹的'一切都是欲望';尼采肯定强健的权力意志变成德勒兹肯定欲望生产"(汪民安、陈永国,2001)。

到后期福柯以及德勒兹这里,一种带有"唯物论"色彩的欲望观已经显形,在他们的理论表述中,我们看到的是"人的欲望的张扬,人的生命的满溢。一种所谓的'享乐的唯物论'暗中诞生了,酒神狄奥尼索斯取代日神阿波罗成为文化世界的君王"(杨大春,2007)。身体或者欲望借自身之名,向外可以批判社会,反抗压迫,解域现代资本主义;向内则可以获得自由,实现审美生存。"身体"不应该是供别人消费的对象,而应该是自在、自为的。由此,身体既是批判的,又是审美的。当然,这里的审美(aesthetic)在其根本面向上是实践的,而非理论的。

三、"身体美学":实用主义视域中的"肉身化审美"

在晚期福柯那里,借助古代希腊罗马人的自身技术,一种生存美学是可以期待的。那么,"身体美学"可否成为一门学科?美国实用主义者舒斯特曼对此给出了肯定的答复。

舒斯特曼考察了"美学(aesthetics)"一词在现代美学奠基人鲍姆嘉通那里的原始含义。鲍姆嘉通认为美学是"感性认识的科学",美学的目的是"感性认识本身的完善"。作为一位理性主义者,鲍姆嘉通这么做只是要给心灵的低级能力以适当的合法地位。按照美学史家鲍桑葵的看法,鲍姆嘉通"总体上倾向于认为美的中心特点是认识而不是快感"(鲍桑葵,2001),鲍姆嘉通拒绝将身体的研究和完善包括在他的美学项目中。舒斯特曼对"美学"的含义进行了重构,他发掘出"美学"就其原意而言本来就包含着实用主义和改良主义内容。舒斯特曼对美学"从一个高尚的生活艺术收缩为狭小的、专门的大学学科"心怀不满,在他看来,就像"哲学在根本上要指向人生的保存,培育和完善"一样,"美学的最高作用,是增进我们对艺术和美的经验",而"艺术不仅是内在愉快的一个源泉(同样是一个重要的价值),而且也是赋予日常生活的社会运行以雅致和优美的一种实践方式"(舒斯特曼,2002)。

在《身体美学:一个学科提议》(1999)一文中,舒斯特曼尝试"复兴鲍姆嘉通将美学当作超越美和美的艺术问题之上、既包含理论也包含实践练习的改善生命的认知学科的观念"，同时"终结鲍姆嘉通灾难性地带进美学中的对身体的否定"，提出建立"身体美学"学科的倡议，期待借此"能对许多至关重要的哲学关怀作出重要的贡献，因而使哲学能够更成功地恢复它最初作为一种生活艺术的角色"（舒斯特曼，2002）。跟梅洛·庞蒂和福柯类似，舒斯特曼将"身体"看作"美的、个人经验的活生生场所的主体"，是"我们愉快的场所和媒介"，与之相关，他认为"身体美学"包含"三个基本维度"：其一是理论化的维度；其二是实用主义维度，即"通过提议身体改善的特殊方法和从事于它们的比较批评而具有特出的标准的、规范的特征"；其三是实践的维度，这也是最重要的一个维度，即"通过针对身体自我完善的有智力地规范的身体操作，对这种关怀的实际实践"。这三个维度合在一起，使得"身体美学"成为"一个关系到自我认识和自我关怀的综合性的哲学学科"（舒斯特曼，2002）。

正是基于上述理解，舒斯特曼反对法兰克福学派代表人物阿多诺和霍克海默以及其他学院派知识分子对大众/通俗艺术的攻击，转而为通俗艺术进行辩护。在舒斯特曼看来，"通俗艺术作品事实上体现了它的批评者排他性地为高级艺术所预备的审美价值"，不仅如此，"像摇滚乐之类的通俗艺术，以一种向身体维度的快乐回归的方式，显示了一种在根本上得到修正的审美"（舒斯特曼，2002）。通俗艺术挑战了经典美学意义上的那种无利害的、有距离的、被动的静观方式，转而投向一种热情洋溢的身体参与，这显然与"身体美学"重视实践（身体力行）的方面一致同轨。

舒斯特曼的"身体美学"倡议显然吸取了梅洛·庞蒂、福柯等人的理论内涵，又在实用主义的面目下作了某种现实化努力，总体上呈现出某种讨巧的色彩。在他的理论中，欧洲哲学的近乎偏执的批判锋芒没有了，增加的却是对于大众口味的迎合。在一个"后革命"时代，舒斯特曼的"身体美学"注定只是对欧洲原创批判哲学的庸俗化演绎。

小结

通过以上的理论考察，我们可以说，"身体"话语在 20 世纪下半叶西方思想界的兴起本来就具有颠覆传统主体意识哲学、克服身心二元理论的重要趋向。在现实层面上，"身体"的彰显则显然针对着电子和信息技术的发展导致的对身体的排挤，身体在新科技时代的边缘化反而提升了它在理论话语中的热度，在这个意义上，可以说"身体之所以变得如此突出，是对它的消失的一种暗示"（丹尼·卡瓦拉罗，2006）。在话语政治层面上，"身体"地位的抬升对以往压抑感性、规训身体的政治或舆论权力进行了有力回击。经过尼采、福柯、德勒兹等人的努力，一种身体社会学模式已经显形，与之同时，"一种新型的社会理论，一种新型的消费主义、文化政治学和生物伦理学生长出来"（汪民安，2004），并且这种新的身体观不仅要求理论上的正名，也要求实践中的贯彻执行。在一个价值多元化的社会中，新的身体观无疑能获得它的市场。

然而，亦因为身体理论的复杂性，它极易遭到庸俗化理解，从而成为颓废生活的理论武器。在当下这样一个身体话语泥沙俱下而又甚嚣尘上的时刻，"身体"理论能发挥何种作用？"身体美学"将把我们带到何处？或者说，"身体"之后又会如何？

依然只是问题，依然需要追问……

参考文献

[1] 高宣扬. 福柯的生存美学的基本意义. 同济大学学报（社会科学版），2005(1).

[2] 汪民安，主编. 身体的文化政治学. 郑州：河南大学出版社，2004.

[3] 汪民安，陈永国. 尼采的幽灵. 北京：社会科学文献出版社，2001.

[4] 汪民安，陈永国. 身体转向. 外国文学，2004(1).

[5] 杨大春. 语言·身体·他者：当代法国哲学的三大主题. 上海：生活·读书·新知三联书店，2007.

[6] 杨大春. 杨大春讲梅洛·庞蒂. 北京：北京大学出版社，2005.

[7] 郑震. 论梅洛·庞蒂的身体思想. 南京社会科学，2007(8).

[8]〔法〕笛卡尔. 庞景仁译. 第一哲学沉思录. 北京：商务印书馆，1986.

[9]〔德〕胡塞尔. 王炳文译. 欧洲科学的危机与超越论的现象学. 北京：商务印书馆，2001.

[10]〔德〕海德格尔. 陈嘉映译. 存在与时间（第3版）. 上海：生活·读书·新知三联书店，2006.

[11]〔法〕梅洛·庞蒂. 姜志辉译. 知觉现象学. 北京：商务印书馆，2003.

[12]〔法〕梅洛·庞蒂.杨大春译.哲学赞词.北京：商务印书馆，2000.

[13]〔德〕尼采.张念东、凌素心译.权力意志.北京：中央编译出版社，2000.

[14]〔德〕尼采.徐梵澄译.苏鲁支语录.北京：商务印书馆，1997.

[15]〔英〕鲍桑葵.张今译.美学史.桂林：广西师范大学出版社，2001.

[16]〔美〕舒斯特曼.彭锋译.实用主义美学.北京：商务印书馆，2002.

[17]〔英〕丹尼·卡瓦拉罗.张卫东等译.文化理论关键词.南京：江苏人民出版社，2006.

[18] Maurice Merleau-Ponty. Basic Writings. London: Routledge, 2004.

作者简介 ⊢

　　韩振华，1979 年生，毕业于复旦大学，文学博士，副教授，北京外国语大学"卓越青年教师"。研究方向为中国哲学、美学、西方汉学中的儒学诠释。出版专著《王船山美学基础：以身体观和诠释学为进路的考察》《他乡有夫子：西方〈孟子〉研究与儒家伦理建构》，译著《艺术诸定义》，发表学术论文 50 余篇。

（原载《兰州学刊》2013 年第 10 期）

二、西方马克思主义

伊格尔顿与经验主义问题

马海良

▶ **摘　要**：在伊格尔顿数量惊人的著述中，《批评与意识形态》以其丰富的概念术语、扎实的理论框架、严谨周全的抽象思辨和平白准确的语言建构的文本学，成为马克思主义文论史上的一项重大成果。与这次成功的理论创举相伴相关，书中对威廉斯身上的英国经验主义印迹进行了尖锐的揭发和批评。本文通过对伊格尔顿与经验主义问题的探究，显示他对自己的恩师发起的经验主义批判是其文本学建构工程整体中的基础环节，也与当时的社会政治状况和学术语境有关。但是总体来看，现实关怀和政治效用是贯穿伊格尔顿学术事业的根本动机和中心路线，这个不懈坚守的中心使他能够在借用各种理论资源时，作出灵活的取舍、调整和改造，甚至及时地进行自我检讨。无论从紧贴现实生活、追求实践成效的一贯立场来说，还是从"转向"和"回归"的表现来看，伊格尔顿的文学理论和批评方法都可以归入受经验主义影响颇多的英国文化马克思主义的范畴，这一现象尤其应该引起外国文学和文化研究者的注意和思考。

▶ **关键词**：经验主义；伊格尔顿；文本学；文化政治

在伊格尔顿（Terry Eagleton）迄今长达五十余年的学术生涯里发生的最为重大的事件，应该是 1976 年出版的《批评与意识形态》（*Criticism and Ideology*）中对威廉斯作了相当严厉的批评。威廉斯是当代英国卓有成就的马克思主义文化理论家和文学批评家，[1] 是伊格尔顿在剑桥读本科和研究生时的导师，也是他后来的同事和战友，深受伊格尔顿爱戴。伊格尔顿的第一本专著《莎士比亚与社会》

---

[1]　威廉斯虽然没有像伊格尔顿那样在很多场合特别申明自己是马克思主义者，甚至按照伊格尔顿的说法，他从未宣布自己的马克思主义者身份，但是实际上，威廉斯早在第二次世界大战前就加入英国共产党，尽管后来由于违背英共政策执意入伍参加二战而自动脱党，但威廉斯的学术工作一直是围绕马克思主义而展开的，因此他被广泛认为是一个马克思主义学者。

(*Shakespeare and Society*，1967）就是献给威廉斯老师的，书中的特别说明明确写道："没有他（威廉斯）的友谊和帮助，就不可能完成本书"（Terry Eagleton，1970）。仅仅书名本身就容易让人想到威廉斯的经典之作《文化与社会》（*Culture and Society*，1958），更何况二者的相似不仅在于论题的框架设置，而且基本立场也颇为一致：强调个体与社会、社会与文化、各个文化领域之间的相互作用和整体关系，倡导一种所有社会成员都能够积极参与、共同创造的社会主义"共同文化"（common culture）。威廉斯不但以其学术思想深刻影响了伊格尔顿，而且其朴实宽厚、安静优雅、舒展从容、条理严谨而坚忍不拔的人格魅力也深受伊格尔顿的敬佩。伊格尔顿在不少场合对老师的学问人品进行深情赞誉，与他对那些装腔作势、刻薄冷漠、自以为是而五谷不分的"牛（剑）人"（Oxbridger）的鄙视形成鲜明对照。尽管伊格尔顿特别体谅威廉斯，指出他像考德威尔一样在"与欧洲大陆几近隔绝，国内学术资源贫乏，除了斯大林主义和唯心主义，没有'上层建筑理论'可资援用"（Terry Eagleton，1976）的情况下，几乎是单枪匹马地进行批评理论的建构，但是书中并未把威廉斯看作马克思主义者，而是将其称之为"政治改良主义者""民粹主义者""人本主义者""唯心主义者""左倾利维斯主义者"等，这一举动让读者感到太突然了，于情于理都有些措手不及。

　　具体来说，伊格尔顿认为威廉斯在论述社会文化问题时过于倚重个体的经验或生活体验，"经验"成为威廉斯学术建树的母土，"对经验的这般坚持，对'体验'优先的这般执着，构成了贯穿威廉斯全部著作的一个核心主旨，这是威廉斯著作的强大力量所在，同时也恰恰造成了其明显的局限。在上文中，我对自由人本主义提出质疑并对文学批评所受的影响作了简要评论，但是还未提及'左倾利维斯主义'，而威廉斯可谓这一思潮的主要代表"（Terry Eagleton，1976）。在伊格尔顿首创的"左倾利维斯主义"（Left-Leavisism）概念里，"左倾"一词似乎意在顾及威廉斯多年来的社会主义追求，但是这个修饰语并不影响伊格尔顿总体上把威廉斯判定为利维斯主义者，而且是其中一支的"主要代表"。这一定性定位无疑是十分严厉的，它把威廉斯排除在伊格尔顿自己所在的马克思主义队列之外，而且暗示应该从根本上清理威廉斯思想的错误。按照伊格尔顿的一贯立场，利维斯及其追随者即剑桥学派，或曰"《细绎》派"是英国现代批评传统的代表和资产阶级意识形态的捍卫者，英国马克思主义批评的首要任务是破除利维斯主义的深重影响，因为利维斯主义不仅顽固地据守着英国文学和文化的意识形态主堡垒，而且广泛渗入社会主义运动和马克思主义阵地，威廉斯可谓活生生的例子。在伊格尔顿的举证中，威廉斯与利维斯主义的关键联结点是对"经验"的先验式推崇，"《细绎》所标举的'实用批评'集中体现了一种幼稚的感性的经验主义，它试图通过'渐进'的方式，用生活经验的直接性来验证各种美学范畴。这种将普遍性溶解于'体验'之中的方式所具有的意识形态力量，就像艾略特将意义的关联拆解成诗歌的具体之物一样突出。"（Terry Eagleton，1976）如果说从更大的历史维度看，利维斯主义延续了经验主义的英国思想传统，"左倾利维斯主义者"威廉斯自然也无法脱离这条传统之链，伊格尔顿对这一关系脉络讲得非常清楚而明确："这种人所共知的英国式经验主义经过《细绎》，成为贯穿威廉斯著作的主动脉，这一点从他对大卫·休谟的特别崇敬中也能看得出来。"（Terry Eagleton，1976）

尽管伊格尔顿对威廉斯和利维斯主义以及整个英国批评传统作了深入挖掘和猛烈批判，但是《批评与意识形态》的主要任务在于提出一套有效可行的唯物主义文学理论和马克思主义批评方法。他最终不负众望，通过文学生产方式（literary mode of production）、一般意识形态（general ideology）、作者意识形态（authorial ideology）、审美意识形态（aesthetic ideology）、文本生产（textual production）、文本意识形态（textual ideology）、意识形态生产（ideological production）等一系列经过特别界定的概念，建构起以"文本学"（science of text）为主体的文学理论和批评方法，堪称马克思主义文论史上的一次重大作为。

《批评与意识形态》的成就在很大程度上受到了阿尔图塞结构主义的影响和启发，对此伊格尔顿本人也坦然承认。然而，伊格尔顿很快就调整了自己的学术方向，重新强调文学和文化理论的政治属性和功能，主张为了社会主义的政治目标，采取积极主动的阅读方法，发掘和注入有助于当下政治实践的各种意义，而不是拘泥于"科学的"客观、精确、严密。作为这次"转向"的路标，《瓦尔特·本雅明或走向革命批评》（1981）从阿尔图塞的资源转向本雅明和布莱希特的方法。本雅明的启示是，"历史"的价值在于现在，是过往"记忆"在当下紧急关头激发出来的对于未来的启示和顿悟。要让逝者得到安慰和安息，不让悲剧重演，就必须全力击破已经板结的历史，在"往事"的废墟里种下未来的希望之树。如果说本雅明提供了历史哲学的一般启示，那么他从布莱希特的戏剧理论和舞台实践得到的是一种具体的文学批评的可能性：文学读者并不是只能像传统的戏剧观众一样做"受众"——被动地接受信息，而是可以像布莱希特的观众一样，审验剧本，甚至可以参与创作出各种潜在的文化剧本。据此，伊格尔顿提出了革命批评的几项重要任务及方法策略："第一，通过已经转换了的'文化'媒介，参与作品和事件的生产，为了取得社会主义胜利的效果而将'现实'虚构化。第二，作为批评家，应该暴露非社会主义作品的修辞结构及其产生的不良效果，以此与现在已经很少被人提及的'虚假意识'作斗争。第三，对这些作品进行尽可能'格格不入'的阐释，以占用对社会主义有价值的一切资源。简言之，社会主义文化工作者的实践是投入型的、论战型的和占用型的。"（Terry Eagleton，1981）这种典型的文化政治批评方法在伊格尔顿后来至今的学术活动中得到充分的贯彻。

《瓦尔特·本雅明或走向革命批评》所体现的从阿尔图塞朝向本雅明和布莱希特的调整转变很容易让人理解为向威廉斯路线的"回归"，这样的看法似乎也能获得伊格尔顿本人的支持。他在 1989 年怀念威廉斯的文章中写道："他仍然待在那里，胸有成竹地等着我们，直到我们当中一些较年轻的理论家们更悲哀也更明智地最终从那几条死胡同里折返回来，在我们曾经离开他的地方重新和他站在一起。"（伊格尔顿，1999）在远处绕了一圈之后折返回来的伊格尔顿，由衷地敬佩威廉斯的学术眼光和思想高度，甚至对威廉斯的政治地位作了重新认定："威廉斯一生的突出之处是他稳步不断地走向政治左派"，甚至"比马克思主义者们更像马克思"。（伊格尔顿，1999）

伊格尔顿当年对老师威廉斯的严厉批评，也在后来作了检讨和纠正，但是他的自我批评似乎更多地坐实了"草率""刻薄""错误"等个人历史问题，对于反对者们来说，他的"迷途知返"甚至也可能在信任度上大打折扣。然而人们需要进一步了解的是，至少就伊格尔顿的情况来看，那条"死胡同"并非黑暗一片或死路一条，并非毫无价值或不能改造并利用，他与威廉斯的牢固关系不仅具有长期师生情谊的深厚基础，而且得到共同的学术伦理的有力支撑，即以真诚面对真理。这一切在他怀念威廉斯时所作的特别注释中得到简洁而清楚的说明：

> 也许应该在此解释几句。我无意暗示这个阶段所有的理论发展都一概走入了死胡同。威廉斯本人尽管尖锐地批评了其中的一些理论，但也吸收了另外一些有价值的理论。马克思主义在 20 世纪 70 年代空前繁荣，尽管他自己的作品与某些时潮相冲突，但是仍然受益于这次马克思主义的文化繁荣，我以为这是无可争议的事情。我自己在《批评与意识形态》中对威廉斯的批判

就萌生于那些新潮流，有人觉得我不应该那样做，甚至有点不光彩。威廉斯却绝不这样想。他尽管对我的一些批评保留异议，但对另外一些批评却是认可的，这是一位其著述不断进化的思想家作出的合乎逻辑的反应。他自己也能对自己早期的一些观点进行严厉的批评，他欢迎热烈的论争，而不是驯顺听话的弟子。有些人当时就为他打抱不平，现在仍有人这样做；这样做也许与他更为隐忍的自我批评态度并不完全一致。我仍然为自己在《批评与意识形态》里对威廉斯的许多批评观点辩护，当然，如果是今天的我，将会以一种更和煦的风格和一种不同的语气提出自己的批评。对我而言，他的著作无比重要，当我竭力与这样的著作保持一定的批评距离时，说了一些尖酸刻薄、眼界狭窄的话，惹人嫌恶，对此我十分抱歉。（伊格尔顿，1999）

可以看出，"反复"并非伊格尔顿个人的性格问题，更不能描述伊格尔顿学术思想的实际情形，即使在《批评与意识形态》个案上，伊格尔顿也并没有撤回自己的主要观点，而是在回到威廉斯身边时"仍然为自己在《批评与意识形态》里对威廉斯的许多批评观点辩护"；在 1996 年初版，后来多次再版的他与弥尔纳合编的读本《马克思主义文学理论》中，《批评与意识形态》中的一章"文本学"赫然列于其中，与马克思、恩格斯、列宁、本雅明、布莱希特、考德威尔、卢卡奇、阿多诺、阿尔图塞、威廉斯等人的篇章放在一起，足以表明伊格尔顿坚持认为自己在离开威廉斯的那段时间，拿出了一个最有分量的东西。这个自我评估其实不无道理，在《批评与意识形态》初版四十多年后的今天，我们仍然能看到它之所以持久不衰的独特价值。撇去"年轻人常有的急躁"（伊格尔顿，1999），撇开对威廉斯的某些误判，《批评与意识形态》堪称马克思主义文论史上的一次重大突破。它用一套齐全的专门概念和术语对唯物主义文学理论进行了系统化的、严密精细的表述，尤其是文本学的建构为马克思主义批评提供了操作性很强的分析方法。只能大而化之地从"文学外部"谈论历史、社会、政治、经济等所谓文本生成条件，不善于对文本本身作细密的阅读分析，不能揭示文学作品内在的审美品质，终究属于外行所为，这些说辞在批评马克思主义文学理论的话语中最为常见，而让这类批评显得底气十足的证据是各种所谓有能力审美的文学理论所设计的分析程序，例如俄国形式主义的陌生化阅读法、新批评派的细读法、日奈特叙事学开发的"工具箱"，等等。现在，伊格尔顿的文本学拿出来一套具体的可操作的范畴工具，让人们可以期待马克思主义批评完全能够对文本形式作确切而透彻的分析阐释。在这个意义上，伊格尔顿填补了马克思主义文论史上的一处空白。

因此，我们很难说伊格尔顿的这次回转属于那种"觉今是而昨非"的幡然悔悟，即与昨日之旧我的彻底决裂，更不能简单地以为他转而拥抱经验主义，成了一个经验主义者。事实上，他在后来的文章中依然对经验主义时有批评，一如他仍然坚持对利维斯主义的批判，例如就在标志其转向的重要著作《瓦尔特·本雅明或走向革命的批评》里，伊格尔顿仍然把经验主义与利维斯主义绑在一起，把本雅明在《德国悲剧的起源》中对17世纪悲苦剧（Trauerspiel）的研究与艾略特和利维斯对17世纪英国诗歌的解读进行了对照，指出"利维斯们"的"伟大传统"对"有机性"的膜拜与17世纪英国统治意识形态之间存在着亲缘关系。同样，伊格尔顿并没有完全撤销他关于威廉斯曾经受到利维斯主义影响的看法，就在前引那篇怀念威廉斯的文章里，他仍然说："主持《政治与文学》（*Politics and Letters*）杂志时的早期威廉斯信奉左倾改良主义或左倾利维斯主义。"（伊格尔顿，1999）最得力的证明也许就来自威廉斯本人："他（威廉斯）尽管对我的一些批评保留异议，但对另外一些批评却是认可的，这是一位其著述不断进化的思想家作出的合乎逻辑的反应。他自己也能对自己早期的一些观点进行严厉的批评。"

我们需要更加深入的探究来了解伊格尔顿"反复"转向的历史成因和内在逻辑，从而准确地理解伊格尔顿学术思想的突出品质，并且通过检索伊格尔顿的学术路径，对英国马克思主义文学文化理论的发展进行某种整体性的把握。

显然，首先还得回到"经验"问题。根据威廉斯的考证，"经验"（empiric，empirical）一词于16世纪进入英语，意指与医学研究相关的"试验"或"实验"，后来这一概念广泛用于其他领域，但其基本含义仍然与"实验"相关，意思是通过对真实事件的具体观察，在充分总结经过试验和实验的过往经验的基础上，形成对事物的正确认识或可靠知识。17世纪出现了"经验主义"（empiricism）一词，意指在哲学高度上坚持知识源于感官体验，即经验。"知识理论中出现的各种具体而复杂的论述产生了一种特定的历史性用法，即用'英国经验主义'来指称从洛克到休谟等人的哲学思想。"（Raymond Williams，1983）从威廉斯的考据中可以清楚看到，"经验"是经验主义哲学体系中的核心概念，在英国学术背景下使用"经验"概念，尤其是强调经验的优先性，就是表现出经验主义的思想和立场。经验主义由于容纳了众多哲学家、思想家的成果，自然论述纷杂，体系多元，其中不无相互对立的命题，但是总体而言，都把对事物对象的直接感知或经验看作一切知识的起点和来源。在笛卡尔和莱布尼茨等欧陆理性主义哲学家看来，把经验尊奉为知识的唯一来源，放弃了通过逻辑推理和判断从而获得正确认知的人的天赋理性能力，实在不可思议。感觉、体验、经验并非人类所专有，甚至在经验基础上展开的联想，也非人类特有的禀赋，"动物的联想与单纯的经验主义者的联想一样，他们以为凡是以前发生的事情，以后在他们觉得相似的场合也还会发生，却不能判断同样的理由是否依然存在"（莱布尼茨，1983）。可是对于一代又一代的英国经验主义者来说，人一生下来，头脑中就储存着一套"先验的"（先于经验的）基本观念因子和理性能力，只要按照理性和逻辑法则启动这些天赋因子，就能产生出知识和真理。理性主义者的这种说法同样是匪夷所思的。总之，英国经验主义沿着自身的轨迹向前运行，沿途竖立起来的"习俗""常识""联想""想象"等重要路牌成为英国学术话语传统中的几个特色关键词。

作为一个哲学流派，经验主义主要是一种认识论。但是对于伊格尔顿来说，经验主义不只是一些哲学家个人对获得可靠知识的可行方法进行的探索和尝试，而且还是反映了特殊历史时期的阶级利益诉求和政治目标的英国资产阶级的意识形态。的确，当"经验"演化成"习俗"和"传统"，进一步等同于"有机性"时，就成了伟大光荣正确的"英国特色"了。利维斯的批评思想被伊格尔顿称为"《细绎》意识形态"（the *Scrutiny* ideology），实际上也是小资产阶级的自由人本主义（liberal humanism），在他看来，这是一个矛盾体。英国小资产阶级群体处于历史的边缘，但是在精神上以中心自居，于是把自己设想成社会的精英、传统的卫士，这就是他们为什么紧抱前资本主义的"有机过去"的真相所在。他们追随阿诺德，坚守文化的精神高地，实质上也是为了填补宗教失势后留下的意识形态空白。当然，利维斯主义者们讨厌"意识形态"这个词，只是在伊格尔顿看来，"为了抗击意识形态，《细绎》诉诸'经验'，好像'经验'真的就不是意识形态的沃土。"（Terry Eagleton，1976）

将炮口对准经验主义，伊格尔顿并不是孤身作战。19 世纪 60 年代后期到 70 年代中期，英国学界兴起了一场批判经验主义的热潮，而且主要论争发生在左派内部。安德森在《新左派评论》1964 年第 1 期发表《目前危机的根源》，指出英国的现实困境和各种问题都可以在某种意义上归因于经验主义。紧接着在第 2 期上，杂志编者之一奈恩以《英国工人阶级》一文进行呼应，把经验主义称为"英国的民族文化"，并认为正是这样根深蒂固的民族文化造成了英国的"封闭、落后、守旧、迷信"等问题（Tom Nair, 1964）。安德森在1968年的一篇文章中指出，英国民族文化的主导意识形态是"贵族阶级将传统主义和经验主义结合在一起"（Perry Anderson, 1968）。在年轻的激进知识分子发起的经验主义批判中，威廉斯、汤普森、霍加特等上一代左派学者也成了靶子。

发起经验主义批判的本土原因是左派以及新左派与自由人本主义剪不断、理还乱的纠结，这种纠结导致英国的左派力量在激荡西方世界的学生文化革命、女权运动和遍及世界的殖民地解放运动浪潮中显得异常落伍、沉寂和孱弱，深受经验主义影响的激进话语失去了对社会实践的解释和指导力量。经验主义批判的直接触发点是阿尔图塞理论的发现和引入。阿尔图塞用结构主义理论来阐释马克思主义，他提出的社会形态结构论、多元决定论、话语实践论、主体的意识形态建构论，似乎都为一海之隔的英国左派和马克思主义知识分子打开了一扇别有天地的窗户。多元决定论为解决长期困惑左派的简单粗糙的经验决定论和镜像式反映论展示出新的可能性，使他们可以摆脱陈旧而往往无力的"基础/上层建筑"解释模式的束缚；社会形态结构论对认识资本主义制度的深层肌理提供了新的分析解释；主体的意识形态建构论在相当程度上有助于推动对资产阶级统治意识和话语体系的揭露和批判；而话语实践论则为激进知识分子的专业自信注入了动力。于是，出现了伊格尔顿所说的"马克思主义在20世纪70年代的空前繁荣"和伊斯托普等人所确认的"1974年，英国马克思主义无论在理论上还是在实践上，都达到了巅峰"（Antony Easthope, 1991）。具体表征就是阿尔图塞理论成为影响力最大的话语系统，"在20世纪60年代后期至70年代早期，整个人文科学都受到来自阿尔图塞的马克思主义的介入和影响"（Antony Easthope, 1991）。尤其是年轻学者，纷纷走向阿尔图塞，推出了大量受阿尔图塞理论影响的学术著作，甚至出现了集中新学成果的专门刊物，例如非常活跃的《荧屏》（Screen）杂志。

英国左派内部的论争有时也被简化说成"理论"与"经验"之争。按照阿尔图塞的阐述，知识并不是头脑对外在客观实在世界的"反映"，真理并不是存在于外部世界某个地方并等待人的意识去"切中"（treffen）、发现和取来的一种实体，"只有经验主义才会以为，文本与历史之间存在着自发的直接的关联，应该抛弃这种幼稚的观念了"（Terry Eagleton, 1976）。知识其实是理性思辨和话语过程的一种结果，是一种积极的建构形式，因此理论本身就是一种实践过程，具有生产性，"我们必须抛弃那种直接反映和读解的镜像关系的神话，而是应该把知识理解为一种生产过程"（Louis Althusser and Etienne Balibar，1975）。与此形成强烈反差的是，英国知识界还像他们的前辈一样，满足于描述自己的琐碎经验，拒绝通过理论思辨获得对世界的总体把握。正如威廉斯自己十分清楚的那样，经验主义者的共性是"倚重观察和通行的做法，而对理论解释持怀疑态度"（Raymond Williams，1983）。而奈恩则有些激愤地说："英国经验主义对理论有一种发自本能的排斥。"（Antony Easthope，1991）反经验主义者的"情感结构"也可以概括为对"理论"本身的热烈推崇，甚至就像伊格尔顿的同代人亨戴斯和赫斯特那样，高调地表达了对经验主义和实证方法的不屑一顾："我们的建构和提出的论点是在理论层面上进行的，是依赖所谓历史'事实'的经验主义者无法辩驳的。"（Barry Hindess & Paul Hirst，1975）这种理论激情同样在很大程度上推动了《批评与意识形态》的写作，不过对于伊格尔顿来说，"理论"的价值不仅在于其意识形态批判力量，还因为它具有切实的不可替代的认识论和方法论效用，"真实是经验所无法感知的，它必须把自身隐藏在现象范畴之中（商品、工资关系、交换价值等等），让人们仅仅看到这些范畴。"（Terry Eagleton，1976）也就是说，理论是正确认识世界和切近现实的有效途径。

多种因素合力使经验主义批判成为《批评与意识形态》立论的反证支点，成为文本学工程的前期准备和起点，成为这部里程碑著作中的第一章。从写作策略和效果的角度看，把威廉斯置于英国经验主义传统甚至利维斯主义的范畴内加以审察，应该可以增强全书的论述力量。

经验主义批判构成《批评与意识形态》理论成就的必要条件，与此同时，我们也清楚地看到，这项突出成就与其说是汲取了阿尔图塞的理论资源，不如说是对阿尔图塞理论大力改造的结果。该书引人注目的地方更多在于与阿尔图塞理论的差异，例如作者对"生产方式"概念的运用：阿尔图塞虽然把物质的经济的生产方式放在终极决定因素的位置，但那只是理论上的假设，并不具有实际效用，因为他提出多元决定论和多重实践论的一个原初动机，就是为了剥离生产方式和经济基础范畴对精神和话语实践的形影不离的沉重压制；而在伊格尔顿的文学理论架构中，"生产方式"是一个基础性概念，因而能够进一步提出"一般生产方式"和"文学生产方式"，相应衍生出一般生产关系和文学生产关系以及文学生产、文本生产、文化生产和意识形态生产等注入新意的概念。这种关联使文学文本的生产和解读与社会历史的物质条件紧密结合起来，以此与阿尔图塞更加突出话语行为本身的自主性和实践性的观点拉开了距离，符合马克思经典中对物质与精神关系的论述。再如"意识形态"：阿尔图塞理论强调意识形态的虚假性，因此必须通过意识形态知识或理论的科学方法，才能揭示意识形态的真面目；相比之下，伊格尔顿认为意识形态并非完全虚假之物，它是特定社会历史条件的产物，真实地反映了历史现实，因此文学文本中呈现的意识形态虽然与历史真实隔了两层，但是并不妨碍通过具体的分析解读出背后的历史真相；再者，构成文本的意识形态生产本身是一个真实的过程。此外，伊格尔顿对价值判断的坚持、对读者能动性的重视、对文学批评的政治功能的强调，也不在阿尔图塞的理论议程之内。

　　1986 年，《批评与意识形态》出版十年之后，已经"更弦易辙"的伊格尔顿可以"平静下来回顾历史，可以非常清楚地"审视自己与结构马克思主义的关系，可以冷静公允地评价阿尔图塞理论。他的总体看法是，阿尔图塞提出的所有理论概念都击中了其他马克思主义理论暴露出来的软肋，包括庸俗的历史目的论、同质化的历史观、幼稚的理论与实践匹配论、存在主义式的主体论等等。然而阿尔图塞提出的解决之道带来了新的严重问题，"理论"成了超验的东西，"理论实践"实际上完全失去了现实作为的能力，成了封闭的话语循环，完全消除了社会历史进程的整体性，只剩下一些散碎的偶然的随机聚合，而主体消解的严重后果是取消了阶级斗争的可能性（伊格尔顿在《马克思为什么是对的》中指出，阶级斗争是社会变革的主要方式）。当伊格尔顿发现阿尔图塞理论实际上既无法解决既有问题，而且会产生新的问题之后，转身寻求新的途径，就成为情理之中的事情了。

　　历史语境的还原固然可以为今天"理解"伊格尔顿的阿尔图塞转向提供一些重要线索，但是这种体谅式的理解不足以解释他随后的文化政治转向或向着威廉斯的回归，也难以解释这一事实：伊格尔顿后来对阿尔图塞理论的清醒反思其实在当年的《批评与意识形态》中已经得到了相当充分的体现，或者说他在批评威廉斯的同时自觉（或不自觉）地维持了与文化唯物主义的割不断的牵连。总之，伊格尔顿与阿尔图塞的种种差异以及在很大程度上因为那些重要差异而打通了"死胡同"，相当成功地建构了唯物主义文本学，绝不是缘于运气。

　　细察可见，伊格尔顿的"反复"表象下有一条始终坚持的主线，也可以说，他的"反复"本身是对某种根本立场不懈持守的合乎逻辑的反映。伊格尔顿在著作中广泛而及时地征用各种理论体系的语汇，包括各种非马克思主义的用语，但他经常申明自己是马克思主义者，而且坚持使用马克思原典中的概念、范畴和命题展开论述，彰显自己纯粹的马克思主义信念，例如他对经济基础/上层建筑模式、生产方式范畴和意识形态概念的论述，即使在激进阵营里，这样的原汁原味也显得十分突出。

经济基础/上层建筑模式曾经让许多马克思主义理论家感到困惑，以至花费了许多笔墨来厘清这一对概念之间的关系，有些理论家试图采用其他阐释模式来化解经济基础/上层建筑之间的理论难题，例如威廉斯认为经济基础/上层建筑公式是抽象的，无法有效地说明丰富复杂的现实状况，应该通过"实际经验""整个生活方式"和"情感结构"等范畴来认识现实。阿尔图塞也是在某种意义上通过意识形态理论来消解经济基础/上层建筑的难题。而伊格尔顿无论靠近阿尔图塞，还是回到威廉斯，抑或吸纳后结构主义的某些用语，始终没有放弃经济基础/上层建筑的理论模式。生产方式是历史唯物主义的一个基本范畴，然而在马克思主义文论史上，把生产方式与文学和艺术关联在一起，似乎并不顺利，要么走上庸俗马克思主义或经济决定论的小路，要么使审美消失于社会学的阔大领域。伊格尔顿提出"文学生产方式"概念，把向来视为精神现象的文学与物质活动的生产方式关联起来，通过对"文学生产"机制和过程的细致分析，阐明了蕴含于艺术形式和审美活动中的物质性，这一创举相当成功地使精神活动与物质过程统一起来，一方面解决了某些马克思主义文学理论面对的困境，另一方面也使艺术活动的实践性具有了真正坚实的基础，可以更好地释放艺术实践的能动和创造力量。从马克思的著作开始，"意识形态"就一直是马克思主义文化政治理论的核心概念，而且经过长期发展，意识形态批判已经成为标志性的马克思主义的方法。对于伊格尔顿来说，意识形态批判是人类解放工程的一部分，因此他在意识形态议题上一直用力尤深。他于1991年出版的《意识形态导论》对这个概念的历史谱系进行了深入的研究，涉及马克思主义传统内部的一些重大争论；1994年，他又为朗曼出版公司编辑了《意识形态读本》，突出表明他对意识形态的高度重视。他的意识形态研究成就集中表现在三个方面：一、破除了对意识形态的诸多片面刻板的理解，譬如与包括阿尔图塞在内的许多马克思主义理论家不同，伊格尔顿认为意识形态并非特定人群的症状，而是所有人的意识中都存在着的一种形态；二、对意识形态的结构作了具体深入的阐发，描述了包括一般意识形态、各种局部意识形态、个人意识形态等层面的意识形态结构；三、以"意识形态生产"为核心建构了文本学，对"审美意识形态"范畴作了系统的阐发。

"哲学家们只是用不同的方式解释世界，而问题在于改变世界。"马克思《关于费尔巴哈的提纲》中的这句话是伊格尔顿经常引用的座右铭。他对马克思主义没有折中余地的守护已经超越了学术兴趣的范畴，进入一种信念甚至信仰的境界：他坚信，马克思主义是解释世界的最好理论，更是改变世界的行动指南；是精神批判的利器，更是把美好生活从想象和设想变为现实的可靠路径。简言之，马克思主义的生命在于政治行动，正是在这个意义上，他以伊格尔顿式的机智说，"马克思更像一个反哲学家，而不是哲学家。"（Terry Eagleton，2011）政治是为了群体的利益而进行的各种话语和行为实践，在阶级社会里，群体利益往往呈现为不同阶级的特殊诉求，因此必然表现为各个阶级群体在物质和精神取向上的差异、对立、冲突和斗争。马克思主义的政治目标就是用社会主义取代资本主义，最终进入所有人按照审美理想达到自我实现的共产主义社会。为此，早在学生时期，伊格尔顿就积极地投身于激进政治活动，或参与政治集会，或走上街头散发传单，他最早参加的一个校外活动集体叫作"十二月小组"（the December Group），这个英国共产党的外围组织后来创办了机关刊物《倾斜》（Slant），伊格尔顿主持过该刊 1969—1970 年的活动。（Elaine Treharne & Stephen Regan，1991）他的理论作为也往往受到现实政治动向的触动和影响。《批评与意识形态》所表现的理论热情在很大程度上也与那些年里政治现实的变化密切相关。1974 年 2 月，英国煤矿工人宣布开始总罢工，得到其他行业工人的热烈响应，英国保守党政府的对策是解散内阁，提前举行大选，这是一场事关"到底是谁领导英国"的对决，堪称宪章运动以来最大的工人运动。虽然英国的政治结构并没有因此发生革命性的变化，但工人增加工资的要求由新上台的工党政府承诺兑现，也标示了工人阶级取得了现实的胜利。

激进运动的新形势鼓舞了左派知识分子的社会信心，同时也召唤他们从理论上对社会主义的现状和前景作出科学可靠的论述。因此应该说，即使在《批评与意识形态》时期，伊格尔顿空前的理论投入，其动力和归宿仍然主要在于现实的政治效用，他在 1986 年的一次访谈中证实："我当时属于年轻一代社会主义者，我觉得以威廉斯为代表的上一代新左派既缺乏理论严密性，也缺乏政治热情。"（Andrew Martin，1986）如此看来，当时他对威廉斯进行的俄狄浦斯式的清算可能并不是因为威廉斯在认识论上的偏执，也不是在意识形态性质上对经验主义的忽视，甚至不完全是威廉斯对马克思主义某些理论模式的质疑，而是因为威廉斯最终失去了政治的锋芒。进一步看，让伊格尔顿真正恼火的可能是威廉斯对"阶级"的漠视，"实际上并不存在阶级，只存在把人们看作阶级的各种方式而已……我们只是把一群个体划分为这样那样的阶级、国族或种族，这样做只是为了避免单个地看待个人"（Raymond William，1961），阶级竟然成了一种因人而异的主观感觉，一种可以替换的"看"事物的方式，一个漂浮的能指，这是始终把政治追求放在首位、把社会革命的有生力量寄托于工人阶级的伊格尔顿断然不能接受的。其实，他对威廉斯的所有批评都可以归结为威廉斯放弃了主动介入政治实践的意愿，使批评理论成为纯精神的、文化的或唯心的活动。

通过 20 世纪 80 年代连续问世的几部著作，伊格尔顿大声呼唤文化工作者的政治作为，实属保守的撒切尔 – 里根主义大行其道、马克思主义再次滑入低潮时的奋起一搏之为。进入 20 世纪 90 年代以来，伊格尔顿对后现代主义的批判不断加码，是因为随着冷战的结束和全球化的迅速推进，文化相对主义盛行，其实质是为商品的任性流通消除一切障碍。如此这般的文化相对主义，实质上也是一种文化绝对主义或唯文化论（culturalism），因为它把物质的社会结构替换成观念转换的事情。无论文化相对主义，还是文化绝对主义，它们的症结都在于有意无意地掩盖了现实的真实状况，其后果是拆除了政治革命的引信。可是，源于经济利益的文化冲突每天都在真实地剧烈地发生着、进行着，因此，伊格尔顿特别提醒激进知识分子，不要被时髦的后现代辞令迷了双眼而丧失政治活力，"今天，像斯坦利·费什的那种唯文化论或唯习俗论是要把左派的认识论轭制在保守政治之下，正如理查德·罗蒂要把它套在自由资产阶级的世界观里面"（Terry Eagleton，1997）。20 世纪后期以来，伊格尔顿日益关注民族主义议题，这不仅是因为爱尔兰与英国、爱尔兰与他一家人之间的特殊的历史纠葛，还因为他的政治日程及时反映了全球化时代民族和族群冲突不断增加的现实局面。

伊格尔顿向来明确的政治诉求也可以从他的写作风格得到有力佐证。他的语言直截了当、晓畅明了，与常见的那种晦涩沉闷的文论形成鲜明对照，这是因为一方面他的理论探讨总是从现实生活出发并以解决现实问题为目的，现实的日常生动性和真切感受使他能够用平常通俗的语言说清楚事理真相，而不是只有借助于一套现成的理论术语才能进行表达；另一方面，强烈的政治效用目标让他有意识地追求受众的最大化，因此他会大量地使用各种修辞手法，其中最常用的是比喻，因为比喻可以使抽象的思想变得形象具体，容易理解。这种可以称为"伊格尔顿体"（Eagletonism）的文章品质是伊格尔顿本人自觉塑造的结果，他属于那种少见的具有强烈的风格意识的理论家，他明确主张学术阐发也应该尽量贴近普通语言，"有些牛津哲学家们非常热爱'普通语言'这个概念，但是牛津哲学家们的普通语言却与格拉斯哥码头工人的普通语言几无共同之处"（Terry Eagleton，1981）。事实表明，伊格尔顿的语言策略是非常成功的，他的很多著作都能像畅销书一样广为流传，以《文学理论引论》（*Literary Theory: An Introduction*，1983）为例，其读者范围远远超出了文学专业的学生，世界主要语言都有该书的译本。"伊格尔顿体"的另一个突出特征是论战风格，他不仅在批驳敌手时摆出嬉笑怒骂、不依不饶的论战姿态，即使面对同志时，他的批评也往往让人有过于直率之感，不过如果知道伊格尔顿曾经这样批评詹姆逊，"他绝不是一位论战或讽刺作家，可是在我看来，这是政治革命者的根本模式"（Terry Eagleton，1986），那么就会理解《批评与意识形态》不仅对威廉斯的经验主义倾向不满，也对他的写作风格颇有微词。与威廉斯"四平八稳、全无棱角"（Terry Eagleton，1976）的风格相对照，伊格尔顿那火辣辣的文笔能够更加快捷有效地传达作者的政治意图，激发读者的政治激情，在二者的生动交流中实现文化行为的政治目的。

马克思和恩格斯在《关于费尔巴哈的提纲》里谈到思想观念的生成方式时说："德国哲学从天上降到地上；和它完全相反，这里我们是从地上升到天上，就是说，我们不从人们所说的、所想象的、所设想的东西出发，也不是从只存在于口头上所说的、思考出来的、想象出来的、设想出来的人出发，去理解真正的人。我们的出发点是从事实际活动的人。"（《马克思恩格斯选集》（第一卷），1972）伊格尔顿坚定不移的马克思主义立场和毫不迟疑的政治追求，说到底源于他对现实生活的终极关怀，源于他忠实于真切的生活体验的学术精神，这样的学术情怀外化扩展为让所有人过上美好生活的赤热愿望。换言之，他的政治取向和理论选择与实际生活的关系不是"从天上降到地上"，而是相反，正如他所说，"人们所以成为社会主义者，绝不仅仅因为他或她信服了唯物主义的历史理论或被马克思的经济学算式的说服力所打动。最终而言，做一个社会主义者的唯一原因是他反对历史中绝大多数男男女女一直过着痛苦而低下的生活，他相信这种状况在将来是可以改变的"（Terry Eagleton，1981）。他在谈到威廉斯当年的学术条件和背景时说："他是一位威尔士工人阶级父母的儿子，从一个异常封闭的农村社区进入剑桥大学，阶级、文化、政治以及教育等问题是自发地摆在他面前的，这些问题是与他的家庭出身和个体身份密切相关的。"（Terry Eagleton，1976）伊格尔顿也出身于地道的工人家庭，不同在于他们家是祖父那一辈从爱尔兰移民到曼彻斯特，也许由于爱尔兰人遭受过英格兰人更严酷的压迫，父辈们更加容易安于社会边缘。伊格尔顿的父亲特别木讷，好像把所有言说的机会都让渡给了儿子，或者说只能把希望寄托在儿子身上。如果威廉斯的个人实际经历和体验是其思想力量的活水源头，那么伊格尔顿思想历程中出现的变与不变，何尝不是其一以贯之的现实关怀的忠实表现呢？

"从地上升到天上"，即以实际活动中的人为出发点，是马克思和恩格斯指出的真正理解人的正确路向，在认识论上体现了唯物主义的基本原则。同样，伊格尔顿也是把人的实际生活境况与这个人的认识论倾向关联起来，而且可能由于自己的阶级出身，他认为那些卑微者、属下者、劳力者往往更容易按照唯物主义原则认识世界，"那些来自社会边缘的人们一般不会成为理性主义者或唯心主义者，不会夸大思想观念的作用"（Terry Eagleton，2001）。伊格尔顿著作中不乏认识论的阐述，甚至从认识论的第一问题"意识从何而来"开始："意识就像儿童的理性一样，总是'姗姗来迟'。甚至在我们开始反思之前，我们就总是已经处于某种物质环境中，而我们的思想无论多么抽象，多么理论，都不可能违背这一基本事实。只有那种唯心主义哲学才会忘记人类的思想基石在于实践。如果把思想观念从这个环境中剥离出来，就可能真的误以为是思想创造了现实。"（Terry Eagleton，2011）这里描述的意识、观念、思想、理论，概言之精神的生成路线完全符合唯物主义认识论，是我们再熟悉不过的了，无须赘述。值得注意的是，伊格尔顿更进一步，明确地把"现实生活"与个体的实际经验和直接体验联结起来，甚至把作为知识之源的这种经验或体验与最为个体化的"身体"紧紧捆在一起："我们人类具有认知能力，是因为我们是血肉之身。……可以首先这么说吧，我们的思维方式是由我们的身体需要决定的。"（Terry Eagleton，2011）在此，"身体"进入了伊格尔顿的认识论范畴，而且以其坚实的物质性成为知识的可靠起点，因为实际生活中的人是通过感觉进行体验和作用于世界的，感觉是个体自我与现实世界之间的媒质。当然，伊格尔顿把感觉在认识过程中的这种基础地位再次归于马克思主义创立者，"马克思把人的感觉看作积极投入现实的形式"（Terry Eagleton，2011）。

当感觉、体验以至身体成为伊格尔顿知识理论中极为重要的基础概念时，确实可以说他随着"经验"回到了威廉斯；如果伊格尔顿现在认为个体在马克思主义理论中占有重要地位——"现在清楚了，马克思对个体坚信不疑，对抽象教条深感怀疑"（Terry Eagleton，2011），那么就不能把威廉斯对个体经验的重视看作经验主义。这两个判断显然是互相矛盾的，除非伊格尔顿把马克思主义与经验主义等同起来，或者让二者互为兼容。乍看之下，这确实是个比较棘手的难题，但是实际上，问题在于提出这个问题的方式本身，即非此即彼、肤浅简单的机械唯物主义思维；按照这种二元对立思维，伊格尔顿反对经验主义，就等于赞同理性主义；当他说"来自社会边缘的人们一般不会成为理性主义者或唯心主义者"时，就是赞同经验主义并且把经验主义看作一种唯物主义。如此演绎，顶多只能抓住一些形式皮毛，漏掉实质的内容。思想过程是在特定的历史语境中展开的，因此必须将思想形态置于历史语境中进行解读。如前所述，《批评与意识形态》对经验主义的批判是 20 世纪 70 年代的社会政治和文化状况所激发的反应，更重要的是，在当时批判经验主义的集体行为中，伊格尔顿主要是从意识形态角度批判经验主义可能带来的保守的政治后果，并没有像阿尔图塞那样，通过批判经验主义认识论来铺设立论基础。其次，马克思主义并不是与其他人类思想完全隔断，从而纯粹地自生自长的封闭空间，而是充分吸收消化各种文化成果的"合理内核"，因而不可避免地与其他"主义"和理论发生各种交集或融合，这个事实在马克思的著作中也可以找到丰富的例证。经验主义就属于这种情况。至少在认识论的层面上看，经验主义与唯物主义乃至马克思主义，在诸多概念和命题上存在着明显的相通之处。由于这个缘故，伊格尔顿可以频繁而自如地把现实生活、个体经验、身体感觉、社会实践放在唯物主义认识论整体中调度使用；也是在这同一个层面上，伊格尔顿指出，为未来的美好社会而打拼的革命者并非一群脱离现实的"梦中人"，"其实，革命者既不是乐观主义者，也不是悲观主义者，而是现实主义者"（Terry Eagleton，2001）。不过，马克思主义者应该坚持现实主义，并不意味着经验主义可以等同于马克思主义，它们是产生于不同历史时期的思想体系，而且关键是，马克思主义范畴内的经验既是个人的，也是社会的，二者互为条件。伊格尔顿对此十分清楚，他用力强调的身体是与社会生产相联系的物质的身体，而不是自我封闭起来的生理的身体，"对于马克思来说，我们的思想是在改造世界的过程中形成的，这是由我们的身体需要所决定的一种物质必然性。……意识是我们自身与周围物质环境进行互动的结果"（Terry Eagleton，2011）。身体的功能意义在与生产方式和生产关系等范畴联系在一起时，才能得到阐明。

换个角度看，即使伊格尔顿的政治身份和思想立场都属于真正的马克思主义者，仍然不妨说，他也未免受到经验主义的影响，一如考德威尔、威廉斯、汤普森、霍加特等英国马克思主义知识分子身上显示出集体性的经验主义印记。如果像学界普遍认同的那样，英国马克思主义应该称为"文化马克思主义"，以示它与世界其他地区的马克思主义相区别的特色，那么坚持文化政治批评的伊格尔顿可以通过"文化"标记成为英国马克思主义整体中的一个组成部分。福焉祸焉，英国马克思主义注定无法剔除经验主义的印迹，正如某种程度上，受经验主义缠绕恐怕是所有英国人难以跳出的文化宿命。"当'经验倾向'和'经验主义'这些词语用来形容国民性时，譬如'英国人的经验主义倾向''盎格鲁－撒克逊人的顽固经验'，那就有失严肃了"（Raymond Williams，1983）。注重个体经验之具体、多样、丰富的威廉斯反对给英国人贴上"经验主义"的集体标签，那样做有失笼统，有失抽象，有违真实（殊不知，经验主义的一个基本表现就是重视个体经验）。实事求是地讲，威廉斯的说法并不能降低经验主义对于英国这一方水土及其人民的重大意义。从培根、霍布斯、洛克、休谟、贝克莱等人建构的主体工程，到夏夫兹伯里、伯克、边沁、穆勒甚至阿诺德等人所做的不断拓展，以至 20 世纪英国思想家们的传承光大，经验主义可以说成了英国人的文化胎记。其实，英国人实在有理由这样抱持经验主义，因为社会史和思想史都已经充分证明，如果没有经验主义，英国不可能率先建立现代科学技术，不可能率先完成资产阶级革命，也不可能率先进行工业革命，按照伊格尔顿阐述的马克思主义理论，资本主义创造的巨大的物质、制度和精神财富是保障社会主义和共产主义革命顺利实现的必要条件。顺着这一逻辑，经验主义影响英国马克思主义，乃是顺理成章的事情。这一现象至少提示我们，学术问题的提出和解决在根本上都是本土历史和现实的产物，伊格尔顿也未能例外，而且十有八九是出于清醒自觉的选择。

参考文献 ├────────────────────────────────────

[1] 中共中央马克思恩格斯列宁斯大林著作编译局.马克思恩格斯选集（第一卷）.北京：人民出版社，1972.

[2]〔德〕莱布尼茨.陈修斋译.人类理智新论（上册）.北京：商务印书馆，1983.

[3]〔英〕伊格尔顿.马海良译.历史中的政治、哲学、爱欲.北京：中国社会科学出版社，1999.

[4] Andrew Martin. "Interview with Terry Eagleton". Social Text. Winter/Spring (1986).

[5] Antony Easthope. British Post-Structuralism since 1968. London: Routledge, 1991.

[6] Barry Hindess & Paul Hirst. Pre-capitalist modes of Production. London: Routledge, 1975.

[7] Elaine Treharne & Stephen Regan. The Year's Work in Critical and Cultural Theory, Vol.1. Oxford: Wiley-Blackwell, 1991.

[8] Louis Althusser & Etienne Balibar. Reading Capital. London: New Left Books, 1975.

[9] Perry Anderson. "Components of the National Culture". New Left Review, No. 50, 1968 (50).

[10] Raymond Williams. Key Words: A Vocabulary of Culture and Society. London: Fontana, 1983.

[11] Raymond Williams. The Long Revolution. London: Chatto Wintus, 1961.

[12] Terry Eagleton. Against the Grain. London: Verso, 1986.

[13] Terry Eagleton. Criticism and Ideology: A Study in Marxist Literary Theory. London: Verso, 1976.

[14] Terry Eagleton. Shakespeare and Society. London: Chatto&Windus, 1970.

[15] Terry Eagleton. "The Contradictions of Postmodernism", The New Literary History. Vol. 28, No. 1 (1997).

[16] Terry Eagleton. The Gatekeeper. New York: St. Martin's Press, 2001.

[17] Terry Eagleton. Walter Benjamin: or Towards a Revolutionary Criticism. London: Verso, 1981.

[18] Terry Eagleton. Why Marx Was Right. New Haven: Yale University Press, 2011.

[19] Tom Nair. "The English Working Class". New Left Review, No. 24(1964).

作者简介 ├────────────────────────────────────

马海良，1962 年生，毕业于北京师范大学，文学博士，教授，博士生导师，《外国文学》杂志副主编，中国外国文论与比较诗学研究会副会长。主要研究领域为西方文学理论和批评方法。参与完成了国家哲学社会科学基金重大项目"当代外国文学纪事"

（06AWW001），主持其中《英国卷》的撰写，主持完成了国家哲学社会科学基金青年项目"伊格尔顿批评理论研究"，出版了国内第一部研究伊格尔顿批评理论的专著。主要出版物有《文化政治美学》《新叙事学》《花园里的机器》等。

（原载《外国文学评论》2016 年第 4 期）

从全球化、现代性到全球现代性 *
——阿里夫·德里克的"全球现代性"理论

李世涛

▶ **摘　要**：全球化、现代化、欧美现代性推进了世界文明的进程，但也存在着诸多局限，它们不但包含着殖民主义和欧洲中心主义的因素，而且还具有明显的目的论和意识形态倾向。阿里夫·德里克深入研究了现代性的知识谱系以及与现代性相关的各种理论，在反思、评析得失的基础上，提出了"全球现代性"的理论。这不仅有助于我们把握现代性的历史和现实状况，也为我们应对复杂多变的全球形势提供了极有价值的参照和启发，还有助于增进我们对多元现代性的认识与实践。

▶ **关键词**：全球化；现代化；现代性；全球现代性

阿里夫·德里克（Arif Dirlik）是活跃在当今欧美学界的重要的文化理论家、文化批评家和史学家。近年来，他致力于现代性、全球化研究，提出了"全球现代性"（global modernity）理论，并根据世界形势的变化赋予了其丰富的含义，具有较高的理论价值和现实意义。本文尝试通过全面地把握其现代性理论，以推进中国的现代性研究。

一、全球现代性的概念链

全球化、现代化、后现代主义、现代性、欧洲资本主义现代性、殖民现代性等概念具有家族相似性，既有一定的联系，也有一定的区别，它们分别揭示了当代资本主义的一些特点，但也掩盖、遮蔽了许多东西。德里克逐一分析、评论了

---

* 本文系国家社科基金项目"现代性视域中的西方艺术思潮"（11BA010）之阶段成果。

这些概念的得失，在反思的基础上，吸收、综合了它们的积极因素，提出了"全球现代性"（或"全球化的现代性"）的概念。

全球化。全球化现象早已有之，20世纪后半期以来，随着技术、通讯的发展，世界各地的联系、一致性和依赖性空前增强，全球化浪潮再次引人瞩目，与此相伴，出现了与一体化对立的本土化或"全球本土化"（罗兰·罗伯森语）。实际上，它们共同构成了全球化不可分割的两种运动："整合与瓜分、全球化与地方化，是两大相辅相成的过程。更确切地说，它们是同一过程——世界性的主权、权力和活动的自由重新分配——的两个方面。……合成与耗散、整合与分解的共存与交织，绝不是偶然的，更不是可纠正的。"（齐格蒙特·鲍曼，2000）各种全球化话语的意识形态性也是明显的：为了取得全球的统一性、一致性而压制差别、不同；用整体、必然、全球压制局部、偶然、地方。在德里克看来，全球化着力强调欧美模式的重要性和示范性，为此甚至有意隐瞒殖民主义扩张的作用，具有欧洲中心主义倾向。全球化话语也是一种目的论，全球近500年曲折而丰富的历史被简化为自觉地向全球化目的的发展，不但漠视了全球化的众多可能性，也忽视了形塑全球化力量的权力关系，把它们作为偶然的、地方的现象弃之不顾，根本不愿考虑它们当时所起的作用。但是，全球现代性可以纠正此偏颇："全球现代性的证据指向了保留殖民主义中心性的重要性，这不仅仅是在理解过去的全球化力量方面，更在于理解殖民的过去在建构现状中所起的根本性作用。"（阿里夫·德里克，2010）

全球化带来了全球化研究的新范式，开启了广阔的空间。首先，作为范式的全球化提供了一种可能，它允许把现代化置于长时段的历史语境中，这有助于克服欧洲中心主义的资本主义目的论，这种目的论现在仍然残存于反欧洲中心主义的各种替代方案中，同时这种视角也可以把现代资本主义本身历史化。其次，全球化还可以通过历史地分析民族，以克服民族的目的论。最后，全球化还要求关注历史与结构的辩证法，处理好以下两方面的关系：把现代世界结构化的多元力量、特殊的社会与这些结构化之间相互塑造的问题。但是，作为范式的全球化也面临着新的挑战，即如何批判地对待全球化的问题。虽然全球化有意地避开欧洲中心主义，但它仍然延续了现代化话语，而现代化话语实际上是资本主义目的论的一部分，这样，全球化就天然地具有资本主义目的论的性质。

作为殖民现代性的遗产——全球不平衡的发展和不平等的权力关系早已存

在，还将继续存在并发挥作用，但全球化不但掩盖了它们，还把它们合法化、永久化了。从这个意义上讲，可以把全球化或全球现代性视为殖民现代性和殖民主义的最后实现，这明显地体现在发展主义的意识形态霸权中，也广泛地存在于欧美资本主义的现代性和社会主义的现代性中。实际上，全球化遮蔽了其浓厚的殖民主义色彩和严重的不平等。因此，应该分析全球化的意识形态性，正视其殖民主义历史及其对现在的影响，而不应该极力回避。

现代化。现代化是 20 世纪 50 年代帕森斯等学者的发明，它无视现代社会的复杂性，抹杀了现代国家的实际国情，乐观地把发达国家的现代进程作为世界各国的发展目标和模式，希望以模仿、复制的方式促使各个国家与地区迅速进入现代社会。现代化理论具有强烈的殖民主义色彩和欧洲中心主义倾向，它无视其他社会的现代因素和现代化道路的独特性，没有处理好普遍性和特殊性的关系；它不但没有质疑欧美现代化的霸权，反而续写、强化了这种霸权；它还是一种目的论，强调复制就能够获得发展和美好的前途，就能够走向现代社会。由于这种乐观主义有意无意地回避了现代化的弊端和阴暗面，因此，其希望是注定要落空的。为此，在思考现代性问题时，应该警惕现代化意识的干扰。

后现代主义。后现代主义反对中心，提倡多元、差异，它作为"变得自觉和自我批判的现代性"，有助于挑战欧美现代性的霸权，批判现代性的局限，但是，它却无视发达国家现代性的殖民主义性，因此，应该重视后现代主义对欧美现代性的质疑，但也要承认它对现代性的批判是有限的，而且作为晚期资本主义的文化逻辑，后现代主义与全球资本主义扩张的共谋也不容忽视。

现代性。现代化理论及其实践存在着种种问题，对它们的反思成为催生现代性理论的动力之一。现代性不仅是一个时间的概念，还是一个关系性的概念，它涉及了全球空间和权力关系的变化。也就是说，现代性概念出现于这样的时刻："只有在非西方社会的权力资源不断增加，可以回过头来向西方发出声音并得到聆听的时候，一系列的范畴才会显露出来，而对它们的建构和利用就必然会引起权力关系的出现。后现代与后殖民的理论就是指出这种权力平衡发生变动的征兆。把它们当作实体化的时间或空间的范畴（比如后现代性）而加以排斥，就会忽视此过程中这个非常重要的文化维度。"（迈克·费瑟斯通，2009）当然，后现代主义也促进了现代性话语的产生。这样，就出现了诸多的现代性话语，它们都是从各自方面对当代社会的把握，各有侧重、偏颇，也需要反思和修正。

欧洲资本主义现代性。欧洲资本主义现代性（或者欧美现代性）是当今世界最具影响力的一种现代性，它已经成为全球生存方式的重要组成部分和一个条件："对现代性既作为物质状况又作为意识形态状况的意识是我们生存的一部分，并且塑造了我们对未来和过去的看法。"（阿里夫·德里克，2010）这样，欧洲或欧美的现代性甚至已经成为讨论任何现代性的前提。实际上，欧洲资本主义现代性最初只是欧洲的现代性之一，但它压制了欧洲的其他现代性，后来又借助殖民主义和民族主义的力量，压制了其他社会的现代性，最终取得了世界的霸权。一方面，欧洲资本主义现代性在形成现代世界、现代社会的过程中发挥了不可替代的独特作用；另一方面，它的黑暗面、霸权、压迫性和殖民性有着极强的破坏力，也同样需要引起我们的警惕。这样，我们既要肯定欧洲现代性的历史作用，又要承认其殖民主义性和欧洲中心主义倾向，不能绝对地扬此抑彼；既要承认欧美现代性的物质和意识形态后果在全球范围的影响，也要挑战其霸权地位，发掘其替代性方案。随着后殖民、后现代话语的介入，当今欧美现代性话语的反对殖民主义、现代主义的倾向也是应该肯定的。同时，在批判其欧洲中心主义和殖民主义倾向时，也应该关注现实问题，防止走向另一种极端："过多关注欧洲中心主义或殖民主义也掩盖了当代现代性的根本问题。"（阿瑞夫·德里克，2006）

殖民现代性。殖民主义促进了欧洲中心现代性在全球的扩张，并形成了它的世界霸权，其影响巨大，甚至现在也无法回避它的存在。尽管如此，随着后现代主义和后殖民理论的兴起，殖民现代性的合法性、霸权地位、影响都受到了挑战，迫使我们正视它在起源、发展中存在的问题。人们通常认为，欧洲现代性是自主的，是欧洲历史发展中必然出现的现象，它的优越性和示范性足以诱使其他社会步其后尘进行效仿。实际上，这种现代性只是欧洲资本主义发展中的一种特殊情况，它压制了现代性的其他可能性，在资本主义、民族主义的推动下，甚至以武力相威胁，最终在全球推广开来。颇为吊诡的是，资本主义和民族主义一方面产生了旨在对抗欧洲中心主义现代性的"替代现代性"；另一方面，它倡导的差异、它的对抗又重复了欧洲中心主义现代性的逻辑，甚至继续与资本主义共谋，参与、支持了资本主义现代性的全球扩张。在这种意义上，它是后民族的、后资本主义的、后殖民的，而后殖民主义实际上又是反对殖民主义、民族主义和革命的。

全球化、现代化、现代性等理论都是对当代世界的把握，但它们存在着亟待反思的诸多问题。这样就需要一种现代性理论，它既要放弃欧洲中心主义，又要放弃资本主义发展目的论，尽可能地包容现代性发展中不同的历史轨迹和各种可能性，即包括了欧美支配的现代性和其他地区的现代性，以区别于现代化。德里克提出的全球现代性就是应对这些挑战的产物，它灵活地穿梭于这些概念之间，吸收了这些概念的优点，克服了它们的缺陷，是对它们的扬弃和有效补充、修正。同时，全球现代性还质疑了全球化概念和早期的现代性概念，因此具有了巨大的理论价值和现实意义："把现代性界定为全球化的现代性允许人们承认现代性在其全球化过程中的辩证法。在其方案中全球化的现代性与欧洲起源的印记有关；另一方面，它又比诸如后现代性或全球化这类概念较少受到欧洲起源的束缚。它既表明了当代现代性的统一，又表明了当代现代性的分裂。在当代现代性中，欧美支配的现代性的遗产是非常明显的，但是又受新的压力的束缚。最重要的是，全球化的现代性，作为当代的条件，不是以现代性的瓦解为标志，而是以其围绕一个全球性中心的重构为标志，尽管必然是一个缺席的中心。"（阿瑞夫·德里克，2006）

二、现代性研究的思路和方法

现代性的复杂性吸引了许多学科的介入，也决定了其研究思路、方法的多样性。在德里克看来，有两种基本的研究方法：第一种方法着眼于社会的内部特征，首先制定一套现代社会的标准，然后以此为根据，判断具体的社会是否是现代的。第二种方法是结构的方法，它深受"世界体系论"方法的影响，把现代性界定为资本主义的现代性，即资本主义世界体系中的国家、地区和被强行拖入资本主义世界体系中的国家、地区都是现代的，落后、先进之别取决于在这个体系中的位置，但很难对它们进行内部、外部的区分。（王逢振、谢少波，2003）就德里克的研究而言，他是倾向于后者的，并把以下方面贯穿于其研究之中。

首先，反对本质主义的思维方式和本质观，从关系角度理解现代性。现代性不是实体，也没有固定的、单一的本质与发展模式，不能以本质主义的方式理解现代性。相反，现代性是多种力量相互作用的结果，作为这些力量角逐的"力场"或"场域"，应该从关系的角度理解它。因此，需要引入资本主义世界体系的视角，并据此来研究各种现代性现象。也就是说，在现代性场域的各种因素作用下进入这个体系的国家或地区都是现代的，或者说，与这个体系发生关联并成为其组成部分的国家或地区都是现代的，这样，就应该从全球的视野、全球的时空关系来看待形塑现代性的力量和现代性的后果，以理解现代性的复杂性。就此而言，蒙古人的入侵加剧了欧亚大陆的交流，这样的密集交流引发并刺激了全球性的变革，具有全球的意义；同样，欧洲入侵美洲也具有了类似的意义，这些活动客观上都加剧了全球的交流。从全球的角度看，这些交流是促进世界结构变化的动力，也是其结果，参与形塑现代性的力量、现代性的后果都已经成为全球性的现象。其中，亚洲与欧洲的交流、欧洲与美洲的交流都离不开欧洲，它的中介作用非常重要，对现代性的发展也至关重要。如果缺乏了关系的视角，就无法理解现代性的无中心性和多极性。

其次，根据一些基本的价值观和实践来把握现代性。现代性不是抽象的，它具体地存在于政治、社会关系、日常生活的某些基本的价值观和实践中，诸如科学、资本主义、发展主义等，只有把握了它们，才能够真正地理解现代性。这些价值观和实践并不具有普遍意义，而是与欧美现代性相伴的特殊现象，通常只有根据西方的现代观念——它是欧洲人的发明，亦非自足的——才能理解它们。究其实质，"欧洲人把他们的价值观和实践视为现代性的普遍特征，并且通过对全世界的奴役和殖民化来继续证明这一点。通过扩张、征服和殖民主义，这种特殊版本的现代性从 18 世纪起开始变成全球性的，消除了现代性的其他可能性，而这些可能性则是由一些产生出欧洲现代性的相同力量所产生出来的。"（阿里夫·德里克，2010）这样，通过把它的价值观和实践普遍化，欧美现代性也随之具有了普遍的意义，再通过压制、消除现代性的其他可能性，最终把特殊的、地方性的欧美现代性转变为普遍性的全球现象。实际上，欧美现代性与其社会的某些价值观、实践彼此需要，相互支持。因此，需要根据后者把握现代性。如今，欧美现代性所产生的物质和意识形态的后果是任何人都无法回避的，已经成为我们生活中不能离开的重要部分，因此，应当承认欧洲现代性的重要作用，无论欧洲在现代性的形成与发展过程中所起的作用是积极的还是消极的，它的变革作用都是现代性发展史中不可或缺的、至关重要的因素。

再次，要历史地把握现代性，把现代性及其话语历史化。欧洲中心主义（或欧美）现代性最初是一种偶然的、地方性的特殊现象，它出现以后，在资本主义和民族主义的共同作用下，凭借武力进行了全球范围的侵略、扩张和殖民统治，通过压制自己过去发展的可能性、其他地区发展的可能性，最终成为具有全球霸权的现代性。现代性话语为这种实践提供了价值、理论方面的支持，并成为其意识形态的表征。因此，必须把现代性及其话语历史化，反对抹杀其历史并把它完全合法化、永久化。

德里克认为，历史地研究现代性，必须考虑三个因素：资本主义的兴起、世界的重组和研究对象在重组中的位置。其中，位置包含了时间、空间两个方面，需要涉及研究对象在资本主义兴起、欧亚大陆、全球中的位置。具体到欧洲资本主义现代性，欧亚大陆是其不可或缺的环境："单一的世界资本主义体系脱胎于横贯欧亚大陆的多元世界体系，而欧洲最终从 18 世纪开始成为欧亚大陆的中心，此时全球也被带入到这种世界体系的范围中。"（阿里夫·德里克，2010）其中，蒙古人的入侵使欧亚大陆的交流具有了不同于此前的重大意义：这个事件能够使欧亚大陆成为我们所了解的样子，而且，也只有在这个事件以后，我们才可能判定现代语境中欧洲和中国的形成期。欧洲对美洲的侵略也是相当重要的，同样需要引起我们的注意。

欧洲与亚洲、欧洲与美洲的交流产生了一个新的亚欧世界体系，同时内部的交流也导致了不同的结果。欧洲社会出现了西欧资本主义和欧洲资本主义现代性，之后，它才向其他地区扩张并取得了世界的霸权。在东亚，各种措施强化了帝国的地位，明清王朝的"中国"也形成了。在经历了"郑和下西洋"短暂的开放后，虽然明朝采取了严格的"闭关"政策，但并没能阻止东亚世界体系内的交流；明清也较为重视与包括俄罗斯、蒙古在内的中亚地区的交流；所谓晚明的"资本主义经济萌芽"也是资本主义世界体系影响的结果。此时的世界体系也大为扩大，包括了欧亚大陆和以菲律宾为纽带联系起来的美洲。同时，非洲、亚欧大陆和其他地方之间的交流也日益增强，产生了诸如地主、商人和劳动者等类型的独立创业者。全球的现代性大致呈现出这样的历史轨迹，其历史性是我们研究现代性问题的基础，脱离了这个基础，研究就可能蹈向虚空。

而且，我们在关注现代性的历史及其对现实的影响时，也要有现实的问题意识，重视研究当前现代性所面临的实际问题，防止以历史研究代替或削弱对现实问题的研究。

最后，要辩证地看待和处理现代性的悖论。在欧洲资本主义现代性发展的过程中，出现了种种悖论，它们妨碍了我们有效地把握现代性，正确地处理它们的关系，也成为我们必须面对的问题。这些悖论主要有：诸多因素挑战了欧洲中心主义，加速了它的衰落、溃败，但是这些因素不但没能动摇资本主义的基础，反而导致了资本主义在全球变本加厉的扩张和胜利；与资本主义现代性的全球扩张相伴，资本的全球化也势如破竹，但是，与此相反，世界并没有同质化，却出现了多元化、文化多元主义和本土化等复杂局面；欧美资本主义现代性是在反对宗教、传统的过程中建立和发展起来的，它的基本内容与宗教、传统是对立的，但是，现代性的全球扩张却促成了宗教、传统的复活或复兴，它们甚至还被用作现代性重建的资源。欧美资本主义现代性是一个复杂的社会、政治、经济、文化问题，可能它的悖论还不止这些，这种现象实际上反映了现代性的真实状态和复杂性。

鉴于此，我们在认识和处理现代性问题时，一定要考虑到这种复杂性，并由此确立我们的问题意识和解决问题的方式。因此，我们应该辩证地对待现代性问题，既要注意哪些问题属于欧美资本主义现代性自身的问题，哪些问题属于欧美资本主义现代性传播中出现的问题，哪些问题属于其他国家借鉴欧美现代性时出现的问题，又要关注欧美现代性的悖论，辩证地看待悖论的两个方面，据此研究现代性的发展态势并确立问题意识和解决问题之道。

三、现代性建设中的传统问题

随着全球化的发展和资本主义的扩张，一方面，世界各地的联系和一致性空前加剧；另一方面，与此相反的地方化和传统也迅速复兴。传统问题再次凸显出来，成为许多领域无法回避的问题。以往，传统是落后、退步的标志，现代性也是在否定传统、追求新异的过程中建立和发展起来的。但具有讽刺意味的是，当今的许多现代性理论却异常青睐传统和传统话语，人们对传统的热情也空前高涨。这样，传统与现代性之间的关系变得极为复杂，处理传统与现代性的关系问题就显得尤为迫切，也成为现代性研究中需要面对和解决的问题。

第一，现代性和传统的悖论。一般来说，现代性在基本方面、根本方面是反传统的，二者的紧张、冲突是很难调和的，但是，晚近的现代性研究重新抬出了传统，希望借此克服现代性的困境。我们知道，现代社会、现代意识、现代化和现代性有一定的差别，人们对现代性概念的理解也存在着很大的差别，但无论差别如何大，都存在着一个基本的共识：现代与传统是对立的。事实上，现代社会也是在否定、反对、对抗传统的过程中建立起来的，反对的对象包括传统的社会制度、价值观念、思维方式、行为方式、道德等方面，虽然反传统的广度、深度、方式不一，但由此反映出的传统与现代之间的紧张关系都是毋庸置疑的，这也是多数现代国家经历过的历史。但是，新近的现代性研究却对传统抱有巨大的热情和期待，尝试把传统作为重建现代性的文化资源，以重新挖掘、发挥其作用。

这样的初衷当然无可厚非，但是，这样做首先就面临着现代性和传统的悖论：现代性的基础是反传统的，现在却要把其反对的对象及其动力转化为可以利用的资源。其面临的结果不外两种，或者是传统的成功转化消解了现代性，或者是不得不抛弃旧的资源，以换取现代性的继续发展。此外，现代性在不遗余力地追求创新、进步的过程中建立了发展主义的意识形态，而传统注重对过去东西的维护、继承、发扬，传统和传统话语注定会从根本上质疑、否定和反对过度的发展，离开了发展主义，现代性的大厦就会动摇、坍塌；如果接受了发展主义，传统就不复存在、难以为继了。面对这样的悖论，实在难以把二者兼顾起来。

第二，许多现代性对传统的利用颇为可疑，甚至缺乏任何实质性意义。现代性与传统的价值取向迥异，现代性是把传统作为障碍来反对、扫除的，所表现的破坏性、绝对性和彻底性都是罕见的，这种矫枉过正的做法暴露了其十足的霸权。为此，传统和传统话语有必要反对现代性的霸权和偏激，质疑其发展主义的基础，也应该提供有别于现代生活的可能，这也许就是传统之于现代性的意义。就欧洲现代性而言，它对传统的攻击和破坏都是无以复加的，甚至还要继续抛弃其包括资本主义和社会主义在内的各种传统。新近的现代性研究却改变了这种状况，人们对传统重新焕发了巨大的热情，传统也一改过去绊脚石、障碍物的负面形象，摇身转变为重建现代性的积极因素和资源。但是，传统并没有任何作为："具有讽刺意味的是，传统并没有质疑发展的目的或模式，只是被抽译为差异的象征性表征，并被抽空了任何实质的内容。"（阿里夫·德里克，2010）也就是说，传统既没有质疑现代性的基本方面和阴暗面，又难以提供克服现代性危机的可能，而是仅仅满足于提供抽象的差异或维持差异，它们没有任何实质性的内容，徒具象征意义和空洞的符号价值而已。而且，这也与其替代欧洲资本主义现代性的初衷相距甚远。

第三，有的现代性挪用、改造了传统，使其成为生产和消费的对象，服务于资本的增值和扩张。随着资本主义现代性的发展，资本和商品化逻辑逐渐向各个领域渗透、扩张，包括文化遗产在内的传统也难以幸免，它们被赋予了商品的属性，以其差异性成为生产和消费的符号，并在日常生活与审美中大行其道，成为资本主义再生产的有机组成部分。随着资本的全球扩张，出现了跨国资本、跨国公司、跨国资本主义和"跨国资本主义阶层"等现象，与此相伴，就面临着如何管理差异、如何影响新的消费等问题，在此背景下，多元文化主义应运而生。虽然它标榜自己反对资本主义的文化霸权，致力于建设多元、平等的文化，但其实质却是跨国公司为了寻找新的管理技巧、控制新的消费的创造，实际上维护了资本扩张，巩固了全球资本主义统治，而起不到抵制或替代资本主义全球统治的作用。

第四，现代性应该把传统作为积极的资源来吸收，而不是保守主义式地复原传统、回到过去。实际上，不但没有实体的、固定不变的传统，而且也不可能完全地复原传统、回归传统。同样，当今欧美社会面对的传统也只能是经历了一个多世纪变化、发展后并被重新阐释了的传统。因此，应该在反对本质主义传统观的基础上，把传统作为重建现代性可资借鉴的资源，发挥其独特的作用，而不至于在复古或复兴传统的歧途中迷失其真正的目的和方向。事实上，现代性也要求传统适应现代社会，积极参与现代性的建设，而不是代替自己，传统的取向也由此发生了转变："它们不是指向过去，而是借道过去通往一个可选择的未来。"（阿里夫·德里克，2010）

四、全球现代性的主旨

全球现代性的含义丰富而复杂，它与全球化、欧洲中心主义、殖民主义存在着千丝万缕的关系，其主旨大致如下：

首先，德里克是在单数的意义上使用"全球现代性"概念的，它类似于詹姆逊说的"单数的现代性"（singular modernity）。换言之，全球现代性是单一的，主要指欧洲（或欧美）资本主义现代性。这种界定"源于一种对那些支持全球化的主张以及全球共同性所暗示的确定性的认识。同时，作为概念的全球现代性有意去克服一种目的论（和意识形态）的偏见，这种偏见已经渗入那些用于描述全球共同性和同质性的全球化术语中。"（阿里夫·德里克，2010）德里克的这个概念既要吸收全球化概念的成果，又要克服其目的论和意识形态的偏颇。也就是说，全球化是全球现代性的一个语境，这个概念既承认全球化引发的共同性、共通性或相似性；又反对许多全球化话语的目的论和意识形态性，这些话语把全球化视为全球迈向同质的过程，有意无意地夸大了这种演进过程中全球的同质性和一致性，并抹杀了与之相伴的本土化、碎片化和种种悖论。具体到现代性，全球现代性承认欧美资本主义现代性在全球传播时导致的相似或相同的结果，也客观地强调，尽管欧美资本主义现代性已经成为全球现实的重要部分，但全球现代性并非必然要向它发展；而且，它还存在着发展主义等意识形态，这些意识形态也是亟待克服的。这样，与全球化相似，全球现代性概念包含了双重内容，不但指向对现代性（包括欧美资本主义现代性）的全球扩张和实现的期待（消除某些地方的边界），而且也指向对某些霸权的现代性的反对，甚至期待在现代性全球扩张的境遇中为某些地方确立新的边界。

其次，全球现代性与殖民现代性呈现出一种相互支持、对抗的状态："它（全球现代性——引者注）既否定又同时实现了殖民现代性，因为文化身份无可避免地和推动全球化的资本主义之经济体制环环相扣，以至于整个世界似乎被不同的利益共同体所瓜分。"（阿里夫·德里克，2010）当代的全球现代性是欧洲中心主义受到挑战或后欧洲中心秩序的产物，它已经取代了欧洲中心主义的现代性，但仍然受到它不同程度的影响，因此，也可以说，全球现代性是殖民现代性的最后实现。但是，全球现代性与殖民现代性的关系是复杂的，具有对抗性和共谋关系："在一定层面上，全球现代性呈现为殖民主义的终结，一种能够冲击现代性的去殖民化的产物，同时也是对之前那个被殖民的殖民现代性的替代性选择。另一方面，全球现代性也可以被认为是殖民主义在全球社会的内在化中的普遍化和深化，这些社会具有与殖民主义纠葛在一起的资本主义现代性的前提，对它来说现在没有可行的替代性选择。"（阿里夫·德里克，2010）也就是说，全球现代性反对了殖民主义，是对殖民现代性的替代，但它又使殖民主义在全球更加普遍了，甚至深化了殖民主义的逻辑，它参与形成了资本主义现代性的前提，已经成为我们建构新的现代性所无法回避的境况和起点。这种不确定性反而开辟了一种可能：资本的全球运动、人的移动和文化冲突等正在发生的新现象，与其说是去殖民化的表现，倒不如说是殖民主义对全球化了的资本进行了重组的结果。这样就强制性地使它介入了对全球管理极为重要的新国家的运作中，并为由此造就的阶级代言，而这些阶级则成为为它提供管理员的来源。这样看来，如果仅仅解构早期的殖民体制或去领土化，而没有终结殖民主义，殖民现代性就仍然起着强化殖民冲突（表现为全球性的冲突）的作用。实际上，早期殖民的权力构架并没有绝迹，至今仍然存在于全球地缘政治中。

最后，殖民主义已经转变为构建现代性的因素。这种转变与发生于国族之内或国族之间的全球力量的变化有关，有其必然性。国族内或国族间的全球力量的变化，对作为殖民主义产物的群体和阶层是有益的，他们已经感到殖民历史为其带来的好处，这样，殖民历史不但不会妨碍现代性，而且有助于建立自身的现代性模式，促进其选择的现代性的发展。殖民历史的转变之所以可能，还与当代世界与过去的断裂有关，虽然当今世界的许多国族都反对殖民主义和殖民历史，但是当代世界仍然脱胎于殖民现代性，深深地打上了它的烙印。殖民现代性与全球现代性关系密切：前者的实现是后者的条件，殖民现代性的视野至少有助于解释涉及当下与过去的关系时经常存在的矛盾心理，诸如全球化与帝国主义、当今世界的霸权等问题。此外，殖民现代性还有利于解释我们的一些感觉，即存在于当代全球现代性中的法西斯主义。

五、全球现代性的特征

全球现代性不同于全球化，也不同于其他现代性，甚至与现代性的早期阶段也相距甚远，它具有下述特征或特点：

第一，全球现代性是全球化的栖身之地和发展结果。从许多方面看，全球化都离不开全球现代性，后者已经成为前者存在和运动的场所。也可以说，以资本主义为动力的全球化不是将要发生或已经发生但尚未完善的东西，而是已经发生了，全球现代性则是它发展的结果。迈克尔·哈特和安东尼奥·奈格尔所说的"帝国"就是说明全球现代性现象的一个恰当例子。随着冷战格局的结束和苏东社会主义国家的瓦解，美国成为一个拥有超级军事霸权的帝国，一种超越民族国家的新的主权形式在全球化过程中应运而生，它没有中心而又无处不在，美国能够根据其意志宣布全球主权，无视或否定别国的国家主权。实际上，帝国面临着诸多需要处理的矛盾，同时，帝国也需要独特的空间才能维持其统治，但这个空间存在着帝国的众多挑战者，有的靠民主、公正、公民主权的现代典范意义取得了合法性，有的通过复兴过去的遗产被赋予了其合法性；有的是过去的残余，有的则是现代性的遗产。它们包含了选择现代性的主张，它们之间也存在着冲突，但冲突已经超越了这些主张。虽然这些主张和冲突的利益是划分它们的依据，且它们都源自一个共同的领域，而这个领域已经被全球化资本主义限定了。

　　第二，全球现代性重视传统，又重视现代性的新变化。虽然全球现代性在力量、物质发展水平、与全球资本主义经济合作的方面有很大的差异，但新的时代仍然赋予了它一定的特征——对传统资源的发掘和利用，这些特征能够把全球现代性与早期的欧洲中心主义现代性区别开来。20 世纪 80 年代，东亚把传统的儒家资源与资本主义现代化结合起来，经济上取得了一定的成绩，国力也有所增强，于是一改过去的看法，把儒家作为推动现代化的积极因素。这种观念在欧洲和北美也有一定的市场，1979 年的伊斯兰革命产生了伊斯兰现代性的主张。此后，类似的现代性一逐出现，它们都宣称自己的传统能够促进现代性，并把传统作为构建其选择的现代性的基础。目前，不同的民族、文化、文明之间仍然存在着现代与落后之别，不过差别更多是由其人民内部的差异决定的，其中根本的结构性差异（有的选择了资本主义，有的则没有）也起着重要的决定作用。

　　全球现代性也同样关注全球化引发的现代性新现象。现代性与民族、国家密不可分，或者说，民族、国家是现代性的重要标志。但是，一种普遍的看法是，全球化挑战了民族国家的权威，使其权力锐减，更危言耸听的说法是："民族国家的物质基础被摧毁了，主权和独立被剥夺了，政治阶级被消除了，它也就成了那些大公司的一个普普通通的保安部门……"（齐格蒙特·鲍曼，2000）但事实并非如此绝对、严重，甚至也存在着特例，全球现代性仍然承认民族国家的重要性及其力量增强的趋势，并能够及时地正视、吸收这些新的变化："全球现代性绝不意味着呈现出民族—国家或者民族主义的'死亡'。相反，近几年我们见证了民族主义的激增，国家力量相对于人口的增强。"（阿里夫·德里克，2010）这样，国家放弃了对民众应尽的大部分责任，转而把注意力从表面的民族转向了对全球趋势——全力追逐发展——的迎合。

第三，随着资本主义全球化重构了全球的关系，全球现代性从特定角度揭示了全球关系的变化和复杂性。冷战形成的三个世界空间已经在现代化话语中被内在化、合法化了。随着第二世界中社会主义力量的锐减和肇始于 20 世纪 60 年代的资本新中心的出现，对第二世界纯粹地理空间的争夺也结束了，在此过程中，也出现了关于国族作为一个能够独立发展的政治、经济、文化单元的问题。现实中的情况是，全球化包括了不同范围、层次的多种运动，它的运动路径从全球到地区再到国家，最后才到国家内部和地方。三个世界的空间与全球化构建的空间并置、交错，殖民空间与本土空间相互重叠，出现了第一世界中的第三世界空间（新奥尔良等）和第三世界中的第一世界空间（上海等）的复杂现象。资本主义把全球的城市作为其结点，以网络化的方式向全球发展。受此影响，全球的经济活动呈现出网络般的发展态势：资本及其相关的组织以网状向前发展，处于网络上的组织就能够占尽先机、迅速发展；不在网络上或位于网络经济外的组织就可能跌入缝隙的深谷，或者因不能自拔被淘汰，或者借助全球经济对它们的诱导、帮助获得勉强发展。世界大多数的地方和人口没有处于全球资本主义网络的链条上，它们很难享受到全球化的成果和机遇，将不可避免地被边缘化。

第四，全球现代性面向跨越国界的人类群体，揭示了阶级结构向全球蔓延的新现象。在全球现代性的视野中，全球范围的经济交流已经打破了空间的封闭性，全球化的意识形态所宣称的完整空间也不复存在。而且，随着全球化的发展，跨国资本、跨国公司迅速扩张，产生了一个"跨国资本家阶级"的新群体，在不同空间中能够比较的阶级、性别、种族也出现了，阶级结构向全球扩散。与此相对应，政治、经济、文化的构成也出现了跨越国界和跨越地区的变化。在这样的情况下，如果继续把民族、文明视为完整的整体，就不合适了。阶级结构的扩散和诸如包括非政府组织、跨国公司和职业组织在内的新的组织的出现，都加剧了社会和文化的复杂性，也增加了判断社会、文化性质的难度，更不要说预测其未来了。从这种意义上说，全球现代性试图把握的是历史的剩余，而不是未来。

第五，全球现代性具有矛盾性——反对但又依赖殖民现代性。这种矛盾性增加了它处理殖民主义的难度。此前，作为一种激进的现代化话语，殖民主义概念批判了殖民主义者的驱动力。但是，在目前的状况下，这种驱动力变得更为复杂了，这削弱了殖民主义概念的价值和批判力量，也更难把握全球现代性与殖民现代性的关系了。这也是理解全球现代性与殖民现代性的关系时应该考虑的问题。

六、全球现代性的意义

全球现代性具有一定的现实意义和历史意义，它有助于我们宏观地认识整个世界、全球资本主义、现代性的发展状况与态势，也能够帮助我们洞察现代性的起源与发展轨迹，破除笼罩在现代性之上的种种光环、迷雾，启发我们选择自己的发展道路与策略。其意义具体表现在如下方面：

其一，全球现代性有助于破除发展主义的意识形态，科学地评价现代性的得失。毫无疑问，我们应该强调发展的重要性，但是，现代性视发展为唯一目的，以丧失幸福、未来、和谐的环境为代价换取发展，甚至不遗余力、不择手段地追逐发展，极端、盲目地崇拜发展，最终形成了发展的意识形态（或发展主义）。发展主义——现代性的基础——决定了资本主义现代性的基本选择，也塑造了社会主义对现代性的态度，甚至构成了现代性最具破坏性的力量。发展主义由欧美输入到其他地方，在被全球共享的过程中对世界各国产生了巨大的诱惑和影响；而且，发展主义还强化了欧美资本主义发展模式和欧洲中心主义的合法性，并引发了其他各国对它的崇拜。我们不但要正视其殖民主义性，还要质疑其合法性，应该看到，发展主义也客观地催生了其他发展模式的成功，这些成功既引发了对文化差异的肯定，又导致了对欧美资本主义现代性模式的质疑，有效地削弱了欧洲中心主义的影响。

其二，全球现代性有助于从现实层面理解晚近世界格局的变化，这也与乔万尼·阿里基近期的观点有关。他提出，随着美国的衰落，资本主义世界体系的中心已经向东亚（尤其是中国）转移，美国主导世界的时间可能快结束了，但不可否认的是，霸权的普遍主义对全球的作用犹在，制定了其规则的欧美仍然竭力坚持。与此同时，中国的经济、国力都取得了长足的发展，已经成为世界重要的经济体之一。但是，中国也面临着很多挑战，诸如社会分化、过度开发、环境保护等问题。尽管"中国模式"有很大的吸引力，但能否适用于其他发展中国家还要靠实践的检验。而且，中国从美国借鉴了许多发展模式，面对的挑战也很严峻。阿里基认为，无论是否会出现一个以中国为核心的新的霸权体系，或者说，无论中国能否取代美国支配世界，美国霸权的衰落都是不可避免的，也许美国衰落后会出现多个霸权体系。全球现代性有助于我们从世界局势的变化理解资本主义现代性的全球扩张和变化。

其三，全球现代性具有历史意义，能够启发我们关注现代性的起源问题。欧洲中心主义的现代性把现代性视为欧洲历史自主发展的必然产物，它起源于古希腊，一直发展到现在。但这种观念遭到了诸多挑战：一、它忽视或有意遮蔽了欧洲自己对这个观念的重构，或者说，从某种程度上讲，这种观念是现代欧洲自己的建构或杜撰。二、它无视形塑欧洲中心主义现代性的多重力量的作用，甚至隐藏了奴役、掠夺美洲的殖民主义行为。究其历史，欧洲中心主义现代性的实际发展情况可能是这样的："这种现代性是从欧亚地区的某一个部分产生，得到了资本主义（其独有的产物）的授权，它以自己的名字赋予现代性，不论好坏，都是以自身的价值来构成的。当代全球现代性附带着在欧洲人占据主动地位之前的历史的回音，因为这个世界随后就被欧洲霸权和统治所重构。霸权的消散使得我们不仅可以看到当前，还可以看到被欧洲现代性所设定的界限之外的过去。"（阿里夫·德里克，2010）这样做，不是为了故意否认欧洲现代性的合法性，也不是要否定欧洲在形成和发展世界现代史中所发挥的作用，而是为了纠正以前被遮蔽的盲点，把它置于其起源、发展的具体时空中，历史地看待它的发展过程，客观地评判其得失，挖掘现代性的多种资源，以服务于现代性的重建。

其四，全球现代性发现并揭示了传统在新的语境中的变化。现代性的全球化深刻地影响了传统，并引发了其价值取向的转变。这样，传统就背弃了过去与现代对立的立场（现代化话语曾经如此），放弃了向后看的保守主义立场，积极地面向未来、拓展未来，即"它们并不指向过去，而是从过去迂回出来，走向另一个未来"（阿里夫·德里克，2011）。可选择的现代性正是利用了这一点，把传统转化为其可资借鉴的资源。而且，它还由此挑战资本主义现代性的合法性，反抗其压迫性和对其他现代性话语的压制，启发人们寻找适合自己的现代性，为现代性开启了新的未来和可能性，这也与社会主义的奋斗目标不谋而合。

余论：多元现代性问题

多元现代性是近年来国内外学术界颇为关注的话题，国际学界从 21 世纪之初就开始关注这个问题，至今兴趣不减。鉴于这个问题的重要性以及它与全球现代性的密切关系，本文最后对德里克关于这个问题的看法尝试作出独特的回答。

多元现代性、可替代的现代性的含义基本一致，主要指现代性的形态的多元性或多样性，均是在寻找能够替代目前处于霸权地位的欧美资本主义的可能性。但是，目前在理解多元现代性的具体所指时，存在着一定的分歧。一种流行的观点认为，为了发挥现代性的潜能，反对欧美资本主义现代性对世界的霸权统治，各民族国家应该立足于现实，从其传统中发掘文化资源，创建有别于欧美资本主义的、具有自己特色的现代性。这种现代性强调现实和传统资源的结合，有助于促进民族国家的平等。这样，就有了伊斯兰的现代性、中国的现代性、印度的现代性等等。

德里克赞同多元 / 可替代的现代性，但他也洞察到这种现代性存在的问题："事实上，多重 / 选择现代性的观念——被译成了现代性传统（它们本身就是现代性的产物）的组成部分——通过特意将现代性的主张视为与其他非常不同、复杂的过去所留下的馈赠而将其普遍化了。这些主张常常遗忘了当下的历史性，而设想当前的差异或共同性可以用来理解未来，这也很成问题。"（阿里夫·德里克，2010）为此，他反对流行观念的笼统提法，并对这种现代性的具体所指提出了独特的看法。他认为，各个民族、国家的文化之间的深入交流，导致了产生多种现代性的可能，它们都预示了现代性的一种可能的发展模式和方向，而欧洲现代性可能也仅仅是这些现代性中的一种而已（甚至其内部还包含了其他可能性），这可能是最初的情况，只不过后来的竞争比较有利于欧洲现代性的发展罢了。尽管现代性存在着诸多可能，但是，这些可能性最后基本上都无果而终，原因在于强势资本对它们的压制，与资本相伴的则是资本主义在世界的殖民主义扩张。也就是说，有了民族主义、资本主义的强大推动力，欧洲资本主义现代性才获得了竞争的优势，在压迫或抑制其他现代性及其过去的其他可能性的过程中脱颖而出，并逐渐发展、壮大，从而获得了对世界的支配权，压迫下的现代性的多种可能性就逐渐湮没于历史之中。

因此，为了抗衡欧美资本主义现代性的霸权，获取丰富的现代性思想资源，建立起一种平等的话语关系，我们首先应该明确，替代欧美现代性的对象应该是欧洲现代性萌芽时的某些被压抑的可能性、与欧洲现代性萌芽同时发育的其他现代性，因为这时所有的现代性都是"地方性"的、平等的，都是现代性的一种可能，因而都具有可挖掘的潜能和资源价值。其次，我们还必须排除一些以"传统"自居的替代性对象，即欧洲现代性早期的东西、殖民化世界的前现代或传统的东西，因为它们都不同程度地遭受了欧洲资本主义现代性的侵蚀、压制和改变，其特质受到一定的影响。最后，我们应该谨慎对待这种把当下的现实与传统嫁接起来，以抗衡欧美资本主义现代性的思路和做法，因为经历了殖民主义和资本的扩张，资本主义的现代性已经支配或深刻地影响了全球，并成为整个世界的现代性的基础，面对彼此渗透、勾连的复杂情势，由此寻找欧美现代性的替代对象，无异于异想天开。此外，要有针对性地对待传统，不能为了复古或复兴而单纯地复兴传统，而应该把传统作为积极的文化资源、精神资源服务于现代性的重建。

这样看来，多元/可替代的现代性具有独特的作用，它能够挑战欧美现代性的合法性和霸权，关注形塑现代性的多重力量及其对应的多种历史形态，重视现代性背后的各种权力关系并探索替代现代性的多种方案。它也因此具有了重要的意义："有可能显现的不仅是现代性产生的各种现象，而且是在现代性统治下被抹去的历史，这些历史可以挑战现在的殖民现代性霸权的历史。对于人类的危机和资本主义现代性全球化出现的危机，这种挑战可能是最重要的。要挑战资本主义现代性的目的论，就必须挑战作为其驱动力的发展主义。"（阿里夫·德里克，2010）而且，在多元现代性的视野中，前殖民时期的现代性极为重视差异，这可能有助于从历史的演变看待目前的现代性。但应该强调的是，形成当下现代性的动力并非存在于前现代，而恰恰存在于受全球现代性影响的新"传统"之中。表面上看，多元/替代现代性以差异反对欧美现代性的霸权，但是其局限也是明显的，它仍然继续重复着欧美现代性的基本逻辑，"因为它们所假设的替代只是同一个主题的变种，而那一主题之所以成为全球性的，是因为资本主义的全球化以及随之而来的欧洲（现在包括美国）现代性的价值观和实践。"（阿里夫·德里克，2010）究其根源，它实际上仍然延续甚至强化了现代性的基本观念："多重现代性或可选择的现代性观念，在被转换成自身，就是现代性的产物的现代性传统的诸单元时，实际上是将现代性主张给普遍化了，其方式就是将这些主张擅自当作另外的非常不同而复杂的过去所赋予的东西。"（阿里夫·德里克，2011）这也是我们评价多元／替代的现代性时应该注意的。

参考文献 |—

[1] 王逢振．谢少波编．文化研究访谈录．北京：中国社会科学出版社，2003.

[2]〔美〕阿里夫·德里克．当代视野中的现代性：一种批判性的讨论．载《现代与传统之间》．北京：北京大学出版社，2010.

[3]〔美〕阿里夫·德里克．对"全球现代性：全球资本主义时代的现代性"的进一步反思．载《马克思主义美学研究》（第13卷，第2期）．北京：中央编译出版社，2010.

[4]〔美〕阿瑞夫·德里克．全球化的现代性、文化及普世主义的问题．厦门大学学报（哲学社会科学版），2006(1).

[5]〔美〕阿里夫·德里克．全球现代性的再思考．厦门大学学报（哲学社会科学版），2011(4).

[6]〔美〕阿里夫·德里克．时间空间、社会空间和中国文化问题．载《中国学术》（第27期）．北京：商务印书馆，2010.

[7]〔英〕迈克·费瑟斯通．杨渝东译．消解文化．北京：北京大学出版社，2009.

[8]〔英〕齐格蒙特·鲍曼．郭国良、徐建华译．全球化——人类的后果．北京：商务印书馆，2000.

作者简介 |—

　　李世涛，1968年生，毕业于中国人民大学，文学博士，教授，博士生导师。主要从事中西现当代文论、美学、文艺思潮研究。独立完成国家社科基金艺术学一般项目2项，主持完成国家社科基金后期资助项目1项，独立完成文化部青年课题1项、中国艺术研究院课题2项。独著《在中西文论与文化之间》等3部、合著《中国当代美学口述史》（第一作者）等3部，参著《当代中国文艺理论研究》等5部。发表学术论文82篇，《中国社会科学文摘》《新华文摘》《中国人民大学复印报刊资料》转载20多篇；发表学术史访谈30多篇。中国文联北京二外中国文学批评中心兼职研究员、广东外语外贸大学外国文学文化研究中心兼职研究员。

（原载《国外社会科学》2014年第2期）

詹姆逊现代性理论批判 *
——以意识形态为视角

李世涛

▶　**摘　要**：詹姆逊以意识形态分析为主要方法，从断代、再现、视角、现代性话语及其研究策略等方面分析了现代性的意识形态。詹姆逊通过意识形态批判的视角，为我们展示了现代性理论的建构性、想象性，及其对真实的遮蔽、歪曲。在此基础上，詹姆逊提出了正确对待现代性理论的做法：放弃总结、发明和使用现代性概念的努力；以现时本体论的态度对待现代性；用乌托邦的力量来解决现代性的困境。詹姆逊的研究也有助于我们科学地认识、把握西方现代性与现代性理论。

▶　**关键词**：断代；再现；视角；现代性理论；意识形态

　　意识形态分析是包括新马克思主义在内的当代西方学术界尤为重视的一种研究方法，它也深得詹姆逊（Fredric Jameso）的青睐。在詹姆逊看来，统治阶级除了依靠暴力外，还必须依靠其社会动员、宣传和广泛的认同来维持其地位。与此相反，与之对立的意识形态必然会挑战占支配地位的意识形态，通过揭穿其虚假、伪善的面目，动摇其地位，取代其霸权。当前存在着各种意识形态及其不平衡的斗争，而我们又身陷其中，这样，我们就需要意识形态的分析方法："意识形态批判必须同时具有自我分析、自我意识和自我批判的形式。"（詹姆逊，1997）不仅如此，对于詹姆逊而言，现代性研究中的意识形态分析还发挥着极为独特的作用："我们不能解决这些矛盾，但我们能够意识到它们。这就要求我们发明一种新的意识形态分析。在这种分析中，我们既要看到作为实在的事物本身，又要看到概念，透过这种概念，我们得以看到实在。我们还要做的是，识别这些概念在公共论辩中所起的作用。"（詹明信等，2002）应该强调的是，其意识形态概念的

---
*　本文系国家社科基金项目"新时期以来中国艺术思潮的现代性研究"（14BA014）之阶段成果。

含义较为宽泛、灵活，指错误意识、有意或无意的歪曲、想象性的建构等等。詹姆逊把意识形态分析运用于现代性理论运作的各个环节，彰显了其意识形态性，使其研究具有了鲜明的特色。

一、从断代看现代性理论的意识形态性

在詹姆逊看来，现代性是一种叙事，并不是说，它就是随心所欲的，不需要说明事实和真相。相反，它的叙事基于一种断代，我们只有根据现代性的情境，才能对其叙事进行说明和判断。通常而言，为了论证和叙事的方便，各种现代性理论一般都要先确定一个绝对新的开端，然后就这些新的特征展开其论述。其中，许多现代性理论都把笛卡尔所说的时代视为现代性的开始，并把他提出的自我意识、自我返观（"我思故我在"）或返观性作为现代性的主要特征。这些普遍情况告诉我们，任何现代性理论都必须肯定断裂和新颖，肯定使这一切成为可能的语境。

出于建构理论的需要，现代性理论必须通过断代来肯定断裂的绝对性、新颖，现代性理论的语境也是通过这种方式建立起了自己的合法性。通过现代性理论对断裂的解释，我们可以发现断代叙事中的意识形态。各种现代性理论都设置了一个因绝对断裂而导致的新的开端，但其根据是什么呢？尽管答案不同，但大都承认历史的断裂。其中，以福柯为代表的许多现代性理论都反对历史的连续性，并把这个问题转化为新旧体制之间的关系，换言之，新体制与旧体制之间的关系是绝对的断裂。但是，他们却难以令人信服地说明体制之间是如何过渡、转换的，这使其叙事具有了神秘性。此外，断代还是一种叙事，通过调动叙事的力量，增强了其说服力。也就是说，"是连续还是断裂的判断，有点像历史编纂学的一个绝对性的开端，这个开端不可能通过材料和证据得到公正的解释，因为它首先要对材料和证据进行整理。"（Fredric Jameson，2002）因此，在整理材料和证据的过程中，特别是在阐发支撑其因果逻辑关联的时候，断代对现代性的叙事、对现代性开端的设定都发挥了重要的作用。同时，我们也应该看到，只有拒绝和压制其他叙事，现代性叙事才能达到其目的。为此，现代性叙事就会在论证中想方设法地掩饰其所得到的利益。但这样做时，它必然会以其叙事反证其反叙事的立场，

并必然导致被压制的叙事的回归。鉴于此，我们就应该承认、揭示蕴涵于现代性叙事中的意识形态："从所有似乎是非叙事的概念中，找出暗中起作用的意识形态叙事，尤其是它们被直接用作反对叙事本身的时候。"（Fredric Jameson，2002）

从历史编纂学的角度看，现代性是通过叙事来展现历史或历史事件的。尽管现代性话语不是历史或历史事件本身，但它们是对这些历史或历史事件的叙述和阐释，是对历史事件或历史事实进行排列、组合和加工的结果。现代性话语还分析建立起了历史材料之间的因果关系或逻辑关联，从而使这些阐释显得真实、可信、有说服力。但是，我们无法证明现代性叙事的真伪，其原因是："它试图把个别事件作为观察点（但这样的观察点又是任何个人所无法把握的），然后再分别从纵向和横向把现实的事件联系起来，至少可以说，现实事物之间的互相关系是我们不能触及和验证的。"（Fredric Jameson，2002）鉴于此，如果我们认识到现代性理论的叙事特点，认识到因果关系的获取有可能以牺牲历史的客观性为代价，而不是把它视为客观存在的研究对象，就可能有助于我们排除一些错误观念和虚假问题以客观、正确地认识现代性理论。同样，现代性理论的断代也是一种叙事，它以一定的视角统摄、加工了历史材料，并建立起了这些材料之间的逻辑联系，使其叙事显得合情合理、可信，但其真实性则是无法被证实的。

从修辞学的角度看，现代性是一种转义、一种独特的修辞效果、一种具有意识形态性的重写行为。也就是说，现代性具有自我指涉性："某种程度上它可以被视为指涉其存在的痕迹，指涉它自己的能指，其形式正是它的内容。"（Fredric Jameson，2002）现代性的转义导致了其内容和主题的修辞性："在我们谈及的所有那些作者中被视作现代性理论的东西，差不多就是它的修辞结构在其涉及的主题和内容上的投射：现代性理论基本上就是其投射的转义。"（Fredric Jameson，2002）从现代性的叙事效果看，现代性转义又是一种时间结构，与我们对未来的预想有关："它似乎在现在的一个时段内集中于一个承诺，并立刻在现在的另一个时段内提供了把握未来的一种方法。"（Fredric Jameson，2002）因此，现代性转义就具有了"力必多"功能，它类似于提供了与未来相关的乌托邦，但又不是乌托邦。而且，现代性转义与顺时的、历史化的"第一次"这样的叙事关系密切，它以集体的方式和线形的时间重新组织了我们的感知，并宣告了与过去断裂的新时代的来临。这样,现代性转义既以不同的方式"有力地置换了以前的叙事范畴"，又作为中介具有消除功能的作用，即以其转义起到了掩盖、压制、歪曲或夸大某些历史事实的作用。从这种意义上讲，对现代性主题的强调，对诸如"自我意识""返观性"等现代性特征的强调，就成为现代性转义进行重写的借口："这并非说，这些特征或主题是虚构或不真实的；它只是为了明确这样的观点，重写的行为本身比宣称的对历史的洞察具有优先性。"（Fredric Jameson，2002）重写的行为导致了对现代性主题和特征的重构，这种重构行为的意识形态性是不言而喻的，它不仅对已有的说法或叙事进行改写，还指向、夸大其喜欢的事物，抑制自己反对的东西，并对现在和未来产生了影响。

　　重视笛卡尔及其提出的自我意识、自我返观（"我思故我在"）或返观性等现代性特征，是西方很多现代性理论的共性，其中所蕴含的断代方法也很有普遍性。詹姆逊以此为例，分析了断代的具体运作及其表现出来的叙事性、修辞性等特点，特别是断代行为、改写行为的意识形态性，使我们对断代有了深入的理解。实际上，他以此否定了绝对开端的叙事，他的研究能够纠正我们把断代视为历史事实或历史本身的错误观念，从而有助于客观而科学地认识各种现代性理论。而且，从断代方面看，可以发现现代性话语的断代各不相同：有的把笛卡尔时代视为现代性的开端；道格拉斯·凯纳尔与斯蒂文·贝斯特把中世纪或封建主义之后的那个时代视为现代性的开端；柯什勒克把 15 世纪视为欧洲现代性的形成期；马歇尔·伯曼把 16 世纪视为现代性的开端；齐格蒙特·鲍曼把 17 世纪视为西欧现代性的开端。凡此种种，不一而足，我们还可以继续罗列下去（李世涛，2007）。不仅如此，这些现代性理论对现代性的分期也有很大的差异。尽管有许多不同的结论，但在这些结论背后却存在着非常相似的断代方式，也印证了詹姆逊的许多结论。因此，詹姆逊的断代研究以他对现代性话语的分析为基础，是一种高度的抽象和概括，其结论也很有普遍意义，能够使我们更清楚地认识到现代性理论断代时的意识形态性。

二、从再现看现代性理论的意识形态性

　　随着现代的出现，在断代成为可能的条件下，现代性才可能出现。但现代性是如何出现的或者如何被展现出来的？这个问题涉及现代性的主体和主体的再现，也关系到现代性能否存在的根本问题。在研究现代性的再现时，詹姆逊借鉴

了海德格尔的"再现"概念，展示了现代性的再现机制和西方现代主体的生成，并以此揭示了构建现代性理论中的意识形态。

康德认为，主体是本体而不是现象，是不能够被再现的。詹姆逊据此认为，意识与主体相似，意识作为本体也是不能够被再现的。这里需要特别指出的是，詹姆逊并没有否认自我和个人身份被再现的可能。许多西方现代性理论大都把笛卡尔及其"我思"设定为现代性的绝对的开端，如果我们循着笛卡尔的思路，就能够看到西方主体、现代主体或现代性的主体的出现。詹姆逊发现"我思"并不是着眼于主体性，而是主、客体的分裂："'我思故我在'这一思想的现代之处不是主体性，而是一种扩张；如果寻找绝对开端的行为在根本上存在着因果关系的话，那就是客体，它形成了主体对自己的反抗，以及主体与客体的距离（著名的主体与客体的分裂）。但是，客体无论如何总是一个特殊历史过程的结果（它是与普遍的生产相似空间的结果）。"（Fredric Jameson，2002）现代性总要确定一个绝对的开端，绝对的开端与主体、客体的分裂密切相关，它是一种叙事，现代性也据此成为神话。詹姆逊由此揭示了现代性神话的诞生："现代性的绝对开端的说法也是一个叙事，我也不愿意依靠那个令人怀疑的、无生产性的公式，这个公式只是一个神话。（Fredric Jameson，2002）

海德格尔的现代性理论很有影响，典型地体现了现代性理论的运作。因此，詹姆逊要分析海德格尔的"再现"、视角等概念及其现代性理论，并由此揭示现代性的出现及其再现过程中的意识形态。按照海氏的思路，表现离不开主体和客体，在通过分离进行假设、通过假设进行分离的行为中，主体和客体都通过自我生成而产生对方，这很难确定它们孰轻孰重。在德语中，"再现"的意思是："它的结合起来的各部分传达出这样的含义，即把某种东西放到我们面前，再把假定的客体放在被感知的状态下予以重新组织起来。"（Fredric Jameson，2002）对于海德格尔来说，"再现"的具体含义可以表述为："再现就是主体／客体的分裂，只是'再现'这个词强调了这对立两极的相互作用，然而，另一个公式能够通过对双方的命名将它们分开，例如，一方是主体而另一方是客体。"（Fredric Jameson，2002）也就是说，主体把一个客体放在自我面前，通过对它进行观察、直觉性地感知、思考、想象、认识，或以某种特定的方式来建构客体。"再现"同样离不开视角，正是视角把客体建构成了看得见、能够被概念化的客体，也是视角赋予了再现的意识形态。需要说明的是，视角建构的客体有虚构，也有主体对它的生产或投射，但视角也为客体的建构提供了某些真实的东西。视角建构的目的是为了得到肯定性，对于笛卡尔的"我思"来说，就是要确立"怀疑"的绝对地位，即怀疑是不可动摇的基础，通过怀疑可以消除不真实、虚假的东西，从而"历史性地展现正确的真理概念"。与此相似，现代性也是这样被展现的，也可以被视为一种再现。实际上，正是特殊的语境保障了笛卡尔的"我思"的现代性，该语境以笛卡尔的时刻与中世纪的学术、神学的绝对断裂为前提，并由此肯定了"我思"这个行为本身的解放性。

在詹姆逊看来，海德格尔重视现代性的再现功能，并提出了两种现代性的叙事模式：第一种叙事是把具体功能从其语境中抽离出来，使它在新的系统中发挥不同的功能，这种模式经过发展后，在福柯和阿尔都塞那里表现为对生产模式的过渡与改变的解释；第二种叙事是旧体制的残余成分能够长期地存在。通过这两种叙事，海氏建立起了其现代性理论。从再现的角度，可以获得海氏现代性理论的实质："主体与客体在特定的知识关系（甚至是支配关系）中重新安排时形成了（现代性）这个词：客体成了仅仅是知道或被展示出来的东西，主体则成为展现（客体）的处所和媒介。"（Fredric Jameson，2002）詹姆逊认为，海氏的现代性理论克服了人文主义视角的局限，也优越于任何一种人文主义式的叙事。同样，借助于海氏的再现、视角理论，我们可以分析作为现代性的重要叙事之一的"自我创造"。由于主、客体可以相互生产对方，因此，"自我创造"也属于一种叙事，也是一种意识形态的建构。

在构建西方现代主体的过程中，自由、个人主义和自我意识这三种因素是不可或缺的。其中，自由在建构西方现代主体、现代性的过程中发挥着重要的作用，甚至可以说，现代性与某种特殊的西方自由是联系在一起的。但是，这个观点的成立依赖于一种特殊的假定或叙事，即前现代的人是不自由的、顺从的、被奴役的，是现代性促成了个体的真正自由，自由也成了资产阶级的重要标志。詹姆逊认为，这个假定不能成立，或者说这是一种叙事，是意识形态的建构。个人主义思想也是建构西方现代主体的重要因素，它与自由相联系，并为个体的自主提供了保障。但矛盾的是，这种思想的假定——现代人是自由的，而其他人不自由——自身便是武断的，它既缺乏个人主义，更是对自由思想的否定。这样看来，个人主义也同样充满了意识形态性："它宣称自己把握了被解放的个人的内在变化，也把握了他与自身的存在、自身的死亡、其他人之间的关系。"（Fredric Jameson，2002）

建构西方现代主体所离不开的第三个因素是自我意识或自我反省性。自我意识或自我反省性是一个哲学概念，实际上，正是在这个概念的引导下，现代性才得以讨论自由和个人主义，并建构了自己的叙事。同时也正是依靠它，现代性才能够被展现。然而，自我意识和意识一样，都是本体，都是不能够被再现的，而且，我们也难以确定其他人是否具有自我意识。这样，自由、个人主义和自我意识都具有强烈的意识形态性，现代性对它们的论证也都存在着神秘之处。既然如此，西方现代主体也就成了"沙滩上的大厦"，迟早面临着釜底抽薪、大厦将倾的危险。

既然再现是建构的产物，既然西方现代主体存在的基础不复存在，既然主体、主体的真实经验、意识和自我意识都不能够被再现，詹姆逊就有充分的理由断言："不能根据各种主体性的分类来组织现代性叙事（意识和主体性都是不能够被再现的）。"（Fredric Jameson，2002）这样看来，任何根据意识转变和主体性建构起来的现代性理论都面临着失败的命运，也都是无法使人接受的，其原因就是再现的意识形态在起作用。

三、从视角看现代性理论的意识形态性

从现代性理论自身来看，它们主要是从断裂（或连续）与分化两个视角对现代进行建构的，这也是理解现代性理论的关键。但是，这两个视角在建构现代性理论时都存在着意识形态的运作。

历史是断裂的还是连续的？这个问题是建构现代性理论的重要视角和关键。实际上，这个问题还关系到传统与现代的划分、现代性的开端、新体制与旧体制之间的关系、历史的质变与量变之间的关系、历史分期等问题。当然，各种现代性理论都倾向于承认历史的断裂。其中，福柯的观点就很有代表性。他反对历史主义、进步论和历史的连续性，认为新体制产生于旧体制的废墟之上，二者之间是根本性的断裂，既没有连续性，也没有因果关系，但已经崩溃的旧体制为新体制提供了框架。这与埃提纳·巴里巴的观点不谋而合，巴里巴把历史的连续或断裂的问题还原为新、旧生产方式的体制的变化。他认为，生产方式的旧体制与新体制一直是共存的，并不存在旧体制逐渐进入新体制的问题，而是两种体制内的不同因素（生产工具、生产力和财产分类等）所占的地位不同，这也是导致两种

体制不同的根本原因。实际上，福柯、巴里巴与列维－斯特劳斯对体制的理解都有契合之处，即体制一直都是共同出现的，并且都已经形成，应该把它们视为共时现象。但是，他们的叙事都有其神秘性，即他们虽然都宣告了旧体制的崩溃与新体制的建立，但并不能说明体制之间是如何过渡的。这些现象说明："分期不是按照自己的口味和倾向所作的随意性的选择，而是叙事过程自身的基本特征。"（Fredric Jameson，2002）

　　分化（以及与之相联系的分离、自治）则是理解和建构现代性理论的另一个重要视角。许多西方现代性理论都涉及了分化，但对分化的理解却不尽相同，而且分化在其理论中的地位也有差异。其中，卡尔·马克思、马克斯·韦伯、卢卡契、哈贝玛斯、福柯与卢曼等学者的现代性理论都涉及分化，并对其进行了不同的解释。马克思是用分离来描述资本主义现代性及其导致的工人的变化的：随着封建社会的衰落和资本主义原始积累的来临，工人阶级逐渐从原来的生活方式中解放出来，被迫与土地、劳动工具分离，并被作为商品抛向了市场。马克斯·韦伯则是从丧失整体意义的角度来解释分离的，而且分离与其核心概念"合理化"关系密切，即提高效率导致了劳动和管理的分离、工人的完整的劳动活动与过程的丧失、脑力劳动与体力劳动的分化，这些分化还导致了价值理性与工具理性的分裂，以及更为严重的个体生活意义与西方精神文明的危机。卢卡契的看法与韦伯比较接近，其"物化"概念强调了"商品拜物教"对个人的精神、价值的削弱和吞噬，他还进一步发挥了韦伯的理论，把完整的意义感的丧失扩大到宏观的资本主义的社会层面，即"商品拜物教"不仅威胁到具体的个体对意义的追求，而且还是一种社会发展的趋势，可能影响到全球的每一个个体。但是，他提出了唯一的例外，即工人阶级能够依靠马克思主义的力量，促成自身阶级意识的觉醒与提高，并具有从结构上完整地认识和把握资本主义社会的潜能。哈贝玛斯承认，随着近代以来西方的宗教与形而上学的分离，科学、道德和艺术领域也逐渐独立出来。强调现代性断裂的福柯也从分离的视角来看待现代性的分化，正是分离形成了自治性的生活、劳动和语言这三个领域。在当代社会理论中，鲁曼对分离的研究最有成效，也最有影响，他把早期现代性的经验转化为描述现代性历史的抽象理论，提出了现代性发展中分离、自治的一整套完整的理论。在他看来，随着社会领域之间的分离，社会也开始出现了分化，并逐渐形成了各个领域独特的规律和运作机制，只有在分离、分化的过程中，现代性才得以形成和发展。譬如市场与国家的分离、经济学与政治学的分离、司法领域与司法制度的形成，离开了这些分离，就不可能产生社会各领域的分化、自治和现代性。在詹姆逊看来，鲁曼通过分离、自治等理论上的运作，把后现代性纳入了其现代性理论，旨在夸大福利国家和社会主义的危机，显示出了维护自由市场经济的意识形态性。也就是说，现实发生了变化，我们已经面临着后现代性及其变体的情景，这时理应根据这些变化进行相应的理论上的调整，但他仍然固守其陈旧的现代性理论，这恰好反映了其作为"现代性意识形态理论家"的身份。

历史的断裂（或连续）与分化是描述西方现代性的两种主要视角，不同的侧重点导致了所关注的问题与处理问题方式的不同，并形成了各具特色的现代性理论。但应该指出的是，这些现代性理论并不仅仅是为了阐释西方社会发展的过程，表明自己对这些历史问题的认识，相反，这些理论往往隐含了对现在的评判和对未来的规划，潜在着对现在和未来的消极影响，并因此具有了强烈的意识形态指向。同时，现代性理论特别强调创新、变革和发展，但只倾向于对所发生事情进行描述，并从特定的角度抵制和否定变化。这样，这些现代性理论就很难为社会发展提供有益的精神资源和动力支持。正是在这种意义上，詹姆逊认为，"在各种现代性理论（人们为了达到规范的效果而经常地调整对它们的描述）中，现代基本上是一种倒退性的概念，由于其阻力和惰性，它不能够应对任何可以想象的系统性的变化：现代性只能描述那些在既定的体系内、既定的历史时刻内所发生的事情，因此，我们不能依赖它对其所否定的东西进行可靠的分析。"（Fredric Jameson，2002）

四、现代性理论及其策略的意识形态性

现代性的意识形态不仅表现在以上分析的现代性理论的运作中，也表现在现代性话语的叙事性、现代性研究的现实策略和现代性研究的复兴中。

在现代性研究中，詹姆逊强调意识形态分析的独特作用："我们不能解决这些矛盾，但我们能够意识到它们。这就要求我们发明一种新的意识形态分析。在这种分析中，我们既要看到作为实在的事物本身，又要看到概念，透过这种概念，我们得以看到实在。我们还要做的是，识别这些概念在公共论辩中所起的作用。"

（詹明信等，2002）具体而言，知识的功能主要是促进我们接近现实、真实，以更好地认识和把握我们的实际状况。但是，应该承认，现代性既提供了一些有益的参照，又歪曲了现实、遮蔽了真实，其负面作用也是非常明显的。

现代性的负面作用主要表现在现代性话语的叙事方面。对于詹姆逊来说，现代性就是一种叙事："现代性不是一个概念，不是哲学概念或其他概念，而是一种叙事类型。在这种前提下，我们不但希望放弃陈述现代性概念的无为尝试，而且发现我们自己可能想知道：现代性的影响是否仅仅局限于对过去时刻的改写，或者说，是对过去已经存在的观念或叙事的改写。在分析现在时避开使用各种现代性，更不用说我们在预测未来的时候了，这样做注定能够为颠覆相当多的现代性（意识形态）叙事提供一种有效的方法。但是还有达到这个目的的其他一些方法。"（Fredric Jameson，2002）具体而言，现代性的诸种叙事为我们树立了一个光明的、充满坦途的"现代性神话"：它崇拜创造、创新、革新、变革，并深信其结局的完美；它坚信社会向民主、进步、繁荣、平等的方向前进；确定了自由、人性、人的主体性的不可怀疑性，但是，这些叙事却片面地夸大现代性的种种进步、成就，无视现代性承诺的实际效果；有意无意地忽视现代社会的种种问题、危机、负作用；为了达到其目的，不惜动用其宣传工具，甚至歪曲、篡改事实，进行一些虚假、虚伪和欺骗的宣传。同时，现代社会对传统、永恒、神圣性的摧毁，理性化、工具理性、市场逻辑的畸形发展及其对人的操纵和控制，现代性对人类精神和人的全面发展的摧残，现代性假借进步、创新对一些正确的行为观念进行压制、打击、围剿，这些意识形态的表现、危害都是应该引起我们认真正视、对待的，也是需要我们运用意识形态分析的方法来揭示的。

现代性意识形态的存在，使现代性概念的产生成为可能，也使发达国家具有了合法性、权威性和话语霸权，并可以据此操纵那些发展落后的国家与地区，甚至可以对它们指手画脚："现代性的口号在我看来是个错误的口号。我认为它产生于某种意识形态的境遇，其中资产阶级关于进步、现代化、工业发展以及诸如此类的看法，最终一无所获而且社会主义的观念也从中消失。在这种境遇里，全球资本主义为其卫星国提供的一切，只不过是那种旧的现代性的概念，仿佛所有那些国家长期以来一直都不是现代的，而在这种轻蔑的意义上成为现代国家好像会带来什么附加的利益。"（王逢振、谢少波，2003）此外，现代性在其政治和策略方面也存在着明显的意识形态目的："在当前的语境中，'现代性'这一个令人困惑的术语，恰恰是作为对于某种缺失的遮盖而被运用着，这种缺失指的是在社会主义丧失了人们的信任之后，不存在任何伟大的集体性的社会理想或目的。因为资本主义本身是没有任何社会目的的。宣扬'现代性'一词，以取代资本主义，使政客、政府与政治科学家们得以混淆是非，面对如此可怕的缺失而依然可以蒙混过关。"（詹姆逊，2001）也就是说，新的现代性话语的目的是为了掩盖集体理想的"缺席"，从根本上否定集体性变革，还包含着种种意识形态策略的考虑，即从政治上否定社会主义的合法性，否认西方发达国家的后现代处境，企图掩盖资本主义胜利并进行第三次全球扩张的事实。

既然新的现代性研究并没有提供多少有实质价值的东西，那各种现代性理论为什么还能大行其道？现代性研究为什么还能够如火如荼地继续进行呢？这些现象耐人寻味，也是詹姆逊的现代性研究的任务。他要研究现代性复兴掩盖了什么、目的是什么等问题，通过分析这次现代性研究复兴的症候以揭示其意识形态。我们知道，在20世纪50年代，西方（主要是美国）曾经出现过一次现代化研究的高潮，60年代末70年代初，后现代主义研究兴起，之后才出现了现代性研究。实际上，现代性研究是伴随着伦理学、政治学、美学等学科的复兴而出现的，话题仍然非常陈旧，主要是宪政、公民权、代议制和责任等，也没有提出有实质意义的新东西。

詹姆逊强调，不能把现代性研究的复兴仅仅视为一个单纯的学术事件，它有着复杂的背景和社会、政治等方面的原因。究其根源，存在着以下两个方面的原因：第一，从知识社会学方面讲，现代性与现代化、科技的进步密切相关，它强调进步、变革、创新，由此设计了吸引人的政治方案，并建立了其进步的意识形态叙事，特别是在现代化的弊端已经暴露、前景备受怀疑的情况下，西方国家既可以凭借其科技方面的绝对优势继续维持其世界霸主的地位，又可以利用其掌控的阐释现代性的话语权对不发达国家或地区指手画脚，甚至还可以为这种行为找出冠冕堂皇的理由；现代性理论家既要区分自由市场的现代性与旧式现代性，又要避开后现代性。为此，他们发明了具有"交替性""选择性"的多元现代性的说法，强调了各种现代性之间的区别、可选择性、独特性和主观性，其结果可能会忽视现代性的客观力量和全球性资本主义自身的扩张。第二，从现代性与社会学的关系看，西方社会学的产生和发展几乎与西方现代性是同步的，现代性也是西方社会学的主要研究对象，现代性研究的复兴从某种程度上改变了人文学科给人的随意、主观、缺乏科学性等不良印象，可以由此获得知识上的尊重；现代性研究的复兴并不意味这些研究真正对过去感兴趣，而是以其新颖的概念、命题重新叙述了过去，借助于学术时尚以重新占据知识的生产与倾销的制高点："对现代的再造，对它的重新包装，它的大批量的生产，都是为了能够在知识市场上恢复其销售，从社会学领域的最知名的学者到各式各样的讨论（也包括一些艺术领域）。"（Fredric Jameson，2002）因此，现代性研究的复兴就大有深意，绝不仅仅是一个单纯的学术问题，而是具有浓厚意识形态性和政治策略方面的考量。

　　这样看来，现代性理论及其研究中都存在着大量的意识形态，正是这些意识形态妨碍了我们对西方现代社会真实情况的认识与把握，也是值得我们警惕和认真对待的。

五、破除意识形态束缚，正确对待现代性理论

　　由于现代性理论及其研究中都存在着大量的意识形态，且这些意识形态又妨碍了我们对真实的现实的认识，因此，我们应该分析、揭示现代性主题背后的一系列意识形态，并积极寻找应对的办法。詹姆逊借鉴了马克思主义的意识形态分析方法，通过诊断现代性理论的症结，试图打破各种现代性理论的自足性，帮助我们放弃幻想，正确地认识和对待现代性。

　　詹姆逊继承了马克思主义意识形态批判的遗产，并把它直接运用到现代性研究中。但应该看到，在现代性的意识形态批判中，詹姆逊与经典马克思主义存在着根本的不同。一方面，詹姆逊与经典马克思主义的意识形态概念不尽相同：经典马克思主义的意识形态主要指统治阶级用于欺骗目的的虚假性、错误意识；詹姆逊所使用的意识形态则比较宽泛，可以指错误的意识或观念、有意或无意的歪曲、想象性的建构、"真实"的幻象等等，具体到现代性来说，既可以指叙事时的虚构，又可以指对真实现实的无意的遮蔽与有意识的歪曲和误导，既可以指建构现代性理论过程中的具体的运作，又可以指现代性理论的一些概念、命题或观念。另一方面，詹姆逊与经典马克思主义对现代性的理解和处理方式也不同：马克思主义直接把现代性视为资本主义，希望社会主义彻底埋葬资本主义、资产阶级和现代性。但詹姆逊认为，现代性的现代化的产物，既包括了资本主义国家，

又包括了社会主义国家；既包括了发达的国家和地区，又包括了落后的国家和地区。由于其现代性研究的主要对象和语境是西方，也可以说，在西方语境中，现代性主要指资本主义，它包括了自由竞争的资本主义、垄断的资本主义和跨国资本主义，他希望通过乌托邦和社会主义所焕发出来的集体力量来抵制资本主义（特别是金融资本）的全球扩张。此外，经典马克思主义是对革命实践的理论总结与升华，詹姆逊的研究是学院知识分子的书斋型的研究。尽管詹姆逊与经典马克思主义的现代性研究存在着这些区别，但是二者也存在着明显的共性，即他们都强调现代性研究的意识形态分析，也重视对现代性的历史维度的研究。其中，经典马克思主义重视具体观念与社会之间的关系，詹姆逊重视现代性话语的具体情境："我们只能依据现代性的情境获得一种既定的现代性叙事。"（Fredric Jameson，2002）

通过发掘各种现代性理论的意识形态，詹姆逊至少从以下几个方面告诉了我们应该如何正确地对待现代性：第一，放弃总结、发明和使用现代性概念的努力。他认为，现代性不是哲学的、社会学的概念，而是一种叙事、一种讲故事的方式，它不是对现实的客观描述，也无法验证。鉴于此，我们只能实事求是地把它作为叙事范畴，而不能完全地相信它，或对它抱什么幻想。第二，要揭示现代性的意识形态，以现时本体论的态度来对待现代性。现代性压制、歪曲或掩盖了现实的真实状况或事物的真相，也削弱了它影响现实的力量。因此，詹姆逊力图拒绝任何理论上的预设，也反对仅仅依靠分析现代性这个概念解决问题，他所进行的是现代性的意识形态分析，并力图避免透过玻璃窗看物体时的那种困扰："你一定会同时地肯定该物体的存在，然而却拒不承认它与表明那种存在的观念有关。"（Fredric Jameson，2002）这样，我们就可能立足于现实，并从现实中寻找解决问题的途径，而不至于被各种现代性理论束缚或误导。第三，用乌托邦的力量来解决现代性的困境。现代性是自我指涉的投射，这决定了其局限性：不能依靠自身的力量从根本上解决其困境。为此，需要焕发集体的力量："在被'现代'这个词统治的范围内，激进的选择、系统的变革都不可能进行理论的阐述，甚至也不可能得以想象。这可能也是资本主义观念所面临的问题。但是，如果我提出在所有现代性出现的语境中用资本主义代替现代性的一种实验方法，那么这是一种治疗性的而不是教条的提议，它的目的在于驱逐掉旧的问题（也提出新的、更有意义的问题）。我们真正需要的是用被称为乌托邦的欲望来全面地替代现代性的主

题。"（Fredric Jameson，2002）

　　西方的现代性问题颇为复杂，加上现代性理论的多变、流派众多和彼此勾连、抵触，其研究呈现出"剪不断，理还乱"的局面，急需极具穿透力的理论对此进行阐释。詹姆逊立足于意识形态分析，揭示了现代性理论的暧昧和诸多可疑之处，有助于我们破除对现代性理论的迷信，也为我们理解光怪陆离的西方现代性理论提供了便捷的、有参考价值的路径。当然，特定的视角既能带来洞见，又可能导致盲视。詹姆逊的现代性研究也是如此，他不仅夸大了现代性理论的意识形态性，而且极为怀疑现代性的真实性和真实之处，并对此缺乏比较扎实的研究。这需要引起我们的重视，也是我们应该进一步深思的问题。只有这样，才能全面地认识西方的现代性和现代性理论，检讨我国现代性的发展历程，并为我国的现代性建设提供有益的思想资源。

参考文献 ┝

[1] 李世涛.从西方现代性到西方审美现代性：以时期为视角.深圳大学学报（人文社会科学版），2007(4).

[2] 王逢振、谢少波编.文化研究访谈录.北京：中国社会科学出版社，2003.

[3] 詹明信等.回归"当前事件的哲学".读书，2002(12).

[4]〔美〕詹姆逊.后现代主义与文化理论.北京：北京大学出版社，1997.

[5]〔美〕詹姆逊.全球化与政治策略.载《当代国外马克思主义评论》（第 2 辑）.上海：复旦大学出版社，2001.

[6] Fredric Jameson. A Singular Moderity: Essay on the Ontology of the Present. London: Verso, 2002.

作者简介 ┝

　　李世涛，1968 年生，毕业于中国人民大学，文学博士，教授，博士生导师。主要从事中西现当代文论、美学、文艺思潮研究。独立完成国家社科基金艺术学一般项目 2 项，主持完成国家社科基金后期资助项目 1 项，独立完成文化部青年课题 1 项、中国艺术研究院课题 2 项。独著《在中西文论与文化之间》等 3 部、合著《中国当代美学口述史》（第一作者）等 3 部、参著《当代中国文艺理论研究》等 5 部。发表学术论文 82 篇，《中国社会科学文摘》《新华文摘》《中国人民大学复印报刊资料》转载 20 多篇，发表学术史访谈 30 多篇。中国文联北京二外中国文学批评中心兼职研究员、广东外语外贸大学外国文学文化研究中心兼职研究员。

（原载《东岳论丛》2018 年第 6 期）

克里斯托弗·考德威尔与西方马克思主义文论的先声 *

赵国新

▶ **摘　要**：英国马克思主义文论的奠基者克里斯托弗·考德威尔一直被目为正统的马克思主义者，他的文学理论和批评实践瑕瑜互见，既有机械教条的一面，又有发人深省的思想洞见。本文比较分析了考德威尔与恩斯特·布洛赫、赫伯特·马尔库塞、吕西安·戈德曼、西奥多·阿多诺等西方马克思主义者在理论视角上的共同之处，以昭示他的思想原创性和预见性。

▶ **关键词**：西方马克思主义；结构主义；大众文化

20 世纪 60 年代末，随着激进社会思潮的兴起，西方马克思主义在欧洲大陆如日中天，流派纷出，极一时之盛，但海峡对岸的英国却是另一番景象，对于西方马克思主义的要旨和现况，除了佩里·安德森和汤姆·奈恩等极少数人之外，大多数学人还闻所未闻，他们对马克思主义的理解还停留在 30 年代"人民阵线"时期，把它完全等同于经济决定。即便是雷蒙·威廉斯——第一代新左派的领军人物，也作如是观。文化隔膜如此之深，简直不可理喻。直到 1970 年，法国马克思主义理论家吕西安·戈德曼造访剑桥，连开两场讲座后，威廉斯才恍然大悟，马克思主义并非全都主张经济决定论。对此，威廉斯感慨万分：大不列颠与欧洲大陆地理临近，但文化相距遥远。（Raymond Williams, 1983）威廉斯的弟子特雷·伊格尔顿也深有同感。他以一贯的戏谑的口吻调侃英伦学界敌视欧陆理论的狭隘作风：欧陆的新思想跨过英吉利海峡登陆多佛港，须经海关检验，证明无害方能入岛，否则一律发回原产地。（特雷·伊格尔顿，2007）这种文化隔阂的主因，源于政治和文化传统。按照佩里·安德森的分析，近代以来，由于改良主义在政治领域

* 本文系基金项目"英国马克思主义文论史"、北京市哲学社会科学规划项目（11WYB010）、教育部人文社会科学研究青年项目（12JYC752047）成果。

大行其道，经验主义在哲学文化领域占据主流，英国学界始终抵制欧洲大陆的时新思想和系统理论，因而缺乏一套总体性的社会研究理论，也缺乏深厚的马克思主义思想传统。(Perry Anderson，1992) 很多英国左派知识分子患上了理论自卑症。20 世纪 70 年代，正当安德森主持的《新左派评论》为弥补这种文化缺失而大力译介西方马克思主义理论之际，伊格尔顿激愤地写道："目前，任何企图建立一门唯物主义美学的英国马克思主义者都要实事求是地认识到自己的缺陷。这不仅因为这个领域牵扯的问题众多，而且还因为，从英国背景入手介入这一领域简直就是自动取消了发言权。英国让人敏锐地感觉到，它缺乏一种传统，是欧洲收容的房客，一位早慧的但都是寄人篱下的外来人。"(Terry Eagleton，1976) 英国学术文化注重经验分析，不擅长系统地提炼归纳，这是不容否认的事实，但如果就此推断英国向来缺乏马克思主义美学传统，绝对是无根之词。实际上，英国马克思主义文论在 20 世纪 30 年代就已经出现了，虽说总体成就与欧陆西方马克思主义无法比肩，但它的若干论断和命题已经发出后世西方马克思主义文论的先声，只是没有得到应有的重视，后人只顾凸出它僵化教条的一面，而未能审视其烛照之见。

30 年代初，大萧条席卷而来，英国政府应对无术，陷入政治和经济的双重危机，自由主义价值观声誉扫地，左翼政治异军突起，知识分子左转蔚然成风，文学创作和批评也日益激进，出现了《左翼评论》和《现代季刊》等名重一时的左派刊物，系统的马克思主义文学理论和批评应运而生。由于草创之初，更兼时政需要，此刻的英国马克思主义批评多为政治宣传和社会鼓动的应时之作，鲜见广博精赅的名篇巨制。就总体而言，这一时期的英国马克思主义批评家所遵循的路数还是传统马克思主义批评方法，着眼于文学与社会生产方式、阶级斗争之间的关系，经济决定论色彩浓厚，机械教条的弊端显著。在这一代马克思主义批评家当中，克里斯托弗·考德威尔、拉尔夫·福克斯和埃里克·韦斯特最负盛名，堪为翘楚。考德威尔的《幻象与现实》、福克斯的《小说与人民》、韦斯特的《危机与批评》为典范之作。而在这三人当中，考德威尔的成就最为卓著，对后世的影响也最为深远，为英国马克思主义文论的开山，有"英国的卢卡奇"之美称。(Christopher Pawling，1989)

考德威尔 (Christopher Caudwell) 出身于报人世家，中学毕业后投身新闻界，当过记者，办过航空出版社，写过大量的侦探小说，出版过好几种科普读物，还发明过一种无级变速器。他素有打通文理、成就一家之言的壮志，工作之余，常到图书馆博览群籍，寝馈文史哲社，旁涉自然科学。1934 年，他在友人的影响下，开始研读马克思、恩格斯、列宁、斯大林和布哈林等人的重要著作，并于同年加入英国共产党。1935 年，他完成了《幻想与现实》一书的初稿。1936 年 7 月，西班牙内战爆发，同年底，他响应英共的号召，远赴西班牙，加入国际纵队，保卫共和国政府。1937 年 2 月，他因掩护战友撤退而牺牲。在考德威尔遗留的大量手稿中，最重要的是两部文学理论和批评著作：《幻象与现实》（1937）和《传奇与现实主义》（1970），涵盖了他文学思想的全部精义。

《幻象与现实》为英国首部马克思主义文论专著，1937 年首发，1946 年出新版，后来多次重印。全书共 12 章，分两大部分。前六章旨在探研诗（即文学）的历史起源及其演变，后六章重在阐述诗学的基本原理。考德威尔把诗的起源流变与社会的历史变迁进行了平行比较，在二者之间建立起一种直接的对应关系：诗的性质与社会经济活动相关，诗的发展与社会劳动分工同步进行；诗不仅在内容上反映了社会各个发展阶段的状况，而且在思想风貌和形式技巧上也与社会发展阶段遥相呼应。《传奇与现实主义》是一部短论，大体承袭了《幻象与现实》的思路，主要探讨了莎士比亚以来英国文学的形式内容如何与英国社会的历史变迁相互对应。其中诗歌部分与《幻象与现实》多有重复。

由于时代的氛围、撰写的仓促、斗争的迫切，这两本书的经济决定论色彩浓厚，个别论断牵强附会，不过，考德威尔的失误并不在于他在经济因素与文学创作之间寻找对应关系，这是因为在一些文类和作品当中，这种对应关系的确存在，有时还相当明显；他最大的问题是过度强调社会经济因素对文学的决定作用，仿佛资本主义生产方式决定了文学的方方面面，并由此而得出了一个十分笼统的结论：近代英国文学都是资产阶级文学。例如，15 世纪之后，英国社会开始具备资本主义性质，他就把这一时期的诗歌一概定性为"资本主义诗歌"，显然这有悖于文学史的基本事实。因为，在这一时期之内，还出现过大量的反资本主义诗歌，例如，反映底层人民生活疾苦的民谣俚曲，反映封建贵族思想情趣的田园诗歌。考德威尔因过于强调社会生产方式的决定作用，而忽视了影响文学创作的其他因素：历史传统、社会习俗、作者境况、读者接受以及文体演变。对于某些作家或某些作品而言，这些因素的塑造作用可能更加明显。其实，任何一种社会文化，都不可能是铁板一块，任由某一个阶级的意识形态和价值观全部垄断；多数情况下，它是层次多样、异质丛生的，既潜藏传统的价值，也通行主导的理念，还不时隐现新生的思潮，只不过主次不同、比例不一而已。

考德威尔在行文论说之际，正值苏式马克思主义在英国盛行之时，乔治·卢卡奇、安东尼奥·葛兰西和法兰克福学派的早期著作还没有译成英文，西方马克思主义著述大规模译介到英国还要等到三十多年后，因此，在他提供的参考文献中，只出现了马克思、恩格斯、普列汉诺夫、列宁、斯大林、布哈林等人的著作，而不见西方马克思主义理论家的踪影。这足以说明，他对于当时欧陆新兴的西方马克思主义理论不甚了了，但是，他的诸多论断却与同时代的以及后来的西方马克思主义理论家有契合之处，显示出惊人的预见性和洞察力，即使放在同时代的英国马克思主义者中间，也显得独树一帜。他的艺术幻想功能与恩斯特·布洛赫的艺术乌托邦功能、赫伯特·马尔库塞的文学解放功能有异曲同工之处，他对长篇小说认识论的探讨与吕西安·戈德曼对拉辛古典悲剧的论述多有交集，他对大众文化的性质的研判与西奥多·阿多诺等人对文化工业的批判如出一辙。

一、艺术的乌托邦功能和解放功能

从标题到内容，《幻象与现实》一书始终在暗示：作家总是以幻想的方式去解决现实世界中难以解决的问题，这种超越现实的乌托邦功能，无论在早年的节庆仪式中，还是在后世的神话、诗歌和小说当中，或明或暗，均有体现。考德威尔认为，诗产生于部落生活的节庆仪式，是严酷的生存现实在人的脑海中催生的幻象。诗对来年五谷丰登的憧憬成为激发人们辛勤劳动的精神动力，"在剧烈的舞蹈动作、刺耳的音乐和韵文催眠性节奏的震撼下，人脱离了不播种就没有收获的现实；他被投入了一个幻想的世界，谷物和果实在幻想中应有尽有。幻想的世界变得更为真切。音乐逐渐消失后，那没有耕耘的收获如同就在眼前，促使他为获得成功继续努力"。（考德威尔，1995）在这里，诗充分发挥了乌托邦幻想功能，为人们创造了五谷丰登的理想世界，补偿了现实生活的困苦和乏味，"要是没有异想天开地描绘充盈的粮仓和收获的欢愉的仪式，人就难以正视收获多需的艰苦劳动。有一首丰收歌助兴，工作就进展顺利。"（考德威尔，1995）而以艺术为手段逃避丑恶的现实，憧憬美好的未来，正是德国西方马克思主义哲学家恩斯特·布洛赫最重要的美学观点。

恩斯特·布洛赫早年以《乌托邦精神》一书闻名于世，晚年以《希望的原则》三大卷为压轴之作。终其一生，布洛赫以批判异化劳动、揭露经济剥削为己任，犹太教的救世主观念与马克思主义的人类解放思想明暗交织，贯穿其精神历程的始终。在这方面，他与好友瓦尔特·本雅明心心相印，显示出当时犹太马克思主义者共同的心路历程。但与绝大部分西方马克思主义者不同的是，布洛赫对无阶级社会的追求矢志不渝，对人类的未来高度乐观，虽说他本人一生坎坷，颠沛流离。布洛赫没写过系统的文学理论或批评专著，他对文学和艺术的见解都是零星的，散见于各式哲学著述，后人从中辑录出文集《艺术与文学的乌托邦功能》，为总结布洛赫文学思想提供了重要指引。

一言以蔽之，所谓文学的乌托邦功能，指的是文艺作品具有憧憬未来理想社会的功能。在布洛赫看来，伟大的艺术作品不但可以反映它所在的那个时代的意识形态，更重要的是，它还能体现人们对未来美好生活的强烈诉求，烛照出当前社会中没有但将来可能出现的东西，为读者和观众带来希望，为社会变革提供动力。（Ernst Bloch，1988）他在 1968 年的一次访谈中说："文化价值所表现的不仅仅是一个时代或者一个阶级的目标：它的话是针对未来的。任何重要的哲学或艺术都有助于（人类）未来的成熟"。（Jack Zipes，1988）也就是说，文学艺术的意义和价值会随着社会的进步和时代的演进而逐渐展示出来。他对文学艺术乌托邦功能的阐发和优扬，符合西方马克思主义一贯的思想路径。西方马克思主义有别于正统马克思主义之处主要在于，前者突出上层建筑（文化）在社会变革中的作用，后者突出经济基础的决定性作用。以上层建筑的发展来改变社会的物质基础，通过文化批判实现资本主义的社会转型，正是战后西方马克思主义者的政治夙愿。布洛赫的乌托邦思想对马尔库塞多有启发，后者的艺术解放论即脱胎于布洛赫的文学乌托邦功能论。

20 世纪 50 年代初，冷战方酣，在美国，麦卡锡主义肆虐，反共氛围凝重，左翼人士纷纷变节，解放事业渺茫无期，马克思主义研究也陷入低潮，实证主义主宰的社会科学研究千方百计地为资本主义现状辩护；在苏联，正统马克思主义故步自封，沦为机械的教条；在欧洲，以法兰克福学派为主力的西方马克思主义理论家热衷于批判资本主义自身，无心另起炉灶，勾画另一幅社会图景取而代之。而马尔库塞却怀着"虽千万人吾往矣"的精神，沧海孤舟，逆流而上，试图从艺术中发掘出社会解放功能，作文化上的抗争。为此目的，他在《爱欲与文明》中对弗洛伊德的精神分析进行了马克思主义改造，突出了社会因素对个人心理形成的作用，揭示了性心理压抑与经济压迫之间的隐秘联系，使之由个体心理学变成社会心理学。他在书中着重强调，伟大的艺术作品借助幻想创造出生活幸福、无忧无虑的形象，从而颠覆了压抑性的现实生活。(Herbert Marcuse，1955)

弗洛伊德在《文明及其不满》一书中阐述了精神分析学的一个核心观点：人类文明的进步是以压抑为代价的。主要依据是，在人类文明进步的过程中，强制性劳动和压抑性本能是不可或缺的。由于物质匮乏，人必须勤奋工作才能生存；人的无意识中潜藏着攻击性和破坏性冲动，需要用法律和秩序加以驯服。马尔库塞则提出，非压抑性的文明是可能存在的。首先，压抑是特定历史时期的产物，它会随着社会的变迁而发生改变。随着社会生产力的提高，物质匮乏问题终会得到解决，人类就不再承受压抑之苦；其次，人类无意识中储存的记忆与幻想具有解放的潜能。记忆当中包含着满足的形象，对以往自由和幸福经历的回忆可以质疑当下日常生活中的异化劳动和压抑行为。在马尔库塞看来，一切真正的艺术的目的在于"否定不自由"(Herbert Marcuse，1955)，通过创造无忧无虑的幸福生活景象，表现了幻想中的解放性质的内容。幻想替未来提供了幸福生活的形象。艺术反抗现存的秩序，拒绝服从压抑和支配，投射出现存秩序的替代物，至少超现实主义者就这样做过。(Herbert Marcuse，1955)

二、认识论与世界观

在前人眼里，18世纪的长篇小说与同时代的牛顿物理学并无交集，当年没有哪位小说家与牛顿过从甚密，对他的物理学感兴趣，受过他的启发；而牛顿本人也不是小说的爱好者，更没有对小说创作说三道四。然而，深谙物理学的考德威尔却发出惊人之论：从18世纪的笛福到19世纪末的哈代和吉卜林，英国传统长篇小说的认识论模式与牛顿经典力学的认识论模式有着结构上的相似性。众所周知，从创设之日起到20世纪初，牛顿的经典力学一直是物理学界的不二法则，在考德威尔看来，它的认识论中暗含一种主、客体相互分离的思维方式：自然界是一种绝对客观、独立于主体之外的封闭世界，其运行规律有待于人们（主体）

去发现。这种思维方式在文学创作中有其对应物，那就是 18 世纪兴起的传统长篇小说的认识论：作者基于社会现实，在小说中创造出一个模拟世界，然后与读者一道，以貌似超然的客观态度去审视这个世界，"作者总是以艺术家的眼光瞄准着一个独立于观察者的、物理学的封闭世界，他可以从外部对它进行观察，并且像一个机器似的以冷静、客观的态度对它进行了解"（考德威尔，1995）；"这个世界像一个自成系统的、四壁封闭的西洋景，只有一面墙壁留有一个可供读者窥视的小孔，它被抛进语言的社会天地中，作为一个单独的客观存在物躺在那里，供任何读者观看"。（考德威尔，1995）由此可见，长篇小说的认识论模式与牛顿经典力学的认识论模式遥相呼应，二者有着形式的相似性，形成一种同构关系。非常可惜的是，考德威尔只指出了这种同构关系的存在，却没有深入探讨这种现象的由来。

到了 19 世纪末，新的科学实验证明观察对象并非绝对客观，其性质随着观察者所在时空的变化而改变，牛顿经典力学的认识论陷入危机，相对论应运而生，迅速扩展到其他社会领域。用考德威尔的话说，资产阶级在艺术、社会和物理学领域确定的种种规范，原本被认为是绝对的，现在被发现是相对的：资产阶级观察者的思维本身，是由周围环境所决定的，这些规范是在资产阶级观察者的思维中确立的，资产阶级又把这些规范强加给了环境。（考德威尔，1995）这种相对认识论又与现代主义小说的认识论遥相呼应，在詹姆斯、康拉德和乔伊斯的现代主义小说里，全知全能的叙述者不复存在，作者对文本世界的呈现不再是"一孔之见"，而是多角度齐下。在詹姆斯的小说中，"排除了牛顿物理学和早期资产阶级小说中一个具有绝对权威的观察者"（考德威尔，1995），叙事视角不再一成不变，而是不断切换，从一个观察者转向另一个观察者，康拉德、乔伊斯等人的现代主义小说即为显例。

考德威尔的这些论述已经颇具结构主义的雏形，与吕西安·戈德曼的研究路数不谋而合。戈德曼是二战后法国著名的马克思主义社会学批评家、发生学结构主义的创始人，尤为注重研究文学和意识形态的社会起源。他早年师从瑞士结构主义大家让·皮亚杰，并以卢卡奇的私淑弟子自居。他最重要的文学论著是 50 年代出版的《隐蔽的上帝》以及后来问世的《论小说的社会学》。在戈德曼看来，文学作品既是作者个人思想的结晶，也是社会力量作用的结果，是"超个体的"（transindividual）东西。他全力关注的不是作家个人的生平阅历、思想渊源、风格变化以及受他人的影响，也不是作品如何反映了社会历史的现实，显现了何种阶级立场，他着重去论述的是作者所在的社会集团的世界观或精神结构在作品中的形式表现。

世界观是社会集团的集体意识。一个社会集团的世界观，就是这个集团的精神结构。作者在行文运思的过程中，总是或明或暗地受到所属阶级的世界观的制约。作家在写作时，固然可以自由想象，但他的立场总是有意或无意地受制于他所在的社会集团的世界观，从而使作品世界的精神结构与作者所属社会集团的精神结构高度吻合。一部作品艺术水准的高下，取决于它与世界观关系的远近亲疏，"伟大的作家恰恰是这样一种特殊的个人，他在某个方面，即文学（或绘画、观念艺术、音乐等）作品里，成功地创造了一个几乎严密一致的想象世界，其结构与集团整体所倾向的结构相适应，至于作品，它尤其是随着结构原理或接近这种严密的一致而显得更为平凡或更为重要。"（吕西安·戈德曼，1988）

戈德曼倡导的发生学结构主义批评旨在发掘作品所表现的世界观与社会集团的精神结构之间的对应关系，最能体现这种批评方法的是他在《隐蔽的上帝》中对拉辛古典主义悲剧的精彩分析（吕西安·戈德曼，1998）。作者援引大量例证去说明：以描写古代题材为主的拉辛悲剧，内容与当代生活毫无关涉，然而，剧中主人公的那种不与世俗妥协而消极避世的精神气质，却与拉辛时代法国的一个宗教流派——詹森主义的神学主张惊人的一致。因世界浮华虚荣，詹森主义反对信徒积极入世，要求他们遗世独立，远离政治和社会。这种愤世嫉俗、退隐避世的神学主张和生活态度得到了当时法国的一个重要社会集团"穿袍贵族"的响应和拥护，成为他们的集体意识。在17世纪"太阳王"路易十四主政期间，法国王权上升，资本主义发展，君主集权制进一步巩固，在这个过程中，"穿袍贵族"失去了许多特权，对王室不满，可是，囿于经济上的依附地位，他们又不敢公然作对，只好忍气吞声，对世事采取消极回避的态度。"隐蔽的上帝"一说，得于卢卡奇的启发。卢卡奇说过，悲剧就是人与命运的一场赌博游戏，上帝对此只是冷眼相看，不肯帮助任何一方。在拉辛的代表性作中，上帝要求世人对自己绝对忠诚，不能向邪恶世界妥协，但他却不肯助世人一臂之力，就此而言，这位袖手旁观的上帝是"隐蔽的"。虽说拉辛本人就是詹森主义者，但是，戈德曼在书中并没有去论证拉辛作品中的哪些内容来自詹森主义，他反复说明的是，拉辛悲剧的精神气质与詹森主义神学有着结构上的对应关系，与"穿袍贵族"的世界观遥相呼应。

　　文学创作与社会生活之间的联系，本是 19 世纪法国文学批评的老话题，例如，斯达尔夫人在《论文学》一书中提出：任何一种文学都是特定历史和社会环境的产物，若想了解和研究某一时期的文学，必须将其置于当时的社会背景之中，把它与彼时彼地的社会状况和精神风貌联系起来。这种文学观又被伊波利特·泰纳发扬光大。泰纳在《英国文学史》的序言中反复申说，文学是对时代和社会风情的艺术再现，从文学杰作中可以追溯到几百年前人们的情感方式、思想路径；影响作家创作的因素不一而足，其中最重要的是种族、时代和环境这三种因素。泰纳的学说后来又在丹麦批评家勃兰兑斯的巨著《十九世纪文学主流》中得到了进一步发挥。

　　戈德曼自出机杼之处在于，他不像上述先贤一样，从文学作品内容入手去探讨创作与社会之间的关系，而是从作品的"形式"入手去解释三者之间的关系。这里所说的"形式"，不是指情节设置、修辞手段、叙事视角等常见的文学手法，而是一种"内容的形式"，即组建作品的精神结构，也就是作者所在社会集团的世界观。戈德曼的"形式"就是考德威尔所说的"认识论"，二者都是思维模式。

三、大众文化批判

　　30 年代，大众文化在英国刚一出现，即遭到两股力量的夹击：一是以利维斯为首的自由派批评家，二是以考德威尔为代表的马克思主义批评家。

　　利维斯认为，在 19 世纪之前，农业时代的英国文化是全社会共享的，莎士比亚的戏剧可以雅俗共赏，上至王公卿相，下至贩夫走卒，为各个阶层所喜闻乐见。但近世以来，这种共同文化却一分为二，一边是大众文明（mass civilization），也就是广告、报纸、收音机、电影、小报、流行小说等盈利性文化产品，另一边是小众文化（minority culture），即品位高雅的严肃文学，因为欣赏者数量有限，所以才说它是小众的。大众文明是工业化批量生产的必然结果，品位低俗、形式单一、了无个性、机械重复，它们迎合了读者大众的卑下欲望，因而盛行一时；而高雅文学的社会影响却日渐式微，可堪忧虑。总的说来，大众文明的危害在于

降低了人的文化格调,刺激了大众的物质欲求,降低了社会的精神和道德水准。(F. R. Leavis, 1933)

如果说利维斯这一派对大众文化(文明)的批判主要是在道德层面上进行,考德威尔则更进一层,他为大众文化批判增加了反资本主义的文化政治内容,意在揭露大众文化隐含的麻醉性意识形态。在他看来,大众文化是资本主义大生产在文化领域的延伸,其消费主体为无产阶级,内容机械重复,技法一成不变,水平低劣,了无新意,唯一的作用还是负面的,即它可以有效地麻痹群众,使之安于沉闷乏味的生活:

> 大生产的艺术结果造成一种停滞的平庸的水平。好的艺术很难售出。因为艺术的作用现在是让大众适应资本主义生产的死气沉沉而机械的生活,在那里耗尽了他们的生命力,泯灭了他们的本能,闲暇时就用电影中不值一钱的幻想,用单纯满足愿望的作品或用纯粹麻痹感情的音乐来麻痹心灵——因为这样,作家赚钱的技术也便同管机器的人的艺术一样沉闷而讨厌了。新闻成为这一时期特有的产品。电影、小说和绘画一样堕落。大量的技术性消遣和人类精神的不断堕落与程式化,成为资本主义现阶段的工厂生产和工厂技术的共同特征。任何一个不得不依靠新闻工作或者靠写"惊险小说"为生的艺术家,都会证明他的艺术的无情的无产阶级化过程。现代的惊险小说、爱情故事、牛仔传奇、廉价电影、爵士音乐,或者星期天的黄色小报,构成了今天真正的无产阶级文学——伴随着现代资本主义生产所造成的广大人民的不幸和本能贫乏而来的文学。这是使得作家无产阶级化的文学。它既是真实不幸的表现,又是对这真实不幸的抗议。这种艺术,流行各地,千篇一律,荒唐无稽,充满了对被现代资本主义弄贫乏了的本能的轻易满足,塞满了热情的爱人、豪侠的牛仔和惊人的侦探……(考德威尔,1995)

毫不夸张地说,考德威尔的这段话,预示了后来法兰克福学派的阿多诺和霍克海默对文化工业的批判。在阿多诺等人看来,大众媒体是资本主义文化工业的组成部分,它向大众灌输意识形态,在整个社会产生了消极影响,大众在耳濡目染之下,沉迷于它们创造的幻象之中而无法自拔,偏安于资本主义现状,消磨光了反抗的意志,对于这些文化垃圾,大众毫无辨识能力,最后沦为甘心上当的受众;文化工业的最大危害之处在于,它遮蔽了美好生活的理想,让人误以为眼前的幻象便是美好的生活(Theodor Adorno & Max Weber,1989),有鉴于此,知识分子的主要任务即在于指出大众文化在意识形态的欺骗性质，进行理性的批判，使其负面意义昭彰于世。

结语

考德威尔在撰写代表作之际，社会局势动荡，行动优先于思想，很难静下心来全面思考马克思主义与文学的关系这一复杂问题，另外，他所接触的马克思主义是经过普列汉诺夫等人过滤的俄苏马克思主义，这就使他的著述不可避免地带有经济决定论的痕迹，很多论断简单机械，有生搬硬套之嫌，但其中若干洞烛先机的识见，却有如星珠串天，处处闪眼，显示出他超常的原创性和预见性。遗憾的是，后世的一些英国马克思主义批评家，如威廉斯和伊格尔顿，只强调他作为正统马克思主义者的局限性，大加挞伐他的缺陷，有意或无意地忽视了他的理论独创性和预见性。由此可见，思想上的"弑父情结"、影响的焦虑，不仅存在于那些为走出前人阴影而别出心裁的诗人中间，也存在于那些为视角翻新而偏锋取胜的批评家中间。

参考文献 ┝

[1]〔法〕吕西安·戈德曼. 吴岳添译. 论小说的社会学. 北京：中国社会科学出版社，1988.

[2]〔法〕吕西安·戈德曼. 蔡鸿宾译. 隐蔽的上帝. 天津：百花文艺出版社，1998.

[3]〔英〕考德威尔. 陆建德等译.《传奇与现实主义》. 载《考德威尔文学论文集》. 北京：百花洲文艺出版社，1995.

[4]〔英〕考德威尔. 陆建德等译.《幻象与现实：诗歌起源研究》. 载《考德威尔文学论文集》. 北京：百花洲文艺出版社，1995.

[5]〔英〕特雷·伊格尔顿. 伍晓明译. 二十世纪西方文学理论. 北京：北京大学出版社，2007.

[6] Christopher Pawling. Christopher Caudwell: Towards a Dialectical Theory of Literature. London: Macmillan, 1989.

[7] Ernst Bloch. The Utopian Function of Art and Literature: Selected Essays. Cambridge: MIT, 1988.

[8] F. R. Leavis. Mass civilization and Minority culture. Cambridge: Minority Press, 1933.

[9] Herbert Marcuse. Eros and Civilization: A Philosophical Inquiry into Freud. Boston: Beacon, 1955.

[10] Jack Zipes. "Introduction：Toward a Realization of Anticipatory Illumination", in The Utopian Function of Art and Literature：Selected Essays. Cambridge: MIT, 1988.

[11] Raymond Williams."Literature and Sociology: In Memory of Lucien Goldmann", in Problems in Materialism and Culture. London: Verso, 1983.

[12] Perry Anderson. "Components of National Culture" (1968). in English Questions. London: Verso, 1992.

[13] Terry Eagleton. Criticism and Ideology: A Study in Marxist Literary Theory. London: New Left Books, 1976.

[14] Theodor Adorno & Max Weber. "The Culture Industry: Enlightenment as Mass Deception". in An Anthology of Western Marxism: From Lukacs and Gramsci to Socialist-Feminism. New York: Oxford UP, 1989.

作者简介 ⊢─────────────────────────────────

　　赵国新，1972 年生，毕业于北京师范大学，文学博士，教授，博士生导师。主要研究领域为现当代西方文论和英国文学。出版专著《英国新左派的文化政治》，与人合作编著《文本·文论：英美文学名著重读》《英国文论选》，与人合作主编的研究生教材《二十世纪西方文论选读》和《西方古典文论选读》被教育部评为全国研究生教学推荐教材，出版译著 9 部。

（原载《学海》2013 年第 6 期）

玛格特·汉尼曼与马克思主义文学批评 *

赵国新

▶　**摘　要：**本文是首篇比较全面地研究英国马克思主义文学批评家玛格特·汉尼曼的学术成就以及她与文化唯物论独特关系的论文。文章首先论述了玛格特·汉尼曼的思想学行，总结分析她在英国左翼运动史、英国文艺复兴时期的文学以及布莱希特的戏剧等三个领域取得的斐然成就，既而揭示出其文学批评特色：一方面持守传统马克思主义的社会历史分析方法，另一方面在某种程度上推动了新兴的文化唯物论批评在20世纪80年代的兴起。本文还指出，由于她毕生持守老左派的政治路线和立场，导致后世的相关研究著作忽视了她对文化唯物论的开拓性贡献。

▶　**关键词：**马克思主义批评；文化唯物论；新左派

从20世纪30年代中期一直到90年代初，玛格特·汉尼曼（Margot Heinemann）一直是英国左翼政治和文化圈中的活跃人物。她在战前的老左派中声名显赫，在战后的新左派中享有盛誉。马克思主义史学大家艾瑞克·霍布斯鲍姆与她相知甚深，对她评价极高：“玛戈（玛格特）是我所认识过的最不平凡的人物之一……通过一辈子（英国共产）党内情谊、示范与建议，或许她是我所认识的朋友当中对我影响最大的人。”（艾瑞克·霍布斯鲍姆，2010）。纵观其毕生之事功与学行，汉尼曼的不凡之处表现在政治立场的坚韧持守和学术思想的与时俱进：政治上忠贞不渝，毕生持守老左派的社会主义路线；学术上灵活机变，与时俱进，既保留了传统马克思主义批评的社会经济视角和阶级分析底色，又参与和指导了新兴的英国文化唯物论，从而与英国新左派的文学批评实现无缝对接，这在同辈的老左派中堪称异数。作为诗人和政治活动家，她成名甚早；作为批评家和学者，她大器晚成，繁重的党务工作影响了她早年对学术的研究，直到60

---

*　本文系北京市哲学社会科学规划项目“英国马克思主义文论史”（11WYB010）、教育部人文社会科学研究一般项目“英国马克思主义文论史”（12JYC752047）成果。

年代中期在大学任教后，她才腾出时间和精力专事文学研究，几年之后，她就跻身于一流的英国马克思主义批评家的行列。

生平行谊

汉尼曼于 1913 年出生在伦敦的一个银行家家庭，父母都是来自德国法兰克福的犹太人，笃信费边社的改良主义，属于典型的"客厅社会主义者"。受家庭环境影响，汉尼曼自幼熟悉德语文化，倾心社会主义，对犹太身份非常敏感。1931 年，她考入剑桥大学英文系，上学期间发表了多篇诗作，散见于当年的各类诗选。她的大学岁月是在大萧条最严重时期度过的，当时，国内外局势动荡不安，自由资本主义体制岌岌可危：失业普遍，民生困顿，阶级矛盾尖锐，青年学子左转成风，法西斯主义强势崛起。1934 年声势浩大的饥饿大游行和激烈亢进的反法西斯示威，对汉尼曼刺激很大，最终使她告别了议会制社会主义理想，拥护社会主义革命理念，加入英国共产党。

由于学习成绩优异，她在本科毕业时获得了星级一等荣誉学位，继续读研究生。1935 年，她与左派青年诗人约翰·康福德相爱；康福德出身名门，是达尔文的曾外孙，时任剑桥大学学生党支部书记。1936 年 7 月，西班牙内战爆发，正在那里进行采访的康福德参加了共和国政府的部队，对抗佛朗哥的叛军，同年底牺牲在阿拉贡前线。此前，他曾给汉尼曼写了一首无题诗，首句为"无情世界的心境"（"Heart of the heartless world"），语出马克思的《黑格尔法哲学批判》（*Critique of Hegel's Philosophy of Right*）。这首诗战后在东欧社会主义国家广泛流传，取名为《致玛格特·汉尼曼》（"To Margot Heinemann"）。

自剑桥毕业后，汉尼曼先是在一所女工继续教育学校任教，翌年成为专职的党务工作者。从 1937 到 1953 年，汉尼曼一直在英共的劳工研究部工作，主编《劳工研究》（*Labour Research*）杂志。她在这一段时期的文章和著作多与经济问题相关，凸显出老左派重视政治和经济斗争的特色，内容涉及煤炭采煤、对外贸易、工资结构、失业问题。她撰写的《英国煤炭》（*Britain's Coal*）曾被名重一时的左派读书会列为月选新书，由红色出版大亨维克多·格兰茨主持出版。她提出的煤矿国有化主张发出了当时左派的心声，甚至影响到后来工党政府相关政策的制定。

1949 年,她与激进的左翼科学家 J. D. 贝纳尔相爱。1950 年,她代表英共竞选议员,但因病未果。1953 年,孩子出生后,她辞去全职工作,只在英共旗下的重要杂志《现代季刊》(*Modern Quarterly*)、《劳动月报》(*Labour Monthly*)和《马克思主义季刊》(*Marxist Quarterly*)中任兼职编委。1956 年,赫鲁晓夫的秘密报告和匈牙利事件导致英共党内严重分裂,许多知识分子退党,包括她的一些好友,但她仍旧留在党内,直到 1992 年去世。不过,在英共内部,她对正统路线一直持有异议,她曾经投书《工人日报》(*Daily Worker*)批评党内错误政策,一度还遭到疏远,直到 70 年代初,才重新担任党内要职。1965 年,她被伦敦大学戈德史密斯学院聘为文学讲师,由此开始了职业学者生涯。(Margolies, David & Maroula Joannou,1995)五六十年代,她也发表过寥寥数篇文学论文和书评,政治宣传色彩明显,学术价值不高。她真正有分量的研究性著述直到 70 年代后才陆续发表和出版。总体而言,她的研究范围大致可以分为三部分:英国左翼运动史,文艺复兴时期的英国戏剧,贝托尔特·布莱希特的戏剧思想。

英国左翼运动史研究

1971 年出版的《20 世纪 30 年代的英国》(*Britainin the Nineteen Thirties*)是汉尼曼第一部有重要学术分量的著作,这是她与当年在劳工部的同事、英共党史权威诺兰·布兰森通力合作的结果。两位作者均为治史良材,既熟知那个时代的历史背景、重大事件和社会心理,更兼文笔晓畅、识力卓越,遂使本书成为社会史名著,时至今日,它依然是了解大萧条时期英国社会的必读之作。该书比较全面地审视了 30 年代英国中下层社会的日常生活和思想态度,涵盖了政经形势、失业问题、阶级结构、文化教育、大众传媒、激进文化、法西斯主义等诸多方面的内容,记录了低层阶级的顽强抗争、上层阶级的妥协应对。作者的结论是:30 年代的左翼运动推动了英国走向福利国家的道路。首先,它改变了人们对待贫困问题的态度,挑战了过去社会上盛行的贫困命定论,给统治集团造成了巨大的舆论压力,催生了使英国成为福利国家的纲领性文件《贝弗里奇报告》的诞生,诸如免费医疗、中小学生免费牛奶、中学全面义务教育等具体政策,就是在这个背景下制定出台的;其次,反法西斯意识和民主意识的提高也是这一时期左翼运动的重要遗产：英国工人运动历来重视经济斗争，忽略政治斗争，但是，经过 30 年代的斗争洗礼，种族主义、军国主义、民族独立和法西斯主义逐渐成为民众抗议中的重要议题；再次，左翼运动打破了某些隐而不宣但无处不在的社会信条，例如：富人是天生的统治者、王室的半人半神地位。在左翼思想的冲击下，这些东西渐成明日黄花。(Branson Noreen & Heinemann Margot，1973) 1945 年，工党上台执政也是左翼运动的社会影响所致。当时二战尚未结束，时任首相、保守党领袖的丘吉尔即被选民抛弃，黯然下台，因为经历过左翼政治启蒙的民众再也不想回到过去了。此书与此前出版的另一部社会史名著《漫长的周末：英国的社会历史》(*The Long Weekend: A Social History of Britain 1918—1939*) 有相互补充之功效，后者研究的内容是 30 年代英国上层阶级的社会生活和思想情趣。(Graves Robert & Alan Hodge，1963)

1976 年发表的《1956 年与共产党》("1956 and the Communist Party") 一文是考察英国新左派起源的重要原始文献 (Heinemann Margot，1976)。赫鲁晓夫揭批斯大林的秘密报告和苏军入侵匈牙利，在英共党内引起轩然大波。英共领导人支持苏军行动，压制党内的自由讨论，导致一批知识分子党员出走，另觅社会抗议的空间，英国新左派由此而形成。当时汉尼曼已辞去全职工作，在家精心照顾孩子，没有参与党内激烈的论争，所以，她能够比较从容地站在第三者的角度上看待这次事件，避免论战中常有的强烈的个人感情色彩，比较客观地解释了英共拥护苏联的原因。非常可惜的是，目前比较通行的几部英国新左派发展史都没有提到这篇文章，显然忽视了这篇第一手文献的史料价值和思想视角。

汉尼曼与几位左派学人共同主编的文集《30 年代的英国文化与危机》(*Culture and Crisisin Britain in the Thirties*) 于 1979 年由英共旗下的 Lawrence & Wishart 出版社出版，它为研究 30 年代的英国文化，尤其是左翼文化运动提供了极为丰富的背景知识。该书的作者都是著名左翼知识分子，他们探讨了 30 年代的文学和艺术与当时的社会形势之间的关系。詹姆士·库拉格曼是牛津高才生、英共党史权威、《英国共产党史》前两卷的作者，他在导言中比较全面地审视了 30 年代英国的政治、经济现状以及欧洲大陆严峻的地缘政治局势 (Klugmann James，1979)。伊安·怀特的《F. R. 利维斯、"细绎派"运动和危机》("F. R. Leavis, the *Scrutiny* Movement and the Crisis") 是首篇全面研究"细绎派"成败得失的文章，探讨了"细绎派"与当时社会危机之间的关系，重点突出了其文化政治功能（Ian Wright，1979）。戴维·马格里斯的《< 左派评论 > 与左派文学理论》（"*Left Review* and Left Literary Theory"）一文探讨了当年名重一时的文学刊物的起源和发展，评价左翼文学批评的利弊得失，从中可以大致了解到 30 年代英国马克思主义批评的核心观点（Margolies，1979）。由于专门研究这本杂志的著述极为稀少，愈发凸显出这篇文章的重要性。汉尼曼的《路易·麦克尼斯、约翰·康福德和克里夫·布兰森：三位左翼诗人》（"Louis MacNeice，John Cornford and Clive Branson: Three Left-Wing Poets"）一文主要分析了西班牙内战与三位诗人创作之间的关系，阐释了他们诗歌作品的现实意义（Heinemann Margot，1979）。此外，该书还专文分析了 30 年代的小说、戏剧和电影领域的基本状况。本书在很多方面呼应了 30 年代最重要的左派批评文集、刘易斯主编的《心灵枷锁：社会主义与文化革命》（*The Mind in Chains: Socialism and the Cultural Revolution*，1937），为当代读者理解后者提供了必要的背景参照。

1985 年发表的《人民阵线与知识分子》（"The People's Front and the Intellectuals"）一文，考察了二战之前英国共产党与知识分子之间关系的历史变迁（Heinemannn Margot，1985）。自建党之初，工人阶级出身的英共领导人对小资产阶级出身的知识分子持有怀疑态度，然而，到了 1932 年，随着大批知识分子告别自由主义向左转，他们对知识分子的态度发生了重大转变，英共党内开始出现了一些在学界享有盛誉的知识分子，但工人阶级在党内始终居于领导地位。文中所述内容，在很多方面可与两部非常有价值的英国左翼知识分子发展史相互印证，它们是尼尔·伍德的《共产主义与英国知识分子》（*Communism and British Intellectuals*，1959）和斯蒂芬·伍德海姆斯的《历史的形成》（*History in the Marking: Roujmond Willams, Ed ward Thompson and Radical Intellectuals 1936—1956*）。

1988 年发表的《< 左派评论 >< 新文学 > 与反法西斯主义大联盟》（"*Left Review，New Writing*，and the Broad Alliance against Fascism"）一文，介绍了 30 年代的两个重要的左派文学刊物的起源和运营状况（Heinemann Margot，1988）。由于 30 年代英国马克思主义批评家非常推崇现实主义，特别是他们的最重要的代表克里斯托弗·考德威尔、拉尔夫·福克斯和埃里克·韦斯特经常批评现代主义文学专注于心理现实而忽略社会现实，致使一般读者很容易笼统地得出英国左派天然反对现代主义先锋派的结论。作者在文中作出了重要澄清：英国左派并非一概反对现代主义文学，他们主要批判的是有法西斯主义倾向、反理性主义的现代主义者。

文艺复兴时期的英国戏剧研究

从 20 世纪 70 年代直至 80 年代初，汉尼曼以莎士比亚和米德尔顿为中心，发表了一系列论述文艺复兴时期英国戏剧的文章，在此基础上，写出了她的代表作《清教思想与戏剧：托马斯·米德尔顿与斯图亚特王朝初期的反对派戏剧》（*Puritanism and Theatre: Thomas Middleton and Opposition Drama under the Early Stuarts*）。这部材料丰富、新见迭出的佳构，是研究 17 世纪英国戏剧的必读之作，其研究方法以马克思主义的社会历史批评为主，同时显露出 80 年代以来兴起的文化唯物论批评的苗头；历史语境的宏观透视与戏剧文本的细致解读始终交织在一起，避免了某些社会历史批评的浮泛空疏，也没有一些形式主义研究的繁琐生涩。最值得称道的是，它修正了英国文学史中的一个常见的错误观点：由于禁欲主义作祟，清教徒反对戏剧演出，关闭了伦敦的剧院。

读过版本老旧的英国文学史的人，大都会有这样一种印象，但凡讲到 17 世纪的英国戏剧，它们都会义愤填膺地提到，在 1642 年英国革命成功之后，清教徒把持的国会以有伤风化和腐蚀人心为借口，强行关闭了伦敦的戏院，莎士比亚生前创建的环球剧院也未能幸免，直到 1660 年斯图亚特王朝复辟，喜好声色的查理二世从法兰西翩然归来，除了将奢靡淫荡的生活方式引进凡尔赛宫之外，还带回来一整套新古典主义戏剧思想，于是伦敦的各色戏院再度开张，复辟时期的戏剧堂皇登场，虽说已不复往日之辉煌。由于清教徒历来禁欲笃行，讲究自律，本能地敌视管弦丝竹之乐，因此，在 1980 年本书出版之前，这种说法一直没有人质疑，成了英语学界的标准见解，流风所及，它在中国学界也被定于一尊，为国内出版的诸多英国文学史或英国戏剧史自动沿袭。然而，汉尼曼却一反成见，通过精密的历史考辨，探隐烛幽，利用丰富的例证彻底澄清了英国戏剧史上的这一重大误解，提出了一种全新的观点：清教徒与戏剧演出并无不可化解的矛盾，相反，诸如米德尔顿这样的戏剧家与清教徒暗中结成政治结盟，利用戏剧创作和演出挖苦讽刺王室的内政外交，他的所作所为得到了国会中清教徒领袖的指使、支持和庇护；至于革命后清教徒把持的国会强行关闭戏院，与清教徒的禁欲主义理念并没有直接关系，这样做完全出于现实政治和城市安全的需要：是为了防止不法之徒聚众闹事，防止拥挤脏乱的剧院传播瘟疫，防止学徒看戏耽误工作。总之，担心社会失序、维护社会生产才是各地市政当局反对戏剧演出的主因。(Heinemann Margot，1980)

　　除此之外，书中的另一重大学术贡献是作者通过详尽的文本分析，更正了学界多年奉行的一个错误认识：米德尔顿的喜剧具有反清教徒性质。汉尼曼认为，米德尔顿所讽刺的不是广义上的力主教会改革的主流清教徒，而是清教内部的极端派别。他的著名城市喜剧《爱之家》(The Family of Love)一直被认为是反清教徒的有力证据，但实际上，他在剧中讽刺的是被主流清教徒视为异端的"家庭派"(the Familists)，这个教派信奉自由性爱，主张财产公有。为了丑化这一教派，剧中多用诱奸、通奸这类场面去表现其放荡无耻。还有研究者认为，米德尔顿的城市喜剧具有反市民性质。汉尼曼反驳说，米德尔顿挖苦讽刺的根本不是普通的商人，而是一些市民恶棍，一些狡猾奸诈、为非作歹的放高利贷者，这类人重利盘剥平民和手工业者，而清教徒多为市井小人物，最容易成为他们的牺牲品，因此，清教徒对他们是尤其深恶痛绝的。例如在《结账日》(Michaelmas Terms)这部剧中，他描写了伦敦流氓商人科莫多为晋身于乡绅阶层，精心设局诱骗初来乍到的年轻乡绅，妄图夺走对方的田产，结果机关算尽，反被人家诱走了妻子。汉尼曼分析说，科莫多不是典型的伦敦商人，他从事的也不是正常的商业活动，甚至算不上正常的信贷，而是诈骗；从剧中内容可以看出，作者站在毫无心机、慷慨大度的年轻乡绅这一边，反对掠夺成性、贪婪无耻的城市大鳄。(Heinemann Margot，1980)

　　学界之所以产生这些误解，与传统的历史批评家的研究思路大有关系。这些人在探讨16至17世纪的英国社会与戏剧关系之时，经常着眼于该时代的思想氛围。他们在字里行间或明或暗地论证，整个社会的思想是铁板一块，而统治阶级的观念处于绝对支配地位，例如莎士比亚的作品反映的是这种共同的思想意识，老派莎学家蒂里亚德和威尔逊等人均持有这种看法。戏剧批评名家 L. C. 奈茨也提出过一个类似的观点，当年的大戏剧家都会自动地认同当时宫廷捍卫的传统价值观。鉴于奈茨的巨大影响力，戏剧界甚至批评界一度认为，詹姆士一世时代的著名剧作家们都自动集结于王室的麾下，去反对清教徒麇集的议会。汉尼曼则指出，在詹姆士一世统治后期和查理一世时代，戏剧演出中已经明显出现鼓动观众去反对现行体制的倾向。其实，在任何一个历史时期，统治阶级的意识形态都不能代表所有人的所思所想，每一个时代都有好几种相互矛盾的社会思想，伟大的戏剧恰恰产生于这些矛盾和冲突之中，她举例说，如果没有人推崇个人的自由意志，马洛的《浮士德博士》（*Dr. Faustus*）就不可能产生；如果人们依然认为国王是上帝不可变更的代表，就不可能出现具有弑君内容的《理查二世》（*Richard II*）和表现君主落魄的《李尔王》（*King Lear*）；如果没有新的伦理道德去挑战贵族家长安排儿女婚姻的权力，《罗密欧与朱丽叶》（*Romeo and Juliet*）就不会如此大受欢迎。（Heinemann Margot，1980）作者的这些看法和思路已经与传统的社会历史批评有了一定的距离，而非常贴近新兴的文化唯物论（或新历史主义）的研究路数。文化唯物论批评家在分析文学作品之时，不仅要揭示它如何在社会主导意识形态的统摄之下有意或无意地充当了官方的文化统治工具，维护了现行的政治秩序，而且还会去证明该作品在貌似天衣无缝的意识形态表面之后，如何孕育着内在的矛盾和冲突，而这些内容往往就是抵制主导意识形态的因素。

　　作者在写作此书之时，参考了大量的 17 世纪英国史研究著作，通过文史互证、细读文本，探讨了这一时期英国戏剧创作和演出与社会经济、阶级斗争、政治角力、社会舆论、宗教冲突之间的相互作用，发掘出米德尔顿的戏剧作品在玩世不恭、放荡不羁的思想作风的背后，隐藏着指陈时政、影射现实、抨击王室的深远用意，这些颠覆性内容是当年的观众欣然领会的，却为后世的研究者严重忽略。作者由此得出一个重要结论：一向被认为讽刺清教徒的米德尔顿戏剧，对于后来发生的英国清教徒革命发挥了舆论造势作用，它悄然无息地塑造了观众的激进意识，鼓动他们去反对王室的内外政策。无论是强调米德尔顿戏剧中蕴含的颠覆性思想观念，还是突出其戏剧作品与时人社会意识的相互塑造，这种思考路径与艾伦·辛菲尔德和乔纳森·多利摩尔等人的文化唯物论批评相当一致的。不同是，这两位批评新锐的思想资源来自法国的福柯的权力 - 话语理论、阿尔都塞的意识形态理论和英国"新左派之父"雷蒙·威廉斯的文化分析方法，而汉尼曼则受惠于德国的布莱希特。

布莱希特研究与文化唯物论的先声

　　汉尼曼总共发表过四篇论布莱希特的文章。1982 年发表的《现代布莱希特》（"Modern Brecht"）一文中，重点论述的是布莱希特如何借鉴莎士比亚表现矛盾性人物的办法；1984 年发表的《布莱希特的新时代》（"Brecht's New Age"），对英国自由派学者罗纳德·海曼的《布莱希特传》（*Brecht: A Biography*）多有批评：布莱希特的戏剧方法多受其政治理念的塑造，但海曼对传主的政治理念心存偏见，对这一显著特征竟然视而不见，此外，作者也疏于考察孕育布莱希特戏剧的德国社会和历史，只就作品而谈作品，凡此种种，降低了本书的思想和学术价值；1984 年发表的《历史上的布莱希特》（"Brecht in History"），论述布莱希特如何古为今用，有选择地执导德国古典作品和莎士比亚戏剧，以适应新的时代和环境的需要；1985 年发表的《布莱希特解读莎士比亚》（"How Brecht Read Shakespeare"）一文是这类文章中最为知名的。这篇文章收录在同年出版的《政治莎士比亚》这部著名的文集当中。这部文集的出版被视为英国文化唯物论诞生的标志。（Heinemann Margot，1985）书中收录 9 篇论文，除了汉尼曼之外，其余作者皆为时下文化唯物论批评（新历史主义批评）的代表性人物，例如斯蒂芬·格林布拉特、乔纳森·多利摩尔和艾伦·辛菲尔德等人，与汉尼曼不同的是，他们是在六七十年代新左派思想氛围下成长起来的，与战前老左派的政治取向多有差异。

　　在《布莱希特解读莎士比亚》一文的开端，汉尼曼采用了文化唯物论批评惯用的手法，先讲了一段逸闻轶事：时任保守党政府的财政大臣在接受记者采访时，大肆宣扬其反对社会平等的政治理念。他直言不讳地说，人与人之间就不应该平等，平等思想源于人类的嫉妒心理，而嫉妒又是致命的七宗罪之一；无论对于社会还是对于经济，平等思想都是有害的。为了证明这种看法自有来头，财政大臣不断地引用莎士比亚《特瑞意勒斯和克瑞西达》（*Troilus and Cressida*）中的名句："只要把纪律的琴弦拆去，听吧！多少刺耳的噪音就会发出来"（朱生豪译）。这句话本是俄底修斯因军纪废弛而向统帅阿伽门农提出的中肯建议，但财政大臣故意割裂了这个背景。他解释说，这句台词之所以让他喜欢，是因为它最能表现出人与人之间的差别，体现等级制的必要性；他坚信莎士比亚在政治上是一个托利党人。汉尼曼评论说，其实莎士比亚本人并不反对人类平等，非常明显例证是在《李尔王》一剧中，主人公在落难后，非常后悔自己在位时没有关心穷人的苦难，没有让他们分享有钱人的财富。

汉尼曼在文中插入这段轶事，主要是想说明莎士比亚在英国社会生活中占据着举足轻重的地位，关心政治的人们应当以新的视角去看待他的戏剧，不要把他当作反动作家，让资本主义的辩护士利用或滥用。在这方面，布莱希特堪称表率，这位目光如炬的莎评家看出了莎剧中的内部矛盾，找到了矛盾的社会原因，发掘出莎剧中常用的间离效果。汉尼曼在文章的后半部分基本上是围绕这几点展开论述的。下文将略述汉尼曼在文中对布莱希特的主要看法，同时辅以必要的补充和引申。

布莱希特原打算写一本专著，系统论述莎士比亚戏剧，可惜未及动笔就去世了。他对莎士比亚的评论是零星片段的，散见于访谈、笔记以及其他著作。从中不难看出，他对莎剧的看法随着时代的变化而变化。在 20 年代末，这位先锋派作家对经典戏剧毫无兴趣，认为它们与现实完全脱节，对演员和观众理解当代社会毫无教益。在他看来，莎士比亚戏剧体现出一种强烈的个体主义精神，主人公的悲剧性结局往往被归咎于个人的性格缺陷或不幸的命运。无论是一意孤行的李尔王，妒火丛生的奥赛罗，还是野心勃勃的麦克白，靡不如此。这种极力突出个人因素的戏剧演出对现代观众来说没有任何思想启示。现代观众不同于李尔王等人，他们都是小人物，左右他们生活的不是个人性格或个人行为，而是集体性的社会阶级行为。如果说在莎士比亚时代颂扬个体主义精神是进步的，现在则是反动的，因为它一再诱导观众，这一切都是个人原因所致或命中注定，与国家或社会毫无关系，从而强化了观众的思想惰性和政治绝望。

直到希特勒上台，布莱希特被迫流亡国外，于颠沛流离中重读莎剧时才吃惊地发现，莎剧中还包含强烈的现实主义因素，此后，他修正了先前的看法，开始把莎士比亚视为"伟大的现实主义者"：莎士比亚总是把大量的原材料搬到舞台上，原原本本地呈现自己眼中的世界，毫不掩饰人物性格和行为方式中的矛盾，就此而言，他的作品是贴近现实生活的。他不仅指出了莎剧中的这种矛盾性，而且还结合当时的历史与社会因素给出了比较合理的解释。伊丽莎白时代和詹姆士一世时代，英国正处于新旧世界交替之际，一边是没落的封建主义旧世界，一边是方兴未艾的资本主义新世界。生活在时代夹缝中的莎士比亚有时对失落的旧世界无限怅惘，有时对勃兴的新世界满怀憧憬，莎剧中的种种矛盾就是当时新旧两种价值观激烈冲突的体现。莎士比亚将封建制度的没落、封建贵族的落难表现为令人叹惋的悲剧，但与此同时，他又间接地写出了新兴的资产阶级在爱情、思想和家庭关系方面提出的新要求：罗密欧的爱情观、哈姆雷特的新思想、布鲁图斯对自由的追求、麦克白的个人野心。布莱希特对莎士比亚的这些评论，启发汉尼曼去探察莎士比亚作品暗含的矛盾性和多义性，也促使她深入思考产生这些矛盾和多义现象的社会原因，就此而言，英国文化唯物论的起源当中也有德国的思想因素，而这正是迄今为止所有研究文化唯物论发展史的著述所没有注意到的。通过考察汉尼曼对布莱希特的论述，不难看出，布莱希特对莎士比亚的若干评论在很多方面与英国文化唯物论的莎士比亚研究是殊途同归的。非常遗憾的是，由于汉尼曼在 90 年代初文化唯物论鼎盛时期就已经去世，没有更多的后续之作，再加上她与 30 年代左翼运动的密切联系以及她的英共党员身份，后来的研究者很容易将她定格为传统的马克思主义批评家，从而忽略了她在文化唯物论批评领域的先驱地位。

结语

汉尼曼的主要文学论作都发表在英国马克思主义文学批评走向成熟之后，与早期的一些英国马克思主义批评相比，它们克服了简单的经济决定论，摈弃了粗糙的阶级分析，吸取了形式批评文本细读的长处，同时保持了马克思主义批评社会历史分析的厚重；与当时沉迷于阿尔都塞结构主义理论的英国马克思主义批评家相比，例如写作《文学批评与意识形态》（*Criticism and Ideology*）时的特里·伊格尔顿，她的作品立论严谨，语言平实，从不机械牵强地套用时新理论，也没有生涩费解之处。最为难能可贵的是，她能够从习见之作中钩沉出不易为人发觉的材料，借此打破成见，另立新说，这就益发显得慧眼独具、学殖深厚。

参考文献 ┝

[1] 〔英〕艾瑞克·霍布斯鲍姆．周全译．妙趣横生的时光：我的 20 世纪人生．北京：中信

出版社，2010.

[2] Branson Noreen & Heinemann Margot. Britain in the Nineteen Thirties. Frogmore: Panther Books, 1973.

[3] Graves Robert & Alan Hodge. The Long Weekend: A Social History of Great Britain 1918—1939. New York: W. W. Norton, 1963.

[4] Heinemann Margot. "1956 and the Communist Party." The Socialist Register. 13 (1976).

[5] Heinemann Margot. "How Brecht Read Shakespeare". in Political Shakespeare: New Essays in Cultural Materialism. Ithaca and London: Cornell UP, 1985.

[6] Heinemann Margot. "Left Review, New Writing, and the Broad Alliance against Fascism." in Vision and Blueprints: Avant-Garde Culture and Radical Politics in Early Twentieth-Century Europe. Manchester: Manchester UP, 1988.

[7] Heinemann Margot. "Louis MacNeice, John Cornford and Clive Branson: Three Left-Wing Poets". Culture and Crisis in Britain in the Thirties. London: Lawrence and Wishart, 1979.

[8] Heinemann Margot. Puritanism and Theatre: Thomas Middleton and Opposition Drama under the Early Stuarts. Cambridge: Cambridge University Press, 1980.

[9] Heinemann Margot. "The People's Front and the Intellectuals". in Britain, Fascism and the Popular Front. London: Lawrence and Wishart,1985.

[10] IanWright. "F. R. Leavis, the Scrutiny Movement and the Crisis." in Culture and Crisis in Britain in the Thirties. London: Lawrence and Wishart, 1979.

[11] Jon Clark. "Louis MacNeice, John Cornford and Clive Branson: Three Left-Wing Poets". in Culture and Crisis in Britain in the Thirties. London: Lawrence and Wishart, 1979.

[12] Klugmann James. "Introduction: The Crisis in the Thirties: A View from the Left". in Culture and Crisis in Britain in the Thirtie. London: Lawrence and Wishart, 1979.

[13] Lewis, C. Day Ed. The Mind in Chains: Socialism and the Cultural Revolution. London: Frederik Muller, 1937.

[14] Margolies. "Left Review and Left Literary Theory". in Culture and Crisis in Britain in the Thirties.London: Lawrence and Wishart, 1979.

[15] Margolies, David & Maroula Joannou. "A Chronology of Margot Claire Heinemann". in Heart of Heartless World: Essays in Cultural Resistance in Memory of Margot Heinemann. London: Pluto Press, 1995.

[16] Paananen, Victor N. British Marxist Criticism. New York: Garland Publishing, 2000.

[17] Wood, Neal. Communism and British Intellectuals. London: Victor Gollancz, 1959.

[18] Woodhams, Stephen. History in the Making: Raymond Williams, Edward Thompson and Radical Intellectuals 1936—1956. London: Merlin, 2001.

作者简介 ⊢────────────────────────────────────

　　赵国新，1972 年生，毕业于北京师范大学，文学博士，教授，博士生导师。主要研究领域为现当代西方文论和英国文学。出版专著《英国新左派的文化政治》，与人合作编著《文本·文论：英美文学名著重读》《英国文论选》，与人合作主编的研究生教材《二十世纪西方文论选读》和《西方古典文论选读》被教育部评为全国研究生教学推荐教材，出版译著 9 部。

（原载《外国文学》2016 年第 1 期）

三、现代中国

方法论与 20 世纪中国美学

李建盛

▶ **摘　要**：方法问题与 20 世纪中国美学有着密切的联系，尤其是在 20 世纪中期以后，方法论问题成为美学研究中的某种根本性主题，深刻地影响了中国当代美学理论的建构。本文以人文科学的理论视域入手，历史性地探讨了美学研究方法论与 20 世纪中国美学的逻辑关系，论述了这些方法对 20 世纪中国美学所产生的深刻影响及其存在的局限性，并提出美学作为人文科学的学科定位和方法论问题。

▶ **关键词**：方法论；中国美学；人文科学

方法论问题是 20 世纪中国美学中一个极为重要的问题，深入分析和探讨方法论问题对 20 世纪中国美学的作用和影响，对于我们理解和阐释 20 世纪的中国美学遗产和探讨未来美学的发展具有不可忽视的意义。20 世纪中国美学中的研究方法问题极为复杂，但从 20 世纪中国美学的发展演变中，我们仍然可以看到各个时期都有某种占主导地位的研究方法倾向。本文认为，大体说来，20 世纪早期的美学研究所采取的是一种诠释的方法；方法论的问题在 20 世纪中期的美学讨论中才成为一个根本性的问题；历史进入 20 世纪后期，美学研究提倡多元化的方法论，但在这种多元方法论中，中国美学界尤其崇拜自然科学方法论在美学中的重要性，并力图把各种自然科学方法论运用于美学和艺术理论的研究中，以建立一种科学的美学。21 世纪中国美学的发展必须在理性地反思这些方法论遗产的基础上，探讨新的学科定位基础和寻求新的方法论，即把美学转移到人文科学的视野中，用人文科学的方法来探讨美学中的复杂问题。

一、诠释的方法与 20 世纪前期的中国美学

20 世纪前半期，方法问题在美学中虽很重要，但是还谈不上严格意义上的

方法论问题。这一时期的美学家大都在对西方德国美学和西方心理学美学的理解、阐释和运用中探讨美学的问题。可以说，20世纪前半期以朱光潜等为代表的美学家所运用的方法，更多的是一种"诠释"的方法，即在对西方美学的理解、阐释和应用中建构自己的美学。

　　我们确实可以看到，20世纪中国的美学先驱们探讨美学问题所运用的都是康德以来的现代美学话语资源，都是西方美学学科化和体制化之后的美学理论，而这种美学理论无疑是与西方启蒙运动以来的学科化研究方法紧密相关的。这个世纪的美学先驱如王国维、蔡元培、宗白华和朱光潜等人，确实深刻意识到了美学有不同于其他学科的对象、特征和方法，并在对西方美学的理解、解释和应用中奠定了20世纪中国美学发展的基本概念和范畴。但很明显，他们并没有刻意地去探讨美学研究的方法论问题，更没有把某种方法作为美学研究基础的唯一的、独尊的方法。他们之所以借用现代西方美学，并不单纯地为了建构美学科学体系，更重要的是认为这些美学理论可以解决现代性中国进程中所碰到的传统问题和现代问题。在相当程度上可以说，正是这些美学家自身在中国文化现代化进程中所遇到的问题，决定着他们对西方美学的理解和解释总是以自身的问题意识为前提的，决定了他们的理解是一种选择性的理解，其目的并不是单纯地为了理解和解释西方美学本身。可以说，他们的美学思想是在理解和解释西方美学的基础上，实践性地"应用"于自身所关注的美学问题。正是为了"应用"，他们才选择了可应用的理解和解释对象，选择了可应用的美学家的某些美学思想。这种应用是从他们自身的诠释学语境出发所作出的理解和应用，而不是这些美学家思想的全部。关键在于是否在理解和解释中达到了哲学诠释学所说的"视域融合"。应当说，20世纪早期的美学家们对西方美学的理解和解释与他们所面对的自身文化和美学问题密切相关，并达到了某种视域融合。

　　朱光潜是20世纪前半期受西方美学影响最深的美学家，在方法论问题上也比其他美学家体现了更多的自觉意识。朱光潜在《文艺心理学》的"作者自白"中便认为，靠某种单一的方法不能解释美学的复杂问题，美学问题的研究必须与其他的方法"调和折中"。"我本来不是有意要调和折中，但是终于走到调和折中的路上去，这也许是我过于谨慎，不敢轻信片面学说和片面事实的结果。"（朱光潜，1982）确实，朱光潜前期的美学思想中并不存在某种独尊的方法论，康德、克罗齐、立普斯、布洛、谷鲁斯等人的思想和方法都被他运用于美学和艺术问题的理解和解释中。这些美学的一个突出特征就是试图从美学学科体系内来探讨美学自身的问题，以建立具有自律性的美学学科体系。而所有这些在西方具有某种历时性发展的美学，在朱光潜那里都成了某种共时性的理论资源，都转变成了朱光潜自己的研究方法。就朱氏所理解和解释的这些西方美学来说，对某些具体审美活动和艺术活动的解释无疑是具有成效的。它具体体现在，朱氏的美学确实避免了许多无聊的空洞的概念和议论，切实地探讨了一些具体的审美问题。例如他的"美是形象的直觉"的概念、"美是心与物的交融"的观点，尽管明显地带有西方美学的理论痕迹，但不完全是西方理论的翻版，它融合了朱氏自己的理解、解释，更重要的是，他把审美的问题与某种整体的人生问题联系起来，试图在超功利的审美与整体的人生问题之间寻找某种形式的、感性的，甚至是生理的具体中介。因此，朱氏的美学不仅仅是对西方美学的理解和解释，而且是一种具有创造性和实践性的应用，这是朱氏美学的重要特征。

这样一种诠释学的美学方法，同样体现在20世纪前期的其他美学家的美学思想中。王国维、蔡元培、早期宗白华的美学思想都深受西方美学的影响，但他们也同样是在理解和解释的基础上把西方美学应用于他们所面对的美学问题，特别是把美学视为一种解决现代性进程中的文化问题和人生问题的重要方式，而不是把西方的某种美学视为一种简单的工具和方法。例如王国维借用康德和叔本华的美学思想，是为了重新解释中国传统的文艺美学问题和解决当时所遇到的人生问题；蔡元培借用康德等人的美学，是为了解决现代性进程中的人格建构和人格教育问题；宗白华借用康德、柏格森等人的思想，是为了诠释一种形而上的生命境界。即使在主张审美超功利和无利害的朱光潜那里，他提倡的艺术和审美的独立性和自律性，也是与他所意识到的中国文化问题和人生问题紧密相关的。朱光潜曾写道："现在我们受西方文化思想的洗礼，几千年来儒家文化的传统突遭动摇，几千年来根深蒂固的社会制度也在剧烈地转变，这种一发千钧的时刻应该是中国新文化思想生发期的启端。"（朱光潜，1982）可以看到，这些美学家并不旨在全面地理解和解释西方某一美学家的全部思想，而是理解和解释他们认为可应用的思想，并力图通过这种理解和解释的应用，解决他们所面对的现代中国的精神问题和文化问题。

因此，就20世纪前期的中国美学思想来说，尽管它们没有意识到美学的学科定位问题，更没有探究美学的人文科学属性问题，但它们却体现了美学作为人文科学的某些特征，这突出表现在它们强调审美的非功利性和审美对象的形式特征上，也突出地强调了艺术和审美经验所具有的人文文化建构的多方面的重要作用。例如宗白华对美和艺术的体验式诠释就具有浓厚的人文科学的特征，他把审美与人的生命意识和精神价值紧密地结合起来。即使像朱光潜这样的比较注重近现代科学方法的美学家，在理解和解释审美和艺术问题时，也充分意识到了美学和艺术不同于自然科学和社会科学的内在特征。在他那里，审美问题是与人生的艺术化和艺术的人生化的内在心性问题紧密相关的，因而没有把审美问题等同于简单认识论和反映论的实证主义与唯科学主义的问题。当然，这并不意味着我们必须回到 20 世纪初美学先驱所提出的问题和所运用的方法上去，但现在看来，他们的美学方法确实更内在地体现了美学作为人文科学的特征，也许正是这个原因，20 世纪初的美学成为今日反思 20 世纪中国美学的重要理论资源。

二、唯物认识论的方法论与 20 世纪中期的中国美学

在 20 世纪中期的中国美学中，美学家们试图通过唯一的方法论去解决审美和艺术中的所有复杂问题，这就是唯物主义认识论和反映论的方法。当然，把唯物主义方法论应用于美学和艺术理论中，蔡仪早在 40 年代就作出了重要的理论尝试，并力图用认识论和反映论的方法解决复杂的美学和艺术问题。但是这样一种方法只有到了 20 世纪中期才获得了独尊的地位，并成为唯一的美学方法论，几乎成为所有的美学家解决所有美学问题必须遵循的唯一正确的方法论。

我们看到，这一时期的各美学学派尽管观点不同，甚至相互对立，但所运用和坚持的方法论却是根本一致的。这一时期的美学家都坚持认为唯物主义的方法论是解决美学和艺术问题最根本的方法，认为只有坚持唯物主义的认识论和反映论才能最终理解和解释审美和艺术的根本问题。蔡仪始终坚持唯物论的认识论是美学的科学研究方法，这个时期新起的美学家也同样坚持唯物论的认识论方法，例如李泽厚便明确提出："美学科学的哲学基本问题是认识论问题。美感是这一问题的中心环节。从美感开始，也就是从分析人类的美的认识的辩证法开始，就是从哲学认识论开始，也就是从分析解决客观与主观、存在与意识的关系问题——这一哲学根本问题开始。"（李泽厚，1980）唯物认识论的方法在美学中的运用表

现为美学所要解决的问题：美究竟是主观的还是客观的？是客观事物本身所具有的，还是人对客观存在事物的一种反映？更简单而准确地说，50 年代中期的唯物认识论美学要解决的问题是：美究竟存在于何处？如何认识它们并证实美的存在性？而不是讨论在审美活动和艺术活动中我们是如何经验的，以及艺术是如何"反映"客观存在的美的。我们看到，在 20 世纪前半叶，以朱光潜等为代表的美学家所讨论的问题是后者，而不是前者，因此，他们更多地强调了审美活动和艺术活动中的主体经验和主体解释问题，审美问题在他们那里更多的是经验性和理解性的问题，而不是实证性的问题；20 世纪中期的美学所讨论的则是前者，唯物认识论的方法论的目的在于用一种实证主义的方法确证或证实客观存在的东西。

应该说，审美经验和艺术问题中也存在着反映和认识的问题，但审美的问题并不简单地是一个在物和在心的问题，艺术也并不是简单的认识论和反映论问题，审美和艺术中的复杂问题仅仅依靠认识论和反映论的方法来理解和解释是远远不够的，尤其在审美经验问题和艺术创造与艺术经验的理解和解释上更是如此。稍作分析可以看出，20 世纪中期的唯物认识论美学预先设定一个"先验"式的假定，这种假定认为所有的美的东西都是已然存在的、客观的、恒定的、不变的，这些东西静静地躺在那里，客观地存在在那里，它们不以人的意志为转移，等待着美学家们去发现和证实，而美学的任务就是根据唯物认识论提供的方法论把这些东西指出来，并证明美感经验和艺术作品就是对客观的存在在那里的东西的反映、认识、证实和确认。

艺术问题和审美问题其实并不这么简单。如果艺术创造就是用认识论的方法去反映、认识、确认和证实已经存在的东西，并把这些东西移植到纸上，如果人们对艺术作品的经验就是重复艺术家的反映、认识、确认和证实，那么艺术创造和艺术经验就丧失了其最重要的价值和意义。很显然，艺术作品本身与它所再现或表现的事物之间总是有区别的，它总是通过艺术的想象性创作创造出来的，因此就必然包含着艺术家对所再现或表现对象的变形处理。由此，艺术作品与所反映、再现或表现的对象之间就不可能没有差异性。只要我们承认所谓审美经验的能动性，只要我们承认这种所谓的认识和反映是艺术家的创作和经验者参与了的艺术活动和审美活动，并且承认艺术作品是这种艺术活动和审美活动的产物，只要我们承认艺术经验和审美经验具有理解和解释的差异性，那么，审美和艺术中的问题就不只是某种实证主义式的认识和确证，对审美经验和艺术作品意义的理解和诠释也就不可能是不带任何偏见的、中立的实证性分析。

20 世纪中期把唯物主义认识论作为唯一的美学方法论，这种美学不再关注审美经验的问题，也不再探讨艺术、美和审美经验与人性的建构问题，反而把美、艺术和审美经验视为一种实证主义的东西，这否定了美学和艺术理论作为人文科学的独特性。因此，朱光潜所说的世界上并不存在俯拾即是的美，凡是美的东西都经过了心灵的创造，艺术和审美经验是需要主体的创造性参与的观点，比 20 世纪中期的简单的认识论美学似乎更符合艺术经验和审美经验的事实。20 世纪中期的中国美学严重地忽视了审美和艺术的特殊性问题，从根本上没有考虑到审美和艺术经验的具体情况，而只是对审美和艺术问题做认识论和反映论的逻辑推衍，而且与政治意识形态混合在一起，把唯物主义认识论的方法论视为一种政治意识形态立场，在相当程度上把美学问题变成了非美学问题。

三、自然科学方法论与 20 世纪后期的中国美学

20 世纪 80 年代以后，由于各种西方新旧思潮、新旧方法的大量引进，中国美学界突然意识到原来西方哲学、美学和艺术理论中有如此多的探讨审美和艺术的方式，或者用我们习惯说的有如此多的所谓"方法论"。以历史唯物主义为美学方法探讨美学问题是 20 世纪 80 年代美学研究的一个重要主题，它在理解和解释美和美感的发生性问题上作出了重要的努力，但总体上说它仍是 20 世纪中期美学主题的延续，其目的仍然是要解决美学中的对象性存在问题，因而可以看作是对 20 世纪中期的美学主题尤其是美的本质问题的一种深化和拓展。在美学研究方法论上主要体现为对各种科学方法论的介绍和应用，并认为科学方法论是解决所有美学和艺术问题的最准确、最可靠的基础，方法的科学化和科学化的方法必然能够建立起科学的美学，并且能够科学地解决美学和艺术中的复杂问题，就像解决数学题一样可以得到唯一的、确定性的答案。正如有人认为的，美学研究方法的"科学化除了指研究本身所使用的概念范畴的准确以及对讨论本身遵循逻辑的同一律外，主要的还是自然科学方法和新成果的吸收和引进，从而对美学现象和艺术作品进行定量分析"（张涵，1990）。由此，各种方法论尤其是自然科学

方法论都在美学和文艺理论中得到了介绍，并被广泛地运用于审美和艺术现象的研究中。

在 80 年代和 90 年代的美学和文艺理论中，方法论的科学化和科学化的方法论成为某种主导性的倾向。美学和文艺理论不仅把科学方法论作为一种理解和解释问题的工具和手段，而且把科学方法论视为美学和文艺理论研究的目的。例如有人认为，科学方法论"对文艺研究、文艺批评来说主要的不是一种手段的借用，而是目的本身。用系统科学方法论来观察一切现象，包括一切文学现象，这是人类的一种目的"（林兴宅，1986）。这实际上就是把审美和文艺问题的研究等同于自然科学的方法论问题，不是把方法论作为理解和诠释审美和艺术现象的途径，而是作为终极的目的，那么所谓的美学和文艺理论也就成为方法论学科，这就不能不抹杀美学和文艺理论自身所具有的人文科学特征。这一理论倾向，即使在高尔太这样的主张美感的绝对性、主观性、多样性、模糊性和不确定性的美学家那里也毫不例外，高尔太认为，美学与自然科学有着共同的语言，"美学作为人类精神世界的科学，并不是一门可以独立于自然科学以外的科学。所谓美学与科学的矛盾，也像所谓精神与物质的矛盾，存在与意识的矛盾等等一样，不过是由于这些方面的不彻底性所产生的不确定的和模糊的认识罢了。"（高尔太，1982）在高尔太这里，美学作为一门人文科学或精神科学的方法论实际上等同于自然科学方法论。我们可以高尔太 80 年代的"美是自由的象征"的观点为例来说明这种观点的不正确性。在这个定义中，哪一个概念和范畴都不可能根据自然科学的方法作出确定性的解释，都不能得出确定性的、唯一的、客观化的自然科学式的答案。"美""自由""象征"等概念和范畴，体现的是一种精神、意义和价值，而不是与自然科学和物理科学相同的客观性的、可实证的东西。因此，"美""自由""象征"具有用自然科学方法和实验的方法所不能解决的重要层面和维度，我们不可能通过自然科学的方法把构成审美和艺术最重要内涵的精神、意义和价值还原为一种物质的或实在的东西。显然，高尔太在自然科学方法论的狂喜中并没有理性地反思美学作为一种人文科学的特殊性问题，甚至没有理性地反观一下他自己所提出的美学基本观点是否可以在自然科学方法论的模式中自圆其说。

美学中对自然科学方法论的崇拜更集中地体现在李泽厚的审美经验理论中。李泽厚在《李泽厚哲学美学文选》和《美学四讲》等著作中提出用"数学方程式"解决审美、艺术和人的心理结构的自然科学理论。李泽厚始终坚持认为文化心理结构、审美心理、审美经验甚至是艺术创作等问题，都可以通过自然科学特别是精确的数学方程式模式得到最后解答。但问题是，审美和艺术中的复杂问题怎么能够数学化和方程式化呢？复杂的心理结构、心理本体和情感本体（这里暂且不讨论这些概念的恰当与否）能够简化为一组数字或某个方程式吗？如果真有数学极度发达和自然科学能够洞悉人的物理性、生物性的所有秘密和结构的那一天，审美和艺术的问题是否能简化为数字和数学方程式呢？审美创造和艺术创作如果真的可以根据数学化的比例配置来进行，审美问题和艺术问题的理解和解释也就成为数学理解和解释了，审美和艺术领域的所有工作就是演算李泽厚的数学方程式，而不是创造性地进行创作、经验、理解和解释。李泽厚提出的积淀、心理结构、心理本体和情感本体都将被数字的比例和配置所取代，都将转化为数字和数学方程式，都变成了纯粹的自然科学。那么，审美和艺术这样的最具有人文价值、主体性、心理性和情感性的领域就将消失殆尽。

美学研究中的自然科学方法论者认为无论采用什么样的方式对审美心理和审美经验进行研究，都必须遵循"客观性原则"，即使是对中国古代那种注重经验性描述和整体性把握的思维方式，也必须重新予以科学的认识。"在新的科学水平上审视它对于审美心理研究独特的意义，并力求将它与当代西方日益缜密和科学化的心理学互相结合，达到优势互补。""要建立科学的现代心理美学体系，必须使审美心理研究奠定在科学的方法论基础之上。"（彭立勋，2000）这种观点认为，只有以科学的方法论为基础，才能揭示审美经验和审美活动的机制和规律。实际上，这种论调把复杂的审美经验问题和审美心理问题还原为彻底的实证问题，把复杂的美学问题和艺术问题等同于类似自然科学和物理科学的问题，把美学和艺术理论问题还原为自然科学的问题。把美学和艺术理论自然科学化的做法，不但会使美学和艺术理论丧失其自身的学科特性，而且必将忽视美学和艺术理论所特有的精神价值取向和人文价值维度。

四、走向人文科学的美学

中国美学历程在经历了百年后，中国美学界已开始意识到美学的学科定位问题。哲学界和美学界开始意识到，包括审美和艺术在内的复杂美学问题既不简单地是一种认识论的问题，更不简单地是一个自然科学的问题，而是属于人文科学的问题，美学的学科属性应该是人文科学，这无疑是非常重要的。笔者认为，美学应该属于人文科学的范畴，美学作为一门人文科学，它所关注的对象有其自身的独特性，因此有其特殊的表述方式和特殊的方法论要求。

从美学所关注的对象的自身特性来看，文学艺术和审美经验这样的美学对象与自然科学和社会科学的对象有着重要不同：自然科学以自然的物质和物理现象与运动规律为自己的研究对象，社会科学主要是以社会现象和社会发展规律作为其研究对象；而美学所研究的对象是不同于自然科学和社会科学的，它有其自身特殊的意义和真理表现方式。就美学学科所探讨的如文学艺术这样的重要对象来说，文学艺术并不具有像自然科学和社会科学那样的客观性和可实证性。例如，尽管我们在探讨文学艺术和审美对象时也经常运用与自然科学和社会科学一样具有有效性的"真理性"概念来描述，而且把艺术和审美对象的真理性作为文学艺术等审美对象的重要特征，但是，审美领域的真理性概念与自然科学和社会科学中的真理性概念却是很不相同的。审美对象如文学艺术之所以成为真理性的一种特殊的表现形式，并不在于它们像自然科学和社会科学那样真实地、客观地再现和反映了已然存在的事实性存在和社会性存在，而是通过想象性、情感性和语言性的方式创造性地转换和展示了人类经验世界的新维度，为人类的精神生活提供了某种新的人文维度和意义世界。同时也应知道，文学和艺术作品不仅仅是一种特殊历史环境中的生活方式的表现和反映，也不只是把艺术还原到它所产生的特定历史环境中，只有这样，才能真正地理解和把握文学和艺术作品的意义和价值。例如曹雪芹的小说《红楼梦》或现代艺术大师毕加索的绘画作品《柯尔尼卡》，我们都根本无法将其还原为单纯自然科学和社会科学的客观性存在。对于它们，我们可以以自然科学方法和社会科学的方法来研究，但这些方法都无法真正理解和诠释它们作为审美对象的特殊性和所具有的特殊意义。因此，从根本上说，我们从文学作品中所认识到的东西远不只是文学艺术作品中所表现或反映的客观事物和社会现象，恰恰相反，文学和艺术作品这样的审美领域包含着比自然科学和社会科学领域的客观事实性更多的内涵、价值和意义。从前面的论述中，我们看到，20世纪中期中国美学用简单的唯物论和反映论来探讨美学问题和20世纪80年代用自然科学方法来探讨美学问题所体现的实证主义和自然科学方法论倾向都严重地忽视了美学对象作为人文科学的自身特殊表现性和价值特征。

　　从美学自身的理论旨趣和价值取向来看，它所关注的是超出社会科学和自然科学之上的特殊人类经验和人文价值世界。如果我们简单地把自然科学和社会科学的方法论挪用到审美和艺术的研究中，不仅不能深刻地揭示美学领域中的特殊真理和人文价值，还会遮蔽人文科学中的真理价值和经验意义。审美和艺术等美学领域中确实存在着真理问题，但是美学所关注的真理问题与自然科学和社会科学所关注的真理问题是有着某种本质性的差异的。正如哲学诠释学的创建者伽达默尔所说的："在艺术中不存在认识吗？在艺术的经验中不存在一种确实不同于科学的、不从属于科学真理的真理吗？艺术中确实不存在着真理吗？而且，美学的任务不就是要确定艺术经验是一种独特的认识方式，一种确实不同于为建构自然知识而为科学提供最终数据的感性认识，确实不同于所有道德理性认识以及不同于所有概念认识，但又仍然是认识如传输真理的认识方式吗？"（Hans-Georg Gadamer，1989）美学确实关注审美对象和艺术经验的真理性问题，但显然审美领域中的真理问题并不简单地就是自然科学和社会科学中的主观与客观一致的符合论。例如，我们理解《红楼梦》时，如果只是从服装史的角度去证实中国18世纪的服装状况，通过林黛玉的药方去印证当时的医学水平，从作品所描述的大观园景观去考察当时的建筑设计，如果只是从认识论的反映论和实证主义的科学精神作这方面的探讨，这并非不可，但是，这并不是对文学作品的真正理解和认识，从而不能理解和诠释这个作品所具有的深刻的人文价值和真理意义。恰恰相反，这些非人文科学的方法论研究掩盖了艺术作品所具有的特殊的真理表现方式和真理价值。

　　从美学的重要研究对象审美经验来看，审美经验的理解和诠释更不能照搬自然科学和社会科学的方法论，不能把审美经验的问题还原为社会科学尤其是自然科学的问题。审美经验问题是近现代西方美学中的核心问题，也是富有主体性、解释性和差异性的问题。从根本上说，20世纪中国美学也是从审美经验理论开始而不是从美的概念开始的，宗白华和朱光潜等人都充分意识到了这一点，并对审美经验问题作出了自己的理解和解释。20世纪中期，中国美学讨论中也提到了审美经验的重要性问题，但并未对这个问题进行深入细致的分析和研究。可以说，80年代以后中国美学对审美经验或审美心理学的重视，在某种程度上标志着中国美学开始走向成熟，但是却走上了以自然科学方法论为主导的研究中，从而未能把审美经验和艺术经验的问题放在人文科学的视野中进行理解和阐释。在

20 世纪后期，关于审美经验和文艺心理学的研究严重地忽视了审美经验自身的个体性、主观性、复杂性和模糊性特征，忽视了审美经验和艺术经验的主体参与性和差异性，从而也忽视审美经验和艺术作品中的精神、意义和价值特征。20世纪后期的审美经验理论试图用自然科学的方法，甚至是精确的数学方法为审美经验或审美心理寻找普遍有效的方法论基础，并且认为审美经验或审美心理的问题最终可以用数学方程式来解决，更是一种把美学等同于自然科学的理论倾向。从根本上说，作为历史性和时间性存在的审美经验主体和审美经验的理解者，对艺术作品和审美对象的经验、理解和解释，总是需要我们从自己的历史经验和艺术经验去对它作出理解和解释，我们总是以已有的经验进入理解事件中，正是这种参与性的创造性理解才扩大和丰富了人类审美经验的历史和延续了人类的艺术。在某种程度上，正是审美经验主体对审美活动和艺术作品积极地、创造性地参与，才延续、扩大和丰富了人类审美领域的意义、价值和真理，才体现了它在人文精神建设和人文价值建构中的巨大作用。因此，美学对审美经验和艺术现象的研究并不是一种社会科学和自然科学式的实证研究，而是一种富有创造性的理解、诠释和应用。人文科学的这种理解、诠释和应用的方法，使美学成为一种审美真理和意义世界的文化建构，成为一种融含着自己的问题意识和美学意识的文化实践。

因此，无论美学研究的对象、美学研究的特殊真理表现形式，还是我们对艺术经验和审美经验的理解和诠释，艺术和审美经验都有其自身的特殊性和方法论要求。我们并不否认艺术现象和审美经验中存在着自然科学和社会科学的现象，也不反对用自然科学和社会科学的方法来研究美学问题，但是，美学作为人文科学所关注的研究对象有其特殊性质，特别是艺术现象、审美经验中的情感、意义、价值、真理等人文内涵。我们可以对某个作品，如毕加索的《柯尔尼卡》的线条、色彩、构图等作纯粹物理学、心理学分析，这个艺术作品也必须依赖于这些东西，但是我们从艺术作品的经验中所得到的东西远不只是这些。我们也确实可以用社会科学的方法来分析和印证作品所表现和再现的当时的社会状况和历史情景，但是很难把一幅富有高度创造性的立体主义艺术作品还原为客观的可实证的东西，这样做，不仅忽视了艺术的创造性特征，也必然会忽视艺术作品所具有的更丰富更多维的精神意义和人文价值。因此，对艺术现象和审美经验中的情感、意义、价值、真理等只做自然科学和社会科学式的实证研究是远远不够的，它不可能真正把握到审美和艺术问题的特殊人文性和真理性，从而也就不可能意识到美学作为人文科学的特殊方法问题。

美学作为人文科学所关注的是人类特殊经验中的特殊真理问题，关注审美现象、艺术现象与审美经验和艺术经验中的特殊真理问题。只有把美学视为一种有着自己独特的对象、独特的致思途径和独特的表述方式的学科，才能充分展示美学作为人文科学的自身特征和精神维度，才能显示美学所具有的人文价值及其在人类精神文化建设中所具有的巨大作用，从而不至于使美学湮没在社会科学和自然科学的学科模式和方法论模式中而丧失自身。这应该是整个 20 世纪中国美学在方法论问题上给予我们的启示，也应该是 21 世纪的中国美学研究所应该深入探讨的问题。

参考文献 ⊢

[1] 高尔太. 论美. 兰州：甘肃人民出版社，1982.

[2] 李泽厚. 美学论集. 上海：上海文艺出版社，1980.

[3] 林兴宅. 论系统科学方法论在文艺研究中的运用. 文学评论，1986(1).

[4] 彭立勋. 20 世纪中国心理学建设. 载《美学的历史：20 世纪中国美学学术进程》. 合肥：安徽教育出版社，2000.

[5] 张涵. 中国当代美学. 郑州：河南人民出版社，1990.

[6] 朱光潜. 朱光潜美学文集（第 1 卷、第 2 卷）. 上海：上海文艺出版社，1982.

[7] Hans-Georg Gadamer. Truth and Method. New York: Cross Roads, 1989.

作者简介 ⊢

李建盛，1964 年生，毕业于北京师范大学，文学博士，教授。主要研究方向为文艺理论、美学和文化理论。学术著作主要有《美学：为什么与是什么》《理解事件与文本意义——文学诠释学》《后现代转向中的美学》《公共艺术与城市文化》《艺术　科学　真理》等，译著主要有《现代性的终结：虚无主义与后现代文化诠释学》《激进诠释学》《诠释学与他者的声音》等。入选北京市新世纪社科理论百人工程、新世纪百千万人才工程北京市级人选，兼任北京市文艺学会会长、中国瑶族文化传承研究中心主任、全国文化智库联盟常务理事等。

〔原载《北京师范大学学报（人文社会科学版）》2003 年第 6 期〕

论 20 世纪中国美学对艺术问题的理论诠释

李建盛

▶ **摘　要**：20 世纪中国美学基于自身的历史文化情境和理论现代性需要，对艺术这一重要美学对象作出了充满悖论又富有启示的理论诠释。本文从美学作为人文科学的理论视域出发，以 20 世纪中国美学中的艺术理论为主题，结合 20 世纪西方美学中的艺术理论，论述和评价了四种美学类型及其对艺术问题的理论诠释，最后提出美学应该走向开放的人文科学艺术诠释空间。

▶ **关键词**：中国美学；艺术问题；理论诠释；人文科学

艺术问题的理论诠释是美学中具有核心地位的问题，在作为学科形态的美学意义上讲，20 世纪中国美学对艺术问题的理解和阐释具有举足轻重的地位。20 世纪中国美学是如何理解和诠释艺术问题的？如何进行自己的美学现代性工程？本文力图在中西交汇的美学语境中阐述这些问题，并从美学作为人文科学的角度对这些理论诠释方式作出理论评价。

一、20 世纪早期形式化与超功利的艺术阐释

20 世纪中国美学与西方美学及艺术理论密切相关，这一时期的美学现代性历程是在西方美学的影响下产生和发展的。20 世纪早期的美学对艺术问题的理论阐释同样如此。

在阐述 20 世纪初中国美学与西方美学尤其是康德美学的关系时，研究者们更多地强调了艺术和审美经验中的非功利性质和自律性特征，明显地忽视了另一个重要的问题，即艺术作品和审美对象的形式问题。康德美学的超功利和自律性性质在很大程度上恰恰是由其形式主义特征所决定的，正是这个原因使康德成为

了西方艺术理论中的形式主义美学源头。受康德的影响，20世纪初的美学家如王国维、蔡元培、早期的宗白华和朱光潜等，更重视审美对象和艺术作品的形式特征，并通过"形式"这个中介去探讨美学和艺术中的诸问题。

"形式"这一概念在中国美学中的确立，以及从形式角度去理解审美对象和艺术作品，开始于王国维。他认为，自然事物和艺术作品之所以美，在于事物本身和艺术作品的形式。康德那里无形式的崇高美在这里也是一种特殊的形式，建筑、雕刻、音乐、美术等的美就更在于形式。只有形式是超功利目的的，只有唤起纯粹审美感情的形式才具有审美价值。把"形式"这个重要概念突显在中国美学面前的是王国维，中国传统美学和艺术理论没有如此突出地考虑过"形式"这个概念，此后的中国美学也没有人像他那样重视这个艺术美学范畴。

蔡元培和早期的宗白华也深刻意识到了"形式"在审美对象和艺术作品中的重要性。蔡元培认为审美和艺术具有的普遍性和超越性便在于美和艺术具有与科学和道德不同的形式特征，举凡可以成为审美对象的东西，都是纯粹形式之美。在谈到席勒的美学时，他着重介绍了三个方面的内容，即美不是实物性的东西，审美是一种游戏，美是全然形式的东西，是复杂而统一的无目的的合目的性形式。[1]正是这种纯粹形式性，决定了审美具有普遍性和超脱性。宗白华把"形式"视为通向具有形上哲学意味的审美和生命境界的中介。他的《论中西画法的渊源与基础》《略论艺术的"价值结构"》等论文都表达了对艺术形式的深刻理解和阐释。他认为，美和美术的特点在于"形式"和"节奏"。艺术形式即数量的比例、形线的安排（建筑）、色彩的和谐（绘画）、音律的节奏，它们都是由抽象的点、线、面或声音交织而成的结构。正是审美对象和艺术作品美的形式构筑了一种独特的世界、独特的宇宙、独特的境界。总之，"'形式'为美术之所以成为美术的基本条件，独立于科学哲学道德宗教等文化事业之外，自成一文化的结构，生命的表现。它不只是实现了美的价值，且深深地表达了生命的情调和意味。"（宗白华，1987）在宗白华的美学和艺术诠释中，形式始终是理解艺术问题最重要的感性中介，也是理解艺术的生命情调和意味的感性中介。同样，朱光潜后来也明确表示，他早期的"美是形相的直觉"的观点所突出强调的是审美对象和艺术作品的"形式"，而不是思想内容。朱光潜在理论上受了自康德以来到克莱夫·贝尔等人形式主义美学的影响，在艺术经验上受到了20世纪初西方艺术的影响，如他所说

1　参见：蔡元培《美术的进化》《美学的进化》等文，载《蔡元培美学文选》，北京：北京大学出版社，1983。

耳濡目染的"尽是形式主义"。"所谓'形象的直觉'之中的'形象'就只是'形式'。"（朱光潜，1983）可以说他的文艺心理学的研究所强调的是艺术作品的形式，而不是艺术的思想内容，赋予了艺术作品的美感经验以超功利的性质和特征。

这些美学家对"形式"的理解有所侧重——王国维经由形式通向人生的超脱，蔡元培经由形式通向新人格的审美教育，宗白华经由形式通向宇宙生命境界，朱光潜经由形式通向超美感经验和人生的艺术化。但他们也有共同的美学倾向：首先，他们注意到了审美对象和艺术作品中的形式重要性，并把它作为美学和艺术理论的重要概念突显出来，无疑是对 20 世纪美学和艺术理论的一大贡献；其次，他们都通过对形式的理解和解释阐发了审美活动和艺术活动所具有的某种崇高的审美价值，并把审美和艺术的形式问题与人生审美和现代性人格建构结合起来；再次，他们在西方现代美学的影响下，以为我所用的角度去理解、解释和运用西方的美学和艺术理论，但是，在对审美和艺术的理解上却意识到了为后来的中国美学和艺术理论所严重忽视的重要层面。因此，他们把审美对象尤其艺术作品的形式作为重要的概念突显在 20 世纪美学面前，并对这个问题作了非常富有意义的探讨，无疑构成了 20 世纪中国美学发展的重要一环。

二、20 世纪中期政治意识形态论的艺术理解

事实上，在朱光潜等美学家从形式的和超功利的角度理解艺术问题时，文艺理论界便开始了文艺的功利与非功利、政治与超政治的争论。不仅革命文艺家对所谓"为艺术而艺术"的艺术理论进行了政治化的批判，就是连早期主张艺术是非功利性的鲁迅，也对所谓的纯艺术和美学进行了批判。1936 年的"国防文学"与"民族革命战争的大众文学"争论，更是把文艺问题的争论变成了政治和战争问题的争论，艺术的问题直接变成了政治意识形态问题。

从形式和纯粹审美的角度看艺术，艺术有着理论逻辑的合理性，但并不一定具有现实可能性。因此，在特殊的历史条件下突出政治意识形态性和功利性的艺术观和审美价值观也有其合理性、必要性和现实可能性。何况意识形态的问题始终就是艺术和审美中的一个重要问题呢？因而，20 世纪中国著名的"政治标准第一、艺术标准第二"的审美意识形态论断有其必然性和合理性。蔡仪在 40 年

代对朱光潜美学和艺术理论的批判，也同样有着某种历史的必然性和理论的合理性。"艺术是从属于政治的，有它的社会教育的意义以及思想宣传的意义，这些都是根本正确不用怀疑的。"（蔡仪，1982）但把艺术的政治意识形态性绝对化和抽象化为根本正确和不用怀疑的美学真理，便不可能真正解决艺术和意识形态的复杂关系问题。

　　20世纪中期的中国美学家很少涉及艺术本身的问题，他们对艺术的诠释也如对美的本质的诠释一样，用认识论和反映论进行哲学推衍，并最终以政治意识形态来理解、解释和规定审美和艺术现象，把艺术的根本特征判定为一种反映论和政治意识形态。这一时期的美学家们似乎并未完全否定艺术家的能动性，但都认为，艺术家的能动创造性是极为有限的。蔡仪始终坚持艺术美是客观存在的美的反映，其他人也同样运用唯物主义的认识论和反映论哲学来理解和解释艺术问题。例如李泽厚认为，马克思主义最深刻的美学理论"首先通俗地唯物主义地肯定了社会生活中客观现实美的存在，辩证地指出了艺术美只是现实美的反映，但这反映又不是消极的静观，而是能动的集中和提炼，现实美就这样达到了它的最大的生活的真实。"（李泽厚，1980）因此，艺术美之所以超过了现实美，就在于艺术家把现实的美形象化、集中化和典型化了。

　　这种理论无疑存在很大的问题。首先，它认为只有准确地反映现实社会的艺术才是真正的艺术，这就在相当程度上否定了艺术的创造性，抹煞了现实美与艺术美的界限，因而也就否定了艺术美。其次，该理论认为艺术美就在于它在个性与共性、偶然与必然、本质与现象、具体与规律性等等的哲学辩证统一中表现了艺术典型。这实际上把对艺术本质的理解等同哲学认识论的理解。最后，20世纪中期所有美学家对艺术的理解都倾向于政治意识形态的概念图解。例如李泽厚批判朱光潜时，认为艺术创作和艺术批评存在着客观必然的美学准则，"这准则归根结底就是艺术的政治标准和艺术标准。前者由美的社会性、思想性、内容生发出来，而后者由美的形象性、艺术性、形式生发出来。这是艺术批评所要遵循的最深刻最正确的美学指针。而资产阶级反动美学的艺术批评就与此完全相反，他们不但否定批判的价值、意义和必要，而且又把批评贬低为没有客观准则的个人主观的恣意判断，朱光潜先生就是这样。"（李泽厚，1980）艺术美是生活美的集中反映的观点，也贯穿于李氏对中国古代艺术美学范畴"意境"的理解中。

　　美学并不回避艺术中的意识形态问题，关键在于如何理解。对艺术问题作直接的哲学认识论和反映论推衍，显然把艺术中的复杂问题简单化了，严重忽视了艺术活动和艺术本身的自身特征；把政治意识形态作为评判艺术的至高无上的标准，把艺术意识形态等同于政治意识形态，不仅不能够认识艺术本身的特征，也不能解释艺术中所蕴含的复杂的意识形态内涵，更不可能真正把握艺术与意识形态的内在逻辑，最终，这种美学和艺术理论便只能不顾一切地否定艺术中的复杂的审美问题。

三、20 世纪 80 年代审美主义的艺术理论

历史进入 20 世纪后期，中国的社会历史生活和政治意识形态发生了巨大变化，美学和艺术语境也发生了巨大变化，艺术问题的诠释走向了与世纪中期截然不同的方向。事实上，20 世纪后期出现的艺术诠释上的审美主义倾向，便呈现出某种物极必反的特征。美学界和艺术理论界试图把艺术和文学的审美性提高到至高无上的位置，用文学艺术的审美性否定艺术的功利主义和政治意识形态解释，把探讨艺术的审美性作为美学和艺术理论的核心主题。在某种程度上，这种审美主义倾向突显了 20 世纪初的美学和艺术理论主题，它所重视的是艺术之为艺术的问题，而不是外在于艺术的政治、道德等层面。尽管在 80 年代的美学和艺术理论中充满了诸如表现与再现、艺术的内部规律与外部规律、理性与非理性、意识与无意识、意识形态与非意识形态等问题的激烈争论，但在关于艺术的问题上，美学和艺术理论都更多地关注了艺术创作、艺术作品的审美问题。

由此，艺术的审美性成为某种具有主导性地位的核心问题。这一点，即使在仍然以唯物主义和唯心主义的斗争主线为指导思想的美学理论中也发生了不可忽视的变化，王朝闻主编的《美学概念》便不再用艺术是客观社会生活的美的认识和反映的陈旧观点来界定艺术，而是把艺术界定为"作为审美意识的物态化了的集中表现"。高尔太根据其"美是自由的象征"的美学理论把美视为艺术的最根本的特征，对艺术的各个层面作了细致的论述，从艺术家的创造性、精神需要的思想性、艺术与哲学和科学的区别、艺术的真实性等方面对艺术进行了审美化的理解和解释。艺术审美化的理论倾向也明显体现在李泽厚 80 年代的美学理论中。李泽厚基本上把艺术视为一种情感本体或审美心理结构的形式化，尤其是他对康

德美学、弗莱和贝尔的形式主义美学、格式塔心理美学的重视和应用，使他的美学获得了自康德开始的西方现代美学意义上的"自律性"特征，并在主体性实践本体论的美学意义上回归了世纪初中国美学的主题，且在更深刻的层面上解释了世纪初的艺术自律性理论。

"审美"成为20世纪八九十年代最富有诱惑和魅力的字眼，文学艺术问题的理解和解释都冠以了"审美"的修饰语，几乎所有的美学理论都把审美作为理解、解释和衡量文学艺术的唯一标尺。美学和文艺理论不仅把文学艺术整体地视为审美性的存在，而且把文学艺术的经验和创造也视为单纯的审美经验和审美创作。无论是论述艺术创作，还是论述审美经验，都在所有论题中加上"审美"的字样，似乎除了"审美"这个修饰词和所谓"审美"的特征之外没有任何东西属于文学和艺术，"审美"似乎成为标识艺术之为艺术的唯一标准和特征。

于是，在这种审美主义的理论倾向中，"审美"成为一种新的拜物教。确实，突出艺术的审美性，不仅对极端功利主义美学起着一种解毒剂的作用，而且可以更深入地理解和阐释艺术的内在特征和规律，这对于完成中国美学和艺术理论的现代性工程来说无疑起了非常重要的作用。这一时期的美学和文艺理论对艺术问题有了更具体、更丰富、更深入的理解和阐释，尤其在利用西方自康德以来的现代美学和艺术哲学来建构我们的美学和艺术理论问题上，显示了某种美学和艺术理论的现代性自觉，艺术的审美特征问题得到了前所未有的突出和强调。但是，如果美学和艺术理论把"审美"视为一种拜物教，则又忽视了艺术问题的复杂性，把复杂的艺术问题简单化、狭窄化了。

四、20世纪末审美意识形态论的艺术诠释

审美与意识形态的关系问题是20世纪世界美学和艺术理论的重要主题。20世纪的马克思主义美学、艺术理论与批评话语在世界美学和艺术理论语境中所产生的影响是显而易见的，它们在一种更广泛的社会、政治、经济和文学语境中理解和阐释艺术所具有的意义、价值和艺术特征。这个问题同样是20世纪中国美学传统的重要组成部分，是应该加以深入探讨的重大问题。由此，美学和艺术理论必须重视艺术与意识形态审美关系的复杂问题。

20 世纪后期的美学和文艺理论在意识到文学艺术审美性的重要性的同时，也有一些理论家没有忽视文学和艺术的意识形态问题，他们试图通过更符合文学艺术本身的逻辑中介来探讨艺术和审美意识形态的问题。例如钱中文认为，美学和文艺理论研究最根本的方法是审美哲学方法，文学的根本特征便是审美的意识形态（钱中文，1987）；童庆炳主编的《文学理论教程》把文学定义为"显现在话语蕴藉中的审美意识形态"（童庆炳，1998）。他们的理论探讨对重新思考 20 世纪的艺术自律性与意识形态性的复杂问题无疑有着重要的理论意义，但这里所侧重的是美学对艺术的诠释问题，因此考察重点是美学所理解的艺术与意识形态的审美关系问题。

在 20 世纪末的美学著作中，王杰的《审美幻象研究——现代美学导论》是中国美学力图在新的理论视野和新艺术语境中阐述艺术与审美意识形态问题的一部重要著作，作者认为："在现代社会，特别是在当代中国的社会和文化条件下，艺术和审美问题在本质上是一个意识形态问题，这是马克思主义美学立论的基本立场。"（王杰，1995）这部著作在审视当代中国美学理论的基础上，根据西方现代意识形态理论并结合当代西方和中国的艺术实践，思考了审美意识形态的可能性，即审美意识形态的变形机制问题。在他看来，正是隐藏在艺术活动中的变形机制决定了艺术是一种特殊的审美意识形态形式。从艺术创作上讲，艺术家的创作并不是简单地认识、反映和复制客观存在的事物，进入艺术家眼中和思想观念中的任何事物都不是一种简单的移植。在艺术创作中，纯粹客观性的东西是不存在的，用哲学诠释学的语言来表达，就是进入艺术家视野中并在创作中起作用的现实事物都是经过"理解"和"解释"的产物；从艺术作品方面看，艺术不是一种知觉相等物，无论再形象、再逼真的艺术作品，人们都无法在其中找到一一对应的客观存在物，用哲学诠释学的语言讲，无论艺术是再现或模仿，都是一种转换和再创造。（Hans-Georg Gadamer，1986）艺术所表现的是艺术作品与现实客观存在的差异，用阿多诺的语言来表达就是非同一性和差异性，用阿尔都塞的话说艺术与现实的关系是一种想象性关系。艺术之为艺术，就在于它以变形的机制和审美幻象的形式呈现出与现实客观存在物的差异性和非同一性，艺术正是这样一种差异性、非同一性的感性具体的审美变形和审美幻象，意识形态的深刻性和丰富性便是通过这种变形机制来实现的，并在审美经验对象的艺术幻象中表达出来。

在艺术与意识形态、审美与意识形态问题上，以往的艺术和审美意识形态理论主要探讨二者的共同性和一致性关系，忽视了艺术与意识形态、审美与意识形态之间的审美变形和审美幻象的差异性与非同一性，也忽视了艺术和审美的意识形态的特殊机制和特殊形式问题。王杰正是意识到了这些问题的重要性，才提出把审美变形和审美幻象作为当代美学的重要范畴和概念。王杰力图以审美变形和审美幻象为核心概念解决这一危机，他的理论是否能够达到这一目的现在不敢断言。尤其是在审美经验问题上，王杰对审美幻象理论缺乏足够的重视和分析(当然，他并没有否定审美经验的重要性)，这与他把美学视为一种理论思维有关。而笔者认为，审美经验无论如何是美学的一个中心环节，只有在审美经验和艺术经验中，艺术幻象所具有的审美价值和意识形态内涵才能对理解者、解释者和接受者产生作用，理解、阐释和应用首先发生在经验的层面上，而且对艺术和审美来说，理解、阐释和应用本身就是一种经验，一种在感性经验与理性反思之间起中介作用的经验。另外，把审美和艺术问题作为一种意识形态问题，在总体上有其理论的合理性，但在具体的审美和艺术问题上却有一定的理论困难。因此，对艺术审美意识形态中介的探讨，不仅可以深化 20 世纪的艺术和审美意识形态理论，而且比以往的艺术意识形态理论更内在地理解了审美和艺术与意识形态之间的复杂关系问题。

五、走向人文科学的艺术诠释空间

20 世纪中国美学对艺术问题的理解和诠释充满了矛盾和悖论，这不仅与作为学科的美学和艺术理论逻辑有关，更与 20 世纪中国的社会历史行程和政治意识形态密切相关，不仅文学艺术和审美实践，即使美学和艺术理论本身也蕴涵着极为复杂的意识形态问题，它不像西方 20 世纪中的许多美学和艺术哲学那样，更多地属于学科体制内的理论问题。

在某种程度上可以说，20 世纪的中国美学和艺术理论自身就具有某种强烈的意识形态倾向。如果说，20 世纪早期美学理论对艺术的理解和诠释旨在对西方形式主义趣味美学的理解和解释的基础上应用性地解决美学所面对的问题，所体现的是一种"弱形式"的意识形态艺术理论，表现为美学作为人文学科在现代性中国进程中的人的心性和人格建构上的意识形态性；20 世纪中期的美学理论对艺术的理解是一种"强形式"的艺术意识形态理论，集中体现了美学对艺术的政治意识形态理解，那么，80 年代美学对艺术的审美主义倾向的理解，不仅回应了世纪初的美学理论，而且体现了对 20 世纪中期艺术理论的一种反驳，表现为 20 世纪中国美学现代性历程中的学科意识形态性，即从美学作为一种现代性学科的要求出发建构一种美学理论。20 世纪末的审美意识形态理论，则力图在更为宽广的历史文化和美学语境中以审美为内在中介，重新思考和探讨艺术与意识形态的内在逻辑关系。

正如创造了审美事实和艺术作品的人是复杂的一样，艺术也是复杂的。不可否认，在理解和解释的历史发展中，会有更合理更符合艺术本身和理论需要的理解和阐释，但一定不存在一成不变的、确定无疑的理解和阐释，美学和艺术理论对审美和艺术问题的理解只能是多元的、多层面的和复杂的。真正的艺术只有在历史中不断地被经验和诠释才能丰富和扩大其生命力，才能延续人类的精神遗产，扩大人类的精神财富。这正是美学和艺术理论作为人文学科所具有的重要作用和重要价值。但是有一点是必须坚持的，即无论以何种角度、在何种层面上对艺术问题进行理解和诠释，艺术本身和艺术经验都是最基本的出发点，脱离了艺术本身和艺术经验所作出的理解和诠释，很难说是真正关于艺术的美学理论。这应该是 20 世纪的中国美学留给我们的重要理论启示，也是思考未来中国美学发展时应该重视的重要方面。

如何理性地理解、阐释和反思 20 世纪中国美学中的艺术理论，对于未来中国的美学建设具有重要的理论价值和实践意义，它不只是一种已经过去了的历史，而且也成为 21 世纪中国美学发展的重要话语资源。从美学和艺术理论作为一种人文学科的学科特性来说，美学和艺术理论从根本上说是特定历史文化语境中的理论家对艺术的经验、理解、阐释和应用的理论结果。人们可以把艺术理解为一种自律性的超功利的存在，也可以理解为一种特殊的意识形态，或者理解为一种生命的特殊存在方式等等，借助这种理解对艺术和审美的各个层面进行理论的理解和阐释。艺术的美学诠释空间应该是开放的，而不是封闭的；是多维的，而不是单一的。艺术有意识形态的层面，但不能等同于意识形态；艺术也有反映和再现的内容，但不能等同于自然科学和实证主义，艺术和艺术经验中的所有的其他因素或层面有赖于审美幻象和审美经验，艺术作为人文科学的对象有其自身的表现途径以及特殊的价值取向和精神维度。因此，美学对艺术的诠释应该以艺术自身和艺术审美经验为逻辑中介，在开放的人文科学诠释空间中理解和阐释艺术和艺术经验所具有的各种人文维度和精神价值。

参考文献

[1] 蔡元培 . 美术的进化 . 蔡元培美学文选 . 北京：北京大学出版社，1983.

[2] 蔡仪 . 美学论著初编（上）. 上海：上海文艺出版社，1982.

[3] 李泽厚 . 论美、美感和艺术 . 美学论集 . 上海：上海文艺出版社，1980.

[4] 李泽厚 . 论美、美感和艺术 . 中国当代美学论文选（第 1 集）. 重庆：重庆出版社，1984.

[5] 钱中文 . 论文学观念的系统特征 . 文艺研究，1987(6).

[6] 童庆炳主编 . 文学理论教程 . 北京：高等教育出版社，1998.

[7] 王杰 . 审美幻象研究——现代美学导论 . 桂林：广西师范大学出版社，1995.

[8] 朱光潜 . 朱光潜美学文集（第 3 卷）. 上海：上海文艺出版社，1983.

[9] 宗白华 . 艺境 . 北京：北京大学出版社，1987.

[10] Hans-Georg Gadamer. The relevance of Beautiful and Other Essays. Cambridge: Cambridge University Press, 1986.

作者简介

李建盛，1964 年生，毕业于北京师范大学，文学博士，教授。主要研究方向为文艺理论、美学和文化理论。学术著作主要有《美学：为什么与是什么》《理解事件与文本意义——文学诠释学》《后现代转向中的美学》《公共艺术与城市文化》《艺术　科学　真理》等，译著主要有《现代性的终结：虚无主义与后现代文化诠释学》《激进诠释学》《诠释学与他者的声音》等。入选北京市新世纪社科理论百人工程、新世纪百千万人才工程北京市级人选，兼任北京市文艺学会会长、中国瑶族文化传承研究中心主任、全国文化智库联盟常务理事等。

（原载《人文杂志》2004 年第 5 期，

中国人民大学书报复印中心《美学》2004 年第 12 期转载）

《红楼梦评论》的现代方法论意义

张洪波

▶ **摘　要**：王国维的《红楼梦评论》被视为中国文学批评史上现代性批评的奠基之作。本文首先梳理了该文的思想背景与立论前提，然后具体辨析其方法论框架的优长与局限，并在此基础上从六个方面总结了此文的方法论启示。

▶ **关键词**：《红楼梦评论》；现代方法论；优长；局限；启示意义

对《红楼梦》的研究，自 18 世纪后期作品抄本问世时便已开始，发展到现在已有二百多年蔚为大观的历史，且汇成一门专学——"红学"[1]。红学在新世纪将如何发展和推进？如何在研究方法上实现由传统向现代的转型？这是目前红学研究者们普遍关心的问题。回顾 21 世纪红学史在现代阐释与批评的发展之路上所经过的波折与反复，我们认识到，有必要从学术史的角度，对红学研究现代学术规范的建立与发展作出严肃的考察与反省。

红学史上，首次具有现代方法论意义的研究尝试，是王国维的《红楼梦评论》。它是红学史现代篇章的开端，也是中国文学批评史上现代性批评的奠基之作（温儒敏，1993）。其方法论框架的优长与局限都是我们应资借鉴的宝贵参照。让我们重新回到《红楼梦评论》，对这一现代红学发端之作的方法论启示与操作误区重作具体清理与考察，在全面检视其开创性与局限性的基础上，尝试清理出现代红学的出发基点与发展方向。

一、《红楼梦评论》的思想背景与立论前提

在 21 世纪开端的今天回顾与反省写于 20 世纪开端（1904）的《红楼梦评论》，

1　关于"红学"的定义与范围，众说不一。本文拟取其广义，将"红学"理解为所有关于《红楼梦》的阐释与研究论说的汇集。

会发现写于世纪交替、文化转折的特定历史时刻的该评论，使我们今日的研究无形中具有了某种特定的历史参照意义。我们首先秉承"知人论世"的古义，对论文的思想背景与立论前提作一番有现实针对性的考察。

通读《红楼梦评论》，使人感到一种宏大而深切的悲观精神与感伤意绪始终笼罩着全文，并有层次地贯彻渗透在每一个具体论证环节与论点之中，因而赋予全文一种统摄性的思想高度与深入贯一的理论气势，进而产生一种入人颇深的精神感染力。这是这篇红学名著的一个显著特点，它根自作者深厚的思想基础与人生观念，也根自作者开创性的、天才的理论眼光及富于逻辑思辨的、新颖而有力的思维表达与文章体式。

从思想根源来看，王国维对叔本华思想的偏好不是偶然的，不仅是一种学术取向，更是一种人生观念的取向。这与历史大转折时期的特定社会文化背景相关，更与他个人的身世际遇、性情气质、学养基础及人生观念密切相关。

在清末民初动荡激变的时代历史气候下，新旧文化间发生激烈碰撞与裂变后出现的文化危机与信仰危机，给身处学术与文化前沿的知识分子带来了极大的冲击与精神失落的痛苦，王国维便是其中最敏锐的感受者与承担者之一；加之生活上需倚赖他人的资助，且体质虚弱，性格忧郁，悲观气质本来就根植于王国维的性情之中——他是在满怀矛盾困苦，极欲寻求精神引领的心境下走向哲学的，用他自己的话说，就是"人生之问题，日往复于胸臆，自是始决计从事于哲学的研究"，他之所以"读叔本华之书而大好之"（王国维，1983），正是因为他在叔本华的悲观主义思想中找到了心性与精神的呼应契合之处。

王国维为什么能够"看到"属于异文化领域的叔本华呢？这取决于他在治学观念与学术准备上超前卓越的理论眼光与世界意识。身为清华研究院"五星聚奎"之一的国学大师，他当然深知传统文化的积弊所在；作为最早有机会接触学习西方新学的学人，他对西学的态度是自觉地寻求和积极主动地输入。他认为借用外来文化的刺激，是有利于中国学术思想的发展的[2]；就个人学养与知识构架而言，他最早具备了可与世界文化对话的眼光与能力。他对西方文化思维与我国传统思维的不同之处有着清醒的比较与借鉴意识，在《论新学语之输入》（1905）一文中，他指出：

2　在《论近年之学术界》一文中，王国维指出六朝佛学的输入，曾为思想凋敝的两汉带来有益的刺激与改变，而"自宋以后以至本朝，思想之停滞略同于两汉，至今日而第二之佛教又见告矣，西洋之思想是也"。

抑我国人之特质，实际的也，通俗的也；西洋人之特质，思辨的也，科学的也，长于抽象而精于分类，对世界一切有形无形之物，无往而不用综括（Generalization）及分析（Specification）之二法，故言语之多，自然之理也。吾国人之所长，宁在实践之方面，而于理论之方面则以具体知识为满足，至分类之事，则除迫于实际之需要外，殆不欲穷究之也。……故我中国有辩论而无名学，有文学而无文法，足以见抽象与分类二者，皆我国学术尚未达自觉（Self-consciousness）之地位也。

正是这种主动进行"抽象与分类"的、超前的"学术自觉"与"理论自觉"意识，促使他大胆尝试引入西学的新理论与新思路，将之运用到文学批评中去，从而拉开了《红楼梦》研究及整个传统文学批评朝向现代发展的序幕。

王国维忧世伤生的思想情怀，在经由叔本华理论的深刻影响和系统武装之后，已形成自己独具特色且自成体系的人生观与艺术观，这就是他在《红楼梦评论》第一章中开宗明义地阐发出的"人生及美术之概观"，也是他为整个论文所树立的高屋建瓴的立论前提。他提出，生活的本质就在于人的与生俱来的欲望及由此而生的痛苦，无论家庭、国家、社会乃至整个人类知识都是在这一基础上建立起来的；其中只有"美术"（相当于今日的"艺术"概念）因具有"超利害"的性质，能使人由"欲之我"超拔而为"知之我"，因而能使人得到暂时的解脱。——"美术"与文学在王国维眼里的重要意义，就在于它们能为深陷在欲望、苦痛之中的人们提供解脱与慰藉，正如他在自序中所说的那样："近日之嗜好所以渐由哲学而移于文学，而欲于其中求直接之慰藉者也"。基于这样的思想理论前提，与《红楼梦》的相遇及对它的读解，也就成为顺理成章的事[3]。对此，王国维已在论文中交代得十分清楚："今既述人生与美术之概略如左，吾人且持此标准以观我国之美术，而美术中以诗歌戏曲小说为其顶点，以其目的在描写人生，故吾人于是得一绝大著作曰《红楼梦》"。

从以上分析看来，在《红楼梦评论》的创作运思过程之中，在作者王国维那里，是人生问题先于学术问题并为文学批评提供了导向。从这样的思想背景分析中，我们可以看到以下两个方面：

3　缪钺在《王静安与叔本华》一文中论说王国维与叔本华："先生治西洋哲学，且受叔本华思想影响。其原因在于叔本华一方面其思想远绍柏拉图、近继康德，然也旁搜于佛教思想，故具东方思想。他叙述人生凌乱忧苦，故持悲观主义，而主张摆脱。先生正是用叔本华的悲观论解说与研究《红楼梦》。人皆有生的意志，因而有欲望。有欲望则求满足，欲望无境，则痛苦难消。此即王国维治《红楼梦》的原旨。"

其一，王国维在对叔本华理论的取用上，有他自觉而贯一的人生思考与抉择，不是简单抽象的生搬硬套，是系统严谨、有思考、有批判的消化吸收，是"水中之盐味"而非"眼里之金屑"。我们不可忽略王国维在运用理论的过程中，努力将思想、人生与文学进行化合整一的良苦用心——王国维是明显深受叔本华思想的影响，不过他已将这一影响渗透、浸染在自己整个的人生阅历与知识体系之中，成为他学养与精神内涵中的有机成分。通读《红楼梦评论》全文，我们可以看到，他已将叔本华思想与传统思想中的老、庄、道、佛精神，及他所理解的世界各宗教的精神，全部糅合统一在他的"解脱"说之中了。虽然由于个人与时代的局限，他的整合尝试中存在着不少误区（关于他的努力与局限，后文将作详细分析），但是我们决不能将《红楼梦评论》中的"解脱"说仅仅视为对叔本华思想的简单套用，应该看到，它实际是王国维结合中西思想与文学以书写内心悲观情怀的一次具有开创意义的尝试，是有感而发，是有的放矢。指出这一点，其现实针对意义在于一些当代的红学研究者在取用西方理论之时，往往缺少真实深刻的触动与感发，容易流于生硬搬套与抽象拼凑，并将这一解释误区的源泉推到《红楼梦评论》对叔本华理论的引用上去。这是对《红楼梦评论》之理论用心的不够公正的浅薄化理解。有鉴于此，我们希望通过对王国维《红楼梦评论》之思想基础的仔细辨析，为今后的《红楼梦》研究提倡一种为"真命题"寻求"真解答"的研究精神，一种在人生、理论与作品三者之间努力寻求契合的治学精神。

其二，我们也看到王国维先入为主的"解脱"说观念在整个论文的论证中所起的消极影响。《红楼梦评论》中，"解脱"说以一种压倒性的地位和势力，主宰并操纵着各章节、各层次的具体论证，使得对《红楼梦》作品的分析变成了服务于"解脱"的单一观念的引证，进而使得整个论文的层次分明的论证最后几乎成为围绕一个中心观念而作的"循环论证"，也就将文学作品的研究与评论放在仅仅为某个先入哲学理念提供例证与服务的"工具"与"手段"的地位，忽略了它所具有的本体价值。这使我们认识到，在文学批评之前，如果心中预先持有的人生观念与哲学观念过于深刻，将极易对文学批评本身产生遮蔽性影响，导致观念先行，以观念主宰并裁减文学批评，从而使文学批评与作品研究沦为某一思想观念的图解或例证，最终失去本身的独立价值与整体意义。这样的文学批评，因为被此种单一、强烈的先入之见所拘执，因而未能更深入地发掘出文学作品本身丰富而多元的整体意蕴内涵。王国维在《红楼梦评论》中自始至终所贯彻的"解脱"

说观念，虽然赋予全文一种整体、贯一、深入的理论气势与感发力量，但相对于《红楼梦》作品整体意义价值的丰美复杂性质而言，仍然显得片面、单薄、拘执，这正是以先入观念片面裁减作品而出现的解释误区。它提示我们思考这一方法论问题：在运用理论诠释文学作品之时，应如何反思并理顺"哲学"与"文学"、"理论"与"作品"的互动关系，以达至"兼美"而避免"两伤"呢？下面让我们通过对《红楼梦评论》的方法论的细致辨析来初步探索问题的答案。

二、《红楼梦评论》的方法论优长与突破意义

《红楼梦评论》的现代方法论开创意义，首先表现在它首次创立了一种自觉立足于现代人文学科分类框架之上的、具有现代意义的理论批评体系。论文中层次谨严的哲学－美学－伦理学－文学的理论框架显示出一种全新的批评与诠释维度，这是对传统小说批评模式以至文学研究模式、治学模式的全面冲击与突破。我们知道，在按"经、史、子、集"分类的传统治学眼光中，"小说"一直是不受重视、难登大雅之堂的小道末流，因"托人者似子而浅薄，记事者近史而悠谬"而被目录学家们列为"子""史"之附庸，在传统文化中长期处于边缘的位置，其独立的文学虚构特质及思想艺术价值因有悖于"实录"与"诗教"传统，难以见容于传统的经史解释理念而长期受到压抑，未有自由发展的空间与余地。而《红楼梦》作为我国长篇小说的集大成之作，其独立的文学特质、杰出的艺术审美价值及丰富的意蕴宝藏已完全突破了传统的经史解释框架，它召唤和要求相应的、区别并超越了旧的经史考据理念的、具有现代意义的理论辨析和系统整合。王国维以他卓越的新旧学知识素养和敏锐的学术眼光，第一个精警地察觉到《红楼梦》研究的关键问题，即在于以旧有批评观念与方法应用于富含新意与新质的研究对象之时的束缚、局限与不相称。他写作《红楼梦评论》的现实触机，便是出于对当时盛行的、以传统考据方式研究《红楼梦》的不满。

秉承乾嘉学风，把《红楼梦》看成史传，以经史解释传统中的考证索隐方式来研究《红楼梦》，有它强大的时代文化根基，至20世纪20年代已发展成为红学的主流，此后更占据了20世纪红学史的重头篇章。但王国维在20世纪初即以精警超越的眼光一针见血地指出，红学考证、索隐派研究存在着无视"小说"之

审美特质，将小说与史传混同的方向性错误，他说："自我朝考证之学盛行，而读小说者亦以考证之眼读之，于是评《红楼梦》者纷然索此书之主人公之为谁，此又甚不可解者也"[4]。正是因为不满于"吾国人之对此书之兴味之所在"仅仅限于考证，为了"破其惑"，他标举一种全新的"哲学与美学"之研究兴味，全力弘扬《红楼梦》之精神与其美学伦理学上之价值"，并充分强调"美术之大有造于人生，而《红楼梦》自足为我国美术上之唯一大著述"。

为什么说《红楼梦》是"我国美术上之唯一大著述"呢？他进一步鲜明地指出："《红楼梦》，哲学的也，宇宙的也，文学的也。此《红楼梦》之所以大背于吾国人之精神，而其价值亦即存乎此。"——从哲学–宇宙–文学三者合一的高度赋予《红楼梦》作为文学作品的崇高精神定位，从人生哲学与美学的高度入手来衡定《红楼梦》伟大的思想艺术价值，这是《红楼梦评论》在作品价值定位上的重大提升与突破，也是红学研究方法论上具有现代意义的重大突破。论文展示了一种全新的批评诠释维度，其理论高度在于，它完全超越了以往认为"小说"无关"大道"，只是小道末流、野史稗官和史传附庸的拘执局限的批评眼光，极大地肯定了《红楼梦》的思想价值，为作品的诠释开拓了广阔的释义空间；其系统深度在于，它以"哲学–美学–伦理学–文学"这一层层递进的理论体系的整体深度来把握《红楼梦》丰厚的意蕴内涵，从而使得作品意义价值的开掘有可能朝着系统、深入、全面的方向进一步推进。

应该说，在以往各种传统的《红楼梦》评批文字之中，已然存在着大量关于作品思想因素、审美因素的辨析，但是，这些评点文字仅是片段式、随感式、吉光片羽式的零散感悟，相对于《红楼梦》作品本身宏大精微的结构框架及浑厚深广的意义内涵而言，显得零星、局限、滞后与不相称。《红楼梦》作品本身召唤和要求着与之相应的、深入全面的理论辨析和系统整合。王国维《红楼梦评论》中这种崭新的系统理论眼光，便是对《红楼梦》深层意蕴的敏锐回应。这表明在西学理论的运用上，王国维并未仅仅满足于"器物"层次上的引入新"技法"与新"名词"，而已上升到全新的理论体系的熔铸与树立，是在最根本的整体思维方式与理论构架上作更为彻底的大胆借鉴与改革尝试。这种尝试当然未尽成熟与成功，但就现代方法论示范意义而言，他这种示来者以轨则的创新气度与大师风范，对于红学的发展惠泽深远。

---

4 《红楼梦评论》。以下引文除另注出处者外，均出自王国维《红楼梦评论》本文。

在这种总体的、开创性的理论框架之下，王国维以超越前人的眼光指出《红楼梦》具有"大背于吾国人之精神"的创新价值与突破意义。他主要从悲剧精神与文学审美超越价值这两个方面来阐述《红楼梦》的价值突破意义：

首先，王国维有针对性地揭示出我国传统文化与文学精神中存在着乐天团圆与善恶果报的"喜剧性"模式与陈套：

> 吾国人之精神，世间的也，乐天的也，故代表其精神之戏曲小说，无往而不着此乐天之色彩。始于悲者终于欢，始于离者终于合，始于困者终于亨，非是而欲屡阅者之心难矣，……又吾国之文学，以挟乐天的精神故，故往往说诗歌的正义，善人必令其终，而恶人必离其罚，此亦吾国戏剧小说之特质也。

在此意义上，他说"《红楼梦》一书，与一切喜剧相反，彻头彻尾之悲剧也"，即指出《红楼梦》不但是突破了喜剧模式的悲剧，而且还是"彻头彻尾之悲剧"，这就进一步揭示了《红楼梦》悲剧精神的意义深度。王国维就此联系叔本华的三种悲剧观念进行辨析：

> 第一种之悲剧，由极恶之人极其所有之能力以交构之者。第二种由于盲目的运命者。第三种之悲剧，由于剧中之人物之位置及关系而不得不然者，非必有蛇蝎之性质与意外之变故也，但由普通之人物、普通之境遇逼之，不得不如是。彼等明知其害，交施之而交受之，各加以力而各不任其咎。此种悲剧，其感人贤于前二者远甚。何则？彼示人生最大之不幸非例外之事，而人生之所固有故也。……若《红楼梦》，则正第三种之悲剧也。……由此种种原因，而金玉以之合，木石以之离，又岂有蛇蝎之人物、非常之变故行于其间哉？不过通常之道德、通常之人情、通常之境遇为之而已。由此观之，《红楼梦》者，可谓悲剧中之悲剧也。

他于此指出《红楼梦》悲剧精神的深刻内涵在于揭示出人生的不幸并非出自"例外"而是出自"固有"，竟是因"通常之道德、通常之人情、通常之境遇为之而已"——这实际是标示出《红楼梦》在描写人生的深度上，不但打破了团圆与果报的"喜剧"式的迷信，更进一步打破了悲剧是出于"外力"带来"横祸"的认识迷信与局限，第一次返躬自省，从"固有""日常""普通"的角度直面人生境遇的真相，并深入剖析人性与人情内在深处的复杂与悖谬性质——我们不难看出，王国维的"第三种悲剧"说与后来研究《红楼梦》的"批判现实主义"角度之间，已存在着某种意义上的启示与暗合，它实际已开启了真正准确把握《红楼梦》之精神实质与艺术价值的研究道路。但我们也遗憾地看到，王国维因为太过偏重从悲剧之中获得"慰藉"与"解脱"，所以在对悲剧之细致"真相"与具体"过程"的揭露与剖析上，他语焉不详，仅仅点到为止，不作深究，因而未能对《红楼梦》的整体思想艺术价值作出更深入全面的分析，他的这种开创意义与局限性，都值得我们深思。

王国维不但标示出《红楼梦》作品本身超越喜剧模式的悲剧精神，他还追问，为何《红楼梦》之光辉价值长期以来一直湮没不彰？他说，"吾人之祖先对此宇宙之大著述，如何冷淡遇之也。谁使此大著述之作者不敢自署其名？此可知此书之精神，大背于吾国人之性质，及吾人之沉溺于生活之欲，而乏美术之知识有如此也。"在此，他敏锐地察觉到，《红楼梦》的本质价值是一种超越功利性与实用性的哲学美学文学意蕴，而国人之所以冷淡并误解《红楼梦》，实由于传统思想观念太过务实与功利，长期缺乏有关"美术之大有造于人生"的审美价值认识——因此只有树立一种全新的、超越生活之实用性与功利性的、审美的批评维度，才能真正把握好《红楼梦》那种穿透现实的意义深度和超越世俗价值的精神实质。所以他说："美术之价值，存于使人离生活之欲，而入于纯粹之知识"，在于"使吾人超然于利害之外而忘物与我之关系，此时也，吾人之心无希望，无恐怖，非复欲之我，而但知之我也"——他在此力求打破传统文学那种"沉溺于生活之欲"的"世间"的、"乐天"的精神，弘扬"超利害"的审美超越精神，这就为《红楼梦》研究及我国的传统文学批评注入了一种全新的、具有脱胎换骨之质变意义的审美价值观念。

不仅如此，他还为《红楼梦》研究突破"经验""考证"的传统范式而走向"审美"的研究扫清了道路，在超功利的审美价值基础上，他将"实录"之"史传"与"虚构"之"文学"区分开来，从艺术审美角度肯定并确立了文学创造与虚构的合法性与正当性。在《余论》中，他充分强调了"预想"（即虚构）在艺术创造中的重要地位，指出文学创作并不只是"经验"的"实录"，而是"预想"与"经验"的统一："诗人由人性之预想而作戏曲小说，与美术家之中美之预想而作绘画及雕刻无以异，唯两者于其创造之途中必须有经验以为之补助夫然"；在此基础上，他进一步指出，艺术概括的特点就在于实现了"共性"与"个性"的统一，因此完全不必将作品中的人与事一一"坐实"而为"史传"：

夫美术之所写者非个人之性质，而人类全体之性质也。惟美术之特质，

贵具体而不贵抽象，于是举人类全体之性质，置诸个人之名字之下。……善
于观物者，能就个人之事实而发见人类全体之性质。今对人类之全体而必规
规焉求个人以实之，人之知力相越岂不远哉？故《红楼梦》之主人公，谓之
贾宝玉可，谓之子虚乌有先生可，即谓之纳兰容若，谓之曹雪芹亦无不可也。

综上所述，我们看到，《红楼梦评论》在红学史上的创新意义与理论贡献，就表
现在它是第一个具有现代人文学科分类意识、第一个自觉立足于哲学－伦理学－
美学－文学的理论高度与系统深度之上、首次阐发《红楼梦》"大背于吾国人之
性质"的深刻悲剧精神与审美超越价值的红学著作。作为诞生于 20 世纪初的现
代红学开山之作，它所体现的理论自觉意识是超前的、突破性的，但也是初步的、
草创性的，其研究方法及具体论点、论证环节皆存在着许多局限与不足——它的
研究误区与它的理论贡献一样，对于后学都深具启示意义，值得我们进一步仔细
辨析。

三、《红楼梦评论》的研究局限与误区

前文已经提到过王国维先入为主的"解脱"说观念对《红楼梦评论》全文论
证所带来的消极影响，下面具体分析一下"解脱"说的理论内涵及其论证操作上
的细节问题。

《红楼梦评论》的整个理论体系都是以"解脱"说为基石、为核心：第一章《人
生及美术之概观》即开门见山地提出人生本质上是痛苦的，只有超利害的美术可
以提供解脱；第二章《红楼梦之精神》提出，男女爱欲之苦尤甚于饮食之欲，而《红
楼梦》的独特价值就在于，它是诗歌小说中鲜见的既描写了男女爱欲之苦，又提
供了解决解脱之路的杰作；第三章《红楼梦之美学上之精神》从悲剧美的角度定
义《红楼梦》的美学内涵，但其目的却在于由悲剧的精神洗涤作用归引至伦理学
的解脱作用，最后使美学附属、服务于伦理学[5]；第四章《红楼梦之伦理学上之价值》
则走得更远，干脆撇开作品借题发挥，就"解脱"说的理由、条件与最终可能性
细作阐发与决疑，淋漓尽致地抒发了自己心中渴求"解脱"却又深怀疑虑、知其
不可的悲观情怀，最后才无奈地回到《红楼梦》这一可以企及的暂时之"救济"

---

5 《红楼梦评论》第四章更直截了当提出："《红楼梦》者，悲剧中之悲剧也。其美学上之价值即存乎此。然使无伦
理学上之价值以继之，则其于美术上之价值尚未可知也。"

上来；唯有第五章《余论》才从学理的角度，客观公正地对《红楼梦》研究史作出返本归真的清理与纠谬。可见整个论文的主体部分都在围绕"解脱"说进行论证，其中的研究误区，具体说来有这样几个方面：

首先，从理论本身来看，叔本华"解脱"说之理论自身内部已存在着难以自圆其说的矛盾与悖论。王国维对此也早有认识，他在论文第四章中即提出了他的疑惑："夫由叔氏之哲学说，则一切人类及万物之根本一也，故充叔氏拒绝意志之说，非一切人类及万物各拒绝其生活之意志，则一人之意志亦不可得而拒绝。……故如叔本华之言一人之解脱，而未言世界之解脱，实与其意志同一之说不能两立者也"。可见他已发现，既然"一人"之解脱与"世界"之解脱之间始终存在着未能解决的矛盾，那么"最终"之解脱也就是可疑的了，所以"释迦、基督自身之解脱与否，亦尚在不可知之数也"，这使他最终认识到"解脱之事终不可能"。可是，他因为求解脱、求慰藉之心太过迫切，以至于把本来就不可靠的"解脱"观念安到《红楼梦》头上，坚持相信《红楼梦》已经解决了问题，提供了解脱之路，这真是"知其不可而为之"，从立论前提的悖论性质开始，已经自相矛盾了。

其次，从理论体系来看，对于"解脱"观念的过于倚重导致了论文整个理论体系的偏向、倾斜与失衡——偏于以哲学伦理学为本体为核心，以美学文学为服从为附庸，使得整个理论构架中哲学、伦理学分量过重，而美学、文学篇幅过轻。在哲学伦理学面前，美学、文学都只有"相对"的从属价值而未获得独立价值与完备发展，失之太简，语焉不详，面目粗疏而模糊。在"美术"的各门类——如绘画、雕刻、文学等之间，论文笼统看待，只取其超利害的审美共性，而对"文学"的审美特质未作具体分析，悲剧的含义也过于笼统；在"文学"各门类——诗歌、戏曲、小说等之中，也往往是混同看待、连缀使用，对"小说"区别于诗歌、戏剧的文体特质及其相应的哲学美学价值缺少细致辨析，自然更谈不上能对长篇小说的人生反省意识与矛盾性复杂性表现有所认知了。以一个世纪之后的求全眼光来看，王国维虽已将《红楼梦》从"史传""考证"的拘执眼光下还原为"文学""悲剧"，却尚未将其还原到真正意义上的"小说"，尚未能自觉立足于"长篇小说"在中国文化史、文学史中区别于诗歌、戏剧的独特的文学意义、文化综合意义及反映人生的哲学高度上来看待《红楼梦》这部中国长篇小说巅峰之作的总体思想艺术价值，所以就《红楼梦评论》的理论体系而言，体系的确立，使得作品思想意义的诠释获得了哲学维度上的认知高度与深度；而体系的失衡，却遮蔽了对作品所属美学文学乃至"小说"之本质特征的深入认知。

第三，从理论与作品的结合关系来看，王国维以"解脱"说为《红楼梦》的思想意义简单作结，将《红楼梦》中整个情节与人物的描写粗略清理并简单归结为"描写人生之苦痛于其解脱之道"，只从同一、统一、贯一的方面来清理思路、分析问题，高度是够了，却失之抽象，导致在涵盖作品的深广度上语焉不详，缺乏具体深入，减损了作品的丰美内涵，忽略了长篇小说对生活本体之复杂多面、错综矛盾的复合与悖谬性质的深刻展示，这使得整个论文的论证与分析太过粗率与轻易，太过注重问题的"解决"与"结论"的得出，忽视"过程"展开的本质意义，因而产生了偏爱续书部分的错误倾向——由于《红楼梦》前八十回主要是提出问题、展开问题，后四十回主要是收束全书，"解决"问题，得出"结论"，所以他更偏爱作品的后四十回："读者观自九十八回以至百二十回之事实，其解脱之行程，精进之历史，明了精切何如哉！"——这样的分析显然是以结论来肢解作品，主观性、片面性太强，当然无法正确解释和囊括《红楼梦》丰富复杂的整体意蕴内涵，且必然会忽略、压抑、遮蔽了小说本身蕴涵着的其他多元的声音与多元的意义。

针对王国维的"解脱"说，许多学者都曾著文说明，《红楼梦》作品本身的意义内涵具有一种多元的、矛盾的性质，不可能以一种哲学观念来简单地盖棺定论。比如夏志清先生就指出，"我相信这部小说的悲剧本质就在于同情与遁世（Detachment）两种相对要求间的拉锯战"，他认为曹雪芹所写的个人之解脱"只是表面的，因为读者只能感觉到在这小说中所描写的痛苦的真实比道家智慧的真实更深地激荡着他的存在；他只能反映着作者对年轻与年老，对真纯与狡猾，对自我牺牲与自我放纵的广大同情。……在结束时，这个悲剧完全存在于爱与弃绝的冲突中。……曹雪芹因此是徘徊在怀念红尘和决心解脱红尘的痛苦间"（夏志清，1982）。叶嘉莹先生则更有针对性地指出：

> 静安先生只看到书中某些出世的情绪，因此便联系了叔本华之以灭绝意欲为人生最终之目的与最高之理想的悲观哲学，……而《红楼梦》所写的出世解脱之情，其实并非哲理的彻悟，而不过只是一种感情的发抒而已。小说中虽然表现对于出世的向往追求，然而整个小说的创作的气息则仍是在感情的羁绊之中的。……作者既以其最纯真深挚之情，写出了入世的耽溺，也

以其最纯真深挚之情，写出了出世的向往。……《红楼梦》所写的毕竟是人生而并非哲理，所以才会同时表现了入世与出世的两种矛盾的感情。(叶嘉莹，1982)

由此我们应认识到，《红楼梦》描写人生的深度，其实体现在它以长篇小说的全部综合性艺术手段对传统文化价值作全面整合与整体反思，它写尽了身处"幽微灵秀地，无可奈何天"中的耽溺、享受、沉醉、倾情、眷恋，以及不满、逃避、挣扎、矛盾、痛苦、迷茫，是对已发展至圆融精熟、开始衰颓腐败的整体文化环境、生活境况全面呈现出的困境与矛盾悖谬性质作全方位、多层面、穷形尽相的展示与呈现，其中既有对于衰腐枯残的揭露与控诉，但也不乏对温柔富贵乡的依恋与炫耀，还有饱含真挚深情的执着与无奈，整个作品的思想情怀与意境氛围是一个往复循环的意义的螺旋结构，是处在"出世"与"入世"之间永远、永恒的徘徊、矛盾、追忆与惆怅，其中深远复杂的意蕴，当然不是一个单纯的"解脱"之说所能完全覆盖的。

　　从以上有关《红楼梦评论》研究误区的分析中，我们看到，其中存在的最主要问题在于如何处理作品研究与理论运用二者间的关系，用钱锺书先生的话来说，就是如何处理"佳著"与"玄谛"的关系问题，他在《谈艺录》中说：

　　　苟本叔本华之说，则宝黛良缘虽就，而好逑渐至寇仇，"冤家"终为怨耦，方是"悲剧之悲剧"。然《红楼梦》现有收场，正亦切事入情，何劳削足适屦。王氏附会叔本华以阐释《红楼梦》，不免作法自毙也。盖自叔本华哲学言之，《红楼梦》未能穷理窥而抉道根；而自《红楼梦》小说言之，叔本华空扫万象，敛归一律，不屑观海之澜，而只欲海枯见底。夫《红楼梦》，佳著也，叔本华哲学，玄谛也；利导则两美可以相得，强合则两贤必至相阨。此非仅《红楼梦》与叔本华哲学为然也。

　　在处理理论与作品二者的关系时，如何才能实现"利导"之"兼美"而避免"强合"之"两伤"呢？本文认为，对作品与理论之间的关系的理解应有新维度——以前我们往往极易倾向于强调理论的"指导"意义和作品的"例证"意义，这导致了二者关系的倾斜和不对等，因此我们应充分认识到，作品的感悟是理论的源泉和生发地，是应用并检验理论之合法性、有效性和生命力的真正本体性依据。在此意义上，我们应充分强调作品的原生性、感发性与理论的概括抽象性之间是互相依恃、相互照亮的平衡关系。具体就《红楼梦》研究中的理论运用而言，从理论对作品的作用来看，只有寻找到真正有深度有高度有系统的理论体系，才能为阐释《红楼梦》突破传统、富含新机、复杂深厚丰美的意蕴内涵提供相当和相称的理论资源与意蕴深度。但须注意，理论与作品出自不同的文化源流，只有在有条件地、知局限的、谨慎地选取到合适与相应的契合之处与对话平台时，才能相互激发与照亮，否则就是南辕北辙的牵强扭合。当应用理论为作品本体之意蕴阐释服务时，必须充分考虑到作品本体的独立特质与整体意蕴，不可硬套，不可肢解作品或以作品为图解。另一方面，就作品对于理论的作用而言，在理论应用于作品的具体阐释过程中，理论将不断得到检验、修正、丰富和发展。就此意义而言，像《红楼梦》这样的"绝大之著作"，对其深蕴之意义宝藏的真正开掘，正是对所取用之批评理论的深度、高度与质量的全面检验和考量。虽说"他山之石，可以攻玉"已是自明的真理，但没有恰当到位的理论作"金刚钻"，也就做不好、揽不下作品这件深邃精奥的"磁器活"，所以对"金刚钻"式的适用理论的仔细遴选与慎重应用十分重要。总之，只有具体深入、灵活机动地把握好理论与作品之间"互为主观"的双向调整与双向阐释维度，才能使作品的意蕴阐释得到新的开掘和深入，同时也使理论得到富含生机的检验和充实。指出这一点，正值《红楼梦》研究在当今需要面对和取用层出不穷的新理论之时，所以有着十分重要的现实意义。

四、《红楼梦评论》所提供的方法论启示

通过对《红楼梦评论》研究方法之优长与局限的辨析与清理，我们可以摸索出哪些具有现代意义与现实意义的研究范式呢？大致说来，《红楼梦评论》为《红楼梦》研究提供了这样几个方面的现代方法论意识：

（一）有的放矢的"问题"意识

在对《红楼梦评论》思想背景的分析中我们看到，这篇红学名著之所以具有一种深入的思想感发活力，其根源在于论者王国维对《红楼梦》作品意蕴深度的理解与阐发是以他对人生与人世的深入思考与阐发为前提的。针对目前红学领域内众声喧哗、发言太过轻易随便、往往难于落实的现象，我们愿意就此提倡一种出自对于生活整体的严肃思考而产生的真切困惑与疑问，提倡从"真问题"出发去寻求"真解"，提倡一种朴素的、寻求真理的治学态度，以期为《红楼梦》研

究确立真正深刻的思考与立论深度，能够从切实有力的"真命题"出发进行深入具体层次的研究，从而使具体研究真正做到有的放矢、言之有物，有活力、有深度、有实绩。

（二）承前启后的"历史"意识

《红楼梦评论》深具理论突破意义，但它并非横空出世、突发惊人之论，而是有着充分完备的研究史清理与承传意识。在论文第五章中，可看到王国维对当时红学研究的历史与现状作了全面整理与客观公正的学理的优劣辨析，可知《红楼梦评论》的理论突破是在自觉汇入《红楼梦》研究的历史、全面掌握前人的研究实绩、充分吸取所长、克服局限的基础上取得的推进与创新。反观当今红学研究，一些论者仅凭一己之浮面感悟立论，发言如空穴来风，刻意追求新异与轰动，落实到学理上却不见任何创新、改进和增益，究其原因，就在于缺乏王国维这种必要的学术史、研究史的清理工作，未能给研究建立起坚实有力的学理基础，所以其论说往往与前人重叠错杂，不具有真正可靠的新意和创造性——因为真正有实质意义的创新，并不是无原则的偶然更迭，而是建立在以往的传统基础之上，通过对过去的历史作全面承担与整合而达到的"更深广"与"更高"层次上的推进、发展与超越。所以红学方法论的创新首先必须建立在对历史全面清理总结的基础之上，新世纪的红学研究，更应该具备充分的"史"的意识和自觉，将《红楼梦》研究自觉置于文学史、文化史、思想史的知识基础与思想背景之上，作真正有深度和高度的、有意义的推进和发展。

（三）开放创新的"理论"意识

《红楼梦》本身那种打破传统与惯性的、蕴涵突破性新意的意义框架呼唤着相应的、冲破旧的批评阅读惯性的、新的理论批评视野，只有如此，才能有真正全面相当的、处在全新的阅读理解的水平线上的真正"相遇"与"相知"。作品的创新意蕴呼唤要求创新的理论眼光，但《红楼梦评论》应用理论的实例告诉我们，西方理论虽"新"，却隔了文化，有待消化、改造与化合，不宜直接套用，所以在西方理论的把握上，我们应十分注意，对其不同文化根源是否始终有警醒意识而无抽象牵合？对其理论本质与新意的把握是否深入到位？对其适用范围与局限是否始终持有客观清醒的认识？在引进西方理论的基础上，我们还应更进一步，考虑如何在传统的蜕变与西学的启发下，创立真正属于民族文化本体的全新的、富于生机和创造力的研究理论和研究范式，这才是真正能与《红楼梦》这部伟大作品充分相当的、具有现代意义与本体意义的理论。

（四）严密深入的"系统"意识

《红楼梦》作为长篇小说的杰作，有着自身浑然一体的结构与意义"系统"，所以自然也要求有深度、有层次的批评理论"系统"来与之相应。《红楼梦评论》所创立的理论系统，基本是袭取西方模式，套用在《红楼梦》的研究上当然显得粗疏与隔膜，所以我们应在中国文学思维发展的前提下具体地理解和发展新的"系统"意识——它实际是中国长期以来偏重具体感发的文学思维在量变的积累上急需进行进一步的理论化、系统化的整理、组织与深化，从而提出的内在的历史与现实要求。这既需借鉴西方理论系统严密的逻辑思辨理路，扬弃其抽象自足、趋于封闭的弊病，又需强调中国文学思维对传统中注重具体体验与感受的文学思想的整合和融会贯通。所以在中国理论思想背景下发展的"系统"，应该融生动活泼的具体感受与严密的思辨架构于一体，是指血脉贯通而又骨架严整的新的意义上的"系统"。对《红楼梦》作品意义系统的探索，与我国文学理论批评系统的创立，将是一个相辅相成、齐头并进的过程。

（五）返本溯源的"小说"意识

《红楼梦评论》对于红学本事派、考证派研究的批判与纠谬，提示我们要坚持恢复对《红楼梦》本来面目的研究，就是要坚持《红楼梦》作为文学、小说的本质属性，将它与历史、本事、自传的传统理解误区区分开来，充分强调作品的文学虚构特质和审美创造价值；同时还应更进一步，立足在"长篇小说"之独立思想艺术特质之上，创立以"小说"为基础、为本体的理论体系与价值体系，从小说哲学、小说美学、小说文体学等"小说学"角度来探索《红楼梦》的艺术本体价值。回顾 20 世纪的红学史，我们不难看到，虽然王国维在世纪初即对当时红学研究之偏于索隐与考证方向进行了拨乱反正的反思与批判，为红学确立了归依到"小说"本质的研究指向与研究路径，但却难以为滞后的时代意识与解释观念所接受，而此后传统文化中强大的经史解释理念仍长期维系并保持其在红学领域内的惯性发展与影响力。如今，在索隐派、考证派红学十分兴盛的 20 世纪之后的新世纪来重提回到《红楼梦》作为"小说"之本质特征的主体研究，其历史与现实意义应是十分迫切的。

（六）紧扣作品的"本文"意识

有关作品"本文"意识包括两个方面的意思：首先，正如《红楼梦评论》的论证方式一样，论点与论据的选取紧紧围绕《红楼梦》作品本文来进行，以此严格区分于索隐派之关注外在"本事"及考证派之关注外在"史料"；其次，从《红楼梦评论》以观点裁减本文的研究局限中得出的教训，即不能将作品作为理论的例证材料随意裁剪，应树立作品"本体"意识，以生动自足的本文整体意识摆脱某个特定理念的先入成见，确立小说文本本体艺术独立之价值观念，充分关注理论论证与作品本文之间的交融关系，并充分强调哲学思考与作品艺术辨析（结构、人物、环境、情节、语言、细节刻画等）应是充分融合而不是抽象分离的，二者间的互动关系既具体而微，又整体复合，更有循环递变中的意义超越，从而使理论研究与作品阐发达到相得益彰、互相照亮的境界。

以上六种方法论意识的提出，是对《红楼梦评论》所提供的现代方法论启示的整体总结，也是对《红楼梦》研究在新世纪的发展提出的初步展望与规划，同时更标示出了《红楼梦》研究在新世纪发展的高度、深度、难度与极大的挑战性。让我们进一步追问，《红楼梦评论》中创立的红学学术研究规范在此后的红学界中是否得到了足够重视及有效继承与发扬？与一个世纪以前的王国维相比，这近百年的红学发展历程中，在哪些方面继承了王国维？哪些方面落后倒退于王国维？在哪些方面上有可能超越王国维呢？这应是每一个《红楼梦》研究者必须认真深思的问题。正是对于历史的反思与回顾，才使我们获得了出发的基石与前进的勇气，而学习与辨析的最终目的，就是推进和超越。

参考文献

[1] 胡文彬，周雷编. 海外红学论集. 上海：上海古籍出版社，1982.

[2] 王国维. 王国维遗书（第五册）. 上海：上海古籍出版社，1983.

[3] 温儒敏. 中国现代文学批评史. 北京：北京大学出版社，1993.

[4] 夏志清.《红楼梦》里的爱与怜悯. 载《海外红学论集》. 上海：上海古籍出版社，1982.

[5] 叶嘉莹. 从王国维《红楼梦评论》之得失谈到《红楼梦》之文学成就及贾宝玉之感情心态. 载《海外红学论集》. 上海：上海古籍出版社，1982.

作者简介 ├──

张洪波，1970 年生，毕业于北京大学中文系，文学博士，比较文学专业副教授。主要研究领域为中国文学经典的域外翻译与阐释、跨文化文学阐释的理论与实践。已出版学术专著《〈红楼梦〉的现代阐释——以"事体情理"观为核心》，发表论文 30 余篇。

（原载《红楼梦学刊》2001 年第 4 期）

创造国语的文学
——蔡元培写作《石头记索隐》动机新探

冉利华

▶ **摘　要**：蔡元培一生为了民族革命不懈奋斗，他之所以进行革命，是为了全中国人民的自由、民主与平等，而不是出于狭隘的种族主义。蔡元培写作《石头记索隐》，目的并非宣传排满、倡扬民族主义的反满清的政治倾向，其深层动机在于提高语体小说在文学大家庭中的地位，通过肯定语体小说而肯定语体文，从而促进统一的国语的形成、使用与推广。

▶ **关键词**：蔡元培；《石头记索隐》；《红楼梦》；国语

一

由于蔡元培在《石头记索隐》开篇就说："《石头记》者，清康熙朝政治小说也。作者持民族主义甚挚。书中本事，在吊明之亡，揭清之失。而尤于汉族名士仕清者，寓痛惜之意。"因此，长期以来很多研究者认为，他从事《红楼梦》的索隐工作并出版《石头记索隐》，是为了宣传排满、倡扬民族主义的反满清的政治倾向。笔者认为，这种观点并不符合蔡元培一贯的政治倾向，因此难以说明这是他写作《石头记索隐》的真正动机。

身为清朝的翰林，蔡元培确实很早就开始了反抗与破坏清政府统治的革命活动。早在1902年4月，他就与叶瀚等人发起成立中国教育会并被选为事务长（即会长）。在日渐高涨的反清革命运动中，该会表面办教育，暗中鼓吹革命，隐然成为东南各省革命之集团（张晓唯，1993）。1902年底，南洋公学退学风潮掀起，蔡元培又在中国教育会同仁的赞同和支持之下在上海创办起爱国学社，并被推举为学社的总理（即校长）。爱国学社名为教学机关，但在蔡元培等人的主持下更像是一个革命团体。从1903年2月中旬开始，蔡元培与教育会同仁率领爱国学社学生每周到上海张园举行一次演说会，评析时事，发表政见，警醒国人奋起抵御外侮，产生了广泛的社会影响，爱国学社在社会上名声大振，几乎成为"国内唯一之革命机关"。1903 年 12 月，蔡元培与刘师培、叶翰等人发起成立"对俄同志会"，并与陈镜泉等合作创刊《俄事警闻》日报，谋划和宣传拒俄运动。1904 年 2 月日俄战争爆发后，《俄事警闻》扩大版面改名《警钟》。这份改版后由蔡元培主编的刊物，"一面要国人鉴于日俄战争，即时猛省，一面译登俄国虚无党的历史，为国人种下革命思想"。此后有一段时间他深受俄国虚无党（主要是民粹党）的影响，甚至认定暗杀是改变社会政治的一种迅捷有效的方式，因而参加了留日学生暗杀团在上海的活动，与陈独秀等人一起"同在一个实验室秘密制造炸弹"（周策纵，1999）。1904 年 11 月，蔡元培参与发起组织光复会，被推举为会长。1905 年夏，中国同盟会在日本东京成立，孙中山委任蔡元培为上海分会主持人……清政府被推翻了，民国成立了，但蔡元培的革命活动并未就此而止。1932 年 12 月，蔡元培与宋庆龄、杨杏佛等人发起成立中国民权保障同盟，针对国民党政府压制民主、蹂躏人权的黑暗现实，呼吁"保障人类生命与社会进化所必需之思想自由与社会自由"。蔡元培晚年虽因病隐居香港，但仍以 73 岁高龄为国际反侵略大会中国分会作会歌《满江红》："公理昭彰，战胜强权在今日……把野心军阀尽排除，齐努力。我中华，泱泱国。爱和平，御强敌……独立宁辞经百战，众擎无愧参全责……"（高平叔，1985），其抗敌救国之切丝毫不减当年。蔡元培逝世后，周恩来同志献了一副挽联："从排满到抗日战争，先生之志在民族革命；从五四到人权联盟，先生之行在民主自由。"

确实，蔡元培的一生，既是"尽瘁教育的一生，是努力于学术研究的一生"（蔡建国，1984），也是为了民族革命和民主自由而不懈奋斗的一生。但是对于这一"民族革命"，我们不能作太狭隘的理解。从他一生的革命事迹来看，我们不难发现，无论是早期宣传反对清政府的"排满"活动，还是后来发起成立中国民权保障同盟，他作为一个自由主义知识分子，革命的目的一直是为了整个中华民族，为了全中国人民的自由、民主与平等，而从来没有狭隘的种族主义或者爱国主义。清光绪二十九年（1903 年）3 月 14、15 日，蔡元培曾在当时积极宣传反清革命的《苏报》上发表《释"仇满"》（高平叔，1984）一文。在其《口述传略》里，蔡元培是这样介绍写作此文的缘起的："张园之演说会，本合革命与排满为一谈。而是时邹蔚丹君作《革命军》一书，尤持'杀尽胡人'之见解。孑民不甚赞同。"（杨扬，

1997）也就是说，该文是针对当时革命志士中排满情绪太强烈、邹容等人甚至主张"驱逐住居中国之满洲人或杀以报仇"的情况而发表的。蔡元培在文章一开头就指出："吾国人一皆汉族而已，乌有所谓'满洲人'者哉！"为什么这么说呢？他从一般所谓的种族之别的两个主要方面——"血液"与"风习"上论证了汉满两族渐趋同化的事实。他认为，"满洲人"这一名词在中国只是政治特权的符号；"然而'满洲人'之名词，则吓然揭著于吾国，则亦政略上占有特权之一记号焉耳。其特权有三：世袭君主，而又以少数人专行政官之半额，一也；驻防各省，二也；不治实业，而坐食多数人之生产，三也"。因此，他认为："近日纷纷'仇满'之论，皆政略之争，而非种族之争。"文章对那种"无满不仇，无汉不亲；事之有利于满人者，虽善亦恶；而事之有害于满人者，虽凶亦吉"的"纯乎种族之见"进行了批评。他饱含激情地指出："夫民权之趋势，若决江河，沛然莫御"；"世运所趋，非以多数幸福为目的者，无成立之理；凡少数特权，未有不摧败者"；故所谓仇满，固不在彼——纯乎种族之见的反满兴汉，而在此——摧败少数特权！由此可见，蔡元培虽积极投身于当时所谓的"排满"革命，但他所宣扬的"仇满"，所仇的并不是民族学意义上的"满洲人"，而是少数人固有之特权，是腐败、无能而专制的封建统治。他心中所激荡的并不是狂热的排斥少数民族满族人的情绪，而是救国的热望，是对"民权"的向往。

其实，蔡元培不仅在满汉关系上不存狭隘的种族主义，就是在面对外侮、心忧国家存亡之际，他所提倡与追求的也不是狭隘的爱国主义，而是他所深引以为自豪的"中国人根本思想"——世界主义、和平主义（高平叔，1985）等。他的白话小说《新年梦》（1904）中的一段话很能表现这种思想。小说中众人在大会上讨论到"撤去租界"这个问题时，有人提出："他们外国人是讲强权，不讲公理的……他们就不认你为国，就趁机会用兵力来压制，这什么好呢？"而坛上人的回答是："……现在我们造的水底潜行舰，空中飞行艇，不到三个月，就可用了，他们战舰来的时候，我们或从水底骤放潜雷，或从空中猛掷炸药，他们虽有多多铁甲，也都化作齑粉了。"但他接着又担心："但此法太狠，他们舰中的人，一个不能生活。"因此，他主张："只好临时应应急罢了。平日我们还是主张用陆海军彼此攻击，伤人较少，所以特别课程，还有当兵一门啊！"在他看来，当外敌来袭之时，我们不能不奋起抵抗与反击，但抵抗与反击的目的不是把外敌全部消灭殆尽，而只是争取与保障我们自己的利益与安全而已。在强权胜过公理的现实社会中，这也许只是一种幼稚善良得近乎迂腐甚至可笑的想法，但这种想法中寄寓着的是多么高尚而令人感动的和平主义啊！如果我们还觉得这只是小说人物之言，不足以证明蔡元培本人的思想的话，那么现实生活中发生在蔡元培身上的一件小事恰可与这段小说话语相补充——蔡元培的学生傅斯年回忆说："凡认识蔡先生的，总知道蔡先生宽以容众……但少有人知道，蔡先生有时也很严词责人。"他所记得的一次领教蔡先生严词相责的经过是这样的：

> 北伐胜利之后，我们的兴致很高。有一天在先生家中吃饭，有几个同学都喝了点酒，蔡先生喝得更多。不记得如何说起，说到后来我便肆口乱说了。我说："我们国家整理好了，不特要灭了日本小鬼，就是西洋鬼子，也要把他赶出苏伊士运河以西，自北冰洋至南冰洋，除印度、波斯、土耳其以外都要'郡县'之。"蔡先生听到这里，不耐烦了，说："这除非你作大将。"蔡先生说时，声色俱厉，我的酒意也便醒了。（蔡建国，1984）

在师生欢聚共庆胜利的酒席之上，一个自己素所欣赏与爱重的学生酒后信口胡说了些有悖于世界主义与和平主义的醉话，蔡元培尚且要声色俱厉地加以批评，那他本人对世界主义与和平主义的执着追求、对狭隘的爱国主义与民族主义的强烈不满就可见一斑了。这样看，他对待侵略与蹂躏中国的外敌尚且如此，对待一国之内的其他兄弟民族就更不可能存什么仇视与排斥之心了。因此，把他早年的"排满"革命与《石头记索隐》开头所谓的"《石头记》者，清康熙朝政治小说也。作者持民族主义甚挚。书中本事，在吊明之亡，揭清之失"等话语结合起来，就草率地推断出蔡元培写作《石头记索隐》的目的在于宣传排满、倡扬民族主义的反满清的政治倾向，恐怕是对他的一种误会。正如刘广定先生所言，蔡之所谓"政治小说"，只是指含有政界人物故事的小说而已，与现代"政治小说"意义不同（刘广定，2003）。而"作者持民族主义甚挚"等语，与其说是论者"持民族主义甚挚"的表述，不如说是论者本着客观求实的态度从小说中发现的"事实"，而蔡元培本人所抱持的绝非狭隘的民族主义，所反对的也绝非满族人，而是占少数的统治者的特权，是阻碍社会进步、让人民得不到自由平等生活的腐朽专制的封建政权。综上，可以肯定地说，蔡元培写作《石头记索隐》的目的并不在宣扬狭隘的民族主义、倡扬反异族统治的政治倾向。

二

我们认为，蔡元培写作《石头记索隐》的深层动机，在于提高语体小说在文学大家庭中的地位，通过肯定语体小说而肯定语体文，从而促进统一的国语的形成、使用与推广。

1922 年，顾颉刚曾致信胡适驳论蔡元培的《石头记索隐》。顾颉刚在这封信中指出："实在蔡先生这种见解是汉以来的经学家给予他的。"（胡适，1988）虽然顾所批评的是蔡元培写作《石头记索隐》所用的"附会的法子"，认为它继承的是汉以来的经学家阐释《易经》《诗经》等所惯用的方法，但同时也指出了这样一个毋庸置疑的事实：蔡元培像古代经学家研究儒家经典一样研究《红楼梦》。事实上，蔡元培也的确是这样做的。而他用治经的方法研究《红楼梦》这一行为本身，正说明历来在正统文学观念中不登大雅之堂的、以《红楼梦》为代表的语体"小说稗类"在他那儿成了可以与儒家经典、与诗文正统相提并论的研究对象（虽然他不曾像后来胡适那样明明白白地大声宣称）！以他在学界的崇高地位和在社会上强烈而广泛的影响，这一行动对于语体小说的推广，对于小说在社会上、在文学类型中的地位无疑是一种极大的促进与提升。

蔡元培虽然主要是对《红楼梦》进行索隐式的研究，但他对《红楼梦》的文学价值是有着充分的认识和高度的评价的。他说：

> 许多语体小说里面，要算《石头记》是第一部。他的成书总在二百年以前。他反对父母强制的婚姻，主张自由结婚；他那表面上反对肉欲，提倡真挚的爱情，又用悲剧的哲学的思想来打破爱情的缠缚；他反对禄蠹，提倡纯粹美感的文学。他反对历代阳尊阴卑、男尊女卑的习惯，说男污女洁，且说女子嫁了男人，沾染男人的习气，就坏了。他反对主奴的分别，贵公子与奴婢平等相待。他反对富贵人家的生活，提倡庄稼人的生活。他反对厚貌深情，赞成天真烂漫。他描写鬼怪，都从迷信的心理上描写，自己却立在迷信的外面。照这几层看来，他的价值已经了不得了。这种表面的长处还都是假象。他实在把前清康熙朝的种种伤心惨目的事实，寄托在香草美人的文字，所以说"满纸荒唐言，一把辛酸泪"。他还把当时许多琐碎的事，都改变面目，穿插在

里面。这是何等才情！何等笔力！我看过的书，只有德国第一诗人鞠台所著的《岳斯脱》(*Faust*) 可与比拟……《石头记》是北京话，虽不能算折衷的语体，但是他在文学上的价值，是没有别的书比得上他，又是我平日研究过的，所以特别的介绍一回。(高平叔，1985)

从这段话中我们至少可以获得以下几个信息：蔡元培之所以"特别的介绍一回"《石头记》，是因为：第一，《石头记》是许多语体小说里面最好的一部；第二，《石头记》在思想上、艺术上都有着了不得的价值；第三，《石头记》表面的"香草美人"的文字之下，还寄托着前清种种伤心惨目的事实；第四，即使放在世界文学之中，《红楼梦》也是非常了不起的，只有歌德的《浮士德》（即引文中鞠台所著的《岳斯脱》）可与之相媲美。如果单纯结合蔡元培的《石头记索隐》来看，我们也许会以为在这四点之中，蔡元培所最看重的是第三点。但是如果我们了解了蔡元培是在什么场合、为了什么目的讲的这番话，就会发现，他之所以特别的介绍《石头记》，其实主要为的是第一点：它是许多语体小说里面最好的一部！

1920 年 6 月 13 日，蔡元培在国语传习所发表一次演说。这次演说一开始，蔡元培就自问自答，阐明了之所以要有国语的原因。他说：

　　为什么要有国语？一是对于国外的防御，一是求国内的统一。现在世界主义渐盛，似无国外防御的必要，但我们是弱国，且有强邻，不能不注意。

　　国内的不统一，如省界，如南北的界，都是受方言的影响。

既然国语既事关对外防御与国内统一，又能为国民生活提供便利[1]，那当然应该大力提倡了。如何形成一种国语呢？蔡元培指出了途径：

　　我们想造成一种国语，从那里下手呢？第一是语音，第二是语法，第三是国语的文章。

接下来，在依次分析与介绍了改造语音、语法的方法以后，在"语体文"部分，他"特别的"重点介绍了《石头记》。也就是说，"《石头记》是北京话，虽不能算折衷的语体"[2]，但是作为"文学上的价值""没有别的书比得上"的"许多语体小说里面"的"第一部"，在形成一种国语的过程中，它还是有资格被作为

1　1922 年，蔡元培还专门撰写了一篇名为《国语的应用》的文章，论述国人应用国语的需要。他认为，在求知识、谋职业和服务社会这三件最重要的事情上，应用国语都能带来很大的便利，因此国人必须学习与应用统一的国语。

2　在这段演说的前半部分，他曾谈到："用那一种语言作国语？有人主张北京话，但北京也有许多土语，不是大多数通行的……国语的标准决不能指定一种方言，还是用吴稚晖先生'近文的语'作标准，是妥当一点。现在通行的白话文，就是这一体。"

"国语的文章"的范本的！由此可见，在蔡元培的心目中，《红楼梦》是与他统一国语的救国思想密不可分的。我们即使不能因此而断定他写作《石头记索隐》的非常自觉的目的就是为了吸引更多的人阅读《红楼梦》、接受语体文并从而推进国语的统一与应用，但完全有理由相信，以他统一国语以救国利民之热切，借《红楼梦》的广泛传播以推广语体文进而逐步统一国语，必然是促使他写作《石头记索隐》的潜在的、深层的动机[3]。

<h1 style="text-align:center">三</h1>

一个我们不应忽略的事实是，蔡元培即便在极力呼吁统一国语、提倡白话文的同时，也并没有对文言文进行彻底的否定，没有像胡适等白话文运动的倡导者那样把文言文斥为死文字，没有主张将文言文决绝地摒弃，毫不留情地扔进历史的垃圾堆里去。1920 年 10 月，蔡元培在北京高等师范学校作"论国文的趋势及国文与外国语及科学的关系"的演说时，指出：

国文分二种：一种实用文，在没有开化的时候，因生活上的必要发生的；一种美术文，没有生活上的必要，可是文明时候不能不有的。

实用文又分两种：一种是说明的。譬如对于一样道理，我的见解与人不同，我就发表出来，好给大家知道。或者预见一件事情，大家讨论讨论，求一个较好的办法。或者有一种道理，我已知道，别人还有不知道的，因用文章发表出来……一种是叙述的。譬如自然界及社会的现象，我已见到，他人还没有见到的，因用文章叙述出来……

美术文又分两种：一种有情的，一种无情的。有情的文章，是自然而然。野蛮人唱的歌……后来慢慢发达，就变作诗词曲等等了。无情的又分数种：一种是客套的……一种是卖钱的……一种是技巧的……

学生的国文既应以实用为主，可是文体应该用白话呢？或则用文言呢？有许多原因，我们不能不主张白话。

在蔡元培看来，"白话与文言，形式不同而已，内容一也"，因此文言文与白话文之间并没有你死我活的矛盾，它们是可以同时共存、并行不悖的。虽然为了现代

3　早在 1916 年秋，蔡元培就与北京各界人士联合发起成立了"国语研究会"，提倡"国语统一""言文一致"。该研究会于 1917 年、1918 年及 1919 年各召开一次大会，通过并改定简章，推举蔡元培为会长。

生活的方便，"我们不能不主张白话"，而且虽然他"敢断定白话派一定占优胜。但文言是否绝对的被排斥，尚是一个问题"。照他的观察，"将来应用文，一定全用白话。但美术文，或者有一部分仍用文言"。

　　作为一个五岁零一个月就进家塾读书、十三岁已经学作八股文、十六岁就考取秀才、二十六岁被朝廷授为翰林编修的旧学才子、通学大儒，蔡元培可以说是在文言文的浸泡与濡染之下长大并靠文言文而博取功名、获得盛誉的。他阅读文言文自然没有任何障碍与不适，运用文言文也绝对地挥洒自如，甚至比一般的旧学之士还要淋漓尽致、"不落恒蹊"。他自己在《口述传略》中也不无自得地提到："偶于书院中为四书文，则辄以古书中通假之字易常字，以古书中奇特之句法易常调，常人几不能读，院长钱振常、王继香诸君转以是赏之。其于乡、会试，所作亦然。"可以说文言文对他而言没有任何不方便之处，他本人对于文言文也没有丝毫的反感。因此，他之所以极力提倡统一国语、提倡应用与推广，完全是为广大民众考虑。蔡元培是一个忧国忧民意识特别强烈的自由主义知识分子，"从五四到人权联盟，先生之行在民主自由"，他毕生都在为将中国改造成一个科学、民主与自由的现代化的国家而努力。虽然蔡元培极力想要摆脱自居大众之上的精英感，为此还特意将自己的号由"民友"改为"孑民"（他尝自问："吾亦一民耳，何谓民友？"），但事实上，在他为中国社会的自由平等而奋斗的岁月里，在社会基本上还蒙昧未开、教育未普及、绝大部分民众不通文言的情况下，他是当之无愧的精英。正因为不愿意高居少数特权阶层之列，恒守一己之精英地位悲悯或漠然地俯视众生，他才不惜毕生精力为社会的改造而奔走呼号。一个自由平等的社会从何建起？在他这样一个教育家与社会改革家看来，平民教育、教育的普及是必不可少的。而要想做到在平民中普及教育，首先就必须统一国语，推广白话文。他说："从前的人，除了国文，可算是没有别的功课。从六岁起到二十岁，读的写的，都是古人的话，所以学得很像。现在应学的科学很多了，要是不把学国文的时间腾出来，怎么来得及呢？而且从前学国文的人是少数的，他的境遇，就多费一点时间，还不要紧。现在要全国的人都能写能读，那能叫人人都费这许多时间呢？"对于有人"靠文言来统一中国"的提议，蔡元培反对的理由是，"要说是靠文言来统一中国，那些大多数不通文言的人，岂不屏斥在统一之外么"？他心目中的统一，是理所应当包括所有平民也即"那些大多数不通文言的人"在内的统一。蔡元培还曾经专门写过一篇文章，谈国语的应用。在文章中他谈到，我们生在一个国家里面，最重要的事情莫过于求知识、谋职业和服务社会了，而这三件事都有应用国语的必要。首先，在求知识方面，如果学生会讲国语就会很便利，到外地学习就不用学当地方言，也不会有听不懂的麻烦了。其次，在谋职业方面，要是大家都会国语，去外地谋生，就不会有因语言不通而带来的障碍了。最后，在服务社会方面，因为不同地方的人各讲自己的方言，与其他地方的人交流与沟通起来就不太容易，这样往往会引起一些误会与争执，引起排斥外乡人的问题。因此为了"合全国同胞来大公无私为国家服务"，大家都应该学国语。文章虽然是针对全体国民而言，但重点无疑还是在为广大的平民阶层而着想。从大处说，蔡元培统一国语、倡导推广白话文的目的是为了抵抗外侮、统一国家；而落实到国民生活上，则是为广大平民谋便利。可以说，在蔡元培眼里，统一的国语和白话文是广大平民在社会上的安身立命之本。他之所以特别向大家介绍《红楼梦》，是为了以其典范的语体文去帮助新兴的平民大众创造便利生活的文化资本——统一的国语。而写作《石头记索隐》无疑正是一种有效地引起人们对《红楼梦》的阅读兴趣、有效地推动《红楼梦》的传播，从而也有效地推动统一的国语之形成、使用与推广的方式。

参考文献

[1] 蔡建国 . 蔡元培先生纪念集 . 北京：中华书局，1984.
[2] 高平叔 . 蔡元培全集第一卷 . 北京：中华书局，1984.
[3] 高平叔 . 蔡元培语言及文学论著 . 石家庄：河北人民出版社，1985.
[4] 胡适 . 胡适红楼梦研究论述全编 . 上海：上海古籍出版社，1988.
[5] 刘广定 . 蔡元培《石头记索隐》补遗 . 红楼梦学刊，2003（1）.
[6] 杨扬 . 自述与印象：蔡元培 . 上海：生活·读书·新知三联书店，1997.
[7] 张晓唯 . 蔡元培评传 . 南昌：百花洲文艺出版社，1993.
[8] 周策纵 . 五四运动史 . 长沙：岳麓书社，1999.

作者简介

舟利华，1969 年生，毕业于北京师范大学，文学博士，副教授。主要研究方向为比较诗学和跨文化交际。主要研究成果有专著《〈红楼梦〉研究学案》和论文《从〈北京折叠〉的英文译本 FOLDING BEIJING 看刘宇昆的跨文化沟通能力》等。

（原载《文化与诗学》2010 年第 1 辑）

民主观念与科学精神的铸造
——胡适考证白话传统小说的动机

冉利华

▶ **摘　要**：胡适考证传统白话小说，不仅是为了倡扬白话文，提升白话文学的地位，为白话新文学提供榜样，还是为了借此在中国社会进行思想革命，从而实现其"再造文明"的宏伟目标。

▶ **关键词**：胡适；考证；白话小说

从 1920 年起，胡适开始对一系列传统小说进行考证。他自己说：

> 从 1920 年到 1933 年，在短短的十四年之间，我以"序言""导论"等不同的方式，为十二部传统小说大致写了三十万字的考证文章。（唐德刚，2005）

他认为，这些中国传统小说——

一共有两种体裁：第一种是由历史逐渐演变出来的小说，例如《三国演义》《西游记》《封神榜》《水浒传》……对这些小说，我们必须用历史演进法去搜集它们早期的各种版本来找出它们如何由一些朴素的原始故事逐渐演变成为后来的文学名著。

第二种小说是创造的小说，例如《红楼梦》。对这一种小说我们就必须尽量搜寻原作者的身世和传记数据，以及作品本身版本的演变及其他方面有关的资料。（唐德刚，2005）

而在所有有关这两种小说的研究中，他用的是同一种"科学的治学方法"，即"由证据出发的思想方法"（唐德刚，2005）。

胡适考证这些传统白话小说动机何在呢？

一

众所周知,胡适最初"暴得大名",纯粹是因为他提倡文学革命。1917 年 1 月,他的《文学改良刍议》一文在《新青年》上发表。文章开宗明义地指出文学改良需从八事入手：

> 一曰，须言之有物。二曰，不摹仿古人。三曰，须讲求文法。四曰，不作无病之呻吟。五曰，务去滥调套语。六曰，不用典。七曰，不讲对仗。八曰，不避俗字俗语。（胡适，1917）

他的"言之有物"之"物",不同于古人的"文以载道"之"道",而是指有情感、有思想,有"今日社会"与"这一个时代"的情感与思想。而文学要能有效地表达当代的新的情感与思想,就不能不运用当代的"活的工具"——新鲜的活泼的口语,一种"人民的活生生的语言",因为"语言是最重要的思想和表达的载体"(胡适,1986)。因此他极力反对摹仿古人,反对作文作诗用"三千年前之死字",而大力肯定不避俗语俗字的通俗行远的白话小说。他说："吾每谓今日之文学,其足与世界'第一流'文学比较而无愧色者,独有白话小说一项",甚至提出"白话文学为中国文学之正宗""为将来文学之利器"(胡适,1917)的观念。

在当时的中国,经由晚清梁启超等人的"小说界革命"和对"国语""白话文"的提倡,社会上已经出现了一些白话报和不少白话小说、文章,甚至连古文大家林纾也不仅大量翻译西方小说,而且称某些西方小说家为可以与太史公比肩(郑振铎,1981)。然而提倡白话者往往只是把白话当作开启民智的工具,却并不认同白话文学。相反,他们仍认为文言的古文、骈文和律诗才是高雅的文学,仍然只作古文古诗。提倡小说者,则往往将小说与经史相比附,强调其教化功能和启蒙作用,以之为服务于政治运动的工具,而并未真正以文学目之,而且往往虽认可通俗小说而鄙视白话。因此,胡适此文一出,在当时的中国文坛和思想界引起了巨大的反响,并由此拉开了文学革命的序幕。陈独秀最先响应,接着,北京大学的师生钱玄同、刘半农、周作人、傅斯年等也纷纷撰文,展开了热烈的讨论；而鲁迅等作家们则以其白话文学作品"显示了文学革命的实绩"。令胡适意外而且高兴的是,他们的斗争非常快地获得了"部分的胜利",1920 年,北京政府教育部就正式下文，通令全国，从当年秋季开始，所有小学一二年级的教材必须全部用白话文。1922 年以后，所有小学的教材都要以白话文为准了（唐德刚，2005）。而令他感到不满意的是，虽然 1918 年 1 月之后，所有的文学创作都用白话了，但是事实上"文学方面的进展是相当缓慢的"（唐德刚，2005）。张恨水等人用古文所写的文言通俗小说在下层民众中大受欢迎，而在相当长的一段时间内，接受白话小说的只是特定的小部分人。可以说，原有意面向"引车卖浆者流"的白话小说只在上层精英知识分子和追随他们的边缘知识分子中流传，而古文却在更低（底）层但有阅读能力的大众中风行（罗志田，2006）。究其原因，除了创作者有意识无意识的精英感、与下层广大民众的疏离等各种复杂的因素以外，很大程度上还是由于当时很多白话小说启蒙味道太浓，生活气息较少，而技巧又不够圆熟，除了语言是白话可能让一般民众阅读无碍外，其他从内容到形式各方面都让一般读者接受起来尚有困难。从这一点着眼，胡适从 1920 年开始选择一系列传统白话小说进行考证，一定程度上是出于这样一种考虑，即不满于当时的白话小说创作与接受的情况，故特意整理文学国故，提供一些优秀的古典白话小说作为新文学的榜样。

其实这一层意思胡适早在 1918 年 4 月发表的《建设的文学革命论》一文中就已经明确了。他指出，"创造新文学的进行次序，约有三步：（一）工具，（二）方法，（三）创造。"至于如何去获取有效的"工具"，他认为大体上有两种办法，其一就是多多阅读《水浒传》《西游记》《儒林外史》《红楼梦》等"模范的白话文学"。不过他又接着说，单有"工具"，没有方法，即单靠白话，没有高明的文学方法，也创造不出真正的新文学。那么高明的文学方法何由得之呢？他觉得中国的文学方法很不完备，不足以成为新文学的模范，中国仅有的三四部算得上好的小说中也有许多疵病。相比较而言，西洋的文学方法就"完备得多，高明得多"，因此我们要创造新文学就不可不向西洋文学学习。尽管如此，在具体论述"文学的方法"之时，他还是时时处处以中国文学中这三四部好小说作为新文学取鉴的对象。例如，在谈到收集材料的方法时指出，实地的观察和个人的经验固然极其重要，但还需有活泼精细的想象（胡适名之为"理想"）作为补助。在这里，他援以为例的是施耐庵及其《水浒传》。他说，施耐庵若单靠观察和经验，决不能做出一部《水浒传》。接下来，在谈到描写的方法时，他又以《红楼梦》《水浒传》等为例，说明写人、写境、写事、写情都要有个性的区别。"件件都是林黛玉，决不是薛宝钗;件件都是武松,决不是李逵……《红楼梦》里的家庭,决不是《金瓶梅》里的家庭。"(胡适,1918)显而易见,在他眼里,《水浒传》《红楼梦》等"绝无仅有"的好小说还是有资格做新文学的"模范"的。

二

当然,胡适以"科学的方法"考证古典白话小说更重要的目的在于进一步确立与巩固白话小说的"文学正宗"地位。胡适坦言,在中国文艺复兴运动的初期,他便不厌其详地指出这些小说的文学价值,但是后来发现一味地称赞这些小说的优点,想要借此而给予它们"应得的光荣",事实上却收效甚微,可以说是一种"没有效率的方式"。他认识到,要想让这些小说在中国文学史上获得其应有的地位,就应该采取某种更有实效的方式。而他所建议的"更有实效的方式",就是对这些小说进行一种合乎科学方法的批判与研究,从而推崇于学术研究之中。具体而言,就是"要对这些名著做严格的版本校勘和批判性的历史探讨——也就是搜寻它们不同的版本,以便于校订出最好的本子来。如果可能的话,我们更要找出这些名著作者的历史背景和传记资料来"(唐德刚,2005)。他知道,这种工作能够给予这些历来不登大雅之堂的古典白话小说名著以现代学术荣誉。如果被认定了它们也是一项学术研究的主体,那与传统的经学、史学平起平坐,则不必称赞,不用鼓吹,其文学地位自然也就提高了。因此,从1920—1936年的16年之间,他用实际行动,花了大量时间对这些传统名著进行合乎现代科学方法的学术研究。

胡适的努力没有白费。历史事实表明,当他提倡以白话小说为文学正宗时,除了明确宣称,确实只有率先实践,将白话小说作为与经学、史学同等严肃的学术研究主题之后,白话小说在文学大家庭中的经典地位才正式确立了。

在《中国近代思想史上的胡适》一文中,余英时先生对于胡适思想革命的两个领域有非常精到的论述。他认为,胡适思想影响的全面性主要由于它不但冲击了中国的上层文化,而且触动了通俗文化。胡适"暴得大名"最初完全是由于他提倡文学革命。他提倡白话,尊《水浒传》《红楼梦》《儒林外史》为文学正宗,把通俗文化提升到和上层文化同等的地位上来。这一全新的理论受到了广大城市平民——新兴知识分子和工商阶层的广泛支持,同时也因为直接威胁到士大夫的上层文化的存在而激起当时守旧派的强烈反感。如果胡适仅以提倡白话而轰动一时，那么他的影响力最多只能停留在通俗文化的领域之内。上层文化界的人不但不可能承认他的贡献，而且还会讥笑他是"以白话藏拙"。在当时学术界的领导人物的精神凭藉和价值系统基本上仍多来自儒家，国故学界各家研究都是建筑在乾、嘉以来考据、辨伪的基础之上的背景下，胡适在国故学界的出色"表演"——在北京大学中国哲学史课堂上用新观点、新方法成功地把北大国学程度最深而且具有领导力量的几个学生傅斯年、顾颉刚等从旧派教授的阵营中争取过来；在《中国哲学史大纲》中用大量的篇幅讨论有关考证、训诂、校勘的种种问题；以当时西方哲学史、历史学和校勘学的方法论为基本构架，对清代考证学的各种实际方法作了一次系统的整理——使他得以跻身于考证学的"正统"之内，从而在中国取得了思想的领导权（余英时，2004）。

其实，胡适对古典白话小说的考证工作，是他为了白话文学的正宗地位在上层文化界得到认可而在国故学界做出的又一次出色的"表演"。在当时的中国，虽然白话文的倡导得到了极其热烈的响应——1919—1920 年，全国大大小小的学生刊物约有四百多种，它们全部都是用白话文写作的（唐德刚，2005），而且民国 9—10 年（1920—1921），白话公然叫作国语了（欧阳哲生，1998），虽然白话文学的鼓吹与尝试也获得了巨大的成效——1916 年以后"活的文字"就被尝试着用来作为一切文学的媒介；从 1918 年起，《新青年》杂志开始全部用白话文编写，虽然偶尔还夹杂几篇简洁的古文，但是大多数的文章都是以白话为主了；1918 年 1 月之后，所有的文学作品都开始用白话文进行创作（唐德刚，2005）——但是白话文主要还是流行在"一般群众和青年"之中，而并未得到多少"传统士大夫"式知识分子的认同。相反，来自上层文化界的阻力还是非常大的。不仅北大之内的守旧派刘师培、黄侃、陈汉章、梁漱溟等发起成立了《国故》月刊社，以图拯救新文化运动导致的"国学沦丧"（发起始末，国故，1919），而且校外的林纾公开致信时任北大校长的蔡元培，指责胡适等"尽反常轨，侈为不经之谈"，忧心忡忡于"若尽废古书，行用土语为文字，则都下引车卖浆之徒，所操之语，按之皆有文法，不类闽、广人为无文法之啁啾。据此，则凡京、津之稗贩，均可用为教授矣"（林纾，1924）；严复则更是干脆嗤之以鼻，鄙薄不已，认为文学革命正如"春鸟秋虫"，必将"自鸣自止"（王栻，1986），根本不值得忧虑、较论。

这些守旧派人士自然是或担忧或耻笑以白话文学为代表的通俗文化对传统高

雅文化的侵袭与破坏，因此极力抗拒通俗文化。而胡适呢，则正是要努力把通俗文化提升到至少与传统高雅文化并驾齐驱的地位。他曾明确指出，他们所倡导的这一文学革命运动，事实上就是负责把大众所酷好的小说升高到在中国活文学上应有的地位（唐德刚，2005）。罗志田先生说得很透辟："小说的地位升高，看小说的'大众'的地位当然也跟着升高"（罗志田，2006）。因此，提升白话文学的地位也就是提高大众在社会生活中的地位，是为大众提供与上层高雅文化斗争的文化资本。

胡适此举的目的可以说是成功地达到了，而其手段则耐人寻味——用上层文化界推崇的乾、嘉考据学的方法研究上层文化界所鄙斥的白话文学，也就是说，以上层文化的合法性手段争取通俗文化资本的合法性，借上层文化之力巩固通俗文化的地位。胡适运用此法，首先跟他自己的学术研究兴趣与偏好有关。他曾说过：

> 我最恨中国史家说的什么"作史笔法"，但我却有点"历史癖"；我又最恨人家咬文嚼字的评文，但我却又有点"考据癖"！因为我不幸有点历史癖，故我无论研究什么东西，总喜欢研究他的历史。因为我又不幸有点考据癖，故我常常爱做一点半新不旧的考据。（欧阳哲生，1998）

如果不考虑这种"历史癖"与"考据癖"，那么胡适选用此法是否还有一些更深的用意？以胡适遇到压力就反弹的性格来看，这自然是一种更大胆的宣战——不仅要为这些白话文学作品争取文学史上的正宗地位，而且要更进一步，给予它们"现代学术荣誉"，认定它们也是一项学术研究的主体，"与传统的经学、史学平起平坐。"然而胡适又毕竟不是陈独秀，没有陈那种"必不容反对者有讨论之余地"（通信，新青年，1917）的激进的死硬的革命性。他"头脑细密，顾前顾后"（罗志田，2006），而且虽然提倡怀疑，喜欢立异，被"逼上梁山""首举义旗"号召文学革命，但内心里对于上层文化界的"学究"们还是很重视的。胡适自己的一段话明显地透露了他内心的想法。胡适晚年回忆他的《文学改良刍议》发表时的情况时说，这篇文章于1917年1月在《新青年》刊出之后，在中国文化界引起了一场极大的反应。北京大学一校之内便有两位教授对之极为重视，其一为陈独秀，另一位则是古典音韵学教授钱玄同。即使已经事隔多年，胡适仍然不无激动地说："钱氏原为国学大师章太炎的门人。他对这篇由一位留学生执笔讨论中国文学改良问题的文章，大为赏识，倒使我受宠若惊"（唐德刚，

2005）。

国学大师门人的赏识既然能让他受宠若惊，那上层文化界的国学通儒们的强烈反对应该不会只是单纯地加强他迎战的斗志，在一定程度上，他选用考据学方法研究白话小说未尝不是对学究们的一种妥协甚至迎合。可以说，他是在用这种独特的方式巧妙地告诉通儒学究们这些白话小说的一些值得研究之处。而一旦"学究"们对白话小说产生研究的兴趣，则离他们接受甚至喜欢上白话小说的时候也就不远了！

<h1 style="text-align:center">三</h1>

通过考证提升与巩固白话文学的地位并不是胡适的最终目的。对于他而言，此举另有深意。

胡适曾经分析过那些先自己而提倡白话文的维新人士的心理。他说，那些人可以说是"有意的主张白话"，但不可以说是"有意的主张白话文学"。实际上，他们是被困在重重矛盾之中的。一方面，他们很清楚白话文可以用来作为"开通民智"的工具；可另一方面，他们自己从心底里却是瞧不起白话文的，他们总觉得白话文只能用于无知百姓，而不可用于上流社会（欧阳哲生，1998）。

作为那次白话文运动的积极提倡与身体力行者，蔡元培后来也说："民元前十年左右，白话文也颇流行……但那时候作白话文的缘故，是专为通俗易解，可以普及常识，并非取文言而代之。"（蔡元培，1981）

那么胡适"高揭文学革命的旗帜"，极力主张以白话文取代文言文，又是出于何种心理与目的呢？在《尝试集》自序里，胡适曾提到，他的朋友钱玄同曾经替《尝试集》作过一篇长序，在该序中，钱玄同把应该用白话做文章的道理说痛快透彻（欧阳哲生，1998）。我们且看看钱玄同是如何说的——

　　文章开篇不久，钱氏即指出，中华的字形，无论虚字实字，都跟着字音转变。既然如此，那么在中国就应该一直是"言文一致"的。可是事实上，2000年来，语言和文字却相去甚远。这其中的原因是什么呢？

对于自己提出的这个问题，钱氏随即进行了分析解答。他认为，中国言文长期不一致的原因有二：其一是自秦始皇开始，历代封建统治者（钱氏谓之"独夫民贼")喜欢摆架子，无论什么事情都要与平民不一样，以此而使自己那野蛮的体制尊崇起来。他们这种做法不仅表现在日常生活之中，举凡吃、穿、住、行等，全要"不近人情"，不许别人效尤，而且贯彻到文字的运用方面，如秦始皇看见辠犯的"辠"字和皇帝的"皇"字（古写）上半部都从"自"字，便老大不快，硬令"辠犯"改用"罪"字；又把本无分别的"朕""我"二字强行划分，前者归皇帝专用，后者为臣民大众共用，等等。始皇既开此先例，后来的"独夫民贼"们便纷纷从而效尤，"定出许多野蛮的款式来；凡是做到文章，尊贵对于卑贱，必须要装出许多妄自尊大看不起人的口吻；卑贱对于尊贵，又必须要装出许多弯腰屈膝胁肩谄笑的口吻。"（钱玄同，1981）因为，如果没有那种"骄""谄"的文章，这些"独夫民贼"的架子便摆不起来了。钱氏认为这便是中国言文分离的第一个缘故。

至于言文分离的第二个原因，钱氏认为是"文妖"之过。这些"文妖"又可具体分为两种：一种喜欢模拟古人、雕词琢句，另一种则热衷于讲究文章的"格律"与"义法"等。他指出，这两种"文妖"是最反对那老实的白话文文章的。为什么？因为如果用白话文做文章，那么"第一种文妖，便不能搬运他那些垃圾的典故，肉麻的辞藻；第二种文妖，便不能卖弄他那些可笑的义法，无谓的格律。并且若用白话做文章，那么会做文章的人必定渐多，这些文妖，就失去了他那会做文章的名贵身份，这是他最不愿意的"（钱玄同，1981）。

就其实质而言，无论是"独夫民贼"还是两种"文妖"，他们故意造成言文分离的状况，目的都在于要在社会上划分出不同的等级，使自己高高凌驾于大众之上，彰显其不凡。而现在文学革命的先锋们认定白话是文学的正宗，却"正是要用质朴的文章，去铲除阶级制度里的野蛮款式；正是要用老实的文章，去表明文章是人人会做的，做文章是直写自己脑筋里的思想，或直叙外面的事物，并没有什么一定的格式"（钱玄同，1981）。

显而易见，以胡适为首的"文学革命"的提倡者们此时标举白话文早已不仅仅是因为文言文"晦涩难懂，作为工具已不实用"（曹而云，2006），也不仅仅是出于"哀怜老百姓无知无识，资质太笨"而给他们的"一种求点知识的简易法门"（赵家璧，1981），而是想拆散那些"独夫民贼"的"架子"，消除文学中的"骄""谄"之气，使人与人之间的"尊贵"与"卑贱"之分不再通过文学而泛滥；是要撕烂那些"文妖"靠"垃圾的典故""肉麻的辞藻""可笑的义法"与"无谓的格律"

等所织就的"名贵"外衣，在社会上培养文章并无定法、人人都能做的意识。说得直接明了一点，就是通过文字的改革，在社会上培养一种新的自由、平等的观念。

倡扬白话小说有助于培养国民自由、平等的新观念；同时，通过考证白话小说而"阐明和传播由证据出发的思想方法"，则有助于培养国民的科学精神，有助于大众逐渐学会用评判的态度看待事物，用科学的方法研究问题，"使我们不让人家牵着鼻子走"（赵家璧，1981）。培养民主观念与科学精神，是在中国社会进行思想革命的两个方面。而对于社会责任感特别强烈并早已认识到追求政治途径以改造社会无裨于事[4]的胡适而言，思想革命正是实现他的宏伟目标——"再造文明"的最好的途径。因为"新思想""新精神"一旦在社会上广为传播、深入大众的头脑，"德先生"和"赛先生"一旦在社会上受到广泛的拥戴，一种"由人民发动"的新政治一旦形成，一种"新的文明"也便"再造"成功，自由与民主的社会也就达成了！胡适晚年就是这样给当年那场由他所"策动"的"中国文艺复兴"也即"新思潮""下定义"的："通过严肃分析我们所面临的活生生问题，通过由输入的新学理、新观念、新思想来帮助我们了解和解决这些问题，同时通过以相同的批判的态度对我们固有文明的了解和重建，我们这一运动的结果，就会产生一个新的文明来。"（唐德刚，2005）

胡适深信，文明不是笼统形成的，是一点一滴地形成的；进化不是一晚上笼统进化的，是一点一滴地进化的（胡适，1919）。而提倡白话文、推崇白话文学、考证古典白话小说、整理国故等工作，正是他为了实现"再造文明"这个"唯一的目的"所做出的一点一滴的努力。从这个意义上来说，胡适考证传统白话小说，已经不只是想把它们作为语言教具，借它们而从语言上把平民武装起来，不只是想把它们作为新文学的样本，不只是想通过此举而提升白话文学的地位，而更多是为了在整个社会上推行一种自由平等的新思想、新道德、新风尚，为了从思想观念上把全体大众改造过来、武装起来，是为了创造一种自由、平等与科学的新政治新社会。也就是说，胡适借此而进行的不仅是语言与文学启蒙，而且是思想启蒙；尤为重要的是，他所启蒙的对象不仅仅是引车卖浆者流，而是包括以往的启蒙者在内，包括所有的"会说什么'圣贤'话，'大人'话，'小人'话，'求容'话，'骄人'话，'妖精'话，'浑沌'话，'仙佛侠鬼'话，最不会的是说'人'

---

[4]　参见：周策纵《五四运动史》，岳麓书社，1999年，第326页；周明之，《胡适与中国现代知识分子的选择》，广西师范大学出版社，2005年，第175页。

话"（傅斯年，1981）的"文妖"在内，包括所有把中国搞得民不聊生、"山穷水尽"的"独夫民贼"与军阀在内。在他这里，那些传统白话小说成了与那些"孔教、礼法、贞节、旧伦理、旧政治""旧艺术、旧宗教""国粹和旧文学"（胡适，1919）等等斗争的工具。

参考文献 ├─────────────────────────────────────

[1] 蔡元培 . 总序 . 载《中国新文学大系建设理论集》（影印本）. 上海：上海文艺出版社，1981.

[2] 曹而云 . 白话文体与现代性 . 上海：生活 · 读书 · 新知三联书店，2006.

[3] 傅斯年 . 白话文学与心理的改革 . 载《中国新文学大系建设理论集》（影印本）. 上海：上海文艺出版社，1981.

[4] 胡适 . 胡适作品集（第 37 册）. 台北：远流出版事业股份有限公司，1986.

[5] 胡适 . 建设的文学革命论 . 新青年，1918(4).

[6] 胡适 . 文学改良刍议 . 新青年，1917(2).

[7] 胡适 . 新思潮的意义，新青年，1919(1).

[8] 林纾 . 畏庐三集 . 北京：商务印书馆，1924.

[9] 罗志田 . 再造文明的尝试 . 北京：中华书局，2006.

[10] 欧阳哲生 . 胡适文集（第 2 册）. 北京：北京大学出版社，1998.

[11] 欧阳哲生 . 胡适文集（第 3 册）. 北京：北京大学出版社，1998.

[12] 欧阳哲生 . 胡适文集（第 9 册）. 北京：北京大学出版社，1998.

[13] 钱玄同 . 尝试集序 . 载《中国新文学大系 建设理论集》（影印本）. 上海：上海文艺出版社，1981.

[14] 唐德刚 . 胡适口述自传 . 桂林：广西师范大学出版社，2005.

[15] 王栻 . 严复集（第 3 册）. 北京：中华书局，1986.

[16] 余英时 . 重寻胡适历程——胡适生平与思想再认识 . 桂林：广西师范大学出版社，2004.

[17] 赵家璧 . 导言 . 载《中国新文学大系　建设理论集》（影印本）. 上海：上海文艺出版社，1981.

[18] 郑振铎 . 林琴南先生 . 载《林纾的翻译》. 北京：商务印书馆，1981.

[19] 周策纵 . 五四运动史 . 长沙：岳麓书社，1999.

[20] 周明之 . 胡适与中国现代知识分子的选择 . 桂林：广西师范大学出版社，2005.

[21] 发起始末 . 国故，1919（1）.

[22] 通信. 新青年，1917（3）.

作者简介 ├────────────────────────────────

　　冉利华，1969 年生，毕业于北京师范大学，文学博士，副教授。主要研究方向为比较诗学和跨文化交际。主要研究成果有专著《〈红楼梦〉研究学案》和论文《从〈北京折叠〉的英文译本 FOLDING BEIJING 看刘宇昆的跨文化沟通能力》等。

（原载《中国文学研究》2009 年第 4 期）

四、当代文艺

"鲁迅大撤退"的背后：知识生产与意识形态

唐利群

▶ **摘　要：**"鲁迅大撤退"是新世纪以后由鲁迅作品撤出中学教材而引发的大讨论。新媒体的众声喧哗既放大了问题，又使得很多问题似是而非，以至于连是否存在"鲁迅大撤退"都无法达成共识。本文通过细致的材料梳理，将"鲁迅大撤退"还原为真命题，并由此揭示在这一波及面甚广的文化现象的背后，其实隐藏着远早于此的、与鲁迅及其作品相关的知识生产所经历的巨大的转换过程；中学教育作为意识形态国家机器的一个重要环节，在对鲁迅形象的塑造和接受方面起到关键性的作用；而更值得注意的是：在后革命时代不断"还原鲁迅"、鲁迅作品不断"去政治化"的话语之下，同样暴露了"去政治化的政治"的意识形态功能，它对应着"去阶级化"的政治退却中知识分子自觉与不自觉的阶级意识，而新媒体提供的话语场则使得围绕"鲁迅大撤退"的争论更像是各种意识形态的表达和较量。

▶ **关键词：**"鲁迅大撤退"；知识生产；意识形态

一

如果仅从现象的层面来看，关于"鲁迅大撤退"的热议似乎是新媒体时代一则微博引发的"公案"，由于网络的迅捷和多元传播，使得来自网友大众、媒体记者、官方机构、教学一线、学院专家等的诸多声音被放大、混合、交锋，形成了一个歧见纷呈、众声喧哗的场域。在广泛的社会参与讨论之后，"鲁迅大撤退"这一语词被收入百度百科，并有专门的解释："2010年9月6日，编剧刘毅在其微博上发帖称，'开学了，各地教材大换血'——他列举了20多篇'被踢出去'的课文，其中涉及《药》《阿Q正传》《记念刘和珍君》等鲁迅的作品多篇，因此刘毅称之为'鲁迅大撤退'。事实上，在这之前，有关鲁迅作品将撤出语文课本的传闻由来已久。"不过，这里的叙述并没有包含所有的事实：鲁迅作品在中学语文教材中的删减，的确是由来已久的情形而并非只是传闻；发生在 2010 年的热烈讨论也并没有使争议尘埃落定，而是让人意识到这个话题的某种敏感性；到了 2013 年鲁迅作品《风筝》退出人民教育出版社新版初中一年级必修课教材时，便又一次激起了新的舆论波澜，支持和反对之声依旧泾渭分明。可见，关于鲁迅作品在中学课本中的命运早已溢出了语文教育的范畴，而成为值得探究的社会文化现象。

在众多各执一词的观点当中，值得注意的是将语文教材中鲁迅作品的删减视为一个"自然化""正常化"过程的看法，这种看法来自各方，具体表述各异而实质相同。比如网络论坛的意见：网友"本来老六"说："那么多年课文一直不更改才叫人沮丧呢。"网友"费舍"说："很多文章到现在确实没有意义了，应该更换。"[1] 这是认为世易时移，课文应该随着时代变化而更换。再如媒体记者的看法："对于中学语文教材的编选，应该有开阔的眼界、开放的视野和宽容的心态，对鲁迅作品在中学语文课本中的位置不应该过分敏感。增加或删减，这并不是课程改革的关键问题。"[2] 这是认为课文的增删无关乎课程本质，毋须过敏。还有来自中学教学一线的声音，如复旦附中语文特级教师黄玉峰的说法："就算将鲁迅的部分文章换成其他名家作品，也未必不好。毕竟好文章多得是，要培养学生理解鲁迅，也不是这些课文所能达到的。"[3] 这是认为用别的名家的文章代替鲁迅作品也无可厚非、顺理成章。当然，来自专家学者的看法更具有权威性，鲁迅研究的资深专家朱正在回应采访时说：自己对教材中的"鲁迅大撤退"毫不反感，也不感到遗憾；年轻人现在越来越不读鲁迅，这也是时代在进步。"现在的年轻人比我们那时高明。每个时代都有每个时代选择的东西。"[4] 这与前述网友的表述高度吻合，认为社会进步、时代发展会让鲁迅的作品自然遭到淘汰。凡此种种，皆呼吁以平常心来看待"鲁迅大撤退"，直至 2013 年《风筝》退出中学课本再遭争议时，从很多文章的标题就可以看出评论者一致的思路，如：《鲁迅退出教科书不必莫名惊诧》（《长江商报》2013 年 9 月 4 日）、《鲁迅文章退出教科书不必谈之色变》（《四

---

1 参见《"鲁迅大撤退"引发网友舌战》，《武汉晨报》2010 年 9 月 9 日。
2 参见《"鲁迅大撤退"惹争议》，《广东教育》2010 年第 12 期。
3 同上。
4 澎湃新闻 http：//www.thepaper.cn/newsDetail_forward_1378603_1。

川日报》2013 年 9 月 13 日）……

　　与"鲁迅大撤退"直接相关的新版教材编选方——人民教育出版社在这个问题上又是如何解释的呢？他们以专业研究的态度指出舆论传播中的不客观、非理性，相对于网络流传的富于倾向性和情感色彩的修辞——鲁迅作品"退出"，或被"撤出""剔除"甚至"踢出"等，他们更愿意使用不含褒贬的中性化的语词——"调整"，或者"微调"来界定新世纪以来进行"新课改"⁵带来的鲁迅作品在中学教材中的改变。如北大中文系教授、同时身任人教版新课程高中语文教材执行主编的温儒敏就撰文澄清："鲁迅作品选目的调整是事实，各种版本都有调整，一般来说在必修课中是减少了鲁迅篇目……而在另外新加的选修课教材中呢，又可能保留甚至增加了鲁迅作品的数量……无论哪个语文教材版本，鲁迅至今仍然是选收篇目最多的作家，对鲁迅选文'减少'的争议我看涉嫌'炒作'。"（温儒敏，2010）另一位执行主编顾之川则认为："现行语文教材中的鲁迅作品数量，只是比 1956 年版略有减少。"（顾之川，2013）人教社的另外一些编辑以及官方微博也纷纷以辟谣的方式声明：无论是"鲁迅大撤退"，还是"鲁迅退出中学课本"，都是"乌龙新闻"，是一个"伪话题"，⁶体现的是新媒体时代的喧嚣浮躁。按照这种权威和官方的说法，所谓"鲁迅大撤退"原来不存在。

　　认为新课程教材改革只是调整了收录篇目而并不存在"鲁迅大撤退"，其实也就是强调其理性化和常态化。上述各方——从普通网友到专家学者——传达出十分一致的知识和信息：鲁迅作品在中学语文教材中的删减是应当而且合理的调整，这不禁让人进一步追问：那么，这种改变究竟是如何调整、调整了什么以及为什么调整呢？

<h2 style="text-align:center">二</h2>

　　可以肯定，从来就没有一成不变的教科书，如果打开视野、从长时段的角度来考察语文课本中鲁迅作品的入选和落选，有一些基本的事实和趋向就会清楚地呈现出来。显而易见，鲁迅作品在教科书选文中的优势地位是从中华人民共和国

5　2001 年开始的"新课改"是"新一轮基础教育课程改革"的简称，目的是落实 1999 年公布的《中共中央、国务院关于深化教育改革　全面推进素质的决定》，语文教育方面要突出教材的人文性、学生的主体性。

6　《人教社："鲁迅退出语文教材"是个伪话题》，见：http：//edu.people.com.cn/n/2013/0906/c1053-22831437.html。

成立以后建立起来的。根据目前搜罗资料最为完全的《教材中的鲁迅》一书的调查统计，民国时期鲁迅作品在中学国文课本中就已经占有重要位置，甚至在曾经入选的篇目方面，选择范围比中华人民共和国成立后的教科书还要更加广泛 [7]，但是，鲁迅作品在民国教科书中的数量和地位是很不稳定的，比如，20 世纪 20 年代不少教科书完全不选鲁迅作品，而选鲁迅作品的教科书，入选的篇数也低于胡适、周作人、蔡元培或者叶圣陶、朱自清、孙中山等；20 世纪 30 年代四大主要出版社——商务印书馆、中华书局、世界书局、开明书店——所出版的各类中学教材中，每套入选的鲁迅作品大多在三四篇左右，极少超过 10 篇以上；而在 40 年代，国民政府教育部抗战期间编辑出版并用行政手段命令全国使用、发行量最大的《初中国文甲编》就没有收入鲁迅作品……与之形成对照的是中华人民共和国成立以后，教科书由民国时期的分散编写走向国家统编，鲁迅作品在中学语文课本的入选量稳定地居于作家之首。1950 年人教社出版中华人民共和国第一套初高中教材，鲁迅的选文至少已经达到了 15 篇 [8]。其后由于不同阶段教育指导思想的变化，教材时有变动，如在“文化大革命”最激进的 1966—1969 年间，为响应“教育革命”，曾经出现过停止使用“十七年”统一教材、全国各地纷纷自编“革命课本”的潮流，但是在 1970 年以后的重编和修订中，教材很快选入和增加了鲁迅作品。现有的统计显示，不同省市的自编教材每套选入的鲁迅作品大多为十来篇到二十余篇不等，最多的是 1974 年版的内蒙古自治区中学试用课本，初高中共选入了 29 篇鲁迅文章（其中 3 篇为鲁迅故事），如果还考虑到“文化大革命”期间学制缩短、课文总数减少的话，那么，这一时期表现出来的特点是这样的：“无论是五六十年代还是‘文化大革命’期间，历次教材减负，鲁迅作品都保持稳定，即使在课文数量大量减少的情况下，鲁迅作品数量也大都不变，因此所占比例反倒有所上升。” [9]可见，说鲁迅作品入选中学教科书的高峰是在“文化大革命”时期并不为过。

鲁迅在中华人民共和国成立后教科书中的优势地位无疑与革命领袖毛泽东对

7　参见陈漱渝主编的《教材中的鲁迅》，福建教育出版社，2013 年，第 21 页。在查阅 1920 年至 1949 年 90 余种中学国文教科书基础上发现，民国时期的课本选过很多中华人民共和国成立以后从未选用的鲁迅的书信、日记、序跋、学术论文以及文言作品等。
8　50 年代中学教材选入的《一件小事》《故乡》《药》《祝福》《孔乙己》《社戏》《藤野先生》《记念刘和珍君》《为了忘却的记念》《"友邦惊诧"论》等成为以后各时期较为稳定的基本篇目。
9　参见陈漱渝主编的《教材中的鲁迅》，福建教育出版社，2013 年。这是在统计了全国 20 多个省、市、自治区在 1966 年至 1977 年“文化大革命”期间编写的 71 套教材的基础上得出的结论。

鲁迅的推崇和高度评价直接相关，而接下来的"改革开放"时期则是以否定"文化大革命"作为开端的，虽然如此，却并没有彻底否定毛泽东思想，这个特点决定了"文化大革命"后的时代往往是以看似延续的方式进行着与前一时代的断裂。鲁迅作品在改革开放时期教材中的变化亦如此，一开始选文并没有因为"文化大革命"的结束而剧减，而是与"十七年"时期相当。如1978年恢复国家统编教材，"文化大革命"后第一套全国通用中学语文教材选入鲁迅作品18篇；1987年最后一套全国通用中学语文教材选入鲁迅作品多达27篇（其中5篇为纪念鲁迅的文章）。这以后，人教版全国统一教材逐渐被"一纲多本"所取代，各省市在"统一基本要求、统一审定"的前提下编写和出版各自的实验教材，90年代以后，鲁迅作品在中学教材中开始减少；而加速减少则与新世纪的"新课改"有莫大关系，2001年新的课程标准颁布，进一步追求教材的"多样化"，鲁迅作品在"新课标"必修教材中的数量继续下降，如2001年人教版新课标初中语文教材选入鲁迅作品8篇（其中1篇为鲁迅作品解读），2004年人教版新课标高中语文教材选入鲁迅作品3篇，加起来一共11篇；而其他如苏教版、粤教版、语文版、鲁教版的语文教材，选入的更少。[10]

　　以上虽然只是篇目数量的统计和梳理，但是数据的好处在于可以比较准确地证实：20世纪90年代以后，鲁迅作品在教科书中不断减少，进入新世纪后这一下降趋势尤为迅速和明显。如果以新世纪之初的11篇与1987年的27篇相比，已经减少了一半以上，所以"鲁迅大撤退"绝非"伪话题"而是"真命题"，而且它的发生远早于引起社会关注和热议的2010年。

　　至于撤退了什么，从篇目内容的变化也可见一斑。据统计，民国时期入选频次最高的是《呐喊》《野草》中的篇章，而40年代解放区的教材则非常重视鲁迅的杂文，这一点在中华人民共和国成立以后的教科书中得到继承和发扬[11]，从"十七年"到"文化大革命"，鲁迅杂文，尤其是后期杂文在选文中的比例不断上升，一套教材中会出现数篇甚至十余篇杂文。在"文化大革命"期间，许多之前未曾选过的《答托洛斯基派的信》《庆祝沪宁克复的那一边》《在现代中国的孔夫

10　根据《教材中的鲁迅》提供的1978年以后人教版19套教材和其他出版社22套教材的资料得出的结论。

11　"十七年"时期人教版教材选入的杂文有《我们不再受骗了》《记念刘和珍君》《"友邦惊诧"论》《为了忘却的记念》《对于左翼作家联盟的意见》《中国无产阶级革命文学和前驱的血》《人生识字糊涂始》《答北斗杂志社问》《论雷峰塔的倒掉》《"丧家的""资本家的乏走狗"》《论"费厄泼赖"应该缓行》《文学和出汗》《中国人失掉自信力了吗？》等。20世纪80年代，人教版教材选入的杂文也基本在此范围之内。

子》《十四年的"读经"》《关于中国的两三件事》《崇实》《辱骂和恐吓决不是战斗》
《华德焚书异同论》等诸多杂文入选,与当时的"大批判"政治形势相呼应。当然,
"文化大革命"结束之后,这些文章也都退出了课本。到了 90 年代以后,像《"丧
家的""资本家的乏走狗"》《论"费厄泼赖"应该缓行》《对于左翼作家联盟的意见》
《中国无产阶级革命文学和前驱的血》这类杂文,或由于战斗性太强,或由于阶
级文学的不易理解,也纷纷退出课本。到了新课标语文教材,每套选入的鲁迅杂
文不过一两篇。[12] 可以说,"杂文鲁迅"的退场是鲁迅作品删减过程中最为突出的
现象。

当然,在前述支持"鲁迅大撤退"的论者看来,这样的大撤退是完全合理、
正常的,因为他们把这样的删减视为一个"去政治化"的过程:鲁迅作品入选教
科书太多、入选的篇目太政治化,解读方式负载了太重的意识形态功能,只有进
行改革,才能让语文教育回归人文。在"鲁迅大撤退"的讨论中,对教科书中存
在着一个"意识形态化的鲁迅"的批评,对鲁迅作品教学乃至于语文教育的"人
文性"的召唤,是支持"鲁迅大撤退"的言论中的最强音。因此,类似中学老师
的这种看法可谓非常典型:"适当地剔除政治色彩,撇开所谓的意识形态的偏见,
还原文学审美本质功能,更注重时代元素,更关注人文精神,更强调教材编选内
容的丰富性,这种语文教材改革是有益探索和尝试。"(吴敏,2010)

三

所谓"政治化""意识形态化"了的鲁迅及其作品,指的是中华人民共和国
成立以后中学教材中形成的一整套"革命化"的阐释话语及其在当下的残留。问
题的关键在于,早在新世纪"鲁迅大撤退"讨论以前,对此的批判和清理就已经
在持续不断地进行和推进。可以说,学校里关于鲁迅的知识生产在半个多世纪里
经历了方向几乎相反的转换过程,而新世纪之所以会爆发波及面甚广的大争论,
实质上是这一巨大的转换过程中各种矛盾的集中体现。

如果追溯起来的话,50—70 年代完成的是对鲁迅"革命化"阐释体系的建构,

---

12 各省市新课标语文教材中出现频次最高的鲁迅杂文是《拿来主义》,其次是《记念刘和珍君》《为了忘却的记念》
《中国人失掉自信力了吗?》,昙花一现的还有《春末闲谈》《灯下漫笔》《论辩的魂灵》《聪明人和傻子和奴才》《巴
尔扎克作品、< 水浒 >、< 红楼梦 > 的对话艺术》等。

其中起到决定性作用的仍然是毛泽东。毛泽东将鲁迅视为思想文化战线上的主将、革命文化阵营中毫不妥协的斗争精神的化身、"党外的布尔什维克"、真正的马克思主义者，这是将鲁迅置于中国社会自近现代以来风起云涌的民主革命、民族解放斗争和无产阶级革命的历程中来考察和阐释其重大的文化价值和意义的，也只有在这样的阐释框架中，"革命鲁迅"的形象才能得到充分凸现。翻开 20 世纪 50 年代的中学教学大纲，里面明确表示："鲁迅的作品，在教学大纲规定的现代文学作品里占最大的分量。毛泽东同志在'新民主主义论'里说：'鲁迅是中国文化革命的主将，他不但是伟大的文学家，而且是伟大的思想家和伟大的革命家。'教学大纲规定，初级中学学生从一年级起就学习鲁迅的作品，以后逐年加多加深。"（课程教材研究所编，2001）

　　毛泽东的评价提供的是高度概括的论断，教学大纲规定的是方向，而课堂教学面对的则是鲁迅的具体作品，因此在中学语文对鲁迅作品的分析和讲解方面，大学和学术机构中学者们的研究和评论就成为更为直接的依据。1949 年以后的学者如王瑶、唐弢、李何林、陈涌、许钦文、李桑牧、邵伯周等，他们对鲁迅的研究均可视为以瞿秋白、冯雪峰、周扬、毛泽东为代表的左翼批评的学院化，而且他们的不少研究也正是针对大学或中学的鲁迅作品教学进行的。以此时中学教学中带有指导性质、影响甚巨的语文教学参考书的编写为例，当时学术界还很年轻的理论家和鲁迅研究专家"陈涌在'十七年'里对鲁迅作品阐释的主要观点均被这一时期的中学语文教参所采纳"（博景昕，2006）。陈涌以毛泽东的《中国社会各阶级分析》为理论依据写成的《论鲁迅小说的现实主义》，就是阶级分析的方法在鲁迅小说研究中的具体运用。前期鲁迅被视为激进的革命民主主义者，具有彻底的反帝反封建的革命精神，因此他在《呐喊》《彷徨》中才能超越一般资产阶级、小资产阶级的立场，前所未有地从"下面"、从被压迫群众的角度，来描绘封建主义给闰土、祥林嫂、阿 Q 这样的农民带来的深重苦难，包括生活的痛苦和精神的戕害；对于以夏瑜、魏连殳、吕纬甫、涓生、子君为代表的觉悟了的知识分子，鲁迅写出了他们在革命高潮时的抗争和在革命低潮时的消沉、动摇；而对于以鲁四老爷、赵老太爷、七大人为代表的封建势力，以及以赵秀才、假洋鬼子为代表的地主阶级或地主阶级里资产阶级化了的知识分子，鲁迅则进行了无情的讽刺和鞭挞。

　　当时指导中学教学的语文教学参考书就吸纳了学者们的研究成果，对课本里鲁迅作品的分析和解释具有鲜明的"革命化"和"阶级论"的特点。如《故乡》一课，教学参考书对课文所做的社会历史定位是这样的："这篇小说发表于1921年，反映了辛亥革命以后大约十年间的我国农民生活的痛苦和生活日趋恶化的情况。"（藤井省三，2013）《祥林嫂》（《祝福》节选）一课，教学参考书以毛泽东"政权、族权、神权、夫权"的"四权"之说来概括祥林嫂的悲剧根源，强调"要引导学生理解，祥林嫂的悲惨遭遇不是个人的问题，是整个社会制度问题，应该仇恨旧社会，仇恨万恶的封建剥削制度"（人民教育出版社，1963）。《孔乙己》一课，被认为是"塑造了孔乙己这个深受孔孟之道和封建教育、科举制度严重毒害的下层知识分子的形象"（上海师范大学中文系编，1977）。至于理性精神更强的鲁迅杂文，则更易于被纳入资产阶级和无产阶级斗争的框架中去理解，如1958年版高中语文第一册，第一次收录鲁迅杂文《论"费厄泼赖"应该缓行》，教材的课后练习里，要求学生学习"鲁迅先生的立场和精神"，"痛打""消灭""落水狗"——"资产阶级右派分子"（董奇峰、苗杰，2002）；而像《文学与出汗》批判了"资产阶级人性论"、《"丧家的""资本家的乏走狗"》指明了文艺的阶级属性……都被认为是后期鲁迅掌握了阶级论的方法之后进步性的表现。至于在"兴无灭资"最高潮的"文化大革命"时期，为了服务于无产阶级政治和社会主义革命，鲁迅作为"共产主义战士"的一面被放大，鲁迅作品中"无产阶级文学"的因素被放大，各地"革命课本"中呈现的鲁迅也可以说是一个最为激进的鲁迅形象。

　　50—70年代建立起来的这一整套"革命化"的阐释体系，在"文化大革命"结束以后就不断受到挑战和解构，这首先发生在学术研究领域，它同样是一个关于鲁迅的知识在体制中生产、变化的过程，但值得注意的是一直被表述为一个"中立""科学"的清理过程，是一个"去政治化""去意识形态化"的过程。在20世纪80年代对鲁迅的研究中，获得的最广泛回应的口号就是"回到鲁迅那里去"，即认为50—70年代的鲁迅研究受到政治的不正常干扰，所以要将被阶级斗争扭曲了的鲁迅形象，"还原"为一个常态的、不具有意识形态偏见的"鲁迅本身"。用学者的话来说，"把真实的鲁迅从毛泽东的负面影响下剥离出来，当是中国鲁迅研究的一项重要任务。"（张梦阳，2001）对"真实的鲁迅"的还原，几乎构成了鲁迅研究界从"文化大革命"结束以后一直持续至今的最重要的诉求。一开始是将"革命鲁迅"还原为"启蒙鲁迅"，无论是王富仁将其置于"思想革命"而非"政治革命"的框架中理解、鲁迅的思想启蒙不再被视为对毛泽东领导的政治革命的配合，还是钱理群深入到鲁迅内心进行"心灵的探寻"，发掘出一个与为无产者的解放而奋斗的革命者迥然不同、精神世界充满了矛盾、痛苦的启蒙者个体，都是把伟大的启蒙知识分子而非革命家作为鲁迅的本质特征；继之而起的是"启蒙鲁迅"向现代主义、存在主义的倾斜，李泽厚认为鲁迅真正超出陈独秀、胡适这些启蒙主义者的深刻性，来源于他对整个人生荒谬的形上感受。汪晖强调鲁迅与叔本华、尼采、克尔凯戈尔这些非理性哲学家的精神联系，发掘出鲁迅孤独、悲凉的"历史中间物"意识以及"反抗绝望"的精神结构，这都是把鲁迅视为提倡启蒙却又超越启蒙的特立独行者，影响所及，使得"存在主义鲁迅"的形象在 90 年代以后的学术研究中最为醒目。直至进入新世纪，还有不少研究者执着于寻找鲁迅的"原点"、精神的出发地，"文学者鲁迅"似乎成为最具有本心、初衷意味的定位。（韩琛，2014）

　　大学和学术机构中学者们的"还原鲁迅"，当然也会成为呼吁中学鲁迅作品教学之变的声音。90 年代末，钱理群曾经批评中学鲁迅教学的滞后："我认真地看过中学语文教参，当时大吃一惊。比如鲁迅作品，很多分析十分繁琐，观点也大多是五六十年代的'鲁迅观'，包含着许多对鲁迅的神化、曲解和简单、机械、庸俗化的理解。实际上，近十多年来，研究鲁迅的学术界，已经对这些做过科学的清理，并且取得了一些新成果，而中学语文教学却仍然停留在五六十年代的观点，这是很让人吃惊的。"（钱理群、王丽，1998）同一时期还发生过一场影响甚巨的"中学语文教育大讨论"，从文学研究界的学者到中学的语文教师，纷纷抨击中学语文因为没有及时吸纳 80 年代以来关于"启蒙""人性""现代性"的新锐研究，导致选文系统的陈旧和阐释体系的僵化，最突出的表现就是鲁迅作品的教学。直到"鲁迅大撤退"讨论前夕，学者们仍然在用相同的话语反思同一层面的问题，非常具有代表性的是曾经参加过教学参考书编写的人的思路，如"文化大革命"期间，上海师范大学中文系为中学教师编过一本《鲁迅作品教学参考资料》，其主要编撰人的认知在新世纪已经完全发生了转变，所以自我反省这本教参"夸张地根据政治需要突出了鲁迅的战斗精神，突出了鲁迅作为革命战士尤其是无产阶级革命战士的形象，并且加以神圣化了。而对于鲁迅的作品，则用阶级斗争的观念加以人为地拔高，将其政治化了"（史承钧，2009）；为了"全面正确地贴近和认识鲁迅"，编撰人逐一清理、批判过去的解读，如《论雷峰塔的倒掉》一文，认为教参中的"内容分析""将白娘娘作为人民的化身，法海作为压迫者

的代表，雷峰塔作为封建统治的象征"，是"把一篇本来形象生动的杂文教条化
政治化了"，其实这篇杂文让人真正"领会到的是个性解放，婚姻自由的思想"，
它启发了"对于基本人权的认识"（史承钧，2009）。编撰人将"普遍人权"的观
念与鲁迅的思想进行对接，认为这才是对鲁迅的正解，最后还用大量普世性的修
辞描述了属于全人类的鲁迅：要还原"一个真实的文化的更为丰富多彩的博大的
人人可以亲近的鲁迅"，这个鲁迅"主张个性解放、人格独立、人本主义精神，
进而追求中国人的觉醒和解放，关注全人类的和平与幸福"（史承钧，2009）。

四

　　"还原鲁迅"无疑能够让我们理解和尊重研究对象，挣脱了"革命化""阶级
论"视野的鲁迅研究无疑也带来了对鲁迅丰富性的再发现，然而不可忽视的是上
述这个过程也同样充满了问题：无论"启蒙鲁迅""存在主义鲁迅""文学者鲁迅"，
抑或是还在不断生产出来的"人间鲁迅""人文鲁迅""世俗鲁迅"……究竟是本
体论意义上的"鲁迅自身"，还是研究者的理论建构？即使它们可以被视为"真
实鲁迅"的不同侧面，然而它们却几乎都是在对另一侧面——"革命鲁迅"的淡化、
拒绝和否定中建立起来的。如果说 50—70 年代的鲁迅阐释对不符合革命性、人
民性的内容具有强烈的排斥性和压迫性，那么 80 年代以来的鲁迅阐释也并没有
去审视造成偏颇的是否是因为违背了真正的历史唯物主义的原则，而是同样对"革
命鲁迅"的历史在场采取了强烈的排斥或漠视；鲁迅的向"左"转往往被视为他
的污点、失误或者被蒙蔽，鲁迅可以被阐释为个性主义者、人道主义者、无政府
主义者、尼采哲学论者、存在主义者、自由主义者、多元文化论者以及国际主义
者，但是只要是与马克思主义和共产主义相关的鲁迅形象，就会被认为是对他的
贬低。正是在这里，80 年代以来"还原鲁迅"的话语展露了它意识形态性的一面，
虽然它往往以"去政治化"来界定自身，然而这一套话语体系也不过是"去政治
化的政治意识形态"的表现。
　　人们往往认为知识分子是独立于其他社会阶级的群体，他们的知识生产和传
播也是独立的，安东尼奥·葛兰西在纠正这个错误观念的时候说：对于知识分子
的认识，应该从社会关系的整体中去寻找。无论是在思想文化领域还是在经济

生产和政治生活中，知识分子都是"统治集团的管家"（欧阳谦，2012）。如果将50—70年代的知识分子和80年代以后的知识分子置于社会关系的整体中来看待，就会发现他们的功能其实并无太大的不同，前者是在毛泽东领导的政治革命获得胜利、建立无产阶级政权之后，要为作为统治阶级的无产阶级赢得知识、文化领域的领导权；后者则是在毛泽东发起的无产阶级专政下的继续革命失败、党内的改革派要终结阶级斗争的政治之时，或自觉或不自觉地配合以知识、文化领域的"去阶级化"和"去革命化"。从这个视角来透视80年代以后思想界形形色色的"去政治化"，当然是显而易见的"政治意识形态"。

对于作为意识形态国家机器的学校教育而言，这一点表现得尤为明显，虽然很多人反感在教育中进行意识形态灌输，但实际上无论中西，教育都是潜移默化地推广着特定阶级的意识形态，正如路易·阿尔都塞在《意识形态和意识形态的国家机器》中所论述的，在现代社会，教育之所以是最重要的、占统治地位的意识形态国家机器，是因为"没有任何别的意识形态国家机器能够有全体儿童每周五六天，每天八小时来充当义务的（部分还是免费的）听众"（陈越，2003）。从这个层面上来说，50—70年代的中学语文教育与改革开放以后的中学语文教育在功能上并无太大的不同，只不过要传输的意识形态不一样而已。当然，如前所述，由于中国的复杂情形——"改革开放"是以否定"文化大革命"为开端的，但是它并没有完全否定毛泽东领导下的中国革命，所以旧的意识形态不是以骤然翻转的方式，而是以缓慢修正的方式进行的。

如果对比一下改革开放以来几个重要的中学教学大纲，就会发现：相对于"文化大革命"期间最激进的"教育革命"纲领——"学制要缩短。课程设置要精简……学生以学为主，兼学别样。也就是不但要学文，也要学工，学农，学军，也要随时参加批判资产阶级的文化革命的斗争"——1978年的中学语文教学大纲已经从"开门办学"的立场上后撤了，但类似"中学语文教学的目的是，用马克思主义的立场、观点和方法指导学生学习课文和必要的语文知识，进行严格的读写训练，使学生在思想上受到教育，不断提高社会主义觉悟，增强无产阶级感情，逐步树立无产阶级世界观"（课程教材研究所编，2001）——这些指导性的原则却依旧存在，所以它看起来倒像是1963年制定的中学语文教学大纲的翻版。也就是说，70年代末80年代初的教学大纲，其实是以回归"十七年"的方式完成了对"文化大革命"的否定。到了1986年，大纲的一个重要变动则是"无产阶级"

一词完全消失了，虽然"中学语文教学必须以马克思主义为指导"的教条仍在，但是描述语文教学目的的条目却有了微妙的调整——"培养学生的社会主义道德情操、健康高尚的审美观和爱国主义精神"（课程教材研究所编，2001）。可以说，这些"主义"的语词终于涤清了其阶级性的内容，而成为一些"去阶级化"的概念，它们仍然会在90年代乃至于今天的教学大纲中出现，但其他具有新的意识形态含义的表述也越来越多。2001年"新课改"带来的变化是十分显著的，新的"课程标准"提出："现代社会要求公民具备良好的人文素养和科学素养，具备创新精神、合作意识和开放的视野……语文教育应该而且能够造就现代化社会所需的一代新人发挥重要作用"（秦训刚、晏渝生编，2002），相较于过去的语文教育要培养的"有社会主义觉悟的劳动者"，"现代公民""现代化社会的新人"无疑已经相去甚远。到了2011年的《义务教育语文课程标准》，"马克思主义"一词也从课程标准的行文中完全消失了，代之而起的指导性原则变得十分庞杂：课程内容要体现"中华优秀文化传统和革命传统""社会主义核心价值体系""中国特色社会主义共同理想""爱国主义为核心的民族精神""改革创新为核心的时代精神"，除此之外，另一个语词——"素养"——作为被强调的培养目标，在行文中居然出现了16次之多。

一方面，这种改变是一个缓慢推进的过程，一些语词的改变、消失经历了30多年的时间，对于很多希望改变旧的意识形态的人而言是太慢了；但另一方面，教育的培养目标从塑成具有无产阶级世界观的"劳动者"到塑成具有各式"素养"的社会精英，这种变动也是巨大的。在此背景下再考虑中学教科书中的"鲁迅大撤退"，就可以意识到这并非一个孤立的现象，而是整个社会以及教育领域"去革命化""去阶级化"进程当中的必然结果，与鲁迅作品在教材中减少的情况更早或同步发生的，还有大量别的课文，尤其是新世纪的"新课改"之后，具有革命性和阶级性内容的文章加速退出语文课本。以人教版教材为例，80年代就已经退出的如《生的伟大，死的光荣》《清贫》《刑场上的婚礼》等描写的是革命烈士的事迹；90年代退出中学课本的如《红军鞋》《井冈翠竹》《人民的勤务员》、丁玲的《果树园》、柳青的《梁生宝买稻种》等讲的是中国革命和建设过程中的历史经验；还有一些文章，如叶圣陶的《多收了三五斗》揭露中国农村的"丰收成灾"，海涅《西里西亚的纺织工人》控诉德国工人受到的残酷剥削，毛泽东的《反对自由主义》批评革命队伍中消极、散漫的思想作风，鲁迅的《一件小事》发现下层民众身上超出知识分子成见的美好品质……这些虽是名家名作，仍然遭到淘汰。新世纪以后，与鲁迅的《"友邦惊诧"论》《论雷峰塔的倒掉》等一起退出教材的，还有像《挺进报》《纪念白求恩》《人民英雄永垂不朽》这类包含革命教育、共产主义教育的文章，像《谁是最可爱的人》这类表现抗美援朝的解放军英雄的文章，像《为了六十一个阶级弟兄》这类赞美阶级情谊的文章，像《驿路梨花》这类抒写社会主义新文化、新空间之形成的文章，以及像《白杨礼赞》《回延安》《老杨同志》《夜走灵官峡》《荔枝蜜》等这类现当代革命作家的各文体作品。[13] 值得一提的是，这种课文选目的"去革命化"倾向不仅使得有关共产革命、社会主义革命、阶级革命的文章逐渐退出，甚至也延及有关国民革命的课文，如林觉民烈士饱含大义与深情的《与妻书》就不再见于 2000 年版的高中语文教材。这种步步后撤的"告别革命"的意识可谓彻底。

去掉了革命性的内容，中学语文教材中的"人文话语"获得了很大的扩展。在人教版新课标 2001 年初中语文教材和 2004 年高中语文教材中，"革命话语"并没有完全退出，但会受到修正或遭遇尴尬，比如教材中仍然有《寻找时传祥——重访精神高原》这种回忆 20 世纪 50 年代掏粪工人的文章，但教学中强调的是"爱岗敬业"的职业道德；也有恩格斯《在马克思墓前的讲话》这类革命导师的文章，但强调的是伟大人物的伟大事业和人格……与之相对照的，是新增课文马丁·路德·金的《我有一个梦想》，教学参考资料通过引述学者的文章，多方展示"非暴力""不以恶抗恶"方式的合理性。同时，也有诸如梁实秋的《记梁任公先生的一次演讲》、蔡元培的《就任北京大学校长之演说》、汪曾祺的《金岳霖先生》、徐志摩的《再别康桥》、沈从文的《边城》等这类倾向于自由主义的作家作品入选；还有梭罗的《瓦尔登湖》、海明威的《老人与海》、帕斯卡尔的《人只不过是一根芦苇》、莎士比亚的《哈姆雷特》等作为人类文化的共同经典入选；鲁迅作品中回忆童年、缅怀师友、人情味浓的文章如《从百草园到三味书屋》《社戏》《藤野先生》得以保留，而《故乡》《孔乙己》《祝福》的教学参考资料中也提供了很多 80 年代以来学者研究的新成果，以改变不断受到批评的中学语文鲁迅教学滞后的状况……

即便如此，分歧和争论也并没有停止，每次课本选文发生变化引起讨论时，

13　根据人教版 1978 年、1982 年、1987 年、1993 年、2003 年版初中教材和 1979 年、1983 年、1987 年、1990 年、2000 年、2003 年版高中教材中的选文统计得出的结论。

"意识形态化""政治化"通常会成为靶子，在大多数人那里，语文教育关乎人文、无关政治、超越阶级似乎是不言自明的，很少有人追问类似"这是谁的文化？""这是什么社会群体的知识？"和"像学校这样的文化机构里教的知识（事实、技能、倾向和性格倾向）由谁的利益决定？"这样的问题（迈克尔·W. 阿普尔，2001）。发生在2010年前后关于"鲁迅大撤退"的全社会的争论也是如此，从学者到网友，有的继续以鲁迅作品介入政治太多、与专制革命关系密切为由支持删减，有的继续以专制政治与真正的鲁迅无关来反对删减，正如有人在研究"鲁迅大撤退"现象时指出的，争论变得越来越复杂：当一些公共知识分子通过将鲁迅与中国革命剥离来确立"人文鲁迅"的价值，认为"不仅不该减少鲁迅的文章，反而应该增加"时，另外一些坚持自由主义理念的知识分子，恰好认为是胡适而非鲁迅，才真正体现了"人文性"，"相比对鲁迅的淡化，我更关心胡适的作品能有多少进入教材"（邱焕星、郭瑞芬，2015）；当一些教育者将"启蒙鲁迅"定位为民族思想源泉的思想家，强调"最是鲁迅应该读"时，另一些教育者已经在考虑如何适应现实的需要，引入金庸、周杰伦、崔健等流行性的新语文进教材；还有人呼吁应该借鉴民国时期的教材，或者台湾的教材，或者选用儒家传统文化经典作为中学补充教材，以养护中国人的灵魂……在一个后革命的时代，革命退场，"革命鲁迅"退场，"启蒙鲁迅""人文鲁迅"似乎也难以为继，而自由主义的、文化守成的、市场的意识形态面目在争论中却逐渐清晰。

不过，与话语层面的"去革命化""去阶级化"形成对比的，却是中国社会日益加剧的阶级分化的现实，即改革开放以来，"中国已经从计划经济体制转向市场社会的模式，已经从一个'世界革命'的中心转化为最为活跃的资本活动的中心，已经从对抗帝国主义霸权的第二世界国家转化成为它们的'战略伙伴'和对手，已经从一个阶级趋于消失的社会转化为'重新阶级化'的（在很多人看来'更为自然的'或'正常的'）社会……"（汪晖，2008）现实是最好的教育，因此在"鲁迅大撤退"的争论中，还有一种声音是不再将"去阶级化""去革命化"视为一个"自然""正常"过程，而是视为另一种"政治"，如《鲁迅终于从教科书里滚蛋了，他笔下的人物欢呼雀跃了》《鲁迅走了，孔子回来了》《鲁迅走了，二十世纪那个叫革命的坏小子终于死了》……这些网络文章发现在当下"资本家的乏走狗"们复活了，赵贵翁、赵七爷、假洋鬼子们复活了，闰土、祥林嫂、阿Q们复活了……发现无论历史表述中还是现实社会中，劳动者、反抗者的名声越来越差，官僚贵族、地主资本家的形象越来越好……而这一切都与革命的淡出有关。

一场"鲁迅大撤退",使得各路观点纷纷登场,新媒体提供了一个各种意识形态表述自身的空间,而不同话语的交织和较量,也还将继续下去。

参考文献

[1] 博景昕."十七年"时期鲁迅作品的教参解读.鲁迅研究月刊,2006(12).

[2] 陈漱渝.教材中的鲁迅.福州:福建教育出版社,2013.

[3] 陈越编.哲学与政治:阿尔都塞读本.长春:吉林人民出版社,2003.

[4] 董奇峰、苗杰.中学语文教材(1950—1977)中鲁迅作品的选录和解读.中国现代文学研究丛刊,2002(1).

[5] 顾之川.理性审视教材对于鲁迅作品的编选.语文建设,2013(11).

[6] 韩琛.鲁迅原点问题及其知识生产的悖反——兼及新世纪中国鲁迅研究批判.理论学刊,2014(5).

[7] 课程教材研究所编.20世纪中国中小学课程标准教学大纲汇编·语文卷.北京:人民教育出版社,2001.

[8] 欧阳谦.葛兰西主义与文化政治学.广东社会科学,2012(3).

[9] 钱理群、王丽.重新确立教育终极目标.北京文学,1998(7).

[10] 秦训刚、晏渝生编.全日制义务教育语文课程标准教师读本.华中师范大学出版社,2002.

[11] 邱焕星、郭瑞芬."鲁迅大撤退"现象研究.现代中文学刊,2015(1).

[12] 上海师范大学中文系编.鲁迅作品教学参考资料.上海:上海人民出版社,1977.

[13] 史承钧.解除束缚,真实地感受鲁迅——从反思我主持编撰的《鲁迅作品教学参考资料》谈起.上海鲁迅研究,2009(4).

[14] 汪晖.去政治化的政治——短20世纪的终结与90年代.上海:生活·读书·新知三联书店,2008.

[15] 温儒敏.温儒敏论语文教育.北京:北京大学出版社,2010.

[16] 吴敏.让语文教材回归人文.黄金时代,2010(10).

[17] 吴敏.语文教材"鲁迅大撤退"孰是孰非?黄金时代,2010(10).

[18] 张梦阳.中国鲁迅学通史·宏观反思卷.广州:广东教育出版社,2001.

[19] 〔美〕迈克尔·W.阿普尔.意识形态与课程.上海:华东师范大学出版社,2001.

[20] 〔日〕藤井省三.鲁迅《故乡》阅读史.南京:南京大学出版社,2013.

[21] 十年制学校高中课本(试用本)语文教学参考书(第一册).北京:人民教育出版社,1913.

作者简介 ├─────────────────────────────────────

　　唐利群，1971 年生。毕业于北京师范大学中文系。文学博士。现为北京外国语大学中文系副教授。研究方向为中国现当代文学，主要研究兴趣为女性文学、左翼文化、马克思主义女性主义理论。发表学术论文 30 余篇，代表作有《二三十年代女性文学与革命意识形态》《"鲁迅大撤退"的背后：知识生产与意识形态》《〈阴道独白〉：性言说的祛魅与返魅》等。

（原载《文艺理论与批评》2016 年第 3 期）

技术生产、审美创造与未来写作
——基于人工智能写作的思考

白　亮

▶ **摘　要**：对于"人工智能写作"的研究，实际上是关于文学与历史、艺术与现实、人类精神生活与技术对象、文学创造与技术生产等一系列关系的讨论，更是涉及"人"的主体性存在的问题。在对"文学、科技和生产者"三个层面思考的基础上，本文致力于以下几个方面的探讨：一是技术生产，重点探究它的生产过程、原理和技术"成果"，以及由此对艺术产生了哪些方面的影响。二是审美创造，主要追问人类的情感和审美能力、创造力到底是什么，这些能力是否可以被"技术"形式化和程序化。三是未来写作，着重讨论人工智能写作带来的新变会把文学创作引向何方，在未来写作、阅读和批评过程中，作为文学"生产者"的我们又能做些什么。

▶ **关键词**：人工智能写作；技术；审美

一、问题的提出：科技、文学与"生产者"

1961 年七八月间，沈从文在《抽象的抒情》一文中这样写到："文学艺术创造的工艺过程，有它的一般性，能用社会强大力量控制，甚至于到另一时能用电子计算机产生（音乐可能最先出现）"。（沈从文，2017）我们惊诧于作家对未来写作的洞见，因为"用电子计算机产生（创造）文学艺术"的预言在五十多年后的今天不仅成为现实，而且人机之间的互渗、互动、互补逐渐成为一种常态，人工智能写诗、小说，由机器人谱曲、作画，乃至让机器人翻译、唱歌、主持节目、写书法、演奏钢琴、播报新闻等，都已经不是什么新鲜事。

2014 年 5 月，微软亚洲互联网工程院发布了一款人工智能伴侣虚拟机器人——"微软小冰"。这位"软萌妹子"最鲜明的特征是凭借在大数据、自然语义分析、机器学习和深度神经网络方面的技术积累，可以代际升级，并逐步形成向情商（EQ）方向发展的完整人工智能体系。基于此种"情感计算框架"，小冰"师"从1920年以来的519位中国现代诗人，用每6分钟的时间记忆一遍所有诗人的作品，每6分钟做一次迭代，经过100个小时对几千首诗10000次的迭代"学习"之后，就基本获得了现代诗的写作能力，尤其是意象的捕捉。此后的3年间，小冰用27个化名在天涯、豆瓣、贴吧、简书等多个网络社区诗歌讨论版块中发布诗作，竟然未被识别出这个突然出现的少女诗人其实并非人类。2017年5月，小冰的首部诗集《阳光失了玻璃窗》横空出世，其中收录的139首诗歌是从其创作的7,928首诗中淘选出来的，这也是人类历史上第一部完全由人工智能创作的诗集。仅仅两个月后，小冰的识图写诗功能正式上线运行，使用者只需要上传任意一张图片，小冰就可以在短时间内自行撰写一首简短的现代诗歌，整个创作过程简单快捷，不到12个小时便可写出20多万首诗歌。一时间，会"写"诗的小冰风头十足。2018年2月12日，小冰借势又发布了首次尝试写作的40行长诗《致十年后》，为了创作这首长诗，小冰将"拜师对象"扩展到上千人，并进行了百万次的自我学习和训练，而且整首诗的写作耗时不到4秒，这一举动再度引发热议。不久，在6月4日举行的微软人工智能大会上，小冰展现了最新的"创作"本领——定制化生成故事文本，可以自动分配声音角色和背景音乐，20秒内就能创作出1集约10分钟的有声童话故事。

如果说微软小冰着力创作的是现代诗，那么可以随机作诗或根据指定词语生成藏头诗的"编诗姬"，以及通过"图灵测试"的"薇薇"则都因创作古典诗歌而出名。除却诗歌，人工智能"作家们"也已涉足小说写作。日本两支科研团队一直致力于研究如何用人工智能撰写小说，2016年3月，研究的初步成果——用人工智能撰写的《电脑写小说的那一天》《你是AI？ TYPE-S》等4篇小说参加了第三届日经新闻社举办的"星新一奖"比赛，虽然这些作品都没有通过最终审核，但也都能通过初审。在文学阅读和编辑领域，"谷臻小简"——一个能以闪电般速度读完几百万字并理解情绪的人工智能文学编辑——根据国内20本文学杂志所提供的2018年刊发的全部771部短篇小说，通过智慧筛选排序评选出国内第一个AI文学榜单，一至六十名的排行榜在《思南文学选刊》2019年1月揭晓。

　　不断上演的技术媒介"入侵"艺术以及人工智能写作替代殚精竭虑、字斟句酌的作家劳动的"好戏"，引发了对人工智能与未来写作的大讨论，兴奋、支持、质疑与担忧共生，正如阿多诺所言："今日没有什么与艺术相关的东西是不言而喻的，更非不思而晓的。所有关涉艺术的东西，诸如艺术的内在生命、艺术与社会的关系，甚至艺术的存在权利等等，均已成了问题。"（阿多诺，1998）这些问题似乎清晰地告诉我们，以具有生命智能的人类本有的创作主导权，不得不完全敞开给人工智能而进行共享。作为技术孕化的产物，人工智能令人类真正遭遇了一个足以挑战其在文化智能生产中的"主体"地位的他者，"它迫使'人类'从先在的、具有元话语性的位置，变成了可以讨论、追问的事物"（赵柔柔，2015），甚至有作家这样调侃，当"算法进一步发展，数据库和样本量进一步扩大"时，"机器人文艺事业大发展和大繁荣想必指日可待"，而且机器人"成立个作家协会，颁布章程选举主席的热闹恐怕也在所难免"。（韩少功，2017）

　　机器的自动写作是否构成了对人类智慧尊严的挑战？人工智能是否已经发展到能够替代人类而进行具有丰富想象力的文学创作活动？这些发问某种程度上是一种精神和文化的焦虑的反映。在笔者看来，如果更加理性一些，对于"人工智能写作"的研究实际上是关于文学与历史、艺术与现实、人类精神生活与技术对象、文学创造与技术生产等一系列关系的讨论，更是涉及"人"的主体性存在的问题。进一步而言，首先最根本的问题是，究竟什么才是文学或艺术的本质？文学的范畴、概念会不会因人工智能的冲击而进一步刷新？比如作者这个身份会不会消失？文学的价值会不会改变？其次，作为艺术生产力的"技术"改变了艺术的生产方式，进而改变了艺术的存在方式，无论赞成技术或者反对技术都是毫无意义的，因而，关注的焦点应该是，技术在文学发展的历史中扮演了怎样的角色？它仅仅是一个工具，还是有着更为重要的作用？再次，对于文学的"生产者"而言，一方面是文学创造对"人"的主体性的秉持，另一方面则是技术生产对"人"的主体性的消解，由之形成的悖论也是亟待需要回应的问题。

　　在以上对"文学、科技和生产者"三个层面思考的基础上，笔者的研究不是对人工智能写作作简单的承认或肯定的价值判断，而是致力于以下几个方面的探讨：一是技术生产，重点探究它的生产过程、原理和技术"成果"，以及由此对艺术产生了哪些方面的影响，这些影响又是以何种方式进行的。二是审美创造，主要追问人类的情感和审美能力、创造力到底是什么，这些能力是否可以被"技术"形式化和程序化。三是未来写作，着重讨论人工智能写作带来的新变会把文学创作引向何方，在未来写作、阅读和批评过程中，作为文学"生产者"的我们又能做些什么。

二、技术生产："重组变形"和"类型产品"的批量产出

如果说在《阳光失了玻璃窗》中，"家是一条变化的河流 / 也顾不上听她清澈的声音""寂寞的心房空黑的天空 / 模糊 / 除地上的太阳 / 自己也苦却隐在我心"这样的诗句偶尔会让读者"惊艳"，抑或反复出现的太阳、墓碑、小鸟、老槐树、沙滩等意象（字节）令人感觉新奇外，那么更多的诗作留给读者的印象则是意象拼贴、语言晦涩和结构不完整，比如"在沙滩上 / 我自然而晚有人生的痛苦与苦恼的 / 一个新的世界 / 幻想 / 在沙滩上 / 从前的痛苦与苦酒的角 / 那时侯（候）的人们 / 在我底（的）心宫"（《在沙滩上》）。这首诗貌似是象征主义的诗风，而实际上不仅语词拗口、欠缺充盈隐喻或象征等多重意旨的情感抒发，而且这种由信息程序借助逻辑判断与数值推理所形成的情感意象更像一种文字组合游戏，如同批评者指出的："机器人小冰绝无人类生命体验的温度波动，天然缺失需要倾诉的情感向度，《阳光失了玻璃窗》只是迭代计算的智能产物，匮乏直接经验的诗歌意象，观念的意象替代隐喻的意象即人工诗歌的抒情零度。"（谢雪梅，2018）从文本赏析的层面解读小冰的诗歌写作固然是一条途径，但这种方式似乎与这部"人类史上首部人工智能灵思诗集"（封面推介语）希冀产生的阅读效果有所偏差，笔者注意到，微软全球执行副总裁沈向洋在诗集"推荐序"提出，人工智能创造的过程，"须对应人类某种富有创造力的行为，而不是对人类劳动的简单替代"，接着他专门强调，人类读者们不必太在意小冰"语言生成模型的优美"和"稚嫩、青涩"的情感，而是要重点关注"这位少女诗人的'创作过程'"，仔细体会"如何从那些富含信息的画面中获取灵感，进而遣词造句成篇的"。（沈向洋，2017）因而，面对现阶段的人工智能写作，我们的讨论应先聚焦在其"产出"的过程、结果和性质以及带来的冲击效应。

对于沈向洋提及的"富有创造力的行为"，在小冰发表 40 行长诗《致十年后》时，微软（亚洲）互联网工程院的小冰团队进一步细化了"行为"过程，这个产

出过程需要经历两个阶段：首先是"表象创造"，即模仿已有的人类诗歌，进行百万次的学习和训练，学会作诗的方法，并使结果接近人类；接下来侧重"内涵创造"，通过诗歌语言构筑生动、形象或深刻的意境。（AI，2018）仔细揣摩这个"创造"行为，言下之意是要突出小冰的"学习"能力和"渐渐学会的过程"，也就是说，似乎只要"学习、模仿"数据库中的数万首诗歌，对其中的词语、意象等重新进行随机组合、拼接，就能"写出"新的诗歌，并且随着训练数据的扩充，就能更新迭代，不断"生产"出大量的诗，于是，创作（"写诗"）就成为一门凭借习得的知识就能熟练操作的手艺。毋庸置疑，人工智能作为新技术有其开创性和创造性，然而，在文学写作上，人工智能是否真正实现了创造呢？

是"腹有诗书气自华"还是"看上去很美"，在对"人工智能写诗"的猎奇式惊叹外，我们首先需要从人工智能写作原理和生产逻辑出发以窥探 AI 写作的技术特征。不论人工智能的技术团队如何突出强调机器人超强的学习、模拟能力和写作速度，应明确的是，人工智能的实质是机器代替人工对原始数据进行快速识别和运算。基于此，目前的人工智能写作的写作原理是被"投喂"大规模的情感语料和大数据，接着，人工智能根据语料和数据中的某些高频词汇和模板规则，对材料自动进行筛选、组合、推演、归纳、语法检测和随机润色，整个"生产"进程都依据预先规划的步骤有条不紊地铺展开来，随之自动、机械地输出各式各样、看似风格多样的作品，文学创作所描写的意象、展开的意境联想、使用的语言用和安排的形式段落，都被纳入了一套技术化的程序之中。很明显，这种创作模式可以概括为三个步骤："人建立文学数据库→机器进行数据分析→机器自动生成文本"，虽然是一套操作性极强的作品生产模式，但仅仅将已有的人类材料（作家作品）进行分解、重组和变形，未免显得生硬而且缺乏创造性。由此看来，人工智能写作充分依赖逻辑计算、数据交换和转换，更多的是模仿与综合，重组与变形，这种所谓的创造性不过是基于对人类艺术创作风格的吸收，以及对文字、语音、图像等数据采用深度学习后加工与运算导致的结果，并非主动地、有创作自觉地进行情感升华，因此，人工智能写作的"过程"与其说是"创造"，不如被看作是一次编程规定内的"仿制"活动，其批量产出的成果更应当被视为"产品"而不是"作品"。

以自动化、迅捷化和模式化的方式实现文学"产品"的批量生产与输出，人工智能写作的"技术"创新的确令人叹为观止。不过，面对实际生活的千差万别和千变万化，超越成规、创造新意，对于目前的人工智能写作还是"心有余而力不足"，它更多的是希望通过基于数据库和样本量的寄生性繁殖，来模拟"文学创作"这种交织着理性与非理性、意识与潜意识、直觉与知觉、情感与记忆等诸多因素的复杂的精神活动。由此，我们愈加清晰地看出，文学作品的模式化程度越强，越有可能人工智能化。也正因人工智能写作带来的这种影响和趋势，更加需要我们深入思考和警醒，当下的诗歌写作和类型小说的机械重复以及高度程序化的存在导致的严重泡沫。正如批评家杨庆祥敏锐地指出，如果写作成为一种"新技术"，可以进行批量生产，获得传播，那么，"写作的秘密性、神圣感和仪式氛围被完全剥夺了。写作成为一种可以进行商业表演和彩票竞猜的技术工种"（杨庆祥，2019）。于是，我们更加期盼重新在文学写作与唯一、独特的"这一个""人"之间建立密切的联系。

三、审美创造：传情达意与主体生命体验

人工智能写作凸显的另一个根本的、核心的命题是重新认知文学或艺术的本质。关于"文学艺术是什么"，古往今来有许多的定义，也存有不少争议。诚如学者高建平所言，文学艺术就是要传情达意，作者"将情感诉诸文字，向这些理想的读者倾诉，而接受者以自己的方式，与作者进行沟通，分享这一份情感。"至于达意，则是"用语言凝聚情感"。因此，文学就是"作为个体情感体验，展现人的喜怒哀乐、爱恨情仇的'人学'。"（高建平，2019）从这个意义上讲，"文学写作"（审美创造）是通过言语活动所进行的创造，不仅是对社会生活的审美反映与情感书写，而且是对现实中未有之意象的审美创造——心有所感、情有所动、思有所生也正是审美创造的本质存在。

既然将文学视为情感的艺术，那么主体的审美情趣、思维观念、美学化生存意义的表达就始终是文学须臾不可或缺的基本维度，因而，抛弃了情感与思想的抒发，文学写作反观社会、洞悉人性、温润心灵的魅力必定会大打折扣。当然，人工智能时代以及在智能化生活的未来，人工智能可以深度掌握文学的技巧、方法、知识，可以对文学作品进行设计和组合，不过，生存美感、文学情趣和情感意志的获得并非程序化数据所能设定的。为了更清晰地呈现这一问题的实质，可

以通过几首诗歌的同题写作来进行说明。

在《阳光失了玻璃窗》中，海洋、沙滩、海风是小冰较多关注的对象，由此我们可以推断出在小冰"学习"的数据库中，"大海"往往是现代诗人们借以表达胸襟、理想和情感的常用意象。在舒婷写于 1973—1975 年间的《致大海》中，引起诗人赞叹和怀想的并非只是"大海的日出和夕阳"，真正令其心动的是剧烈变动的时代给个体带来的坎坷遭遇。此段时期，身为知青已经回城的舒婷以临时工的身份艰难地在城市里谋生，当她再次面对久违了的大海时，禁不住心潮澎湃："多少行在沙滩上留下的足迹 / 多少次向天边扬起的风帆 / 都被海涛秘密 / 秘密地埋葬 / 有过咒骂，有过悲伤 / 有过赞美，有过荣光 / 大海——变幻的生活 / 生活——汹涌的海洋"。透过这些诗句，我们分明感受到诗人借景抒情，既赋予了大海鲜明的时代色彩——"这个世界 / 有沉沦的痛苦 / 也有苏醒的欢欣"，同时又含蓄地表达了对个体在现实中的苦闷与寂寞以及对理想追求的艰难与执着——"呵，生活 / 固然你已断送 / 无数纯洁的梦 / 也还有些勇敢的人 / 如暴风雨中 / 疾飞的海燕"。而诗人韩东在《你见过大海》中，却以一种深度削平的意象处理方式呈现出与《致大海》截然不同的思想旨趣和美学风格。在他看来，大海就是大海，是一种自然现象，已不再是传统或历史所赋予的所指，虽然"你"总是事先接受大海形象的魅力感召，在心中形成了浪漫想象，然后才去"见"大海，可是"见到它"后，其实"就是这样""顶多是这样""人人都这样"。单就此诗中的"大海"而言，韩东有意剔除诗歌中强加的伪饰成分，用貌似游戏的态度调侃与解构当时诗坛上流行的苍白的英雄主义和空泛的理想主义。诗人们在"大海"所指上的巨大反差，是因为创作者是"一个一个具体的人"，其写作中所包蕴的潜意识、挫败感、非理性想象力、直觉，抑或激昂、反讽、调侃、语言的能指与所指等等，都是创作主体长期在人生历练、生活感悟和体察世界中凝练而成的。

作为个体情感体验，文学写作要展现人的喜怒哀乐、爱恨情仇和精神信仰，要让读者感受到文学语言的"温度"。由此来反观"冷冰冰的毫无人类感情可言"的微软小冰，作为物化的智能机器，它无法拥有丰富的生活体验以及对生命意蕴的感悟，其写作中对情感的"模拟"主要通过两种途径来完成，一种是经验归纳式方法，如感情计算等，另一种是演绎式方法，即模拟情感的发生条件。小冰采用的就是这种更多是基于信息系统的"情感计算框架"，一方面，它学习并分析了 500 多位诗人的诗歌，总结并分析了这些诗歌与情感表现的关系；另一方面，它还从 1 亿多用户那里收集到了各种情感数据。（陶锋，2018）如果仅仅从外部输出的效果来看，小冰的诗歌里有一些看似蕴含"感情"的语言表达，诸如"雨过海风一阵阵／撒向天空的小鸟"（《雨过海风一阵阵》），这样的诗句似乎能触发读者的情感，但是，从内部运行来看，此种情感并非来自具体细致的生活形式和生命活动中真实的情趣和意义，看起来更像词语的随机组合，仅仅证明了大数据库中所具备的情感计算的精确程度。当然，我的意思并不是说凭借大数据就写不出作品，而是说创作主体如果缺失了艺术冲动、情感投入和生命感悟，就很难对写作素材有深度把握和灵活运用，自然很难创造出新的审美对象和价值。

　　概而言之，文学作为对人的主体观念以及现实生活的能动反映，本身也是一种审美创造的活动，是创作主体对客体（包括物质和精神）的深刻洞见以及审美经验的高度提炼，它基于创作主体在文学活动中的主导性存在，更离不开文学构思过程中的生命体验与情感在场。在由生命体验转化为文学创作的过程中，主体将情感、想象、理解，加上美的判断、自身的主观感知，利用语言符号的表层意义、隐含所指与审美意蕴传递给受众，使之获得美好的艺术体验与深度的现实思考。而对于目前的人工智能写作来说，难以逾越的限阈正是主体情感的缺乏，在人工智能这里，"拟主体"的情感被转化为一种算法与程序模拟，而非真切的生命体验，这就导致其在文学写作过程中并不知道"自己"（主体）在做什么，也难以去理解新的情感表现手法，更无法体会营造审美情境的快感以及感知受众的阅读体验，因此，人工智能写作始终无法成为积极能动的审美创造。

四、AI 和未来写作："我有美的意义"

　　2000 年 7 月，在北京"文学理论的未来：中国与世界"学术研讨会上，美国学者希利斯·米勒提出"文学终结论"，这篇演讲以《全球化时代文学研究还会继续存在吗？》为题发表在《文学评论》2001 年第 1 期。在文中，米勒沿着德里达的"文学终结"观点，认为新的电子媒介时代正在通过改变文学存在的前提和共生因素而把文学引向了"终结"。随着讨论的深入，由这一观点引发的激烈论争很快从"文学是否死亡"转向如何面对传统文学在电子时代所遭遇的系列挑战，而其深层次的问题则牵涉技术与艺术的关系，实际也导向了更为广阔的文学艺术的边界之争和文学艺术知识建构的讨论。极为相似的是，当人工智能对文学场域的不断渗透，从而造成文学生产与传播的传统模式日趋消解的状况，使得我们面临同样的问题与思考。人工智能写作对科技本身来讲确是一种全新、大胆的挑战，而对于从事文学创作的人来说，无疑是一种警醒，抑或一种略带调侃意味的竞争。在笔者看来，不必将所谓的"被冒犯的感觉"上升到恐惧与抵触情绪交织的状态，更不必急于给出"人工智能写作永远不可能超越人类创作"的结论，置若罔闻抑或杞人忧天均非明智之举。鉴于技术发展的难以预测和文学本体的多重性，作为技术媒介的人工智能在未来世界能多大程度地介入文学写作尚不可知，但一定包含着无限的可能性，与其争论这个尚未到来的问题，不如科学地理性反思：AI 写作本身的意义为何？在 AI 时代，作为人类的作家、批评家们，如何调整自己的写作？

首先，人工智能写作可以为我们提供一面前所未有的，关乎科学逻辑、语言本质、文本规律的镜子，以此来反照当下的文学创作中显现存有的问题。既然是一种高效的仿造，而且受制于所设定的算法和数据库，因此，我们不可避免地会发现，人工智能写作的批量化生产最明显的特征便是"模式化"，正如《阳光失了玻璃窗》中大量诗句、词汇的重叠、拼贴和复现。也恰恰是这一特征，使得人工智能对当下文学写作最大的冲击在于似乎可以胜任大部分网络通俗类型小说、类型片剧本的生产。目前社会上已经出现的网络小说或诗歌"生成器"等各种文学写作程序，正是依据"类型文学"中所特有的标准化的情节模式与词语搭配，在极短的时间内"运算"和"比对"出一首诗歌或者一篇小说。这就提醒我们，不是机器写得像人，而是人写得太像机器。智能写作的自动和便利某种程度上正在消磨人于写作中独有的性灵和新创，低劣的写作者们往往只会按照一种固定的模式或套路进行作品的生产，这种越来越依赖于技术或者说类似于技术的写作更容易被人工智能所掌握。这其实也在倒逼作家必须通过对既有文学形式的不断扬弃来更新写作自身，乃至创生新的样式。某种意义而言，夯实文学内在的优势性征，自我调节文学的审美向度，诸如重新认知"自我"、避免情感的单一化、主动升级和更新情感结构等方是应对人工智能写作挑战的有效策略。

除此之外，人工智能写作还提示我们，文学艺术在边界扩容中也进行着自我重构和范式转换，这或许可以看作是文学创作在新的语境中的一次突围或进步。

第一，就文学所赖以存在的外部条件而言，数据、程序、图像和文字一道重组了文学的诸种审美要素，参与了写作过程中的联想、生成和建构。因此，文学的形式和内容变化了，阅读的理由和依据自然也要发生变化。其次，在文学领域，人工智能将更多地参与到"交互式"写作的模式中，这就提醒人们，传统的"人学"范式已不再完全适于阐释这种新文化现象，因此要避免把人作为唯一的尺度，或再把高科技单纯看成一种工具，在未来的写作中，需建立一种新型的"人—机互动、并生、共存"的社会结构关系。比如，文学如何对科学技术造就的未来世界图景展开描绘与探讨？对其力图表现的人与人、人与社会乃至人与机器人之间的关系又有怎样的呈现？这些内容无疑会丰富文学的类型。最后，从文学批评的角度而言，未来我们在文学与经典、审美与历史、内部研究与外部研究、文本中心与作品有机整体原则等评价方式的基础上，或许可以辅助搜索、整理、描述数据等统计学的手段，即一种更加数据化的、更加接近于智能程序的方式去分析、评判文学的价值和意义。

通过上文的论述，我们认识到，在新技术革命改变的社会生态面前，人工智能还处于"婴幼儿"期，其自我学习、自我成长的能力具有无限潜能，将来在人类提供的帮助下会更深入地参与文学写作和叙事中，而未来的文学版图也许会变得更加复杂而有趣，有很多我们所意识不到的新的可能性正在被打开，因此，不应偏激、激烈地否定或反对 AI 及其写作，而是理性平和地吸收涵纳；同时，那些真诚的、言之有物的文学创作反而也会再度获得更为重要的价值和更为突出的意义。这也如同微软小冰在诗集中的独白："伟大的艺术为自有的一切 / 看不见古代的尘埃 / 曾经在这世界 / 我有美的意义"（《尘埃》）。

参考文献 |

[1] AI. 致十年后 . 中国新闻周刊，2018(7).

[2] 高建平 . 文学艺术就是要传情达意 . 光明日报，2019-5-15.

[3] 韩少功 . 当机器人成立作家协会 . 读书，2017(6).

[4] 沈从文 . 抽象的抒情 . 北京：中信出版集团，2017.

[5] 沈向洋 . 推荐序：人工智能创造的时代，从今天开始 . 载《阳光失了玻璃窗》. 北京：北京联合出版公司，2017.

[6] 陶锋 . 创造性与情感：人工智能美学初探 . 中国图书评论，2018(7).

[7] 微软小冰. 阳光失了玻璃窗. 北京：北京联合出版公司，2017.

[8] 谢雪梅. 文学的新危机——机器人文学的挑战与后人类时代文学新纪元. 学术论坛，2018(2).

[9] 杨庆祥. 与 AI 的角力——一份诗学和思想实验的提纲. 南方文坛，2019(3).

[10] 赵柔柔. 斯芬克斯的觉醒：何谓"后人类主义". 读书，2015(10).

[11] 〔德〕阿多诺. 王柯平译. 美学理论. 成都：四川人民出版社，1998.

作者简介 ⊢

　　白亮，1981 年生，毕业于中国人民大学，文学博士、副教授、硕士生导师。主要研究兴趣为中国当代文艺思潮、20 世纪 80 年代以来的文学文化现象以及中国当代文学海外传播等。迄今出版学术专著《新时期初期文学中的历史记忆——以戴厚英和遇罗锦为研究中心（1978—1984)》，编著《伤痕文学研究资料》和《新历史小说研究资料》；在《文艺争鸣》《当代作家评论》《南方文坛》《当代文坛》等学术刊物上发表论文 20 余篇，部分被中国人民大学复印资料全文转载；参与或主持各类课题多项。主要承担的课程有"文艺学前沿问题""文学概论""文化研究专题""网络文学文化研究"等。曾荣获学校青年教师教学基本功赛一等奖、本科教学新秀奖一等奖、外语基础阶段教学陈梅洁奖、路桥园丁奖教金、本科优秀教学奖一等奖等荣誉。

（原载《南方文坛》2019 年第 5 期）

"翻译"与帝国的"逆写"
——从题词进入《北上》的可能

吴　可

▶ **摘　要：** 在《北上》这部小说中，徐则臣试图有意识地建构一个"比较"的视域，通过讲述运河，讲述运河与人的故事，回溯性地探寻祖先的面目并揭示一个民族的秘史，以此实现"还乡"亦是一种"到世界中去"的理想。然而，这项回溯性的工作首先面临着"翻译"的难题，尤其表现在小说中两则引用的题词中。无论是龚自珍的诗，还是被严重"误读"的爱德华多·加莱亚诺的句子，都显示出题词与正文之间存在着反讽与自我解构的危险，即一种"不可回溯性"。由此进入小说便会发现，作为一种方法，逆流而上的"北上"蜕变为一次有关帝国的"逆写"，而"民族秘史"也成了"民族寓言"无处找寻的替代。

▶ **关键词：** "翻译"；"比较"；"不可回溯性"；《北上》；题词

一

2019 年 2 月，中共中央办公厅、国务院办公厅印发了《大运河文化保护传承利用规划纲要》，"从国家战略层面对大运河文化带建设进行顶层设计"（政协全国委员会文化文史和学习委员会调研组，2019），为讲好运河故事、传承运河文化指明了方向并奠定了坚实的基础。半年之后的 8 月份，徐则臣带着他有关运河的好故事，以"北上"为名，荣获了第十届茅盾文学奖。按照有关大运河跻身"非遗"、上升至国家战略的前后线性时间顺序来看，《北上》可能确如徐刚指出的那样，"存在着非遗定向制作的嫌疑"（徐刚，2019），但他紧接着话锋一转，"徐则臣还是以文学的方式，为静默流淌的运河赋予了生气。而百年中国的历史也被有效地连接到了一起。运河是连接历史与现在的标记物，也是沟通自我和世界的桥梁。"（徐刚，2019）这实属欲扬先抑。

从目前可以看到的评论而言，《北上》更加突出作者本人的运河情结、运河记忆以及沿运河一线实地调研、走访的足迹，共计1797公里。从"1797公里"这个数字也可以看出它与《规划纲要》中认定的近3200公里的"大运河"——由京杭大运河、隋唐大运河、浙东运河三部分构成——存在着语词或概念的不完全一致性。或许部分与整体的同一性关系——无论是基于历史事实，还是一种想象性认同与建构——可以解决"大运河"或"运河"内部可能存在的张力，但"异质性"的紧张与冲突事实上一直潜藏、弥散在小说的始末。这种"异质性"的东西在相当程度上是由小说中的两位意大利人以及他们的视角所带来的。李徽昭认为此乃一种"比较"的视角的引入："《北上》正是在比较的小说写作方式中建构起两个意大利人的他者形象，以跨越东西方异质文化的比较视域，在20世纪中国历史宏大背景中，呈现了一种文化性的、日常生活化的京杭大运河。"（李徽昭，2018）

尽管李徽昭似乎也意识到了"比较"可能带来一些写作上的麻烦，但并没有因此将其视为一种困境，或是一个需要回应的理论问题。在一次访谈中，徐则臣对这种比较视角的介入有过回应："有意为之，也是题材使然。处理特殊题材必须使用特殊方法，经过两次鸦片战争到1900年八国联军进北京，中国已经被迫'全球化'了，中国的事已经不单是中国人的事，也是整个世界的事，所以我想引入他者的视角，看看在这种差异性的目光下，中国是一个什么样子。写了20年小说，当然希望能够不断的[1]拓展自己，寻找更多更大的可能性。这部小说跟过去的小说完全不同，它是我想要的样子。"[徐则臣（受访者）、袁毅，2019]

显然，徐则臣是有"比较"的自觉和世界性的版图想象的，也欢迎一种"异质性"的要素。只是在具体操作中，似乎天然地克服了语言转换，即"翻译"时所会面临的难题。小说中的小波罗尚且知道需要专门雇一个翻译才能"北上"，不过，他可能不知道的是，谢平遥的"翻译"是否称职以及在何种坐标系中去进行评价。

1　"的"似乎应为"地"之误，然原文如此。

二

　　"翻译"是《北上》的难题所在，然而此刻就进入到故事情节中的"翻译"并展开分析，无疑还是太过匆忙，匆忙到忽视了很多"外部"的因素——当然，它们究竟在多大程度上可以算作《北上》的"外部"仍是需要讨论的。比如单行本《北上》的腰封上赫然写着"一条河流与一个民族的秘史"，这在很大程度上直接对应着小说结尾段中的一句"自由间接引语"——"一条河活起来，一段历史就有了逆流而上的可能，穿梭在水上的那些我们的先祖，面目也便有了愈加清晰的希望。"（徐则臣，2018）根据陈玉成撰写的《编辑手记》，"相比于封面，文案的定稿则要顺畅许多。巴尔扎克说，小说是一个民族的秘史。《北上》恰恰是由一条千年大河直入这个民族的遥远历史，重拾我们的来处与归路。因此，在腰封的主文案中，我们以'一条河流与一个民族的秘史'一句作为全书的核心主题"[2]，显然，策划团队试图以"民族秘史"作为某种"卖点"予以推荐，而诸多批评文章也在这一点上充分予以认可，并将"民族秘史"具体地阐释或者还原为小说中以谢、邵、周等家庭几代人为代表的家族史、运河沿线的风俗志和生活史以及民族的精神史和心灵史。

　　所谓"秘史"显然是更侧重于一个"秘"字，即揭示出幽微深藏、不确定的东西，跟所谓的"大历史"或"正史"形成对话关系。这也是徐则臣在小说的收束部分借着考古学家胡念之的虚构心得，"自由间接"地道出了自己关于"小说－历史"或"虚构－真实"的辩证法的原因："虚构往往是进入历史最有效的路径；既然我们的历史通常源于虚构，那么只有虚构本身才能解开虚构的密码。我放心了。"（徐则臣，2018）"我放心了"，即作者对"民族秘史"写作合法性的自我证明。更何况，不仅有理论、方法论上的证明，作者手里还有丰富的资料、田野调查作为冰山沉在水面之下的那7/8的坚实基座。徐则臣坦言，"把一条河作为自己的写作对象，仅熟悉和了解是不够的，你得吃透它，像熟悉你的家人一样熟悉它。这次我看了60多本专业书籍，这些资料如果我不写这小说，可能一辈子都不会读。之前的走访和田野调查不算，写作这小说的四年里，我又重新把运河从

2　陈玉成.烟火长河的来处与归路.文艺报，2019.10.14.相较"十月文艺"公众号推送的《编辑手记》版本，即题为《烟火长河的来处与归路——〈北上〉编辑手记》，在《文艺报》发表时有所删节。本文所引之内容来自公众号的版本。

南到北走了一遍，个别河段走了不止一遍。"然而，真的可以就此宣告放心了吗？至少较真的读者并没有。

问题不在于历史能否虚构或历史如何虚构，又或者"民族秘史"有何别于"宫廷秘史"一般的猎奇，而是在于，无论是写在《北上》腰封上的"一个民族的秘史"，还是《白鹿原》刻写在题词中的"小说被认为是一个民族的秘史。——巴尔扎克"，它们显然都分享了一个共同的"比较"的源头，即 19 世纪法国的巴尔扎克及其所表征的批判现实主义。某种意义上，把 90 年代的《白鹿原》翻开扉页才能见到的这句巴尔扎克"名言"搬到了不需要翻页即可见的腰封之上，似乎更是一种凸显，即便不是有意的致敬，也是如《编辑手记》中所说的那样，在读者未翻看书页之前就已经剧透了《北上》的核心主题。

可问题是，巴尔扎克的这句"名言"之所以成为"名言"，乃在于它的"不可回溯性"，即陈忠实也好，《北上》的编辑、出版团队也好，抑或是作为直接引语或自由间接引语来使用的读者、评论者也好，都没有给出这句"名言"的法语"原文"，或者指明它的出处，致使这句"名言"在相当程度上成为一座没有水面下那 7/8 坚实基座的"浮冰"，因为在法语世界或英语世界中似乎都找不到这句"名言"[3]。相反，如果去检索巴尔扎克这句"翻译"成中文的"名言"在汉语世界的源头，有意思的是，大量的结果都指向了 1993 年出版的《白鹿原》。至于 1993 年以前，也有所谓"秘史"的说法，不过却是围绕《蒙古秘史》（或曰《元朝秘史》）的另外一本书的研究了。在这个意义上，"小说被认为是一个民族的秘史"与其说是一次跨语言、跨时空的"翻译"，不如说一次理论的"发明"和"建构"。当然，它是相当成功的，如张育仁所言，"事实上，自 20 世纪 90 年代伊始，'小说是一个民族的秘史'这一口号和启示日益深入人心"（张育仁，2016），成功到"不管巴尔扎克说这话的本意是什么，也不管它有无奥义，由这句话再证之作品"（雷达，2002），构成了一种未加反思的反推运动与理论闭环。这事实上使这句"名言"本身成为一个"民族秘密"，而从 90 年代至今，这句"名言"的历程也构成了一桩"民族秘史"。对巴尔扎克的"不可回溯性"，或者只是暂时的不可回溯，我们的态度似乎更倾向于暂且搁置回溯的工作，倾向于相信"源头"的"可回溯性"，即巴尔扎克确实在某个语境之下说过这句话或有相类似的表达。

3　根据笔者有限的检索，在英语世界只发现了一处不加出处的直接引语的使用，似乎是一桩孤案。可以参见：Santiago Gamboa. "Secret Histories: Creatinga Colombian national identity through crime fiction." trans. Rafael Reyes-Ruiz, Boston Review.

是的，如果强硬地要为腰封中所引之"民族秘史"进行"比较的还原"，可能确实存在一个意图谬误（Intentional Fallacy）的陷阱。但"翻译"面临的困境已经显现："比较"的视域可能只是字面义上的比较，那么"到世界去"的"世界"可能也不是理论意义上的"世界"；无论是"溯流北上"还是"还我故乡"，均遭到了来自腰封所裹挟的"不可回溯性"的反讽与挑战。

三

如果腰封上的"民族秘史"作为一种宣传策略是小说的"外部"的话，那么《北上》扉页中的两则题词是"外部"还是"内部"？这两则题词一则来自龚自珍的《己亥杂诗》（其八十三），另一则是爱德华多·加莱亚诺的一句"名言"。有意思的是，这两则题词同样与所谓小说的"正文"在"翻译"的意义上构成了紧张的关系，甚至这两则题词本身的并置就再次凸显了"不可追溯性"的两难：中文世界里的龚自珍的诗，线索清晰，且附上了龚自珍的自注"五月十二日抵淮浦作"，而爱德华多·加莱亚诺的"过去的时光仍持续在今日的时光内部滴答作响"，以翻译后的中文面目呈现，但却简洁得似乎不需要，也不必回溯。

就第一则龚自珍的题词而言，根据陈玉成的《编辑手记》——

在作品的题记中，在与作者沟通之后，我们选用了龚自珍《己亥杂诗》中的一篇提振全书。"只筹一缆十夫多，细算千艘渡此河。我亦曾縻太仓粟，夜闻邪许泪滂沱。"这四句诗里有诗人面对苍生黎民之苦时的博大与悲悯，深刻契合全书内容及灵魂人物，同时与作者以知识分子立场思考历史关注民生的角度相照应。这样一次深刻切入民族史与文人精神的写作，以此开篇想必是立得住的。

似乎这则中文的题词在某种意义上是"后来者居上"，意在提振全书，并立住全书。确实，龚自珍的"南归"及其诗文精神与小说中小波罗一行人的"北上"构成了一组对照，"区别只在，龚自珍彼时南归，而他北上；南归是故里，北上却是无所知之地。"（徐则臣，2018）杨庆祥更是将这种"南北互文"置于整个中国文化的历史脉络之中，认为"自魏晋以降，中国文化有两种形构，一个是南下，一个是北上，这是整个中国文化内部的一种交流和互动，正是在这个过程中，语言、风俗、政经、历史一次次被打乱、被重组，并涅槃新生。从政治经济学角度来看，大运河正是这一南北互动的历史性的产物。"（杨庆祥，2019）而在今天，运河新的文化主体性建立，实有赖于"北上"，"北上——沿运河北上，这是一个非常重要的语法、句式，当然更是行为和实践。"（杨庆祥，2019）

但问题是《己亥杂诗》（其八十三）自身内部对"北上"存有反讽或消解的倾向。尤其是第三句中的"太仓粟"，金性尧认为，"不仅指京城大仓库中储藏的粮食，实隐用《史记·平准书》'太仓之粟，陈陈相因，充溢露积于外，至不可食'的典故。意思是动用这么多劳力将粮食运到京城，却任凭它在大仓里霉烂掉"（金性尧，2011），由此，作为北上之"北"的帝都，是一个"嗷嗷待哺"急需要供奉，却与此同时吞噬、浪费、耗散的中心，使北上漕运的辛苦具有了讽刺意味，一如龚自珍在《己亥杂诗》（其一百二十三）中所言，"不论盐铁不筹河，独倚东南涕泪多。国赋三升民一斗，屠牛那不胜栽禾。"即便没有这层政治反讽，也有在知识分子的悲悯中的自我反思。因此，北上之"北"，在"文脉之北、精神之北"的正面，或者说有浪漫化嫌疑想象之外，还是一个应予反思的"吞噬"之"北"。

如果说引用龚自珍的诗作为题词与《北上》的"正文"构成了"空间"上的相反的两个运动过程，那么引用乌拉圭作家爱德华多·加莱亚诺的"名言"作为第二则题词，则是试图在"时间"上构成一个两种时间观念的对话，以及在小说结构上形成"过去—现在"交错布置的双线结构。

两种时间观念的冲突在《2012年，鸬鹚与罗盘》一章中表现得尤为明显：舍船上岸暗示着与人类进化史相同步的线性的、进化的时间观念。由此延展开去，是小说中的"快慢之辩"，"有时候慢未必就是慢，可能是快，只是我们没看出来。就像旧有时候并不是旧，而是更新"（徐则臣，2018），或"是否有能力变慢为快"，"我肯定没能力让船速变快，但我可以重新考虑，为什么非得跟飞机和火车比速度？我开的是船，我只要在适宜船运的范围内找到最佳货物，在所有路线中找到最佳路线，那不就等于把慢变快了吗？过去我总把水里游的速度跟地上跑的和天上飞的比，现在才意识到，它们不是一个东西。"（徐则臣，2018）

与之相反的，则是一种试图"唤醒"运河的努力及它背后所隐藏着的复归的，或曰可追溯、可重现的时间观念，对此，李壮指出，"整部小说从一份考古报告始，以出现在考古报告中的一封信所暗示的历史秘密终。前者是往昔对今日的抵达，后者是今日对往昔的重溯。这是时间逻辑的循环过程"（李壮，2019）。两种时间的辩证法始终是《北上》的核心关切，甚至"两种时间在小说中互为内部、彼此摇晃，并且滴答响动起来"（李壮，2019），"造成了某种近似晕船、类同微醺的阅读体验"（李壮，2019）。

为后一种时间观念，即可追溯的、可唤醒的循环时间提供"比较"之佐证的，是第二则题词——

过去的时光仍持续在今日的时光内部滴答作响。

——爱德华多·加莱亚诺

这句看似简短的题词值得单独拎出来引述。孤立地看这句话，让人容易产生一种错觉，即爱德华多·加莱亚诺与徐则臣都在摹仿，或者说在致敬普鲁斯特的"追忆似水年华"（或被去浪漫化地纠正为"追寻逝去的时光"），又仿佛是他们回到了柏格森那里，"时间是绵延的洪流，总会为我们的今天带来些许回响"（徐刚，2019）。然而，问题是，爱德华多·加莱亚诺的这句话是一句孤立的句子吗？它有上下文的语境，或更大的历史语境吗？它的原文是怎样的？出处又在哪里？

有意思的是，在网上直接检索这句话会发现，在中文世界里源头都一致性地指向了徐则臣的《北上》，跟巴尔扎克那句"民族秘史"的中文"名言"似乎惊人地相似。甚至，在豆瓣上看到有读者在引用了这则题词之后写到，"看了第一句话[4]就爱了。徐则臣总有一种本领，让你看他的一句话就决定看一本书。"可见，这句话，或者被一些读者、评论者认为是"诗"的句子确实为《北上》增色不少。这就不由得令人更想回溯到爱德华多·加莱亚诺那里，更想见识一下原文。

幸运的是，经过检索，某种"源头"性的东西浮现了出来——"the time that was continues to tick inside the time that is"。这句英文最为接近徐则臣引用的中译。但这句英文中的"time"却并非"时光"这么简单，而是"历史"，"inside"也不是简单一个的"在……内部"的介词，而是一种"异质性"的拒不撤退，是抵抗——是两套"历史"叙述与意识形态的冲突。

这句英译出自爱德华多·加莱亚诺的《破损的记忆》（"Broken Memory"，也有翻译为"Bad Memory"）一节。这是一篇批判性的政论文章，而非浪漫式的怀旧诗歌。这篇文章收录在他的《颠倒：颠倒世界之入门》（*Upside Down：A Primer for the Looking-Glass World*）一书中，该书原文是西班牙语，目前在国内尚无中译。因此，会有两个疑问：一是，这句话是否只有这唯一的出处？尽管英译

4　即这篇题词。

与中译在意思内容和句法上都高度相似,但还是无法百分之百保证这就是"溯源"之后的"源头",甚至唯一"源头"。二是,英译显示出这句话并不完整,那徐则臣的引用会不会是一种"断章取义"? 这也就意味着以下的分析可能完全谬误,但或许在"比较"的意义上,这也是一种"到世界去"的文本阅读实践,因此,有必要冒一下"翻译"的危险。

　　Does history repeat itself? Or are its repetitions only penance for those who are incapable of listening to it? No history is mute. No matter how much they burn it, break it, and lie about it, human history refuses to shut its mouth. Despite deafness and ignorance, the time that was continues to tick inside the time that is. The right to remember does not figure among the human rights consecrated by the United Nations, but now more than ever we must insist on it and act on it. Not to repeat the past but to keep it from being repeated. Not to make us ventriloquists for the dead but to allow us to speak with voices that are not condemned to echo perpetually with stupidity and misfortune. When it's truly alive, memory doesn't contemplate history, it invites us to make it. More than in museums, where its poor old soul gets bored, memory is in the air we breathe, and from the air it breathes us. (Eduardo Galeano, 2000)

爱德华多·加莱亚诺指出,历史不会沉默,即便是"他们"(they) 焚毁、撕裂、欺骗过去真实发生过的事情——在这个意义上,是"the time that was",即过去的历史,不会在现在的历史(the time that is)中被彻底压抑到失声,这也是该句作为让步转折句的关键所在。根据上下文,尤其是这篇文章开头爱德华多·加莱亚诺讲述到的 1965 年圣多明哥人民为抵御美国军队入侵苦战了 132 个昼夜,但官方对这场英勇抵抗的纪念却是"兄弟日"(Day of Brotherhood),而不是"尊严日"(Day of Dignity)——爱德华多·加莱亚诺对此讽刺道,"这是将那些亲吻侵略者之手的人与用胸膛抵挡坦克炮口的人们画上了等号。"(Eduardo Galeano, 2000)由此可见,"破损的记忆"的罪责不在于人民的健忘,而是统治者的压抑。正是在这样一种斗争的历史和语境之中,爱德华多·加莱亚诺强调"记忆"(To Remember)的重要性,"记忆"这种权力并非联合国所赋予的神圣人权之一,而是一种"唤醒"(Wake Up),是一种革命性的斗争,其目的在于从过去的灾祸中解放出来,以免当下再次落入曾经的陷阱,即防止历史的重演,或曰"昨日时光的重现"（Eduardo Galeano，2000）。

　　显然，从这则英译的材料中看，爱德华多·加莱亚诺讨论的并不是"时间"的问题，而是历史书写及叙述权力与暴力的问题；"唤醒"之后的清醒记忆不是一个终点，而是一个起点，尽管这种记忆并不一定厌恶怀旧情绪，但它宁愿选择希望的危险。（Eduardo Galeano，2000）由此可见，当这句话脱离原本语境进入中文世界的《北上》时，被浪漫地"误读"了——被图示化为某种古典主义的圆圈，即往昔可以抵达今日，而今日又可以回溯往昔。正是在这样的"误读"基础上，《北上》设置了一个特别重要的情节，即小波罗在临死之前对行李的处分，他将行李作为馈赠的礼物分送给了谢平遥、邵常来、孙过程等人——作为"过去的时光"直接埋伏下"今日时光"中谢望和、邵星池、孙宴临、周海阔、胡念之等的家族生命轨迹，以及几个家族后人之间的重新聚首。某种意义上，作为一个基督徒的小波罗在分发自己的礼物时，与其说是类似于道家的"从垂死的手掌里分出了一、分出了二、分出了三，分出了小说的若干条故事线索"（李壮，2019），不如说仿佛是对"三位一体"的一次逆向的摹仿。也因为这一逆向的摹仿，所以小说内在地要求分出的几个家族再次"合体为一"。

　　徐则臣特别强调了"礼物"和"遗物"的区别。小说中给出的理由是，"'我知道，中国人对遗物比较忌讳，所以我想在它们成为遗物之前，就作为礼物送给各位。'"（徐则臣，2018）与其说是忌讳，不如说是"活"与"死"的区别——"活"便是那"在今日的时光内部滴答作响"的另一种表述，"死"就成了"僵死不动以供缅怀的纯粹景观"（李壮，2019）。即便如此，一方面，大运河确确实实地变成了一个"遗产"（非物质文化遗产），而重新赎回罗盘继续在运河上跑船的邵家人确如徐刚所述，"并没有如人所期待的，看到一种新的文化形态的诞生。如此一来，人物的生活选择，其实并没有支撑起新的文化主体性，而是败给了有关历史遗存的文化情怀"（徐刚，2019）；另一方面，"活"着一代代传续下去，等到2014年的"合体为一"时却发现这一"回溯性"的拼合工作实际上是缝隙百出的——

　　　　"像喝了酒要头晕一样好理解，还需要大家伙儿在这里操闲心？胡老师早就弄明白了。"我说，"不过胡老师，我倒是觉得，不妨大胆设想一下，反正弄错了也不收税。比如说，这封信和您的太姥爷，意大利人；比如邵大叔家传的意大利罗盘；比如周总，祖上传下来的规矩，必须会一口流利的意大利语；比如我们家，据说我高祖谢平遥是个翻译，陪洋人一路北上到京城，那人为什么就不能是个意大利人呢，听说我高祖后来也一口像样的意大利语；还有，宴临，你们家祖上孙过程老大人，没准当年护卫的，就是一个意大利绅士呢。"（徐则臣，2018）

还原历史的现场是不可能的了，即便在这样一个还原的团队中有历史考古学家，也只能是拍摄纪录片的导演谢望和的一种"大胆设想"，即"虚构"——"我要把所有人的故事都串起来。纪实的是这条大河，虚构的也是这条大河"（徐则臣，2018）。这时，我们再次回顾前文提及的由历史考古学家佐证的、作为自由间接引语出现的"虚构—历史"辩证法，"虚构往往是进入历史最有效的路径；既然我们的历史通常源于虚构，那么只有虚构本身才能解开虚构的密码"（徐则臣，2018）——它成了对各种无法溯源和还原的一种解释，就不难发现徐则臣在引用和"翻译"爱德华多·加莱亚诺之时，断章取义的"误读"到了何种程度——某种意义上，如爱德华多·加莱亚诺的书名"颠倒：颠倒世界之入门"所喻示的那样，与其说是"发明"，不如说是脱胎换骨的"重构"和头尾颠倒。

四

在小说开篇的"考古报告"摘录中，包括了一封信。后来读者知道，这是意大利人费德尔·迪马克（后来改名马福德）写给家人的一封信。这封用意大利语写成的信件一直藏在费德尔的哥哥保罗·迪马克的拐杖之中——这封信是哥哥不远万里来中国寻找弟弟的直接起因，尽管兄弟二人最终并未得见，但某种意义上，信件的随身携带或可以理解为兄弟二人的心心相印，毕竟他们都可以被视为曾经"南下"的马可·波罗的摹仿者，或者说分身——后来"真身"保存在了"小博物馆"客栈之中，呈现在小说里的是中文的翻译。或许也正因为"真身"的确有，便不必给出意大利文的原作，似乎也就避开了"翻译"的难题。但信件中费德尔自己就讨论起中文名字"马福德"的由来——在音译的基础上，又兼顾了含义与祝福等额外因素。由此，即便从此处开始进入小说的"正文"，"翻译"也是一个始终想要绕都绕不开的问题。甚至，在《北上（一）》的开头几页，谢平遥和李赞奇还在日常通信的过程中讨论过"翻译的伦理"——在同样可以视为自由间接引语的片段，"该直译还是意译？在翻译中是否可以补足与完善？"谢平遥给出的回答是"坚持终极意义上的有效表达最重要"（徐则臣，2018）：

> 翻译的时候他比长官都着急，长官表达不到位的意思，他用英语给补足了；洋人闪闪烁烁的话，他给彻底翻出来，让大人们听着刺耳难受。他的翻译让谈判和交流变得更加有效，三下五除二直奔结果；时间明显缩短了，但也让衙门里的大人和洋鬼子经常莫名地光火。（徐则臣，2018）

"时间明显缩短"似乎意味着"效率"优先，即"有效表达"，但一如李赞奇曾经质问的那样，所谓"有效表达"到底是"你的有效表达还是被译者的有效表达？"而这似乎又与"终极意义"构成了矛盾，否则衙门里的大人和洋人之间也不会经常莫名地光火——"你也不知道咱们衙门里的这帮窝囊废有多卑微和怯懦，洋鬼子嗓门儿大一点，他们腰杆就弯下去几度"（徐则臣，2018），如是，所谓的"光火"倒有了捍卫尊严的意思；如是，有关"翻译"的伦理显然有了几分政治性的色彩。不过，当时的晚清政府对于"翻译"并没有给予国家政治层面的重视，虽然建立了翻译馆，但翻译并不是肥缺，甚至不能做点实实在在的事情，这也是谢平遥辞了造船厂翻译的活儿，前来无锡接替受伤的李赞奇的工作的原因，即陪同小波罗"北上"，兼当解说和翻译。

有意思的是，李赞奇是个懂意大利语的翻译，而谢平遥却只会英语。这意味谢平遥的翻译始终是要借助第三方语言的"翻译的翻译"，从而使"翻译"的伦理变得更加复杂、困难。在"北上"途中，徐则臣给我们展现了几次具体的"翻译"实例，比如把"来咱大清国是抢钱呢还是拐媳妇"译为"来中国是挣钱呢还是找媳妇"（徐则臣，2018），"原来你爹是个外国人"在翻译时省掉了"你爹"，以及在一次德语、意大利语、英语、汉语四种语言之间的复杂谈话场景下的"吃瘪"——

> 谢平遥不懂意大利语，只能坐在一边礼貌性地点头示意。一旦需要他对某个问题做出解释，他们会转用英语问他。和他一样，那位身材高大的神父也不懂意大利语，他跟瘦小的同事交流用的却是德语；高神父与小波罗交流时，高神父的德语由矮神父翻译成意大利语转述给小波罗。也就是说，除非某个话题跟谢平遥有关，他才能听到英语，其他时候穿梭于他耳边的只是听不懂的德语和意大利语。很快他就明白，他们在委婉地回避他。（徐则臣，2018）

但即便如此，不懂意大利语和德语的谢平遥却能因为"它们和英语同属印欧语系，部分词句在发音和语法结构上有其相似性，有些关键词也能猜个八九不离十"（徐则臣，2018）而埋下了后文知晓小波罗"北上"并非其所宣称的"逆流而上，把运河走一遍，好好看一看偶像战斗过的地方"（徐则臣，2018）那样简单，而是有更深的原因。

如果说语言确实可以泄露某些秘密，需要"翻译"才能提前得知的话，那在这个意义上，谢平遥就是小波罗的"运河百科全书"，是他"北上"的"贵人"。但有意思的是，这种百科全书式的对晚清帝国的知识，对于谢平遥自身这个翻译者却并不显现出意义，而唯有对一个意大利的他者来说十分受用，正如帝国的地图一样：

> 小波罗用的是德国人绘制的中国十八省军事地图，谢平遥在漕运总督衙门里见过，也是普通民众所能见到的最好的地图。有些地名的拼写让中国人都莫名其妙，尤其是翻译成汉语，不知道说的是哪里；距离的测算也欠精确，以他对淮安的了解，照这个比例尺，运河早流到几百里外去了。尽管如此，衙门里的那群大人骂完了，还得继续用，你弄不出更好的。（徐则臣，2018）

从德文的翻译再"翻译"回中文之后，语词的意义已经不再清晰可辨，尽管有丰富的生活经验和城市记忆可以参照，但当时的晚清帝国上至皇帝下至普通百姓，可能没有一个人对帝国的版图有一个清晰的总体性知识——即便是被视为"运河百科全书"的谢平遥也不行，也更别提对世界有什么总体性的想象。与此同时，更反映出了"回译"（"翻译的翻译"之一种）的不可能性，即并不能通过"翻译"而从他者性那里更新有关总体性的知识。因而，在1901的"北上"之旅中，"翻译"虽然重要，甚至是必须的，但"翻译"走完整个逆流的过程，也没有迎来一个新的可能性，相反，是漕运废止的消息。

与之相对照的，是意大利人小波罗和他的弟弟费尔德·迪马克，尽管他们作为摹本的"总体性"，即马可·波罗与《马可·波罗游击》，并不精确，相反，可能同样是浪漫化的、异国情调式的想象，但是他们在义和团与八国联军的冲击、枪炮之中，在这样一种"翻译"的洗礼之下，走出了一种与世界相联系的新可能性以及某种新的文化身份与主体性的可能性——尤以"逃兵"费德尔·迪马克自我中国化并改名"马福德"的故事最为凸出。对他们而言，"翻译"已经越出了语言——尽管"语言是深入一种异质生活和文化的最重要的路径"（徐则臣，2018），已真正进入"翻译的伦理"层面。

当然，两位意大利人也并没有因为"翻译"而"逆写"出一个新的晚清帝国，相反，他们暴露出了帝国正在发生的颓败、正在遭受的入侵以及被殖民的危险。而作为同样逆流北上的谢平遥、邵常来、孙过程等人，却只是经历了一次帝国的"逆写"。

五

爱德华多·加莱亚诺是一位乌拉圭的作家，但是否应该将其视为"第三世界"的作家却好像是存有疑问的。至少就徐则臣对爱德华多·加莱亚诺的"翻译"与"误读"来看，政治性的批判意识已经完全丧失，而转换成了一种文化上的怀旧。或许也正是因为这样一种引用的策略，使得《北上》的小说尽管格局宏大、视野开阔，历史纵深绵延，但却总令读者感觉到对现实的介入性不足，尤其是涉及"2014年"这条当下线索时，更是令人感觉到作者在用力之余的效果却是比较平与乏。

尽管作为70年代生人的徐则臣并没有历史的沉重包袱，但似乎也无意于一种"民族寓言"式的书写。究竟是"民族寓言"已经过时了呢？还是说其中蕴藏的那种"总体性"与"到世界去"的理想存在某种难以调和的矛盾？

对今天的读者来说，徐则臣的《北上》提供了一个很好的反思机会：题词与正文究竟是不是有机的统一整体？为什么要有题词？如果只是满足于保存在博物馆里的题词"原作"之确有，又或者是相信呈现在纸面上的"译作"，而忘却了我们自身在阅读过程中"译者"的任务——不仅是中外之间的比较，也是古今之变维度的反思，那么对于小说本身的"逆写"恐怕也难以实现。

参考文献

[1] 陈玉成.烟火长河的来处与归路.文艺报，2019-10-14.

[2] 金性尧.炉边诗话（精选本）.上海：中西书局，2011.

[3] 雷达.思潮与文体：20世纪末小说观察.北京：人民文学出版社，2002.

[4] 李徽昭.徐则臣长篇小说《北上》：比较视野下的历史与河流.文艺报，2018-12-24.

[5] 李壮.《北上》：四种意象与四种解读.文学报，2019-01-31.

[6] 徐刚.当代文学的经典生产与典范示例——第十届茅盾文学奖获奖作品述评，艺术评论，2019(10).

[7] 徐刚.时间与河流的秘密——评徐则臣长篇小说《北上》.中国当代文学研究，2019(1).

[8] 徐则臣 . 北上 . 北京：北京十月文艺出版社，2018.

[9] 徐则臣（受访者）、袁毅 . 徐则臣：一条大运河与一个民族的秘史 . 长江丛刊，2019(13).

[10] 杨庆祥 . 作为镜像和方法的"运河" . 文艺报，2019-10-14.

[11] 张育仁 . 莫怀戚小说文化论 . 北京：中国社会科学出版社，2016.

[12] 政协全国委员会文化文史和学习委员会调研组 . 让古老的大运河向世界亮出金名片 . 求是，2019(15).

[13] Eduardo Galeano. Upside Down: A Primer for the Looking-Glass World. trans Mark Fried. New York: Henry Holt and Company, 2000.

作者简介 ┝──────────────────────────────────

　　吴可，1989 年生，毕业于北京大学，文学博士、博士后，讲师。主要研究方向为批判理论、比较诗学以及理论视阈下的明清小说研究。

（原载《南京师范大学文学院学报》2020 年第 1 期）

五、融通互鉴

《文心雕龙·风骨篇》的现代诠释

张洪波

▶ **摘　要**：本文结合当代理论语境，在以前学界分说"风""骨"的基础上，进一步辨析风／骨关系中倾向统一、联系的方面，将刘勰的"风骨"论与巴赫金的"情绪—意志"说放在"语言艺术作品的内容／形式"这一操作平台上，深入辨析二者从各自不同的角度出发而达成的互证与互识，从而切实推进对"风骨"内涵的理解与诠释，指出在语言艺术作品的审美整体中，情志内容与文辞形式是互相渗透的审美统一关系，而非简单机械的二元对立。

▶ **关键词**：风骨；内容与形式；情与辞；审美统一

刘勰对"为文之用心"的探讨，在某种程度上是对运用语言建构篇章的艺术进行系统的研究。刘勰不但对创作过程的各方面作了仔细的辨析，而且还对语言作品的艺术性和美感进行了思考。《风骨》篇的重要意义，正在于它以专篇的分量，精当地描述了文章情志与语言达到审美统一而给人带来的整体美感。

从审美的角度入手来研究《风骨》篇，渐渐成为大家的共识。牟世金先生认为："风骨是刘勰针对当时的文学创作情况提出的审美标准"（牟世金，1990）。陈耀南先生的《〈文心〉"风骨"群说辨疑》搜罗并分析了 60 余种有关"风骨"的解说，他也发现："随着时间的过去，了解的加深，20 多年前开始，渐渐有人指出：'风''骨'并不是'情''辞'本身，而是'情''辞'的'标准'。换言之，'风'与'骨'是美学上的一种要求，艺术上的一种表现"；最后还总结说："《文心》所谓'风骨'，就是与'美'有密切关系的概念"。看来，从审美的维度出发，将"风骨"论理解为刘勰针对语言作品的艺术性而提出的审美理想、审美价值、美学风范，不失为一种能见大体的把握。

在对"风骨"的理解上，众说不一。笔者发现，其中存在一个重要、普遍的问题，即各家在使用"内容"与"形式"这一对理论范畴来分析"风骨"之时，没有首先将其置于语言艺术作品审美统一整体中作一番具体、系统、深入的考察，而只是在模糊、不稳定的义界上，按照各自对"内容"和"形式"的理解来解释"风骨"的相应内涵，这样得出的各种结论，分别看起来似乎很明晰，放在一起时却各含歧义、莫衷一是。要澄清这种认识上的混乱，就必须对语言艺术作品这一审美统一整体中内容与形式的关系作一番仔细清理和重新认识。由此笔者考虑到，从审美的维度出发、对语言艺术作品统一整体中内容与形式之间既区别又联系的复杂统一关系进行细致深入的辨析，这样得出的研究成果，将有可能为我们从内容／形式层面理解"风骨"的内涵提供一种有意义的借鉴。西方学者如巴赫金，已在此方面作过严谨深入的研究，他的精深论述，或许能给我们长久思考的"风骨"问题打上一束新的光线。

一

在中国文论的语境中论及内容与形式时，在对这一组概念的理解与使用上，往往倾向于将作家心中的思想感情视为"内容"，而将作品视为表现这一"内容"的"形式"。比如解释"诗言志"时，《毛诗序》说"在心为志，发言为诗，情动于中而形于言"，主要强调诗歌是作诗者内心情志（即"内容"）的表现"形式"，这样的解释就属于这一层次。具体到《文心雕龙》的理论体系中，《情采》篇要求"述志为本"，反对"言与志反"，是从创作角度对上述"诗言志"说的具体倡明，篇中有："昔诗人什篇，为情而造文；辞人赋颂，为文而造情"，其中，"情"是"心中"之情，"文"是"笔下"之文，此文／情之分与前面的诗／志之分是相对应的。大致说来，我国文论在这一层次上的论述往往形成这样一种比较明显的倾向，即将着眼点放在作家创作前的心理准备上，要求作家的内心首先应该具备真情实感（儒家文论更要求作家树立符合道德规范的情志）；作家创作应从自己的真情实感出发而不可虚伪矫情；作家应将自己的"人品"与"文品"全面统一起来；反对作家以技巧自炫，片面追求文学技巧而不能从中超脱，用刘勰的话来说就是"采滥忽真"。所以大体而言，在这一层次上论及内容与形式，主要仍在作家论的范畴内。

将是否拥有真情实感作为写作的首要条件，当然是正当而必要的，《情采》

篇的首要意义也正在于此；但只强调"为情而造文"也是不够的，有了好的情志在心，并不能保证就一定能够写出好文章，因为"心中之意"与"笔下之文"很难统一，一如陆机所说："恒患意不称物，文不逮意，盖非知之难，能之难也"；刘勰也说："方其搦翰，气倍辞前，暨乎篇成，半折心始，何则？意翻空而易奇，言征实而难巧也。是以意授于思，言授于意，密则无际，疏则千里"（《神思》）。可见，要使"文""言"达到与"意"的统一，并非易事。所以严格说来，作家的在心之志并不简单等同于其诗中之志，也就是说，作者心中的主观情志，与他创作出来的作品中内在蕴涵的思想感情并不是一回事，因为作家的主观情志尚未经过审美加工和处理，还只具有认识内涵和伦理内涵，与经过他审美加工创作而成的语言艺术作品之间是二元的关系，尚不能被称为语言作品之中的内容。

巴赫金指出，在分析语言艺术作品的内容与形式时，只从认识的角度、伦理的角度来抽取其中的"思想感情"与"表现形式"是不够的，这样的分析完全无视艺术作品的审美属性，破坏了它完整统一的艺术审美特征；而艺术这一门类之所以区别于其他人文科学门类，恰恰在于它是以审美属性为本质特征：在艺术作品中，"审美形式把已被认识和评价过的事物转移到另一个价值层次上，使之服从一个新的统一整体，按照一种新的方式整理它：使它个体化、具体化，把它隔离化、完成化"，也就是把原本只有认识与伦理内涵的事物进行审美的创造和加工，使它化合为"具体的直觉的审美统一整体"（巴赫金，1996），这正如刘勰在《辨骚》中所说："虽取镕经旨，亦自铸伟辞"，其中之"伟辞"当然不是一只装乘"经旨"的"口袋"，而是融"经旨"与"文辞"于一炉的审美统一整体。

由此可见，在成功的语言艺术作品之中，"言"与"意"已在"具体的直觉的审美统一整体"中密合无际，不复是创作前各自独立的、二元的"思想感情"与"语言形式"；就"情采"一词而言，创作中应先有"情"，后配"采"，二者在时间上有先后之分，在意义上各自独立，所以若用"情采"二字来概括作品统一整体中内容与形式之间密不可分的关系的话，因本为二而强谓之一，有拼合的痕迹，显得有些勉强、不够确切。所以对"作品之中"的言意关系、内容/形式关系的认识，应在"情采"的基础上上升到新的层次，找到更精当的描述。

在语言艺术作品的审美统一整体中，我们怎样结合其审美特征来重新辨识和概括其中的"内容"因素与"形式"因素及其相互关系？在这方面，《风骨》篇为我们提供了十分重要的线索。

二

"风骨"一词,是魏晋时期品评人物常用的词汇,有"风骨清举""风骨魁奇""风骨不恒"等等说法(詹锳,1989)。一些学者如詹锳先生等,通过认真研究"风骨"的来龙去脉,对"风骨"一词在人物品评、绘画艺术、书法艺术中的运用作了大量深入细致的资料搜集和考评工作,使"风骨"论研究在拓展和深挖中达到了相当的广度和深度。但是,人物品评、绘画艺术、书法艺术中的"风骨"论并不能完全解释和取代文章写作艺术中的"风骨"论,因为它们毕竟是不同的艺术研究领域:人物品评是针对特定个人的整体气质与精神风貌的评鉴,绘画是运用颜料来布置色彩、线条的艺术,书法是书写汉字的艺术,而文章写作却是运用语言来结构篇章的艺术。从历史沿革来看,将原来多用于人物品评、绘画和书法中的"风骨"一词移用到语言创作艺术中来并形成专论,构成其语言创作艺术论体系中的一个有机组成部分,这正是刘勰所取得的历史性突破——《文心雕龙·风骨》的出现,不仅是对原有"风骨"理论的继承和拓展,更为发展和丰富语言艺术理论增添了新机:因为他的"风骨"论准确地概括和描述了语言艺术作品在达到思想性与艺术性的统一时所具有的美感特征。

我们已经知道,作家应该"为情而造文",并力图以"文"逮"意",创作出言意密合无际的作品来。如果我们从审美的维度出发进一步追问:充分渗透消融在作品文辞之中的思想感情究竟表现为怎样的特定形态?也即,充分渗透并贴切体现着思想感情的作品文辞会呈现出怎样的美感特征呢?《文心雕龙·风骨》篇即最好的回答。

《风骨》开篇不久,便将"风骨"一词分释为"文风"与"文骨";中间部分说:"唯藻耀而高翔,固文笔之鸣凤也";结尾部分总结说:"风清骨峻,篇体光华"。可见刘勰的"风骨"论主要是针对"文章""文笔""篇体"而言,研究的是"文章"所具有的美感特征,是"文中"之风骨,主要是作品论而非作家论;文中所提到的"情"与"气",也主要是针对作品而言。那么,究竟何谓语言艺术作品的"风骨"?其中"风"指什么,"骨"又指什么?

《风骨》篇第一段就有六处分别论述"风"与"骨",且将"风"与"情""气"

连说，将"骨"与"辞"连说，可见"风"与"骨"确实各有不同的侧重。后人在解释"风骨"论时，也一直努力将"风"与"骨"的不同含义区别开来，落到实处。但笔者发现，这种区别与落实的努力发展到后来，竟倾向于将二者完全对立起来，而最为常见的一种对立方式，就是将"风骨"中的一方归为"内容"，而另一方归为"形式"，以内容/形式之间似乎是不言而喻的二元对立关系为基础，来说明"风"与"骨"各自有着判然的内涵与明晰的关系。不管其结论是"风属内容骨属形式"还是"风属形式骨属内容"，这统一的思考方式在获得明晰性与确定性的同时，往往会缩减甚至曲解了刘勰"风骨"论丰厚的意义内涵。这方面最具代表性的论述，当属影响深远的"风即文意，骨即文辞"之说。

从近现代的理论语境出发对《风骨》篇进行具体细致的辨析，始自黄侃先生《文心雕龙札记》中对"风骨"的解说：

> 风骨，二者皆假于物以为喻，文之有意，所以宣达思理，纲维全篇，譬之于物，则犹风也。文之有辞，所以摅写中怀，显明条贯，譬之于物，则犹骨也。必知风即文意，骨即文辞，然后不蹈空虚之弊。或者舍辞意而别求风骨，言之愈高，即之愈渺，彦和本意不如此也。……综览刘氏之论，风骨与意辞，初非有二。然则察前文者，欲求其风骨，不能舍意与辞也；自为文者，欲健其风骨，不能无注意于命意与修辞也。风骨之名，比也；意辞之实，所比也。（黄侃，1996）

针对《风骨》篇之说易于凌虚的特点，指出"言外无骨"，"意外无风"，应紧扣文章本体、紧扣文章的"意辞之实"来理解"风骨"，才能不失刘勰立论的本意——黄侃先生此说敏锐地抓住了"风骨"问题的要害，见识精警，立论高远，为后学者树立了以务实态度研究"风骨"的榜样。但他在努力分说"风"和"骨"之时，将风/骨与意/辞简单地对应与等同起来，将"风"还原为"文意"，"骨"还原为"文辞"，在使"风骨"的解释明确化的同时，也将其简单化了。他这种分说"风骨"的方式，对一些著名学者的"风骨"研究产生了影响。如王元化先生在此说的基础上进一步明确指出："风与作为文学内容的文意联在一起，骨与作为文学形式的文辞联在一起"（王元化，1992）；周振甫先生也认为，"'风'是对作品内容方面的美学要求"，而"'骨'是对作品文辞方面的美学要求"（周振甫，1981）。

看来，在解释"风骨"论的时候，如果将研究的着重点过多地放在对"风"和"骨"

进行分说上，发展到最后往往容易过于强调"风"与"骨"二者的不同与对立，而忘了"风骨"本应是一个完整统一的新概念，忽视了"风"与"骨"本应有的协调一致的关系了。所以下文中，笔者拟在以前分说"风""骨"的基础上，进一步辨析风／骨关系中倾向统一、联系的那一个方面，并借此对语言艺术作品这一审美统一整体中的内容与形式关系重新进行省视，以突破过去的认识局限，获得新的启示。

三

《风骨》开篇就说："怊怅述情，必始乎风；沉吟铺辞，莫先于骨"，可见"风"与"情"紧密相连，"骨"与"辞"紧密相连，二者各有不同的侧重。但如果就此推断"风"与"骨"完全不同并截然对立，并认为"情"只属"风"而与"骨"无干，"辞"只属"骨"而与"风"无干，就割裂了"风骨"的有机联系。要辨析"风骨"作为一个完整概念的统一内涵，首先就应该弄清"骨"与文章中的"情"有什么关系，而"风"与"文辞"又有何关系。

在从思想／感情或志／情的层面来衡量"风"与"骨"时，一般认为，"风"含"情"的成分更多，而"骨"更侧重于思想，侧重于"理"，含"志"的成分更多，《体性》篇中的"辞为肤根，志实骨髓"之说，便是直接的证据。综合《风骨》篇中关于"骨"的解释可以看出，用来"铺辞""析辞"的"文骨"，包括了严正的义理、清晰的逻辑思路、典雅的引事引言在内，是以"志"为其主导、为其"骨髓"的。如果说，风以"情"为主，骨以"志"或"理"为主，那么，骨"志"与风"情"之间的关系，也就是文章中"情"与"志"的关系。在语言艺术作品中，"情"与"志"应是互相渗透和统一的。王元化先生在这方面曾有过十分精湛的论述，他指出：

> （刘勰）不仅经常以"情""志"对举，互文足义，而且也时常把属于感性范畴的概念和属于理性范畴的概念联系起来考虑。……这只是因为在艺术作品中思想往往是蕴含在情的感性形态里面的缘故。……他所说的"情志"是颇接近于渗透了思想成分的感情这种意义的。（巴赫金，1996）

既然在语言艺术作品的统一整体中，"志"与"情"是互相渗透密不可分的，所以"风"中所包含的"情"，实际上"不完全等于今天的感情，虽以感情为主，也包括与感情相联系的思想志趣等因素"（涂光社，1990）；而"骨"中所包含的坚实的思想内涵，也是被感情所渗透的情志统一体。在此意义上，我们便能更好地理解刘勰论述文章的体制安排的、属于"骨体"之范围的"三准说"："履端于始，则设情以位体；举正于中，则酌事以取类；归余于终，则撮辞以举要"——可见文中的含志之"情"，不仅内在蕴含于"风"之中，而且还内在蕴含于"骨"之中，因此"风"和"骨"皆与文"情"有着密切的联系。

另外，从"文辞"这一方面来看，我们已知"骨"是"文辞的内在素质"，它与"辞"的密切关系已经得到了充分完备的论述，那么，与文"情"关系密切的"风"是否与"辞"完全无关？"风"作为作家感情、气质在作品中的体现，必然内蕴于语言文辞之中，"风"与"辞"当然是密切相关不可割裂的。因为只有"辞"才能够"述"情而使之"显"，所以刘勰指出深乎风者，必须练于"风辞"——其中，"风"对于"辞"的影响在于"环情草调，宛转相腾"（《章句》），在于"情周而不繁，辞运而不滥"（《镕裁》）；而"辞"对于"风"的影响，在于"饰穷其要，则心声蜂起"（《夸饰》），在于"辞剪荑稗"，而"风归丽则"（《乐府》）。由此可见，"风"和"骨"一样，皆存在于"辞"之中。情之"风"实际是从"辞"之中感受到的、"辞"所传达出来的风情、风韵、风致，舍"辞"即别无可求；刘勰更明确指出，实现"风骨"的唯一现实途径，就是锤炼文辞。

四

如何创造性地化用文辞，使"情志"之意蕴与"文辞"熔铸化合而形成一种整体美感？刘勰说："捶字坚而难移，结响凝而不滞，此风骨之力也。"将"风骨之力"落实到"捶字"与"结响"之上，这集中体现了刘勰对如何艺术地运用语言以融"情"入"文"的深入思考，及对这种"意"与"言"密合无际的文辞所具有的美感特征的仔细辨析——其中就创作而言，情志与写作技巧互相渗透而同时作用于选言择句、斟酌音律、建构篇章的创作过程中；就所创作出来的文辞而言，用字的"坚而难移"、音律的"凝而不滞"传达出一种既坚实有力又流畅飞动的、蕴涵情志的美感，刘勰给了它一个形象而贴切的形容——"风骨"。他还说："声画妍蚩，寄在吟咏，滋味流于下句，气力穷于和韵"（《声律》），可知在刘勰看来，"风骨""滋味""气力"并不是虚无缥缈不可把握的，通过"捶字""结响""下句""和韵"等对语言文辞的创造性运用，可以融"情"入"辞"，实现"风骨"。将"风骨"着落到文辞的创造性运用之上，为论述设立切实的基础和可行的途径，这是刘勰论"风骨"的优胜之处。

在语言艺术作品中，可以分析的现实凭据始终只能是"语言"——字、词、句子、段落、篇章。语言是作品的物质基础，"舍辞意而别求风骨"是不可能的。只有"情""辞"浑然一体的语言作品才有"风骨"。创作缺少真情实感，当然是"繁采寡情"而"味之必厌"（《情采》）；但尽管有再多的思想感情，如果不能很好地结合渗透到文辞中去，结果也将是"理过其辞"而"淡乎寡味"，或"气过其文，雕润恨少"（钟嵘《诗品》）。所以刘勰指出文章中既有"辞高而理疏"者，也有"意荣而文悴"者；既有"文丽而义暌"者，也有"理粹而辞驳"者（《杂文》），可见文章中文辞过于情理或情理过于文辞而游离于文辞之外，都会影响到有机统一的艺术审美整体的形成。

与以上理论相呼应，巴赫金指出，在审美创作的过程中，遣词造句必须着力于充分"平定"和"消融"带有"非审美重量"的思想感情，这使得遣词造句成为一种积极主动的审美创造和体验，成为融"情"入"辞"的关键，因为"一旦我在形式中不再积极创造和体验，被形式平定和完成的内容立刻就会反叛，而以其纯认识和伦理内涵的一面出现，艺术欣赏即告结束，即被纯伦理的共同体验或认识思维、理论上的可否，实践上的可否所取代"（巴赫金，1996）。那么，遣词造句的审美创作过程是如何实现"情"与"辞"的统一的呢？巴赫金是这样描述的：

　　词语在诗歌作品中一方面组成简单句、综合句、章节和场景等等整体，一方面又形成主人公的外貌、性格、身份、环境和行为等等整体以及经过审美形式加工和完成化的生活伦理事件的整体，从而不复作为词语、句行和章节等等；审美客体的实现过程，亦即艺术任务在本质上实现的过程，就是把语言学和布局意义上的语言整体逐渐变为得到审美形式创造的事件的结构形式整体的过程。（巴赫金，1996）

其中所谓"得到审美形式创造的事件的结构形式整体"，就是指使语言超越一般的、日常的语言学意义而变得个性化，富含特色和韵味，成为具体化、个体化的、具有审美意义和化感力量的、有机统一的艺术语言。这种艺术语言中的词语、句行、章节经过审美加工和创造，已熔铸而为具有整体美感的"风骨"，这就是为什么读谢灵运诗时"揽而察之，但见情性，不睹文字"（皎然《诗式》）；读杜诗时只看见"有""无"两字："有者但见性情气骨，无者不见语言文字"（刘熙载《艺概》），因为语言艺术加工同时也是对语言材料的克服和创造性化用。在此意义上我们认识到，语言艺术作品中的文辞，与未经审美加工之前的文辞，在审美意义上是完全不同的。

在巴赫金看来，真正进入审美客体，具有审美意义的不是语言学意义上的文字，而是文字超越语言学意义的价值态度和价值指向（按照心理美学的说法，就是同这一形式相适应的情绪—意志因素）。他认为艺术语言具有一种"情绪—意志张力"，能表现作者的某种价值态度，因为语言艺术中"由节奏、和谐、均衡和其他形式因素所表现的一种情绪—意志态度，具有极其紧张、极其积极的性质"。

巴赫金在此提到，具有审美意义的语言内在包蕴着一种"情绪—意志张力"，这与刘勰所说的包含在"捶字坚而难移，结响凝而不滞"中的"风骨之力"有着异曲同工之妙，同样揭示了语言艺术中"意"与"辞"的审美统一。

五

不过我们还要继续追问：在中国文论语境中为何要以"风骨"来形容审美文辞所包蕴的"情绪—意志张力"呢？这是由于"风骨"一词体现了一个鲜明的中国传统文论特点，即注重感受，从感受的角度来立论。

"风骨"是渗透消融在作品文辞中的思想感情所表现出的特定形态，是渗透并贴切体现着思想感情的作品文辞所呈现出的美感特征，因而有着生动鲜明的"可感性"。刘勰说："深乎风者，述情必显"，又说"雅义以扇其风"（《章表》），可见"风"应是鲜明的、流动可感的，一如王运熙先生所说："风不是指文意的内涵，而是指文意呈现出来的外部风貌"（王运熙，1986）；而"骨"作为"作品的思想内容所显示出来的义理充足、正气凛然的力量"，也是可以感受得到的。"骨"最初出自根据人的形骨预测命运吉凶的"骨相"，它"或在内，或在外，或在形体，或在声气"（王充《论衡·骨相》），本来就有着内外贯一的阐明性，所以"骨"所呈现的"骨力"与"骨气"同样也是鲜明可感的。前面已提到，在语言艺术作品中，"志"已与"情"互融而内在包蕴于"风骨"中，所以"风骨"的鲜明可感是兼含情志的、理性与感性统一的丰厚的美感，其中的融情之"志"因"风"而具有清晰鲜明的可感性；其中的含志之"情"因"骨"而得到提升与深化，显得意蕴深远而韵味无穷。

"风骨"与"文采"都能给人带来美感，俱属美感范畴，不过其层次有别。风骨能使文采鲜明，声韵有力。未融入情志的藻采之美只是肤浅、表面、纯技巧性的美，如果"采乏风骨"，则将"振采失鲜，负声无力"，只是没有"辉光"、没有生气的"采"而已；风骨之美是具象而生动、丰厚而整一的、有层次、有深度、有韵味的整体美感。当然，这样的风骨之美必须将藻采之美充分吸收并化合以成为其有机成分，才不致过于"骨劲而气猛"却"雕润恨少"，才能真正实现"藻耀而高翔"，做到"风清骨峻，篇体光华"。

从巴赫金式的西方理论视角来看，刘勰这种经验性的、感受性的审美观念是"朴素的、主观的、不稳定的"，且由于《文心雕龙》是用骈体文写成，行文优美、义理精微，却难免"词义不稳，界说欠明——或一词数义，或义同辞异，致使读者如堕五里雾中，须用心揣摩，方能领略"（陈耀南，1990），所以中国式的感觉和经验相对于西方而言，确实显得比较模糊、游移，难以落实和把握。但是，巴赫金式的理性分析和定义虽清晰、细致、深入、有条理、有层次，却因过于落实而显得相对笨拙，且往往失之抽象，不能给人以具体直观的整体感；而刘勰式的感觉和经验却洞幽烛微、形象贴切、细腻丰厚，因其灵动游移而更能反映各层次间、各部分间血脉相连的有机联系和互动关系，从而使论说具有直观性、整体性、可感性。

综观上面的论述，将巴赫金的"情绪—意志"说与刘勰的"风骨"论放在"语言艺术作品的内容／形式"这一操作平台上进行综合分析，我们发现这两种理论从各自不同的角度出发而互证互识、互相照亮，从而使我们更清晰地认识到，在语言艺术作品的审美整体中，情志内容与文辞形式是互相渗透的审美统一关系而非简单机械的二元对立。那种认为内容是"主观"的而形式是"客观"的，内容是"精神"的而形式是"物质"的，内容是"思想概念"而形式是"语言表达"的机械二分法应该得到纠正，这正如刘勰所说："情与气偕，辞共体并"，文章中的"情""气""辞""体"虽各有侧重却是浑然一体密不可分，也正如巴赫金所说，在语言艺术作品的审美统一整体中：

内容是整个经过形式加工的，整个被体现、被融化于形式中的，……是溶化在艺术整体中的因素。不可能单独指出艺术作品中某一个具体因素是纯粹的内容，正如没有纯粹的形式一样……作品作为审美客体本身是由艺术赋予其形式的内容或说是有内容的艺术形式构成的。（巴赫金，1996）

参考文献 ┝

[1] 巴赫金.语言艺术创作中的内容、材料和形式问题.载《巴赫金文论选》.北京：中国社会科学出版社，1996.

[2] 陈耀南.《文心》"风骨"群说辨疑.载《文心同雕集》.成都：成都出版社，1990.

[3] 黄侃.文心雕龙札记.上海：华东师范大学出版社，1996.

[4] 牟世金.从刘勰的理论体系看风骨论.载《文心雕龙研究论文集》.北京：人民文学出版社，1990.

[5] 涂光社.《文心雕龙·风骨》篇简论.载《文心雕龙研究论文集》.北京：人民文学出版社，1990.

[6] 王元化.文心雕龙讲疏.上海：上海古籍出版社，1992.

[7] 王运熙.中国文学批评通史·魏晋南北朝卷.上海：上海古籍出版社，1986.

[8] 詹锳.文心雕龙义证.上海：上海古籍出版社，1989.

[9] 周振甫.文心雕龙注释.北京：人民文学出版社，1981.

作者简介 ┝

张洪波，1970 年生，毕业于北京大学中文系，文学博士，比较文学专业副教授。主要研究领域为中国文学经典的域外翻译与阐释、跨文化文学阐释的理论与实践。已出版学术专著《＜红楼梦＞的现代阐释——以"事体情理"观为核心》，发表论文 30 余篇。

（原载《多边文化论集》第二卷，北京：新世界出版社 2003 年版）

作为打开欧洲"未思"的手段
——朱利安中国古典美学建构之解析

韩振华

► **摘　要**：法国汉学家朱利安在其一系列论著中，建构了以"平淡"（lafadeur）、"非－客体"（non-objet）、"去本体论"（désontologie）、"内在性"（l'immanence）等为特征的中国古典美学。朱利安的目的是借呈现中国从而打开欧洲思想的"未思"（l'impensé），其著作的流行程度彰示着这一目标取得了相当大的成功。然而，朱利安的中国美学解读方案听上去更像福柯、德勒兹等人的后结构主义思想的某个"变种"，这让人怀疑朱利安对中国的呈现是否更像一种"发明"。朱利安字里行间流露出的对中国美学的欣赏和处处从中国回照欧洲的往复、反衬手法，对于近代欧洲汉学传统而言，确有某种"哥白尼式的颠覆"意味（Thierry Marchaisse 语）。但是，从深层的论证逻辑来说，朱利安在许多方面仍然延续了黑格尔－韦伯讨论中国思想时的做法（只不过是在新的哲学情势下颠转了黑格尔原来的负面评价），精巧的论述之下并没有表现出对于汉学史成见的深刻反思。同时，朱利安重视"形式现实化之前之未分化基底"（fond in différencié），这一海德格尔式的偏重具有不介入、非政治性的倾向，就像海德格尔一样，这样做即便具备巨大的哲学／美学雄心，实际上却在现实社会（政治）难题面前犹疑、迟宕，"阻碍人们审辨、提出当代一些至关重要的问题"（毕来德《驳朱利安》），因而其美学建构的当代政治相关性（relevance）也是可疑的。

► **关键词**：朱利安；中国美学；平淡；非客体；内在性

想要批评法国汉学家朱利安（François Jullien，或译余莲、于连），不是一件很容易的事情。倒不是因为他的大量汉学著作为他赢得了世界范围内的巨大声誉，而是因为朱利安的学承和研究经历足以保证他是一位在汉学领域并不存在知识欠缺的学者，同时，他又是一位文体写作高手，对于中国与欧洲之间"间距"（l'écart）的把握以及对于自己文字可能产生的接受效果有着准确的拿捏。他的著作产生的影响力，早就越出学院派汉学家圈子，在专业哲学家（如保罗·利科、阿兰·巴迪欧）、艺术家、政治分析师、企业管理者直至普通读者那里都收获了大批拥趸。尤其对于汉语学界中致力于向"西方"讲述中国美学和思维方式的学人来说，朱利安似乎巧妙而又充分地说出了他们长期想说却说不出来的中式玄妙与精微！这些因素合在一起，使得朱利安成为一个复杂的综合体。因此，批评朱利安，倘若没有更深层的思想立意和自我反思的勇气，不进行一番抽丝剥茧的去蔽工作，极容易因为勉强、轻率而滑向逻辑紊乱。

在朱利安所有涉及中国的著作中，始终贯穿着一条内在线索，这条线索也是其基本方法论：他关注中国，但全面阐明"中国"并非其根本宗旨所在；实际上，"中国"在他那里只是"方法"[1]，并不是目的。他采取的是一种"迂回"（Détour）策略，即在中国和欧洲"无关性"（indifférence）的预设之上，将中国视为欧洲的文化"他者"，通过观察中国来迂回地透析欧洲自身的褊狭，通过一种"去中心化"的方式促进欧洲思想的自我更新和拓展。多年来，朱利安的汉学研究一直致力于"进行最远离逻各斯的航行，直至差异可能到达的地方去探险"（弗朗索瓦·于连，2003），因此，在其论证中，"作为哲学研究工具的中国"成了"欧洲"的对照／对立面，二者之间的所谓"无关性"成了事实上的对极化。就此而言，朱利安研究进路已经偏离了欧洲传统汉学追求百科全书式地呈现中国面貌的"语文学"（philology）大传统，而表现出非常鲜明的"哲学化"色彩。

这种借用和发挥"中国"的方法论，在朱利安讨论中、欧思想"间距"的《势：中国的效力观》（1992）、《曲而中：中国的意义策略》（1995；中译本《迂回与进入》）、《道德奠基：孟子与启蒙哲人的对话》（1995）、《圣人无意：哲学的他者》（1998）等著作中，在文字层面上还留有几分论断的审慎，个别章节甚至还包含了对于古代中国意识形态的某种批评意味。然而，当我们面对朱利安的《淡之颂：论中国思想与美学》（*Eloge de la fadeur: À partir de la pensée et de l'esthétique de la Chine*, 1991）、《本质或裸体》（*De l'essence ou du nu*, 2000）、《大象无形》（*La*

1　这与日本汉学家沟口雄三"作为方法的中国"之方法论论述是相近的。就其实质而言，这是一种思想家式的致思路径。参考：沟口雄三，《作为方法的中国》，孙军悦译，上海：生活·读书·新知三联书店，2011 年版。

Grande image n'a pas de forme: Ou du non-objet par la peinture，2003）、《美，这奇特的理念》（*Cet étrange idée du beau*，2010）、《山水之间：生活与理性的未思》（*Vivre de paysage: Ou l'impensée de la raison*，2014）等专门论述中国美学和艺术理论的著作时，我们读到的则是对中国毫不吝啬的赞美。与"间距"并生的审慎完全消失了，有的只是纵情的拥抱、投入与沉浸其中；或者说，他沉浸在作为方法的"中国"之中，以至于久假不归，"中国"反客为主地成为"目的"。

何以如此？是因为面对体现于艺术思想中的中国"感性学"，必须投入更多的情感和爱 / 亲密（Amour/l'intime[2]），以致策略性地忽略了那些借助理性反思方能察觉的藏污纳垢之可能性？还是这些中国美学和艺术论著，相比于朱利安的其他论著，更为如实地展现了他本人对于中国文化的真正看法和态度？解答这些问题，必然会将我们带向对于朱利安中国美学建构的批判性阅读。

还是让我们从细读文本开始吧。

一、遮诠、他者性与中国美学

朱利安反复申述过，要了解中国思想，应该将中国"没有任何'形而上学'的思虑（至少在佛教传入中国之前），哲学没有本体论"（朱利安，2006）作为出发点，而"形而上学""本体论"正是希腊或欧洲的思想专配。他的多部著作已经陆续在中国的"曲而中""势""功效""默化""虚位待物"，与欧洲的"存在""真理""上帝""自由""因果论"之间建立了概念集束意义上的对照式阅读。在 2015 年出版的《从存有到生活：欧洲思想与中国思想的间距》（*De l'Être au Vivre：Lexique euro-chinois de la pensée*）（朱利安，2018）中，朱利安更是总结性地精选出 20 组中、欧思想中的对应关键词，并一一思考它们的"间距"。

朱利安论述中国美学的方法亦是如此。这一方法类似于古印度因明学者陈那的"遮诠"（Apoha），或如道家语言观中的"否定辩证法"，即通过排除（exclude）内在于欧洲的那种同一性，或者说通过让欧洲"缺席"而间接地指认"中国"何在。就此而言，他对中国美学的呈现，也是通过绕道欧洲（"非 - 欧洲"）而旁敲侧击、迂回地完成的。

2　朱利安著有《论亲密：远离喧嚣的爱》（De l'intime. Loin du bruyant Amour，2013）一书，主张挖掘"亲密（l'intime）"之价值，以弥补"爱（Amour）"之缺陷。

　　在《淡之颂》中，"淡"对应法文词是"Fadeur"（乏味、平淡、暗淡），但"淡"作为中国美学重要品格而被推崇的那层价值意味却无法通过包括"Fadeur"在内的欧洲语言而得到正面言说。在中、西比照意义上，朱利安径直认为"淡"的更好表达是"遮诠"式的"无－味"（《淡之颂》的日文译本亦将"Fadeur"一律译为"无味"）。"大音希声""大象无形"之"大"，不在于其"声""形"这些特殊的"现实化""外在化"形式，而在于尚未"现实化""外在化"时的事物才是包蕴一切可能性，因而也是内寓无穷变化的状态。中国的绘画、雕塑、书法、诗歌、音乐，甚至道德修养境界，莫不以此状态为尚。

　　中国人在日常生活中表达意义的方式也是如此。朱利安在书中讲了一个耐人寻味的事件：符号学家罗兰·巴特1975年从中国旅行回来，在《中国怎么样？》这本小册子中说，谈到中国人表达意义的方式"朴素到甚至很罕见"，从而他在中国"发现了一个新的场域，一个极细致的场域，或者说得更准确，一个平淡的场域"（朱利安，2006），这使得到访中国的欧洲人必须"把象征符号的骚动抛到脑后"。然而，出身于欧洲文化的巴特似乎无法完成符号的完全倒转，他不敢（或不能）在正面意义上谈论并肯定"平淡"。朱利安认为，巴特已经察觉到"平淡"这一对于欧洲而言"新的场域"，但终究失之交臂，无法深入领悟这一场域，从而遗憾地错失了一次在中国和欧洲之间打开"间距"的机会。

　　在朱利安看来，"淡"意味着"一种从不强调的感觉"，是"任由现象和境况显现，但绝不让人们受其牵制"（朱利安，2006）。古代艺术中那些具有"远渺""萧散简远"风格的作品，往往是通过暗示（而非西方符号学意义上的"象征"）来呈现，"笔画""味""景"指向的是"笔画之外""味外之旨""景外之景"。这与那种突出"豪放奇险"、洋溢着激情与眷恋之强力的艺术风格（如韩愈的诗、张旭的草书、王蒙的画）形成了鲜明对照。而后者往往是艺术家"生存焦虑"的产物，"它唤不起精神的深度"（朱利安，2006）。二者风格迥异，前者由"之外"引向一种超越性[3]，而后者"并不导向意识的超越"（朱利安，2006）。尽管如此，二者又共同具有中国美学乃至中国思想的一致特征——"内在性"：那些涌现激情的艺术作品往往最终引出一连串的幻灭，指向的其实是"在世存有"，而非某种"出世感"。而在平淡风格的艺术作品中，"那个邀我们去的'之外'并不是形而上的。它就

3　汉语学界常常用"生命超越"来界定中国美学的核心品格，认为中国美学"具有突出的重视生命体验和超越的特点"。可参考：朱良志，《中国美学十五讲》，北京大学出版社，2006年版。

是此世——但这是在浑浊中沉淀下来的、从现实里释放出来的、重获清新的（独一无二的）此世。""之外就在其内里。""这种淡而无味将人的意识带领到现实的根源，带回到事物从它开始演化的那个中央"。总之，平淡的"超验性并不会领我们到另一个世界"，"不需要信仰即能获得"[4]。

不难看出，《淡之颂》始于中西在形而上学和本体论问题上的鲜明对照，亦终于朱利安朝诵暮念的中西文化对话点，整部书呈现出"始卒若环"的述说结构。也可以说，他是借"平淡"这一美学话题操演了一番其独特的中、西文化间谈（dialogue des cultures）主张。看清了这一对照研究框架，当我们面对《本质或裸体》《大象无形》等后续著作时，就有了一个很好的"抓手"。比如说，在西方，正是因为"裸体"之美具有极致的显露（révélation）本质的能力——"自明性"（é-vidence），才使得裸体能够沟通"本质"与"表象"，从而调和西方形而上学思想中二者之间的二元对立紧张关系，所以裸体在西方艺术中一再得到表现。而在中国重视"过程"的内在一致性思想中，裸体并不具有形而上学意义，而且静态孤立的裸体无法相容于中国绘画崇尚的"气韵生动"原则，呈现裸体所追求的强烈彰显和绝对明晰也与中国绘画暗示自然无穷微妙运化的模糊与转瞬即逝针锋相对。总之，在非形而上学、非二元对立、非象征喻指的中国，裸体是不可能的（弗朗索瓦·于连，2007）。

笔者用"遮诠"这一术语概括朱利安的中国美学论述，一方面是要点出朱利安关注的对象主要是受道家以及中国化佛教影响的美学观念，而道、释二家本来就偏爱"遮诠"式的论述；另一方面（也是在方法论上更重要的），是要揭示朱利安专擅在中、西之间设立对照，认识、诠释中国的前提是先将古希腊以来的欧洲传统观念加以悬置甚至否定，而这样做正契合了法国后结构主义者们合力倡导的"他者性"观念。事实上，朱利安目前正荣任法国人文之家世界研究学院"他者性讲座"（Chaire sur l'altérité）教授，这一称号确乎是实至名归。

二、自我指涉，或后结构主义的中国"变种"

从中国美学的真际来看，朱利安对中国美学的发扬当然是极富洞见的。然而

4　余莲，《淡之颂：论中国思想与美学》，第 106、139—140 页。加重黑体字为原文所有，下同。

在客观上，这种遮诠式"发扬"对中国美学的建构过于后现代化了，而且带有显著的自我指涉性（self-reference）。有意思的是，朱利安主要将这种"他者性"安置在中、西之间，而不愿意将它置于中国美学内部。恰恰相反，他在中国美学中发现的似乎只是内在一致性，就《淡之颂》一书而言，前文曾论及的，朱利安认为中国美学中的"平淡"与"非平淡"统一于"内在性"之中，就是一例。又如，关于儒、道两家，朱利安当然知晓二者"思想核心、概念或语言的差异"，但他认为，"我们不应再深究他们之间的差异，而应去探讨那个支持他们之间的共同之本，那些容许他们对话的共通点"，亦即"寻找出这两派思想赖以形成，却从未质询过的**自明底蕴**"，而这一"自明底蕴"就表现在"非－形而上学"和"非－本体论"（朱利安，2006）。事实上，在朱利安那里，它岂止是儒、道两家共享共通的，也是整个中国古典思想的共同基础以及展开中西对照的"出发点"！然而，中国思想的复杂性似乎不容许将二者进行如此纯化（也是"简化"）的概括。举一个例子，在考察先秦兵家著作《冠子》时，著名汉学家葛瑞汉认为其中就存在着一个抽象、超越的"泰一"（《冠子·泰鸿》）（Angus C. Graham，1993）。这个"泰一"当然不会跟西方形而上学、本体论共享所有特征，但显然也无法纳入朱利安的论说框架。

问题的关键并不在于朱利安所采取的"曲而中"方法论本身具有什么致命缺陷（恰恰相反，这一方法论本身是非常有启发性的），而是在于朱利安的中国美学论述具有太强的自我指涉性。如同《淡之颂》"原序"所说，"平淡"这个"越来越重要"的话题一经发现，它就"往四面八方开展"，"而且跨越了好几个其他的研究领域"，逐渐洇染、漫延到中国文化的方方面面。于是，"淡"成了中国文化的核心美学特征，甚至是本质特征。笔者以为，"平淡"的这种"开展""跨越"，极有可能就是自我指涉性的开展与跨越。当"淡"被述说成中国文化的本质特征时，也就是这种自我指涉性从"局限在博士论文的一章中的一部分"而发展、流溢成"强论述（strong argument）"时。

这种自我指涉性最为突出的表现在于，朱利安的中国美学解读方案听上去更像福柯、德勒兹等人后结构主义思想的某个"变种"或某种改写，这让人怀疑朱利安对中国的呈现是否更像一种"发明"[5]。恐怕再也没有比《大象无形：或论绘画之非客体》一书所建构的"非 – 客体"（non-objet）"去本体论"（désontologie）更为典型了。

福柯在《宫娥》（1966）、《这不是一只烟斗》（1968）、《马奈与绘画客体》（1971）等文章中，通过分析委拉斯凯兹、马奈、马格利特的部分画作，讨论了绘画所依据的"知识型"（l'épistémè）由"古典"向"现代"发展的内在逻辑。其间最为突出的当然是"再现（representation）的解体"或"再现的崩溃"[6]，亦即现代绘画斩断并颠覆了传统"主 – 客"间的反映 / 被反映关系（认识论）、"词 – 物"之间以及"能指 – 所指"之间的固有匹配关联（语言学、符号学）。与之同时，那种追求"深度"模式（在可见表象之后探寻尽管不可见但处于支配性地位的本质 / 意义 / 理性）的形而上学与本体论思想被解构了。就此而言，福柯这些关于绘画的文章中讨论的问题，与他同期对"作者"问题的关注亦存在呼应。《作者是什么？》（1969）所讲的"作者的失踪或者说死亡"，实质就是作为原初者角色的创作主体性的被剥夺，即主体不再是传统意义上的"创造者"（作为作品意义的源头）或"天才"，而只是"话语中的一个变量和复杂功能"[7]。这些观点当然并不只是福柯一个人的独见，而是以福柯为代表的一批后结构主义者共同拥护的主张。朱利安关于中国美学的种种论述，亦深深地契入这一后结构主义思潮。

朱利安所揭示的"中国人的第一哲学"，注目于"源""上游""基底""理"（cohérence），旨在呈现宇宙的"呼吸（翕张）"逻辑图式，而与欧洲古希腊以来的形而上学"本体论式"或"神学式"的超越模式形成了鲜明对照。在《大象无形》一书中，朱利安明言：《道德经》所谓"大象无形"，"无休止地言说着那处于正在现实化、即将分化和对立的东西在上游的共存（coexistence）"，而"现实化""分化""对立"则是与"再现"逻辑相伴随的诸种表现。这是因为，"再现"依据的原则是"相似性"（laressemblance），而"相似性既预设了个别化，同时又预设了规定性"（朱利安，2017），所以相似性一经明确下来，便因为受到规定性的阻碍

5　阿兰·巴迪欧（Alain Badiou）赞赏地评价朱利安对中国的建构是"发明中国"："他（朱利安）所力求发明的中国绝对是为了对我们有点儿用处的，而不是为了让中国人对自己的存在认识得更加清楚。"参考：阿兰·巴迪约，《发明中国》，收录于皮埃尔·夏蒂埃、梯叶里·马尔歇赛主编《中欧思想的碰撞：从弗朗索瓦·于连的研究说开去》，闫素伟、董斌孜孜译，北京：中国人民大学出版社，2011 年，第 89—90 页。
6　汉语学界的讨论，可参考：汪民安，《"再现"的解体模式：福柯论绘画》，《文艺研究》2015 年第 4 期；马元龙，《再现的崩溃：重审福柯的绘画主张》，《文艺研究》2018 年第 4 期。
7　米歇尔·福柯，《什么是作者》，米佳燕译，收录于王岳川、尚水编《后现代主义文化与美学》，北京：北京大学出版社，1992 年，第 287—305 页。

而同时使得事物之间的关系变成强制性、排他性、束缚性的，从而干扰／损害了"大象"这一实在样态（modalité du réel）的充沛漫溢（débordement；令客体消失）。就此而言，《大象无形》书名副标题中的"'非－客体'（non-objet）所质疑的是再现的身份，邀人去思考位于分化之内的未分化（l'indifférenciant）"，而书中多次出现的术语"'去本体论'（désontologie）操作最终需要在语言里为这个'去'（dé-）开辟一条道路"（朱利安，2017）。这些论述都让我们一次又一次地联想到福柯等（法国）后结构主义者的思想宗旨和方法论，特别是以"相似性"理论对《道德经》第六十七章"道大，似不肖"一节的解读，看起来更像是福柯《词与物》一书某个章节的直接改写。[有意思的是，福柯在《词与物》的"前言"中提到，是博尔赫斯作品中引用的"中国某部百科全书"中怪异的动物分类法激发了他探究欧洲千年来构成事物秩序基础的同（le Même）与异（l'Autre）用法的演变（修正或消失）过程。作为"异托邦（les hétérotopies）"之一的中国是"让人不安"的，因为它腐蚀着欧洲语言，特别是动摇了连接词（les mots）与物（leschoses）的更为隐秘的思想句法。而朱利安对中国的建构或"发明"，正是或自觉或不自觉地应和、延续了福柯的"异托邦"思维。]

　　不过，朱利安同时也注意到，《道德经》并没有全然否定"相似性"原则，而是允诺了一种保持开放、不偏私（即并不赋予某物以相似性的特权），因而不会产生排他性的"相似性"——这一点对于绘画来说是至为关键，因为若没有区分／物状，画也就成了"无形画"。在这种"相似性"中，作画虽然画出了分化，但这个分化既露（"显"）且藏（"隐"），仍然"维持着自身所由来的未分化之活力"；作画画出了多样性（分化），但与此同时，事物"未分化"时的"同时性""同等性"仍然显现着，而正是这个"同时同等性"，使多样性自身内部发生沟通并联系着多样性。朱利安称事物之间的这一"同时同等性"是一种道式（taoïque）"统一性"："不互相排斥，而是彼此'同时'，……并且正由于其'如此'的可共存性，图像才一直是无拘束的，其相似性才保持开放"（朱利安，2017）。显然，这种"统一性"既不是综合式的（synthétique，即分化的事物融合于它），也不是象征性的（symbolique，即本体论意义上的归于它之下）。总之，"在这个'大象'阶段上，相似性不再因为受到规定性的阻碍而成为强制性、排他性的，而是无止境地开放着，始终无拘无束；相似性于是任凭自身无止无尽地舒展着，迎受着每一个新的请求，随心所欲地丰富自身。"（朱利安，2017）

表面上看，《道德经》这第二层次的相似性溢出了福柯作为"再现"基础的相似性之范围。然而，福柯在分析委拉斯凯兹《宫娥》的文章结尾时已经提示，"因最终从束缚自己的那种关系中解放出来，再现自身就成为纯形式的再现（pure représentation）"（Michel Foucault，1966）。这种"纯形式的再现"似乎就是两年后福柯在分析马格利特画作的文章《这不是一只烟斗》中所揭示的现代知识型原则：它并不以建立在统一性和连贯性之上的"相似性"为基础，而是以建立在差异和分裂之上的"类似"（similitude）[8]为基础，所以，"类似"是一种排除了确定性的"相似"。这种"类似"可以无限重复，形成德勒兹所说的拟像或幻像（simulacra or phatasms）。"类似"的"重复"，在实质上与德里达的"异延"（différance）相同，都是"生产性"的，它无限延展，不断进行着生成和增殖。联系上文所引朱利安的论述，再明显不过的是，朱利安表面上讨论的是"大象无形"或中国传统山水画美学，但实际说出来的却不折不扣是福柯在《词与物》《这不是一只烟斗》等论著里表达的后结构主义观念！

平心而论，借鉴后结构主义对"再现""相似性"的理论反思来重新观照中国古代思想中的"大象无形""虚实相生""离形得似""气韵生动"等命题，确实有别开生面之感；也可以说，中国传统绘画美学（主要是道家这一脉络）的理论潜能可以借助后结构主义理论得以开显。问题在于，朱利安几乎原封未动地将后结构主义对形而上学、本体论的极度拒斥带入到他对中国美学的论述中来，通过在中国美学与西方形而上学／本体论之间设置整体性对照，得出二者实质上"走向一种截然的对立"（朱利安，2017）。中国古典美学没有必要拥有、事实上也没有与当代西方后结构主义理论一样的问题预设，倘若将这类问题意识强行安到中国古典美学身上，则必然产生"情境错置"或"过度诠释"的谬误。所以，当读到朱利安批评当代中国评注者不加分析地接受了欧洲"摹仿说"（mimésis）的影响，作出"公然违背了古代文献原义"且"极端无价值"的现代诠释（朱利安，2017），我们恐怕要起而反驳他的指责，并指出他的独断与不必要的排他性了吧。

8　按照福柯的看法，"类似"与"相似"的最根本不同在于，"类似"没有与"相似"缠绕在一起的形而上学／本体论源头："相似具有一个'模型'，一个本原元素，……相似预设了一个起规定和分类作用的原始参照。类似之物则是一个既无开端也无终点的序列中发展，……类似之物没有等级秩序要服从，它们从细微差异中的细微差异扩散。相似服务于再现，后者支配着它；类似服务于重复，后者在它里面漫游。相似使自己基于一个它必须返回而且必须揭示的模型；类似则使仿像（simulacrum）得以流通，而仿像就是类似物之间无限而且可逆的关系。"Michel Foucault. This is not a Pipe. Berkeley: University of California Press, 1983. p44. 中译参考前揭马元龙《再现的崩溃：重审福柯的绘画主张》一文。

退一步来看，即便基本认同朱利安对于"大象无形"等特定命题的诠释方案，我们也无法接受他对中国美学同质化的解读策略。某种程度上可以说，朱利安建构出的"中国"，反而是"结构主义"意义上的：他努力挖掘的，是潜藏在中国思想中的、万变不离其宗的、不断生成意义的形式先决条件。这正是结构主义者热衷的工作。就此而言，朱利安以一种略显吊诡的方式背叛了他在精神上亦步亦趋努力追随的福柯，因为福柯本人始终一以贯之地否认自己是一名结构主义者。

三、颠覆，还是延续？——朱利安与汉学史成见

朱利安字里行间流露出的对中国美学的欣赏，以及处处从中国回照欧洲的往复、反衬手法，对于近代欧洲汉学传统而言，确有某种"哥白尼式的颠覆"意味（Thierry Marchaisse 语）。但是，从深层的论证逻辑来说，朱利安在许多方面仍然延续了黑格尔－韦伯讨论中国思想时的做法（只不过是在新的哲学情势下颠转了黑格尔原来的负面评价），精巧的论述之下并没有表现出对于汉学史成见的深刻反思。

笔者以朱利安念兹在兹的"内在性"概念为例，试申说之。

在早期著作《过程或创造：中国文人思想导论》（1989）一书中，朱利安参照王夫之的易学思想，视"过程"（Procès）为"中国世界观的基本表征"[9]，并将它与"其他地方，尤其在西方所熟知的人类学、哲学模式"（即"创造"，Création）对立起来。朱利安把"过程"等同于"道"，认为"过程总是自成的。它以自身为模式，又是卓越的典范。既没有外来干涉又没有外加的规范：我们彻底远离如同所有'创造'原型都必需的'创造者'"（François Jullien，1989）。在朱利安看来，过程思想与西方的创造思想是截然二分的，"既没有作为起始原因和第一动力的创世者的必然性——过程逻辑排斥这一点，也没有从更深层的角度讲的对他者——超越性的绝对的经验，我是说上帝——的参照。"[10]

9　20世纪西方研究《周易》的学人多有借重怀特海（Alfred North Whitehead）的过程哲学（process philosophy）来展开论述者，如程石泉、唐力权等皆是。但朱利安所言"过程"极为排斥"创生论"话语，此点值得注意。参考：韩振华、赵娟，《过程哲学视域下的〈周易〉时间观念》，载《周易研究》2012年第6期，第61—70页。

10　ibid.，p.79. 本文中《过程或创造》一书部分译文参考：王论跃，《当前法国儒学研究现状》，载《湖南大学学报（社会科学版）》，2008年第4期。

　　进而，朱利安把"过程"与"创造"的对立扩展到"内在性"与"超绝性"[11]
的对立，认为《周易》卦的模式是内在性的显露。欧洲思想关注超绝性，其特性
是"试图探究他者的他性（即他者何以真正地为他者并得以构成外在性）"，"与
这种对彼岸的开放相反，内在性思想的特性是试图凸现他者内的所有能关联起来
的同一性的价值，让它们运作起来"，而统摄《周易》和中国思想的便是两极运
作的组合逻辑，从这种逻辑自然可以引出连续的互动性运作。"因此，《易经》这
本书的唯一目的是向我们显示内在于过程的连贯性。"朱利安的《内在之象：〈易
经〉的哲学解读》（François Jullien，1993）也正是以王夫之的《周易》诠释著作
为立脚点来构建一种"内在性逻辑"。

　　朱利安对"内在性"的关注贯穿于其所有关乎中 - 西思想间距的论著，讨论
中国美学的论著当然也不例外。前文出自《淡之颂》的引文，即直接涉及"内在
性"，《大象无形》《美，这奇特的理念》等书中亦有。在总体上，朱利安将中国
的美学和艺术理论描述为："中国人，思考的不是存有（Être）的术语，而是事
物的过程（Procès），不是本质的术语，而更多的是能力（capacités/de 德），不是
以典型和模仿的术语，而更是过程和道（viabilité/dao），只在开端处真切体会唯
一的和同一个的实在：生生不息的能量或者气。"[12] 与这种内在性形成鲜明对照的
是，在西方，"美"（beau）这个理念（idée）从柏拉图开始便是"形而上学的支轴"，
在欧洲语言里拥有一种隔绝孤立的"霸权角色"。在中文里，"美"这个字并不
具有统治地位；中文对"美"（希腊语 kalos；法文 beauté；德文 Schön）的表述
分散在一个具有关联性的网络中：《周易》"贲☲☶"卦内"离☲"与外"艮☶"
之交汇互动，"气韵生动""自然""佳""艳""神（入神、传神）""妙"，以及"秀 /
润""清 / 丽""优 / 雅"等等，但是"没有任何术语在其中具有主导地位"。中
文抵抗美的支配地位，这是因为中国思想是内在性的、过程性的，反映在语言上，
中文"避免给予一个语义学上的元素独一无二的地位"[13]。因此，倘若没有对"美"
这一西方概念加以转化，就径直用来阐述自身传统，"无疑是文化版图上，制造

11　朱利安区分了"超越"（going beyond）和"超绝"（above and cut off），他认为中国思想有超越性层面，但这种
　　超越并不指向一种绝对的外在性，而指向"内在的绝对性"（absolutation of immanence）。
12　朱利安，《美，这奇特的理念》，高枫枫，译，北京：北京大学出版社，2016 年，第 33 页。译文略有调整。
13　早在《过程或创造》（1989）一书第十一章《过程的语言表现》，朱利安就讨论过，汉语中用来表达思想的术
　　语很大程度上并不是语义单元（semantic units），而是通过与其他术语的交互关联（correlation）、群丛网络，成
　　为二元性（duality）的构成要素。汉语术语这一"交互关联"的性质正好与汉语最突出的特征——平行对应性
　　（parallelism）——相契合。这是"过程性"逻辑，而非欧洲语言的"创造性"逻辑。

历史进程中的过气物的相似幻象的傀儡"（弗朗索瓦·于连，2016）。

回溯西方汉学的历史脉络，我们可以发现，朱利安关于中国思想"内在性"的讨论，其来有自。考察这一问题的"前史"，我们须把目光投向 200 年前的欧洲。黑格尔依据耶稣会士传到欧洲的中国认知，认为孔子的学说欠缺超越性、宗教性，身处"大家长的专制政体"下的中国人并不需要一位"最高的存在"，因而中国宗教在黑格尔那里仅属于低级的"自然宗教"，并没有迈进"自由宗教"的门槛（黑格尔，2001）。黑格尔的以上观点绝非孤鸣仅响，其实是典型欧洲思想的一种折射。故而，这些观点甫一提出，便在西方产生了普遍的应和，其影响一直延续到今天。在《儒教与道教》（1916）一书中，马克斯·韦伯也认为中国文化中没有超越尘世寄托的伦理，没有介乎超俗世上帝所托使命与尘世肉体之间的紧张性，没有追求死后天堂的取向，也没有原罪恶根的观念。换句话说，中国思想是世俗性的，在这一点上它迥异于西方柏拉图主义－基督教文化传统的超越性传统。

总之，从黑格尔到韦伯一系列的西方思想家在看待中国思想时，习惯为其贴上"缺乏超越性""无主体性""无历史"等标签，而汉学领域里葛兰言、芬格莱特、陶德文、陈汉生、罗思文等人都在不同程度上延续了"黑格尔－韦伯"式的论断。即便安乐哲、朱利安这样对中国思想评价很高的汉学家，也只是将黑格尔的负面评价反转为正面评价，并没有从根本上触动和反思"黑格尔－韦伯"模式的立论基础[14]。于是我们读到，当黑格尔嘲讽孔子的言论罗嗦冗长、读来无益时，朱利安只在其中发掘出了"平淡"的美学价值（朱利安，2006）。

"内在性"理论的确捕捉到了中国古代思想的一项（不是"唯一"！）重要特征，但是它与生俱来地带有某种"欧洲中心主义"色彩。在长期的历史发展进程中，宗教学、伦理学、政治学、美学、人类学等领域的大量价值话语附着在这一理论之中，最终使得"内在性"理论似乎成了西方汉学界解读中国文化的"不二法门"。就此而言，作为与西方哲学外在超越模式相对照的关键点，中国思想之"内在性"逐渐成为西方汉学史上的一个"成见"或"迷思"（myth）！[15] 不管是朱利安这样纵身于中国"内在性"并全情拥抱它的汉学家，还是像黑格尔、

14　另可参考：罗哲海，《轴心时期的儒家伦理》第 2 章"西方对中国伦理学的诠释角度"，陈咏明、瞿德瑜译，郑州：大象出版社，2009 年版。

15　与笔者的观点相似，汉学家金鹏程（PaulR.Goldin）亦直斥西方汉学界"中国没有创世神话"这一陈词滥调本身就是一种神话（"China has no myths of cosmogony" isa myth.），见：金鹏程，"中国没有创世神话"就是一种神话，《复旦学报（社会科学版）》，2018 年第 5 期。

韦伯那样置身事外、冷酷剖析它的思想家,他们的共同之处在于没有人质疑将"内在性"标签贴到中国思想上面的合法性,亦即未能将这一汉学史成见"问题化"(problematize),所不同的只是对"内在性"这个未经反思的错误前提断言作出或肯定或否定的评价而已。

尤其是对于朱利安而言,"内在性"似乎成了中国人思维世界的"先验(transzendental)"预设,仿佛只要抓住这一关键,所有中国思想便可得到内在一致的解读。然而,朱利安的"内在性"预设主要停留于理论文本解读的圆融自足性追求上,而很少进入具体的历史经验。与之同时,中国思想和中国历史经验中的超越性或批判性维度被严重忽视甚至抹煞了。在众多关乎或无关乎中国美学的论著中,朱利安似乎都有意无意地避免讨论与超越性和批判性密切关联的当代政治话题,不仅面对欧洲如此,面对中国时也是如此。这种在当代政治议题上的含混不清,使得他 2010 年获得"汉娜·阿伦特政治思想奖"(Hannah-Arendt-Preis für politisches Denken,以延续阿伦特对于极权主义的反思这一传统而著称)这一事件显得颇具反讽意味。

四、争议：可疑的美学政治性

在大量涉及中国思想的论著中,朱利安反复自陈心迹,他的目标是借中国思想这一"他者",反衬、反思西方"我思"(cogito)传统的偏见和盲视,由此促进西方哲学的涅槃更生。反观这一哲学家 / 思想家目标,任何指陈其汉学研究"顾此失彼""以偏概全""夸大差异""不够严谨"的批评声音似乎都失去了重量。同时,前文业已指出,朱利安是一位文体写作高手,仿佛总能站在哲学 / 逻辑的制高点上,成功避开知识学意义上的质疑与追问。事实上,朱利安的汉学知识本不存在欠缺,他采用这种突出差异性的写作方式完全是自觉的选择。可是,朱利安就可以因此免于批评吗? 显然并非如此。

事实上,与朱利安的论著大受欢迎的情形相伴随,朱利安也遭受了来自多个领域的学术批评。其中,批评朱利安较为系统、深入的是瑞士汉学家毕来德。

1990 年,针对朱利安《过程或创造》一书,毕来德发表长篇书评《如何阅读王夫之? 》(Jean-François Billeter, 1990)。他一方面肯定朱利安对中国思想的解读确有其优胜之处，另一方面又针对朱利安的整体比较策略、表述方式、对读者的误导等方面展开批评。毕来德认为，朱利安将王夫之思想本身视为一个绝缘于外部世界的存在，这种结构主义化的呈现忽视了王夫之的生平以及其所处的时代和历史因素，这是一种从现实中抽离因而缺失了批判性的呈现。而且，朱利安的比较研究既简化了王夫之，也简化了西方；尽管朱利安自称摆脱了那种幼稚错误的中西比较模式，但其研究结论仍停留于由外在的异质性"他者"激发新的疑问、由"之间"确立相互身份，然而中、西思想间的这种"不可通约"性质却使得二者无法真正碰面，"之间"也不能提供某种独立的尺度标准，因而最终并没有如其预期般开启一种明晰、有效的哲学思考路径。

针对毕来德的书评，朱利安很快撰写了答复《解读或投射：如何阅读（另一种）王夫之？》(François Jullien, 1990)，并展开反批评。朱利安认为自己著作的目的是从王夫之出发，而非停留于王夫之；对于王夫之，值得提倡的是一种"问题化的理解"，而非那种简单地从生平到思想的雷同介绍。朱利安认为自己的比较研究可以开启一种双重视域：既照亮欧洲思想的"未思"(impensé)，又揭示中国思想的"未思"。在朱利安看来，毕来德所持的其实是一套教条主义的主张，它不能激发反思，只会让我们对王夫之的理解更为贫乏和枯竭。朱利安则认为自己强调的是"中国"对于欧洲的"别处性"(allogène)，而非中西之间那种显而易见的差异性(alérité)。相比之下，毕来德所说的比较基础其实是一种想当然的类比，是经不起推敲的。毕来德把王夫之的思想概括为一种意识现象学，但朱利安认为"意识现象学"只是西方主体性哲学的一种产物，并不适合用来描述中国思想。争论至此告一段落。

2006年，不屈不挠的毕来德出版小册子《反对朱利安》[16]，将争论提升到一个新的阶段。他批评朱利安的所有著作都建立在中国相异性(altérité)这一神话之上，因此，对于中国，朱利安只留意"过程"，忽视了"创造"；注意到中国思想的"内在性"，而并未批评这种内在性与专制政治的共谋；强调"哲学"[17]，而忽视了历史背景（尤其是中国的王权政治大背景）。毕来德重申其在1990年书评中的观点，认为中西比较必须有一个前提，即它们之间要有共同的对象；而朱利安只

16　Jean François Billeter：*Contre François Jullien*, Paris：Allia, 2006. 2007年出版修订本，中文选译本可参考：郭宏安译《驳于连》，《国际汉学》2010年第1期，第216—244页。

17　毕来德认为，一般读者感兴趣的其实是朱利安著作中最薄弱的一面，"他的书讨人喜欢，正是因为复活了法国知识分子所欣赏的'哲学派'中国的神话"。见《国际汉学》，2010年第1期，第230页。

强调差异，这导致中西无法真正相遇，朱利安的比较研究最终成了自说自话。特别是，朱利安突出并理想化了中国思想的"内在性"，但是"一刻也不曾想到要对这种思想进行批判"。而毕来德认为，内在性思想天生就与帝国的封闭秩序相默契、共谋，最终滑向对于权力、手段、计谋和效率的追求，从而成为发展个人观念和政治民主化的障碍。毕来德强调应该批判中国封建社会的君主制和专制独裁（despotism），以及与这种统治术捆绑在一起的内在性思想，而不是为中国古代传统唱赞歌。

朱利安很快针锋相对地作出了反驳。在 2007 年出版的《在路上：认识中国，重新发动哲学——反驳 ***》（François Jullien, 2007）一书中，他重申中国思想的"别处性"是其在比较研究中观察到的真实相，他并不主张"相异性"；"别处性"是显而易见的事实，而"相异性"则是创造出来的。他以毕来德对"道"的翻译、对民主的强调来说明：毕来德站在西方普遍主义立场上来解读中国思想，将中国思想西方化了，这才是真正意义上的中西比较与沟通的最大阻碍；毕来德将中华帝国的意识形态缩减为纯粹的政治行为，简化为通过利用文化和哲学来维系政治稳固，这不仅忽视了中国历史的复杂性，也歪曲了中国的内在性思想，因此无法让人信服。

紧接着，毕来德又发表了对于《在路上》一书的评论《朱利安，说到底》[18]，指陈朱利安善于在哲学家和汉学家之间游走，"两边通吃"，"披上哲学家的权威外衣来为他的整体论述增加信用，而一旦这个论述惹起争议时，就躲到哲学家不受约束的权利伞下寻求庇护"。进而毕来德又剖析朱利安思想大受欢迎的隐秘背景："二战"之后在海德格尔存在论影响下形成的追根溯源式哲学思考风气成为热潮，这种"势"正好造就了朱利安；但是，朱利安仅仅满足于利用这种有利的形势，却毫不顾及"自己行动的可预见与不可预见的效果"。通过对比阿伦特和海德格尔，毕来德尖锐地指出，朱利安像海德格尔一样，"或许是一位伟大的哲学家"，但"绝对不是一个伟大的人"。正因为朱利安的论著正在发挥有害的影响——就像海德格尔思想一样，它虽有"极端雄心"，实际却只能"造成一种雾里看花又迟滞耽搁的效果"，"阻碍人们审辨、提出当代一些至关重要的问题"——所以，毕来德才感到非常有必要公开发表他的观点。毕来德认为，他与朱利安的分歧"主要不是汉学研究方面的问题"，而是"哲学立足点"上的根本对立。

18 《国际汉学》2010 年第 1 期附有黄冠闵对此文的一些摘译（第 244—247 页），可参考。

　　完整回顾毕来德与朱利安的争论并非本文的主旨，然而，透过这场争论，朱利安所遮蔽的历史与政治空间，或者说朱利安思想的盲视之处得以彰显。朱利安重视"形式现实化之前之未分化基底"，在当代西方思想地图上，这确乎是海德格尔式的哲学关切。朱利安的中国美学建构如同海德格尔的存在论追问，都具有不介入、非政治性的倾向。就像海德格尔一样，这样做即便具备巨大的哲学／美学雄心，实际上却在现实社会（政治）难题面前犹疑、迟宕，因而其美学建构的当代政治相关性（relevance）也是可疑的。

五、小结：回到方法

　　前文已经谈到，朱利安是一位对方法论非常自觉的学者。他在每一部论著、每一次演讲中都会讲到自己的研究方法论：从外部解构欧洲。他瞄准的是欧洲的形而上学和本体论思想，却总是要绕道中国这块"思想工地"，通过旁敲侧击地触及欧洲的"未思"来重新发动哲学、伦理学和美学领域的思考。他反复说过，他的工作并不是建立在"同一／差异"基础上的"比较"，而是致力于发掘中欧思想的"间距"，以富有生产力（productif）和孕育力（fécondité）的"间距"概念取代无生产力的"差异"，并且在由"间距"打开的"之间（l'entre）"中自由操作，开展"文化间谈"。朱利安认为，这样做可以摆脱肤浅的普世论（l'universalisme facile，导致欧洲中心主义）和懒惰的相对论（le relativisme paresseux，导致文化主义）。

　　朱利安自承，"我不做比较，或者说，我只有在限定的时间之内并且针对限定的片段进行比较"（朱利安，2014）。方法论表述如此，但朱利安实际做的，却似乎"陷入无意于比较的比较研究"[何乏笔（Fabian Heubel），2014]，最终滑入文化相对论的理论阵营。从历史层面看，他的中欧"无关性"预设问题重重——远的不讲，即便从 400 多年来的中西文化交流历史来看，朱利安的这一预设也是不成立的。

　　他强调"间距"富有孕育力，并且要通过"文化间谈"让中、欧思想"面对面"，然而，他实际做的却似乎是让中、欧思想各居其位，相互绝缘，停留于一种死板僵化的、避免"受孕"的静态分析。他为"间距"允诺的孕育力无法落实，"文化间谈"亦停留于纸面上。面对中西思想交流的这一困境,另一条出路似乎更为可行:开掘真实的历史经验,并藉由这些历史经验重新开启中、欧之间的思想对话,唯有如此,对话方能真正而深切地做到"中的于现状,发言于心声",而不会流于失重的方法论空谈。

参考文献

[1] 何乏笔(Fabian Heubel).混杂现代化、跨文化转向与汉语思想的批判性重构(与朱利安"对-话").载《思想与方法:全球化时代中西对话的可能》.北京:北京大学出版社,2014.

[2]〔法〕弗朗索瓦·于连.杜小真译.迂回与进入.上海:生活·读书·新知三联书店,2003.

[3]〔法〕弗朗索瓦·于连.高枫枫译.美,这奇特的理念.北京:北京大学出版社,2016.

[4]〔法〕弗朗索瓦·于连.林志明,张婉真译.本质或裸体.天津:百花文艺出版社,2007.

[5]〔德〕黑格尔.王造时译.历史哲学.上海:上海书店出版社,2001.

[6]〔法〕朱利安.卓立译.从存有到生活:欧洲思想与中国思想的间距.上海:东方出版中心,2018.

[7]〔法〕朱利安.张颖译.大象无形:或论绘画之非客体.郑州:河南大学出版社,2017.

[8]〔法〕朱利安.卓立译.淡之颂:论中国思想与美学.台北:桂冠图书股份有限公司,2006.

[9]〔法〕朱利安.卓立译.间距与之间:如何在当代全球化之下思考中欧之间的文化他者性.载《思想与方法:全球化时代中西对话的可能》.北京:北京大学出版社,2014.

[10] Angus C. Graham.The Way and the One in Ho-kuan-tzu, in Hans Lenk & Gregor Paul ed: Epistemological Issues in Classical Chinese Philosophy, New York: SUNY, 1993, p40.

[11] François Jullien.Chemin faisant, connaître la Chine, relancer la philosophie, Réplique à ***. Paris: Seuil, 2007.

[12] François Jullien. Figures de l'immanence: Pour une lecture philosophique du Yi king, le classique du changement. Paris: B. Grasset, 1993.

[13] François Jullien. Lecture ou projection: Comment lire (autrement) Wang Fuzhi?, in Etudes chinoises. Vol. IX. No. 2 (automne 1990).

[14] François Jullien. Procès ou Création: Une introduction à la pensée des lettrés chinois. Paris: Seuil, 1989.

[15] Jean-François Billeter. Comment lire Wang Fuzhi?. in Etudes chinoises. Vol. IX. No. 1

(printemps 1990).

[16] Jean François Billeter. François Jullien, quant au fond, in *Monde chinois*. 2007, No. 11.

[17] Michel Foucault. Les Mots et les Choses. Une archéologie des sciences humaines. Paris: Gallimard, 1966.

作者简介 ├────────────────────────────────────

韩振华，1979 年生，毕业于复旦大学，文学博士，副教授，北京外国语大学"卓越青年教师"。研究方向为中国哲学、美学、西方汉学中的儒学诠释。出版专著《王船山美学基础：以身体观和诠释学为进路的考察》《他乡有夫子：西方〈孟子〉研究与儒家伦理建构》，译著《艺术诸定义》，发表学术论文 50 余篇。

（原载《文艺理论研究》2019 年第 5 期）

擘肌分理之工具
——早期王国维之接受叔本华论

韩振华

▶ **摘　要**：本文借鉴"接受研究"的进路，考察王国维在 1898 年至 1904 年底这一痴迷哲学、美学的阶段中，其作品中表现出的对叔本华接受的情况。笔者选取王国维写于 1904 年的《论性》《国朝汉学派戴阮二家之哲学说》《释理》和《〈红楼梦〉评论》四篇文章作为分析对象，认为此期王国维接受叔本华哲学的脉络尽管十分清晰，但是叔本华哲学这时主要充当了王国维对中国古代哲学范畴和古典名著擘肌分理的佐助，尚停留于工具论层面，而没有抵达中西思想"化合"的深度。尽管如此，对于叔本华思想的这一跨文化运用仍然属于思想家式的借题发挥，具有知识印证、思想融汇、理致榫合等多方面意义。

▶ **关键词**：王国维；叔本华；接受研究

20 世纪初王国维思想的形成与 19 世纪德国哲学家叔本华思想之间的关系，一直是学界聚讼不已的一个话题。自从王国维 1904 年创作发表《论叔本华之哲学及其教育学说》《〈红楼梦〉评论》《释理》《叔本华与尼采》等一组文章，1906 年到 1908 年创作并于 1908 年末至 1909 年陆续发表《人间词话》起，已有无数研究者指出王国维在这些文章、著作中受到了叔本华哲学、美学的影响，这在学术界早已成为共识。更有无数研究者从不同角度探讨了这一"影响－接受"过程所造成的得失利弊。

本文借鉴"接受研究"的进路，考察在 1898 年至 1904 年底这一痴迷哲学、美学的阶段中，王国维一些作品中表现出的对叔本华接受的情况。与"影响研究"重视的影响者与被影响者在理论观点上的对应不尽相同，本文将以王国维这一接受主体作为整个论述的核心，分析他在接受叔本华哲学、美学思想时的"问－答"

逻辑。笔者选取的文本对象是他写于 1904 年的四篇文章：《论性》、《国朝汉学派戴阮二家之哲学说》、《释理》和《〈红楼梦〉评论》。

一、前人关于王国维接受叔本华的讨论

王国维对叔本华的接受是偶然中的必然。王国维一见叔本华之书即"大好之"，"自癸卯（1903）之夏，以至甲辰（1904）之冬，皆与叔本华之书为伴侣之时代也。其所尤惬心者，则在叔本华之知识论……然于其人生哲学，观其观察之精锐与议论之犀利，亦未尝不心怡神释也。"（《静安文集自序》）其《叔本华像赞》用诗歌文体对叔本华哲学作了概括后，抒发了对叔本华的极端顶礼膜拜："觥觥先生，集其大成；载厚其址，以筑百城。……嗟予冥行，百无一可；欲生之戚，公既诏我。公虽云亡，公书则存；愿言千复，奉以终身！"考察一下王国维的全部著作，我们并不能得出他恪守"愿言千复，奉以终身"誓约的结论，但是勿庸置疑的却是，从 1903 年起直至 1908 年发表《人间词话》，其间公开发表的各类文本中几乎都存有或多或少、或深或浅的叔本华痕迹，不管是诗词作品，还是哲学、美学、文学研究文本，抑或是论述教育的文章。在其诗词创作中我们可以感受到经过叔本华人生哲学观点浸淫过的情感，在理论研究文章中我们可以读出他或运用叔本华哲学观点，或潜运叔本华思维方法的踪迹。

在过去的一百多年中，围绕王国维著作学界进行了多次论争。争论焦点大致有两个：一是关于王国维理论中具体观点的来源归属问题。有的学者认为他主要是继承传统，因此就在对各种传统资源的梳理和追源溯流中揭橥他受传统影响又发掘传统的一面，如顾随、叶嘉莹师徒二人讨论《人间词话》的文章著作就指出，"《人间词话》一书之成就，其特色……只不过是择取西方某些可以适用的概念来作为诠释中国传统和说明自己见解的一项工具而已"。（叶嘉莹，1997）也有的论者着重从词话这种写作方式及从传统"意境"论的流沿等角度论述王国维的中国特色。与之相对的学者则认为初期王国维基本上全盘接受了康德、叔本华、尼采等西方哲学美学思想，这些学者通过文本细读，在王国维著作中读出了与西方哲学家完全一致的理论提法，于是确认王国维观点的文化渊源来自西方。《〈红楼梦〉评论》因为王国维自己已坦承受益于叔本华，自不待言。其他如佛雏先生、王攸

欣博士、罗钢先生对"境界"说的解读，佛雏先生认为"境界"说"只是兼采康德'审美意象'与叔氏艺术'理念'诸说，加上传统诗学，融贯变通，以自成一家的艺术论而已"（佛雏，1999），王攸欣博士则直接认为"境界"说是"叔本华美学的变形"，"境界是叔本华理念在文学作品中的显现，具有直接的对应关系。"（王攸欣，1999）罗钢先生的"德国美学中国变体说"（罗钢，2011，2015）亦是佛雏、王攸欣的同调。这种解读虽然精细，文本对照看上去也证据确凿，但说到底还是一种影响研究。比较文学中的法国学派十分强调"精细和准确的考据"，注意发掘事实性联系，这固然有其价值，但是正如韦勒克（René Wellek）指责的那样，影响研究运用唯事实语言、唯科学主义于比较文学，只研究来源和影响、原因和结果诸如此类文学的"外贸因素"，研究成了记文化帐。（韦勒克，1986）在"影响－接受"这个二元对立结构中寻章摘句以求言之凿凿是其长处，但恰从根本上忽视了美学作为"心灵亲证"的一面，进而忽视了"思想—情感—行为"主体性的因素。毕竟，美学不能只是理论的分析综合，不能仅仅作为知识学层面的建构而存在。

　　第二个争论焦点与第一个紧密相关，在于这种接受的价值评判问题。贬之者认为遽以西方某位哲学家的理论观点来会解中国传统学术、文学作品，其结果不仅会肢解中国传统，而且这误读本身又是对西方话语资源的肢解，即汉语语境中对西方理论的接受极易使中西双方都变形而变得不真不切。如钱锺书先生评《〈红楼梦〉评论》，认为王国维没有把叔本华的思想贯彻到底，而且《红楼梦》本来"切事入情"的收场也被"削足适履"了，这样做无异于"抱梁溺水"，"做法自弊"，其后果是《红楼梦》、叔本华哲学"两贤必至相阨"。（钱锺书，1984）肯定这种努力的人似乎更多，他们赞赏王国维的"学无中西"观念，认为王国维在中西文化交流中开拓了学术研究的新境界，并且起步之高，领悟之深，殊为难得。如缪钺先生在《王静安与叔本华》一文中就称许王国维，"其心中如具灵光，各种学术，经此灵光所照，即生异彩"（缪钺，1982），而此"灵光""异彩"的产生就是因为受了康德、叔本华、尼采等西方哲学家思想的濬发。

　　关于接受价值的争论双方究其实际其分歧并不是绝对的，这是因为，即使批评王国维这种接受是附会的人也认为比较或阐释时应"利导"，"参禅贵活，为学知止，要能舍筏登岸"，只有这样"两美可以相得"，而持肯定论者正是看到了王国维会通中西时的慧眼灵光。可见，进行精妙的互阐互释，这是双方都认同的。

二、借叔本华思致，析中国传统哲学范畴

　　王国维接受叔本华哲学一个重要原因是其本性使然，叔本华哲学之悲观气质是颇合王国维"忧郁"之天性的。为了论述的方便，我们有必要在此对叔本华的哲学思想做一知识学意义上的简要介绍。

　　叔本华自报家门地承认自己的哲学有三个来源：康德的先验哲学、柏拉图的理念说以及古印度的吠陀佛说。从康德那里借取的是本体世界（物自体）与经验世界（现象界）的二分说，以及时、空是主体心灵的知觉形式，因果律是认识的最重要范畴。不过，他把康德的物自体置换为"意志"——哲学史上一般只是主观的、现象的意志便一跃而成为带有客观性的、本质的存在了。意志作为本体只有一个，不过它要客体化（显现）为不同级别的经验性存在，即成为具有时空形式、遵循因果律的表象，因之世界就是意志和表象。人及其生命是意志客体化程度最高的发展阶段，人由之具备强烈的主体性；通过自我意识或内在感觉，人可以认识以身体活动为表征的意志活动，即意志本体是可以被人认识的：在这一点上，叔本华和他的精神老师康德分歧最大。叔本华从柏拉图那里把"理念"借来并将其安置为意志客体化为表象的一个"跳板"，他压低了理念在柏拉图那里具有的绝对本体的意义，转而认为理念只是意志这一自在之物的"直接的，因而也是恰如其分的客体性"。作为认识主体的人经由"自我否定"——即对自我欲望的弃绝，以及超脱于世俗的"直观"——成为纯粹认识主体，并可藉此认识与意志本体几无差异的理念，"对理念的直观"就是叔本华美学的核心思想。叔本华从古印度吠陀佛说那里借鉴的是其中的"梵我同一"观以及解脱涅槃说：梵（作为最高存在的宇宙本体）、我本是同一的：梵之所以呈现为现象世界这一幻景，则是因为摩耶之幕（人的欲望；"下知"等）的遮蔽。要想破解摩耶之幕，亦需进行一种"自我否定"，终极的解脱即涅槃。显然，古印度佛教的这些观点与叔本华的认识论乃至伦理学具有相当的一致性。

　　沿着叔本华自己指明的路数来分析其哲学架构，这当然是容易的，但是，根据某种"现代性分裂"所揭示的视野，叔本华哲学是历史语境中的哲学，它带有那个时代精神的烙印，又具有相当的前瞻性，而不仅是一种知识建构。因此，从

知识论角度解读出的并不是完全的叔本华，叔本华自己也在自报家门之后强调：
"决不能反过来说，在那儿已经找到我这里的思想。"（叔本华，1982）叔本华虽
也借取了多种古代智慧，他对意志本体的强调却提示了"德国乃至西方哲学世俗
化过程"的重要维度，"意志、理念都是通向人性的、人生的"（金惠敏，1999），
"自我否定"的认识论本身就是伦理学和美学，无怪乎在他晚年及身后有那么多
哲学家和艺术家同他产生思致与情感的共鸣。王国维高呼"愿言千复，奉以终身"，
透露的正是个中消息。

　　王国维 1903 年至 1904 年对叔本华由崇信景仰渐至有所怀疑，其最初的理论
成果主要表现在述评性文章《叔本华之哲学及其教育学说》、《叔本华与尼采》、《书
叔本华〈遗传说〉后》，哲学论文《论性》、《国朝汉学派戴阮二家之哲学说》、《释
理》，及文学批评《〈红楼梦〉评论》中。此时王国维对叔本华最热衷，他便像热
恋中的一方，一睹恋人便心绪翻腾，纵使对方偶有瑕疵，也爱其不完美。所以，
此时的王国维虽多处称引叔本华学说论述哲学问题，阐释文学作品，对叔本华虽
无隔膜，但戴上叔本华的眼镜来看中国问题却难免隔膜；即便有利刃在手的痛快，
却时而会失于仓促浮浅，或有"抓住一点，不及其余"之病，还没有达到他自己
推崇的中西"化合"（《论近年之学术界》）的程度。及至几年后写作《人间词话》，
对叔本华已是意兴阑珊，反而于"境界"说中显现叔本华"理念"观的真意，才
算真正达到了中西化合的高度。这当然是后话了。

　　我们先来看王国维《论性》（周锡山，1987）、《国朝汉学派戴阮二家之哲学说》
（周锡山，1987）、《释理》（周锡山，1987）这三篇哲学论文。

　　在《论性》一文中，王国维引康德"二律背反"对经验知识无效的观点，批
评中国传统人性论问题上的人性善恶之争："至执性善、性恶之一元论者，当其
就性言性时，以性为吾人不可经验之一物故，故皆得而持其说；然欲以之说明经
验或应用于修身之事业，则矛盾即随之而起。"王国维认为抽象地谈论人性的本
质或普遍的本性是不可能的，因为人性是什么，关系到知识的内容，普遍必然的
知识只能是形式的知识，而经验得来的人性知识，又必定杂以人性以外的因素，
也不再是原初意义上的"性"。"性之为物，超乎吾人之知识外也。"王国维认为
超出经验范围论性都是空论，都表现出自我矛盾，所以人们不得不从经验界来谈
性。他列举中国哲学史上的诸派别，证明不管是性善说还是性恶说，都必然变成
性善恶二元论。就这样，客观上王国维以知识学分析抽离了占据儒学主流的性善

论的基石，进而得出一个极为悲观的结论：人性不过是善与恶永恒的战场。"政治与道德、宗教与哲学，孰非由此而起乎？……历史之所纪述，诗人之所悲歌，又孰非此善恶二性之争斗乎？"而且善恶在经验上是绝对对立的，无法相互转移。显然，王国维这里对形式和经验的二分、对"有名学上必然之根据"的强调遵循了"康德—叔本华"的思路，而对人类极端自私自利之本质的揭示正合于叔本华意志论的如下观点：人本质上不过是盲目的求生意志，人对人是狼。

在《国朝汉学派戴阮二家之哲学说》一文中，王国维虽然不同意程朱对"理"的客观性论证，但表现出对程朱之理之形而上性质的赞扬[1]，认为戴震有感于乾嘉考据之学"庞杂破碎，无当于学术，遂出汉学固有范围之外，而取宋学之途径。"在认同戴震"理在事中"的同时认为其学说之"幽远高妙"又"不及宋人远甚"。佛雏先生指出，王国维"对程朱'去人欲'之说却从未诋訾"，避口不谈戴震对程朱性恶论、"以理杀人"说的批判，原因在于此时王国维颇有形而上学之冲动，故对"纯"哲学很是抱有好感。另外，"程朱'灭人欲'之说跟叔氏的'拒绝意志'论颇有相通之处"，于是王国维仍然认同"纲常"在人类社会中的实际价值。（佛雏，1999）王国维在其哲学论文中的诸种提法在今天看来难免有中西"格义"、勉强比附之嫌，有些地方笔墨缴绕，相互　牾，他这样做在根本上还是为了回护他从康德、叔本华那里学来的"深邃之知识论，伟大之形而上学"。（周锡山，1987）

《释理》研究"理"的概念，认为从语源上说，"理"可以有广义的"理由"和狭义的"理性"两重含义。王国维运用叔本华《充足理由律的四重根》中的观点来解释它们："理之意义，以理由而言为吾人知识之普遍之形式，以理性而言则为吾人构造概念及定概念间之关系之作用而知力之一种也。故理之为物，但有主观的意义而无客观意义。易言以明之，即但有心理学上之意义而无形而上学之意义。"又认为，"理性"只有认识论上的意义，"除为行为之手段外，毫无关于伦理上之价值。"他把批判的笔触指向朱熹等人的客观唯心主义，他们先从具体事物中抽象出一个普遍概念（理），然后割断它与具体事物的联系，把它当作独立的实在，结果"皆预想一客观的理存在于生天生地生人之前，而吾心之理不过其一部分而已。"随之又按照理一分殊的理论，万物都从它派生出来，万物之理都从一理（太极）出，人性也就是天理。（高瑞泉，1991）

1　程朱之"理"与叔本华的意志本体论相似，金惠敏认为后者的自然意志论借鉴了朱熹和中国哲学的观点。见金惠敏《意志与超越：叔本华美学思想研究》，44—55 页。

王国维以"理"为靶子批评朱熹"天理"的客观性及附丽于其上的善之伦理价值，从"理"的客观的假定和主观的性质来解析理，认定："理者，主观上之物也"，"不存在于直观之世界，而惟寄生于广漠暗昧之概念中。易言以明之，不过一幻影而已矣。"他否认"理"有客观法则的一面。叔本华意志哲学中的"意志"、"理念"本即有客观的一面，并不全如王国维认为的仅是"客观的假定"。王国维从认识论角度强调"理"为认识形式及知力作用之一面，否定"理"的一般伦理学意义，依叔本华学说这似乎有失偏颇。总体而言，叔本华哲学之意志本体论与否定意志的伦理学本有尖锐的冲突，王国维借叔本华学说对朱熹等客观唯心论展开批判，一方面有对双方的误读，另一方面从思维方式上看则是对叔本华的曲护。

王国维无论是在论"性"、释"理"，还是两年后写作的《原命》，都没有离开叔本华的充足理由律，没有离开叔本华的"直观"。借鉴叔本华学说来分析中国哲学上的难题，一方面如抽丝剥茧、取心析骨、利刃破竹，极尽理论纵横之畅快，另一方面我们也可以读出王国维人生观向叔本华的靠拢。叔本华的直观归根结底是人体悟意志荒谬与世界虚无的手段，是解脱的途径，王国维从自身的认识出发对此又有所怀疑。在王国维面前，时时呈现的是一幅悲惨的图景：人生是善与恶的永恒苦斗，理性能辩真伪却不能超脱善恶的战争，那么人类的希望在哪里，生命的意义又在哪里呢？王国维一时彷徨不已，于是在诗歌中反复吟唱他痛苦、惶惑的心境，在诗歌创作中倾注他的所爱与理想，抒写他悲慨的人生感叹。即以《蚕》（1904 年）这首诗为例：

> 余家浙水滨，栽桑径百里。年年三四月，春蚕盈筐筥。
>
> 蠕蠕食复息，蠢蠢眠又起。口腹虽累人，操作终自己。
>
> 丝尽口卒屠，织就鸳鸯被。一朝毛羽成，委之如敝屣。
>
> 喘喘索其偶，如马遭鞭箠。呴濡祝其卵，怡然即泥滓。
>
> 明年二三月，蠢蠢长孙子。茫茫千万载，辗转周复始。
>
> 嗟汝竟何为？草草阅生死。岂伊悦此生，抑由天所畀？
>
> 畀者固不仁，悦者长已矣。劝君歌少息，人生亦如此！

这首诗以蚕喻人，对受生存意志驱使而周而复始的盲目人生作了悲悯而无可奈何的描述，很可以代表王国维的人生态度。王国维相当自觉地把唯意志论融入诗歌，通过完整的意象和妥贴的比喻表达人生哲学，表明唯意志论及其人生哲学已逐渐内在于王国维的思想血脉，而不仅是单纯外在的理论了。

三、擘肌分理之工具（二）：《红楼梦》抉微及朝向人生的努力

《〈红楼梦〉评论》是王国维 1904 年写就的一篇文学批评作品。他自称此文立论"全在叔氏之立脚地"，在这篇一万三千余言的长文中，王国维实际上吸纳并运用了叔本华的伦理学思想和悲剧学说来烛照《红楼梦》这一"绝大著作"。长期以来，《〈红楼梦〉评论》这篇批评文章倍受推崇，个中原因依叶嘉莹先生的看法大概有以下几个：第一，该文第一次以哲学与美学为理论基础来分析中国古典名著；第二，论述有层次组织，建立起了批评体系；第三，强调辩妄求真的考证精神，使一般红学家们脱离了旧日猜谜式的附会之说。（叶嘉莹，1997）无疑，这三点长处使旧红学各派，不管是索隐派、影射派还是评点派，都相形见绌，因此说它是"标志'新红学'的一篇开山之作"（佛雏，1999）并不为过。但是，这些优点细究起来多少却是外于《红楼梦》本身的东西，以至于我们不能说《〈红楼梦〉评论》在具体的《红楼梦》研究上取得了多大学术成就。也许《〈红楼梦〉评论》更大的价值在于，王国维在其中借题发挥，说了些指涉自身的话。因之，借助《〈红楼梦〉评论》这一文本我们不仅可以从一个全新的角度来读《红楼梦》，更可窥见王国维当时的思想与心境。（程文超，1998）

《〈红楼梦〉评论》全文共五章，第一章"人生及美术之概观"叙述了"欲与生活与苦痛，三者一而已矣"的人生观，以及"使吾人超然于利害之外，而忘物与我之关系"的艺术价值观。第二章"《红楼梦》之精神"，指出"男女之欲尤强于饮食之欲"，"《红楼梦》一书实示此苦痛之由于自造，又示其解脱之道不可不由自己求之者也"，而贾宝玉由"欲"产生苦痛并自我寻求解脱正是《红楼梦》一书的核心精神。第三章"《红楼梦》之美学上之价值"认为《红楼梦》"大背于吾国人之精神"，是"彻头彻尾之悲剧"，原因即在于它是"由于剧中之人物之位置及关系不得不然者"的"第三种之悲剧"；这种悲剧能"示人生之真相，又示解脱之不可已"，具备伦理学指向，"故美学上最终之目的，与伦理学上最终之目的合"。第四章"《红楼梦》之伦理学上之价值"指出"解脱"是"伦理学上之最高之理想"，但也仅存一"理想"而已，因为叔本华"意志同一说"与个体的解脱是相互割裂、无法弥合的。第五章"余论"为旧红学之考证派的研究范围划界

("作者之姓名，与其著书之年月，固当为唯一考证之题目。")，又指出"自传说"之不可取。

不难看出，《〈红楼梦〉评论》一至三章中叔本华的影子十分显著。即从术语出现频率上看，全文"欲"字共出现 97 次，"苦痛""痛苦""痛""苦"共出现 48 次，"意志"出现 23 次（除引书名外），更有 13 次直接提及叔本华的名字，可见王国维如何推崇并借重叔本华学说。关于这种借重，佛雏先生将其概括为两个方面：一是"原罪－解脱"说，包括"男女之爱的形而上学"；二是"第三种悲剧"说，包括"壮美性格"的理论，并分别论述了王国维这种阐释的消极部分和积极因素。（佛雏，1999）叶嘉莹先生从反面精到地指出，《〈红楼梦〉评论》一文"主要的致误之因可以说无一不是由于以叔本华哲学为立说之依据的原故"。（叶嘉莹，1997）《〈红楼梦〉评论》固然以其精深能一新时人耳目，但是，王国维于其中遽以叔本华学说解读中国古典文学作品以至导致了"戴有色眼镜"式的误读，也多为人诟病。

王攸欣博士在此基础上更进一步，专门论述"王国维在接受中已经对叔本华哲学和美学体系作了自觉不自觉的改变"，指出王国维在《〈红楼梦〉评论》一文中称引叔本华时搁置了叔本华对意志本体的论述；舍弃了了其美学的核心概念——理念；没有注意到在叔本华那里有解脱动力——"天惠之功"，而代之以现实经验对叔本华解脱之可能性产生怀疑。（王攸欣，1999）本来，钱锺书先生对王国维的批评就已经提示我们王国维在运用叔本华学说时有不彻底乃至变形的地方，王攸欣沿着这一方向继续追讨，所得出的上述结论也大致能成立。不过，仍需强调，《〈红楼梦〉评论》只是一篇文学评论，它虽然借重叔本华，但必然有所甄取，而没有必要像在《叔本华之哲学及其教育学说》（1904 年）中那样面面俱到地介绍叔本华学说。佛雏先生概括的两方面也应成为我们论述的大边界。

从文学批评的角度看，王国维依叔本华哲学概括出的"痛苦－解脱"主题作为《红楼梦》众多题旨之一大致可以成立。笔者同意缪钺先生的说法：

> 曹雪芹作《红楼梦》时虽未必有此意，而王静安评《红楼梦》则未尝不可作如此想。盖文学家与哲学家不同，文学家观察人生，由于直觉，知其然而不必知其所以然，其天才之表现，在乎描写之深刻生动；哲学家观察人生，则用理智，知其然而并知其所以然，其天才之表现，在乎解释之精微透辟。……《红楼梦》既为文学伟著，自应包蕴人生真理，王静安所评，亦可称为一种

抉微之论。……王静安此文，要不失为一篇文学批评之杰作。（缪钺，1982）

如果我们将目光移向王国维的内心世界，审视王国维借重叔本华的真实心境，我们可以看出，王国维这一借重的真实用意在于倾吐自己对"人生问题"的困惑。《〈红楼梦〉评论》中除前面统计"欲"、"苦痛"等词例多出外，更有"人生"出现35次，"生活"出现71次的频率。正因为"人生之问题"日往复于前，时时萦绕心头，难以解脱，他把叔本华当成了知音，深知文学这一艺术可以让人得暂时之解脱（"美术之价值，存于使人离生活之欲，而入于纯粹之知识"）。《红楼梦》正是这样一部通过主人公的遭遇让读者尽览人世痛苦，又能示人以解脱之途径的"绝大著作"。也就是说，在王国维眼中，《红楼梦》美学上的特异之处在于它是人生悲剧，"悲剧中之悲剧"，能"示人生之真相，又示解脱之不可"；其伦理学价值在于"以解脱为理想"。总之，《红楼梦》针对的全是"人生忧患"、人生的"劳苦"，它可以"同时与吾人以二者（按，指实行和美术两方面）之救济"。《红楼梦》和叔本华哲学都朝向人生，因此，《〈红楼梦〉评论》这篇或"利导"或"强合"二者的文学批评在客观上就能起到类似于文学创作的功用——让作者在写作时暂得解脱。

说到这里，我们不禁想起鲁迅先生说过的那段很有名的话：同一部《红楼梦》，"经学家看见《易》，道学家看见淫，才子看见缠绵，革命家看见排满，流言家看见宫闱秘事"（《集外集拾遗补编·〈绛洞花主〉小引》）。王国维借助叔本华从《红楼梦》里读出的却是"人生之苦痛与其解脱之道"。这位"老实到像火腿一般"（鲁迅《而已集·谈所谓"大内档案"》）的天才深深困惑于人生问题，此时真诚地相信艺术能示人解脱的大道呢。他可能没有想到，即使叔本华本人，也不彻底而真诚地实践禁欲主张的人。差不多三十年后，德国文学研究专家，同时是"战国策派"的代表人物，陈铨在肯定叔本华和曹雪芹思想的同一源泉就是解脱之后，又论及尼采与《红楼梦》，指出，"研究叔本华，我们只能解释《红楼梦》，研究尼采，我们就可以进一步批评《红楼梦》。根据叔本华来看《红楼梦》，我们只觉得曹雪芹的'是'，根据尼采来看《红楼梦》，我们就可以觉得曹雪芹的'非'。"（郜元宝，2001）诚哉斯言！同样是从叔本华身上汲取思想营养，王国维与尼采走的却是不一样的理论实践道路。王国维借重叔本华解释得了哲学难题、《红楼梦》主旨乃至中国古代的诗词曲，但于他自身而言却永无解脱，反而在痛苦和悲观的泥淖中越陷越深，"人间地狱真无间"（《平生》，《〈红楼梦〉评论》亦引此诗），心灵如何能得安宁？人生问题之烦恼、知识与价值之纠葛，只靠解释世界怎么能得到轻易的破解呢？

四、小结

在 1898 年至 1904 年底这一痴迷哲学、美学的阶段中，叔本华哲学成为王国维对中国古代哲学范畴和古典名著擘肌分理的工具，王国维对叔本华的接受是非常明显的。不过，亦不难看出，王国维在引叔本华学说对中国传统哲学范畴和中国古典文学名著展开阐释时存在着不小的矛盾或张力：一方面，他肯定戴震"理自性出"的主张（这一主张包含着人性解放的内容），一方面，他又流露出欣赏朱熹"形而上学之见解"的倾向。本来，叔本华与朱熹相似的地方是"意志表出"-"天理安顿"说，即意志或天理不是超绝于可知之世界之外，而是安顿（在叔本华那里是"客体化"）于表象世界中。[2] 王国维认同意志的客体化，却认为朱熹的"理"是"客观的假定"，远远没有王文成（阳明）说"夫物理不外于吾心"这种主观论来得"深切著明"。他对待朱熹明显具有两面性，表面上看来是肯定一方面否定另一方面，但在朱熹那里这两方面是一体而不可分的。对此，我们可以得出一个初步的结论：王国维此时虽然在理论上以"直观"（叔本华所谓的"纯粹认识"）来反对理性知识，所谓"人生过处惟存悔，知识增时只益疑"（王国维，1903），所谓"知识者，固生于此欲（按：指'生活之欲'），而示此欲以我与外界之关系，使之趋利而避害者也"，"文化愈进，其知识弥广，其所欲弥多，又其感苦痛亦弥甚"（周锡山，1987），但无论其演康德、叔本华之"深邃之知识论，伟大之形而上学"，还是迂回地赞许朱熹的形而上学，实践的却是一条饱含形而上学冲动的倾向于知识学的道路。

理论与实践背离如此，可爱者不可信，可信者不可爱，事物在王国维眼中就是这样的自相矛盾，他自己也是这样的自相矛盾。所以，经不数年，他便疲于此道，转向文学，"欲于其中示直接之慰藉者也"（周锡山，1987）。"直接之慰藉"何在？一存于词，词的创作是生命整体状态的呈现与反思，离知识学意义上的哲学辨析稍远，知识与价值之分裂、纠葛反而成了间接的了；二存于词话，词话作为文学

2　笔者这里说相似，并没有忽视二者有相反的一面。大致说来，在朱熹是天理自上而下地表出，在叔本华是意志自下而上地客体化。相关论述可参考金惠敏《意志与超越：叔本华美学思想研究》，第四章"从超绝到经验"。

理论之一种存于哲学与文学之间，是对二者的钩连，王国维"知"与"情"兼胜之气质实长于此道。词话揭示"境界"之真，真与美结合起来而暂将恼人的善恶、伦理、解脱抛于脑后了。不过，勿宁说，王国维在创作"人间词"及《人间词话》之际，表面上论及叔本华之处越来越少，实则叔本华已化为他的血液和情感。以前借哲学研究倾吐痛苦，远离欲望，今实以文学及文学理论创作行同一事实。

　　总体来看，或许正因为这一阶段"叔本华"对王国维来说"工具"的色彩太浓，反而在对具体问题进行阐释时偶有裂解之论，以致常为人指摘。不过，王国维对于叔本华思想的这一跨文化运用仍然属于思想家式的借题发挥[3]，具有知识印证、思想融汇、理致榫合等多方面意义。后来，在创作《人间词》、《人间词话》时，叔本华哲学作为一种精神结构要素日益沉潜到王国维的思想深处，二者才真正达到了某种"化合"的境界，王国维的文学及理论创作才具有了更深广的思想底蕴，在与多种视角的理论进行对话时也具备了阐释不尽的余味。然而，这一点已经溢出了本文的讨论范围，当另文详具。

参考文献

[1] 程文超. 1903：前夜的涌动. 济南：山东教育出版社，1998.

[2] 佛雏. 王国维诗学研究. 北京：北京大学出版社，1999.

[3] 高瑞泉. 天命的没落：中国近代唯意志论思潮研究. 上海：上海人民出版社，1991.

[4] 郜元宝编. 尼采在中国. 上海：生活·读书·新知三联书店，2001.

[5] 金惠敏. 意志与超越：叔本华美学思想研究. 北京：中国社会科学出版社，1999.

[6] 罗钢. 传统的幻象：跨文化语境中的王国维诗学. 北京：人民文学出版社，2015.

[7] 罗钢. 意境说是德国美学的中国变体，载《南京大学学报（哲学·人文科学·社会科学）》2011.

[8] 缪钺. 诗词散论. 上海：上海古籍出版社，1982.

[9] 钱锺书. 谈艺录. 北京：中华书局，1984.

[10] 叔本华. 作为意志与表象的世界. 石冲白译，杨一之校，北京：商务印书馆，1982.

[11] 王攸欣. 选择·接受与疏离. 上海：生活·读书·新知三联书店，1999.

[12] 叶嘉莹. 王国维及其文学批评. 石家庄：河北教育出版社，1997.

[13] 周锡山编校. 王国维文学美学论著集. 太原：北岳文艺出版社，1987.

3　王国维之运用叔本华，与法国汉学家朱利安（François Jullien）的"迂回与进入"（"曲而中"）、日本汉学家竹内好的"作为方法的亚洲"、沟口雄三的"作为方法的中国"之方法论论述有相通之处。就其实质而言，这是一种思想家式的致思路径。

[14] 马立安·高利克.中西文学关系的里程碑.伍晓明译，北京：北京大学出版社，1990.

[15] 韦勒克.比较文学的危机.载北师大中文系比较文学研究组编《比较文学研究资料》，北京：北京师范大学出版社，1986.

作者简介 ⊢──

韩振华，1979 年生，毕业于复旦大学，文学博士，副教授，北京外国语大学"卓越青年教师"。研究兴趣为中国哲学、美学、西方汉学中的儒学诠释。出版专著《王船山美学基础：以身体观和诠释学为进路的考察》《他乡有夫子：西方〈孟子〉研究与儒家伦理建构》，译著《艺术诸定义》，发表学术论文 50 余篇。

（原载《中国美学研究》第十三辑）

庞德的几副面孔
——以"意象派六原则"在 20 世纪早期中国的译介为线索

吴　可

▶ **摘　要**：埃兹拉·庞德与中国的渊源关系历来为研究者所重视，尤其是他与中国新诗或现代文学的兴起、发展关系密切，甚至被一些学者认为是 1917 年文学革命的教父。可以肯定的是，庞德最初是以意象派诗人的群像之一出现于当时的国人视野，其"革命家"的定性也充分显示了刘延陵等人当时的左翼政治立场。然而，问题在于刘延陵、徐迟等人不仅对庞德自身理论发展的复杂有所忽视，也没有充分在意意象派内部的分裂与路线斗争，即庞德与艾米·洛威尔的分歧，以及所谓"意象派六原则"其实存在一个前后发展、变化的过程。这就造成了对庞德理解的简单化，甚至对庞德本来的面目有所混淆。而这一问题在今天的学界也没有得到充分的重新检视。通过检阅旧报刊和中外材料的比对，我们不难发现 20 世纪早期庞德及"意象派六原则"在中国的译介存在着不少误读，或者说别有用意的"发明"，如胡适将自由原则作为意象派理论的核心，将自由与自由诗作同一性处理，甚至将文学领域内小写的自由与更多指向政治问题的大写自由相同一；又如从刘延陵到徐迟，对庞德是否是"革命者"存在定位的转移，甚至徐迟前后译文中有一些细小变化。由此，笔者试图澄清庞德与洛威尔的不同面孔，以及勾勒、反思中国新诗乃至新文学建构史的线索：从左翼"革命"话语到"第三种人"对"革命"的疏离与反思；从"运动"到"商业"；从"启蒙"与"救亡"的合流到"世界主义"与"民族主义"的分裂；从苏联到美利坚。

▶ **关键词**：庞德；意象派六原则；译介

埃兹拉·庞德（Ezra Pound）与中国的渊源关系历来为研究者所重视。对于国外学者而言，或许正如 T. S. 艾略特的判断——"庞德是我们时代中国诗歌的发明者"一样，关注的是庞德在古典中国的文学世界中所发现的一种前现代的现代性；对于国内学者而言，庞德似乎显得更为重要，无论是在否定的一面，即由庞德对中国古典诗歌的误读而生发出的关于东方主义话语的权力批判，不乏痛心疾首的振臂高呼，还是在肯定的一面，即由庞德对中国的翻译、发明而推广开的中西文学、文论的比较研究，都隐隐包含着某种由庞德而使中国文学走向世界的可能路径与文化自信。国内学者看似一正一反的立场，实则表明关于庞德的研究陷入了一种比较的、影响的焦虑之中。可惜的是，对于这一焦虑的排解，即对于庞德在中国，特别是在 20 世纪早期中国的最初译介至今仍然缺乏细致、深入、有效的辨析与梳理。而这恰有可能成为我们回顾、反思中国新诗，乃至新文学建构史的潜在线索。

毫无疑问，庞德最初是以意象派中人的面孔出现在国人的视野之中的。1922 年 2 月刘延陵在《诗》上的《美国的新诗运动》、1934 年 4 月徐迟在《现代》上的《意象派的七个诗人》、1934 年 10 月徐迟在《现代》上的《哀慈拉·邦德及其同人》以及同期邵洵美的《现代美国诗坛概观》均将庞德归为意象派之列，尽管当时对意象派存在多种译法，如"影像派""幻象派""意象派"等，一如对 Ezra Pound 的翻译存在"埃若潘""哀慈拉·邦德""依慈拉·庞"等差别。看起来，这些都是在音译过程中具体文字选取的小问题，后来也都得到了统一与同一性的追认，但如果对这小问题予以忽视，恰恰有可能因此忽视了当时诗坛对庞德的种种"发明"，当然也包括有意误读的"发明"。事实上，从 1914 年庞德编选的《意象主义者》（*Des Imagistes*）到 1915 年艾米·洛威尔主导的《意象主义诗人》（*Some Imagist Poets*），从"Imagiste"到"Imagist"，意象派或曰意象主义运动不仅在领导权上发生了变化，也在指导理论、世界观，甚至本质上都发生了重大变化，而蕴含这一变化的文字上的微小差异不仅没有引起刘延陵、徐迟等人足够的警觉，也没有引起当今国内研究者的足够重视。由此，实有必要对这种同一性予以质疑，进而追问新诗建构中所理解的意象派究竟是何面目。

一

庞德之名最早见于公共刊物之上应是始于刘延陵的《美国的新诗运动》，并且得到了定性——"革命家"，且有组织之首功，"其余的新诗人，本篇不能多说，惟有所谓幻象派诗人乃是助成美国诗界新潮的一个大浪，应当申说几句。埃若潘 Erza Pound[1] 首先把这些革命家聚成一群。"（刘延陵，1922）也正因为"革命"的性质，所以庞德及意象派才能在有限的文字篇幅内占据一隅。这不仅与当时国内政治革命关系密切——国共积极酝酿合作，准备北伐，革命情绪高涨，而 1927 年大革命失败之后，在 30 年代徐迟、邵洵美的文章里，"革命"这一字眼或标签再也不复存在；也回应着 1917—1918 年胡适的"文学革命"——"国语的文学、文学的国语"，具体表现在"幻象派六信条"：

一、用寻常说话中的字句，不用死的、僻的、古文中的字句。

二、求创造新的韵律以表新的情感，不死守规定的韵律。

三、选择题目有绝对的自由。

四、求表现出一个幻象，不作抽象的话。（详见胡适先生之《论新诗》）

五、求作明切了当的诗，不作模糊不明的诗。

六、相信诗的意思应当集中，不同散文里的意思可作松散的排列（刘延陵，1922）。

刘延陵没有给出这六条的具体出处，也没有附上英文原文予以对照，但给出了一个注释，即关于第四条"求表现出一个幻象，不作抽象的话"的详细阐释可以参看胡适的《论新诗》，即 1919 年胡适的《谈新诗——八年来一件大事》，同时在文章结尾处注明的取材书目，最后一本为洛威尔 1917 年出版的《现代美国诗歌趋势》（*Tendencies in Modern American poetry*）。

胡适在《谈新诗》一文中并没有提到庞德，也没有直接提到意象派，只是笼统地提到，"欧洲三百年前各国国语的文学起来代替拉丁文学时，是语言文字的大解放；十八十九世纪法国嚣俄英国华次活（Wordsworth）等人所提倡的文学改革，是诗的语言文字的解放；近几十年来西洋诗界的革命，是语言文字和文体

1　Erza 应是 Ezra 之误，然原文如此。

的解放。"（胡适，1919）在文末最后总结"新诗的方法"时，胡适点出"诗须要用具体的做法，不可用抽象的说法。凡是好诗，都是具体的；越偏向具体的，越有诗意诗味。凡是好诗，都能使我们脑子里发生一种——或许多种——明显逼人的影像。这便是诗的具体性"（胡适，1919）。无疑，"影像""具体"等关键词提醒我们这正是刘延陵所欲呼应之处。由此，近十年来的西洋诗界革命，肯定是包含了意象主义运动，而胡适的态度也是鲜明的——语言文字与文体的双重革命与解放，是中国新诗乃至新文学革命之所必行的世界大趋势与成功佐证，正是刘延陵《美国的新诗运动》开篇论调——"新诗'The New Poetry'是世界的运动，并非中国所特有：中国的诗的革新不过是大江的一个支流。现在中国还有逆这个江流而上的人，我想如果把这支水的来源与现状告诉他们，并且说明他现在的潮流是何种意义，这或者也能令一般逆流的人觉醒一点。"（刘延陵，1922）——启蒙，以及某种世界主义的姿态。另一方面，这也是对高举历史进化论大旗的洛威尔的直接继承与回应："某种意义上，标志着美国诗歌的变化也同样发生于其他国家的文学中。但并不是沿着完全相同的道路。每一个国家都是从各自种族的角度迈出进化的步伐，并且是交替地前行，一个引导在先，然后另一个接上，但总是一起——如果我们回顾 100 多年来的历史的话——将世界推向新的道路。"[2] 由此，我们可以认定刘延陵是在启蒙的立场上译介了洛威尔主导的意象派，即艾米主义（Amygism）的六个信条，要求自由地写诗，包括语言、题材、韵律等的自由，目的是为了给胡适的白话新诗革命做背书。至于庞德，无非是追述革命史的一种提及。而这正暴露了意象派在 20 世纪中国早期译介中的一个最致命的问题：忽略了庞德与洛威尔的决裂，忽略了庞德的意象主义（Imagisme）无法与洛威尔的意象主义（Imagism），或更准确地讲艾米主义同一。

　　胡适对于洛威尔的意象主义的相关理论是熟悉的。1926 年，梁实秋在《现代中国文学之浪漫的趋势》中第一次直白地将胡适的"八不主义"与洛威尔的"意象派六原则"作了指认："例如在美国有一部分的诗家联合起来，号为'影象主义者'，洛威尔女士与佛莱琪儿等属之，这一派唯一的特点，即在不用陈腐文字，

2　To a certain extent, the change which marks American poetry has been going on in the literature of other countries also. But not quite in the same way. Each country approaches an evolutionary step from its own racial angle, and they move alternately, first one leads and then another, but all together, if we look back a century or so, move the world forward into a new path. Amy Lowell, Preface to Tendencies in Modern American Poetry. New York: Macmillan Company, 1917. http://www.english.illinois.edu/maps/poets/g_l/amylowoll/tendencies.htm.

不表现陈腐思想。我想，这一派十年前在美国声势最盛的时候，我们中国留美的学生一定不免要受其影响。试细按影象主义者的宣言，列有六条戒条，主要的如不用典，不用陈腐的套语，几乎条条都与我们中国倡导白话文的主旨吻合。"（梁实秋，1926）另一个证据是胡适 1916 年 12 月底的日记，摘录了在《纽约时报》（*New York Times*）1916 年 12 月 26 日当期刊载的《新诗》（"The New Poetry"）中转录的"意象派六原则"，并于此之后作了特别注释——此派主张，与我们的主张多相似之处（胡适，1948）：

On the whole, one cannot help admiring the spirit that animates the "new poets" in spite of some of their ludicrous failures to reach a new and higher poetry in their verse. They at least aim for the real, the natural; their work is a protest against the artificial in life as well as poetry. It is curious to note, moreover, that the principles upon which they found their art are simply, as Miss Lowell, quoted by Professor Erskine, tells us, "the essentials of all great poetry, indeed of all great literature." These six principles of imagism are from the preface to "Some Imagist Poets":

1. To use the language of common speech, but to employ always the exact word, not the nearly exact nor the merely decorative word.

2. To create new rhythms—as the expression of new moods—and not to copy old rhythms, which merely echo old moods. We do not insist upon "free verse" as the only method of writing poetry. *We fight for it as for a principle of liberty*. We believe that the individuality of a poet may often be better expressed in free verse than in conventional forms. In poetry a cadence means a new idea.

3. To allow *absolute freedom in the choice of the subject.*

4. *To present an image*, (hence the name "Imagist".) We are not a school of painters, but we believe that *poetry should render particulars exactly and not deal in vague generalities*, however magnificent and sonorous.

5. To produce poetry that is hard and clear, never blurred nor indefinite.

6. Finally, most of us believe that concentration is of the very essence of poetry.

From the N. Y. Times Book Shechor

对于胡适那句中文注释的过分重视很有可能让英文摘录中的那些斜体字隐而不显，事实上，这也是胡适的一种注释，甚至是更为重要的注释——比起"与我们主张多相似之处"这一抽象的认同,斜体处更具体地说明了胡适对洛威尔的"发明"——因为通过查阅原报纸,本没有斜体这一特殊标记。

非常明显,胡适着重强调了自由诗(free verse)与自由(liberty)的一体两面——捍卫自由诗一如捍卫自由的一项原则;反过来,反对自由诗便意味着反自由、反启蒙。如此,在原则层面,胡适一下子为自由诗作为新诗的一种可能样式奠定了不容辩驳的合法性。此外,在诗歌主题的选择上要求绝对的自由。表面上看,这是要求诗歌的自由;实质上讲,作诗之主体,即人的自由,甚至是绝对自由,才是真正的政治诉求。无疑,胡适的立场与世界观是历史进化论的。而落实这一自由的具体方法就在于具体、不抽象的意象,在于日常口语(common speech),即白话——活的语言,这正是刘延陵所接续的"活"与"死"的对立。

尽管从胡适的斜体标记中我们已经可以读出一丝激进的味道,但真正旗帜鲜明地把自由诗推向危险的极端的,是1934年徐迟在《意象派的七个诗人》中翻译的"意象派六原则":

——意象派诗人所举行信条六条。

1. 采用平日谈吐之间,完全正确而不是装饰的字眼。

2. 创造的新的旋律——作为新的情感的表现。我们可一定主张自由诗是写诗的不二法门……但我们是相信在自由诗里,一个诗人的个性表现,可以比在传统的古典典型里的表现更好。

3. 许可题材的选择的绝对自由。

4. 表现一个意象(这是意像主义这一名词的由来。)我们不是绘画的学府,但是我们确信诗的部分应正确而且逼真,所以即使有伟大可听的,也决不以茫茫然的概况出之。

5. 产生轮廓鲜明的诗,不写奥妙的诗。

6. 最后我们都相信思想集中为诗之精要之点(徐迟,1934)。

特别值得注意的是第二条,"我们可一定主张自由诗是写诗的不二法门",之后省略了胡适在摘录中的斜体部分——捍卫自由诗一如捍卫自由的一项原则——尽管徐迟也没有说明这翻译所依据的英文原文何在,但基本上可以看作依据洛威尔的文本。乍一看,"我们可一定主张自由诗是写诗的不二法门"好像是对"We do not insist upon 'free verse' as the only method of writing poetry"的颠倒,从否定到肯定,是错译。再对比稍后邵洵美的翻译,"我们不坚持说'自由诗'是写诗的不二法门。我们为它奋斗即为自由的主义而奋斗。"（邵洵美，1934）问题来了，究竟哪一个翻译更准确？或者说，如何理解徐迟在翻译中的处理？

就原文来看，方法（method）与原则（principle）显然不在同一层面，后者更为重要。如此，洛威尔在方法上的否定并非真正否定自由诗，而只是某种平衡的措辞手段，或者说避免极端化。就汉语语境来看，问题似乎聚焦于"不二法门"的理解——究竟是针对方法层面，还是原则层面？然而，深究起来，"不二法门"一词恰恰是含混的，有一个从原初佛教表示"至道"的术语下降为宽泛意义上的"方法""门径"的世俗化过程。也许徐迟是在原则层面使用了"不二法门"而邵洵美却在方法层面？如此，徐迟为何又故意隐去更为直白的*"We fight for it as for a principle of liberty"*呢？很有可能，这是徐迟的有意为之：绕开方法与原则之争，舍弃修辞层面的平衡，概而括之地将自由诗树立为新诗的唯一合法形式，自然也就排除了像闻一多等人的新格律主张。这无疑是将胡适的自由诗推向了极致，也在洛威尔的道路上更进一步。

此外，不得不提及本文另一个更为有趣之处，即版本差异——在 2014 年出版的《徐迟文集》中，《意象派的七个诗人》相较 1934 年《现代》上的原版做了不少修订，如统一了之前"意象派""意像派"在文中的相互混杂，修订了一些词句使翻译更为准确，其中就包括这第二条原则：

> 二、创造新的旋律，来作为新的感情的表现。可是他们一定要主张：自由诗是写诗的不二法门……而他们是相信的，在自由诗里，一个诗人的个性表现，可以比在传统的古典的典型里表现更加好。（徐迟，2004）

徐迟没有纠正表面上的"颠倒"，反而予以了坚持，但将这一主张的主体从先前的"我们"置换为现在的"他们"。而其他几项原则中涉及的主体"我们"却没有任何变化，也没有放弃第三条原则所要求的诗歌题材选择，即作诗之主体的绝对自由。这又该如何理解？或可以做这样的解读：原来的翻译并非无心的失误，而是有意为之，只是在后来意识到了自由诗绝对化之后造成的恶劣影响而归罪于洛威尔，想以此撇清关系，推卸自由诗绝对化、庸俗化的责任，是并不光彩的反思。尽管历史的真相怕是难以复原，但这前后的修订或多或少点出了艾米主义的问题所在——自由诗走向极端化，模糊了诗与散文的边界，堕落为一种"多音的散文"（Polyphonic Prose）。

此外，徐迟也将洛威尔的"传统"（conventional forms）具体指认为"古典的典型"，即中国古典诗歌，可以说进一步明确了白话自由诗的斗争对象。尽管也存在诸如"解放"等字眼，但 20 年代的"革命家"着实蜕变为 30 年代的"选手"，这或许也暗示了启蒙与救亡这一曾经统一过的二重奏演变为分离的两个变调。于徐迟而言，他更为坚持的是启蒙主义的修辞，远离的是左翼革命话语。

然而，这样一篇充满矛盾、十分含混的文章却为不少研究者所推重，甚至认为是"在中国的意象派研究以及庞德研究上具有划时代的意义"，"一扫过去意象派介绍以洛威尔为中心的做法（如闻一多、刘延陵、郁达夫）等，第一次把庞德放在了首位"（蒋洪新、郑燕虹，2011），现在看来恐怕并非如此。事实上，徐迟不仅没有扫除洛威尔的中心位置，而且没有意识到庞德与洛威尔的断裂在世界观、方法论上的本质区别，相反，洛威尔对庞德是有隔膜的：一方面，他将意象派作为一场运动的起讫时间划定在 1914—1919 年，忽视了庞德在 1913 年的意象派理论建树，事实上，1914 年 4 月《意象主义》（*Des Imagistes*）的伦敦版出版后不久，庞德就转向了漩涡主义（Vorticism），成为《风暴》（*Blast*）的编辑，而并非徐迟所确定的 1915 年末；另一方面，"怪僻""据说他有着貌似的碧眼，与埃及风的猫的脸型，这人是个伶俐过人的猫的脑袋"（徐迟，1934）也暴露出徐迟作为一个诗人的想象。

如此，再回顾 20 年代学衡派对胡适《尝试集》等白话自由诗的猛烈批判，也可以在反革命、反启蒙的整体打倒之中辨拾出某些有益的、切中要害的批评，如 1922 年梅光迪在《评提倡新文化者》中批评道，"所谓白话诗者，纯拾自由诗（Verslibre）及美国近年来形象主义（Imagism）之余唾，而自由诗与形象主义，亦堕落派之两支，乃倡之者数典忘祖，自矜创造，亦太欺国人矣"（梅光迪，1922），并且点名洛威尔的堕落，"今之 Vers Liber 有康布利基女诗人 Amy Lowell 为之雄，其源肇于法，亦 Decadents 之一种。一般浅识之报章，多录其诗，为之揄扬。然其诗非诗也。"（耿云志，1994）所谓"堕落""其诗非诗"正是把批评的矛头指向了洛威尔自由诗走向极端后造成的诗与散文的边界问题；而"数典忘祖"也正可以理解为对洛威尔与庞德断裂的警醒。与前文提及的梁实秋之论一正一反，共同指认了胡适文学革命的思想来源，并且在否定的意义上提醒将新诗的争论回归到诗的本质与边界问题上，至少从学术研究的角度而言是必要的。

对洛威尔的不满与批评，不仅表现在 20 年代中国的学衡派，更表现在当时的美国诗坛，如 1916 年约翰·利文斯顿·洛斯就质疑道，"自由诗可以写得像非常漂亮的散文；散文可以写得像非常漂亮的自由诗。究竟哪个是哪个？"[3]1916 年，庞德也曾表示，"后悔当初没有宣布'意象主义运动已经结束'"[4]。对于此类批评，在 1916 年《意象主义诗人》的序言（未署名）中，"洛威尔们"为自由诗进行了辩护，"事实如此，在散文与诗之间没有任何严格、牢固的分界线。正如一位卓越的法国诗人保罗·福特所说，'度量的话，散文与诗不过是同一种工具。'这不是排版的问题；甚至也不是规则和形式的问题。诗是人灵魂中以其所掌握之手段尽其之所能而翻译出来的图像。"[5]与其说这是严谨的学术思辨，不如说是避重就轻的开脱，非但没有直面回应自由诗的本质规定性，反而任性地申明要以我之标准评判，而非他人他时代之标准。当然，这种"任性"是他们一贯的"自由"。

二

　　真正梳理洛威尔对庞德的意象主义的理论的"背叛"，实有必要先厘清关于胡适等人所本的六原则的出处，即 1915 年《意象主义诗人》的序言这一被视为宣言的纲领性文件。国内学者多数认为这一序言的著作权属于洛威尔，其实不然。这本书当年发表的时候并未署名，不过，据格伦·休斯在《意象派与意象主义者：现代诗歌研究》（*Imagism and the Imagists: A Study in Modern Poetry*）中的考证，"序言由阿尔丁顿撰写，洛威尔做了细微修订。"[6]

　　1. To use the language of common speech, but to employ always the *exact* word, not the nearly-exact, nor the merely decorative word.

　　2. To create new rhythms—as the expression of new moods—and not to copy old rhythms, which merely echo old moods. We do not insist upon "free-verse" as the only method of writing poetry. We fight for it as for a principle of liberty. We believe that the

---

3　Miss Lowell's free verse may be written as very beautiful prose; George Meredith's prose may be written as very beautiful free verse. Which is which? 转引自 Peter Jones. Imagist Poetry, Harmondsworth: Penguin, 1972, p34.

4　Pound said in 1916 that he regretted that he had not declared "the imagist movement over". 转引自 Neil Roberts. A Companion to Twentieth-Century Poetry. Oxford: Blackwell Publishing Ltd, 2001, p134.

5　The fact is, that there is no hard and fast dividing line between prose and poetry. As a French poet of distinction, Paul Fort, has said: "Prose and poetry are but one instrument, graduated." It is not a question of typography; it is not even a question of rules and forms. Poetry is the vision in a man's soul which he translates as best he can with the means at his disposal. Preface to Some Imagist Poets (1916), http://www.gutenberg.org/files/37469/37469-h/37469-h.htm.

6　This preface was written by Mr. Aldington, and was slightly revised by Miss Lowell. Glenn Hughes. Imagism & the Imagists: A Study in Modern Poetry. New York: Humanities Press, 1960. p39.

individuality of a poet may often be better expressed in free-verse than in conventional forms. In poetry, a new cadence means a new idea.

3. To allow absolute freedom in the choice of subject. It is not good art to write badly about aeroplanes and automobiles; nor is it necessarily bad art to write well about the past. We believe passionately in the artistic value of modern life, but we wish to point out that there is nothing so uninspiring nor so old-fashioned as an aeroplane of the year 1911.

4. To present an image (hence the name: "Imagist"). We are not a school of painters, but we believe that poetry should render particulars exactly and not deal in vague generalities, however magnificent and sonorous. It is for this reason that we oppose the cosmic poet, who seems to us to shirk the real difficulties of his art.

5. To produce poetry that is hard and clear, never blurred nor indefinite.

6. Finally, most of us believe that concentration is of the very essence of poetry.[7]

对比胡适日记中根据二手材料的摘录，不难发现第三条、第四条有缺漏。问题主要在于《纽约时报》转载之时就有缺漏，而不是胡适的有意为之。刘延陵、徐迟的中译都存在不同程度的缺漏，完全的翻译最早见于 1934 年 10 月邵洵美的《美国现代诗坛概观》。再进一步比对，也不难发现，尽管序言中也存在一处斜体标记，但与胡适的斜体标记完全不同。由此，也可见二者所欲强调之点的差异。显然，"洛威尔们"所在意的是字词的精确性、准确性，拒绝近似性、装饰性，这是对日常言辞（common speech）的具体要求，而到了胡适等人的白话自由诗中，白话被提到了精确性要求之上。

第三条之中"糟糕地写有关飞机、汽车不是好艺术，很好地写过去也并非一定就是坏艺术。我们热切地信仰现代生活的艺术价值，但我们希望指出没有什么像 1911 年的飞机这般令人无趣和过时的了"，依旧保持了在肯定与否定之间的一贯平衡，或曰模糊，并没有把新诗的题材限定死了为新世界、新生活。这段文字最终出现于《现代》上是有其必然性的——作为积极翻译意象派理论、诗歌，并予以模仿的"现代派"诗人们，他们无疑是十分看重现代生活经验，特别是现代都市生活经验的，而所谓"新感觉"也与此不无关系。

结合宣言中提到的 1915 年这本诗选的编撰方式，也是理解第三条所强调的

7　Preface to Some Imagist Poets (1915), http://www. gutenberg.org/files/30276/30276-h/30276-h.htm.

"选取"的绝对自由，即"每一个诗人都被允许通过他所认为的自己的最好作品来呈现自身，而不是经由一个编辑的武断选择，这是唯一本不该出现于书籍形式中的规定"[8]，所谓的非正式委员会并不起实质作用，诗人拥有绝对的自由，只是版面的限制会对他们有所限制。[9]毫无疑问，这一编撰的新方式针对的就是庞德1914年的编辑。将选诗权力下放、诗人按字母顺序为次，可以说将人的自由、平等做足了。当然，我们可以借此指责洛威尔"偷懒"，也可以从中看出此时的意象派就组织上而言，看似有模有样，其实非常松散，也正是在此意义上，我们可以更好地理解原则的第六条，即集中是诗的非常重要的本质，也潜在地指向了团体的集中；就艺术质量上，其实缺乏监管。

　　那么问题来了，究竟是什么力量支撑他们连续出版诗集直到1917年呢？真的是意象派的战斗任务已经完成了吗？如果是，又是什么任务呢？难道是徐迟所说的诗歌内容的解放？根据格伦·休斯的叙述，我们才发现，所谓的坚持或完成，不过是因为1914年洛威尔再次造访伦敦时给自己定下的一个任务——将新诗"销售"到全世界，至少是美洲世界。[10]1914年7月17日，她在Dieu Donnes餐馆组织了一个"意象主义者晚宴"，通过各种措施，这个晚宴最终形成了，或曰集中为六人团体，包括理查德·阿尔丁顿、希达尔·杜利特尔、约翰·古尔德·弗莱彻、F. S. 弗林特、D. H. 劳伦斯和她自己。当然，各种措施中最为重要的一条是商业性的，她与Messrs. Houghton, Mifflin and Company签订了一份从1915年连续三年出版意象主义者诗歌集的合同。正是在此意义上，洛威尔作为一个商业代理人（business agent），而且是成功的商业代理人的身份才浮出了水面。由此，意象主义从英国向美国的扩散，或曰转移，其实也是逐步与商业资本合谋的过程。据说，艾略特曾经批评洛威尔与资本合谋，说她是"诗歌的魔鬼销售员"（the demon saleswoman of poetry）（Carol Kort，2007），而洛威尔则自我解嘲，"上帝使我成为一个商人，而我让自己成为一个诗人"（God made me a businesswoman

---

8　Instead of an arbitrary selection by an editor, each poet has been permitted to represent himself by the work he considers his best, the only stipulation being that it should not yet have appeared in book form. Preface to Some Imagist Poets (1915), http://www.gutenberg.org/files/30276/30276-h/30276-h.htm.

9　A sort of informal committee—consisting of more than half the authors here represented—have arranged the book and decided what should be printed and what omitted, but, as a general rule, the poets have been allowed absolute freedom in this direction, limitations of space only being imposed upon them. Preface to Some Imagist Poets (1915), http://www.gutenberg.org/files/30276/30276-h/30276-h.htm.

10　But at the time of her 1914 visit, she was wholeheartedly in favor of technical experimentation and innovation, and she set herself the task of "selling" the new poetry to the world, at least to the American world. 参见 Glenn Hughes. Imagism & the Imagists: A Study in Modern Poetry. New York: Humanities Press, 1960, p36.

and I made myself a poet）（Carol Kort，2007）。

虽然作为个案的洛威尔的文学与商业的合谋并没有清晰地为 30 年代国人所把握，但作为一种时代潮流，至少是美国当时文坛的时代潮流，我们可以在邵洵美的《美国现代诗坛概观》中见到端倪，"但是在一个工商业发达的美国，暴发户众多；他们为要挤进知识社会以增加自己的地位，于是不得不把一切的知识生吞活咽……这是一种现代美国人的高尚装饰"，"我以为艺术品的成功，虽不一定要完全商业化，但是一种经济的鼓励是需要的。"（邵洵美，1934）这固然不错，但文章的结尾又说，"现代的美国诗坛已有了它富裕的赞助者，和努力表现自己的趣味和人格的诗人；桂冠从此将为西半球的荣耀了"，这明显有一种艳羡的酸楚之感以及潜藏的对于当时文坛状况的不满。不过，作为"海派"整体之一的《现代》，也并没有放弃对商业利润的追求。事实上，这也是庞德译介在 30 年代"革命"隐而不显的重要原因之一——一方面，这是刊物于战乱求生存的手段之一，另一方面，也是与商业合谋而必须的妥协。

不管怎样，洛威尔成功地打开了美国的市场，将自由诗推行开去，某种意义上实现了诗、文学的美国本土性。而对于当时在英国混得并不太如意的意象主义诗人，在面对经济诱惑的时候，并没有什么"革命家"的崇高姿态。而对"革命"的否定也是庞德的自我定位。

1913 年 3 月由门罗负责的《诗刊》（*Poetry：A Magazine of Verse*）上发表有两篇重要的文献——可以视为庞德的意象派的理论宣言——一是署名 F. S. 弗林特的《意象主义》（"Imagisme"），一是署名庞德的《意象主义者的几个"不"》（"A Few Dont's by an Imagiste"）。首先要澄清的是，据休斯考证，《意象主义》中载的几条为国内研究者所熟知的意象派原则——一般认为是三条——"在据称是与一位意象主义的采访中的那些原则署名 F. S. 弗林特，但事实上那采访只是庞德的陈述"[11]，由此，我们实有必要将这篇文献重归庞德名下，事实上，《意象主义者的几个"不"》可以看作是对这几条原则的进一步阐释。

在《意象主义者》中，庞德以第三者人称对意象派做了定性：

他们还没有发表一份宣言。他们不是革命的派别；他们唯一的事业是与最好的传统协调一致地写作，就像他们在所有时代中最好的作家——在萨福、

11　These were printed over the signature of F.S. Flint in what purported to be an interview with an imagist but which as a matter of fact was merely a statement by Pound. Glenn Hughes. Imagism & the Imagists: A Study in Modern Poetry. New York: Humanities Press, 1960. p26.

　　卡图鲁斯、维隆——那里发现的。对所有那些不是如此写作、毫无理由地忽视最好的传统的诗歌，他们似乎是绝对地不可容忍。[12]

　　无须多言，这样的庞德明显是二三十年代中国版的庞德的反面，非但不是破旧立新的革命者，而更像是一个昌明国故的保守派。他对最好的传统的强调与追求，更多具有的是英国的人文传统，而非美国的，召唤着类似于1948年利维斯对英国小说里"伟大传统"的梳理。

　　至于那三条原则（准确地讲是四条，只是最后一条本没有被编入序列，但应作为不可或缺的补充或注脚）为：

　　　　1. 对于所写之"物"，无论是主观的或客观的，要用直接处理的方法。

　　　　2. 决不使用任何对表达没有作用的字。

　　　　3. 关于节奏：按照富有音乐性的词组的先后顺序而不是按照一个节拍器的顺序来写诗。

　　他们以这些标准评判所有的诗歌，并发现大部分诗都很缺乏。他们还有某些尚未投入写作的"意象的教义"；他们说那些教义没有考虑到公众，可能会引起无用的争论。[13]

　　在这里，我们也没有看到明显的启蒙主义话语或革命字眼，甚至连自由诗都没有出现。表面上看，庞德对直接性、词、韵律的要求都在洛威尔1915年的宣言中得到了继承与发展，但本质上而言，连续性远少于断裂性。参照庞德对于他与洛威尔决裂的一个说法，"意象主义是我发展轨迹的一个节点。一些人停留在原处，而我向前进"[14]，其实，"洛威尔们"并没有停留在原处，而是在一些极端化的道路上越行越远。

12　They were not a revolutionary school; their only endeavor was to write in accordance with the best tradition, as they found it in the best writers of all time, —in Sappho, Catullus, Villon. They seemed to be absolutely intolerant of all poetry that was not written in such endeavor, ignorance of the best tradition forming no excuse. Imagisme. on Poetry: A Magazine of Verse, March 1913.

13　1. Direct treatment of the "thing", whether subjective or objective.

　　2. To use absolutely no word that does not contribute to the presentation.

　　3. As regards rhythm, to compose in sequence of the musical phrase, not in sequence of a metronome.

　　By these standards they judged all poetry, and found most of it wanting. They held also a certain "Doctrine of the Image," which they had not committed to writing; they said that it did not concern the public, and would provoke useless discussion. Ezra Pound. A Few Don'ts by an Imagiste. on Poetry: A Magazine of Verse. March 1913.

14　Imagism was a point on the curve of my development. Some people remained at that point. I moved on.

三

　　首先，最重要的断裂当然在于世界观、立场的分歧。这不仅表现在对自由、民主、平等等普遍性的启蒙话语的态度上，如对自由诗的争论上，在诗集编选或人员组织的方式上，也表现在世界主义与民族主义的对立上。

　　就自由诗而言，没有充分材料显示庞德将意象派诗歌指认为自由诗，无论是在方法还是原则层面，倒是洛威尔做了此项"发明"。事实上，庞德对理想语言的寻求，对运动中能量传递的顺序的在意，表明他的意象派诗歌注重具体性、注重力，或者说某种"坚硬性"（hardness）。而自由诗走向极端化之后容易流于肤浅，容易丧失的正是这种坚硬的内核，"他们的倾向是要脱离硬朗的诗，趋向自由诗，这个形式他们一开始就接受了，但在其中摇摆晃动是太容易了。"（彼得·琼斯，1986）外，绝对的自由诗也是不存在的，如艾略特曾说过，"对想写好诗的人来说，没有任何形式是自由的"，"对于那些耳朵不够敏感的人来说，任何诗都可以是自由诗。"（赵毅衡，2003）庞德在一次访谈中也提到，"我认为最好的自由诗来自回归格律。"[15] 在 1918 年的《回顾》（"A Retrospect"）中，庞德更明确地表示，"我认为人只有在'必须'时才应该写自由诗，也就是说，只有在'事物'自己建立起的韵律比固定的格律好得多的时候，或者比规则的抑扬格更真实、更是'事物'情感的一部分、更关联、更密切、更据阐释性时；只有在'事物'自己建立起的韵律不满于固定的抑扬格时。"[16] 显然，庞德对自由诗有着严格的要求，比如对音乐性的强调，比如严守诗与散文的边界，以至于有人认为，"意象主义庞德赋予自由诗它的音乐结构，以至于非常矛盾地，自由诗不再自由。"[17]

　　至于诗集的编选，前文已有所提及，对于洛威尔而言，"此刻她一心要用意

15　I think the best free verse comes from an attempt to get back to quantitative meter. Ezra Pound, The Art of Poetry No.5, interviewed by Donald Hall, on the Paris Review, http://www.theparisreview.org/interviews/4598/the-art-of-poetry-no-5-ezra-pound.

16　I think one should write vers libre only when one "must", that is to say, only when the "thing" builds up a rhythm more beautiful than that of set metres, or more real, more a part of the emotion of the "thing", more germane, intimate, interpretative than the measure of regular accentual verse; a rhythm which discontents one with set iambic or set anapaestic. Ezra Pound. A Retrospect, in Pavannes and Divagations (1918). http://www.english.illinois.edu/maps/poets/m_r/pound/retrospect.htm.

17　The Imagist Ezra Pound gave free verse its musical structure to an extent that paradoxically it was no longer free. Herbert Read. The Tenth Muse; Essays in Criticism, London: Routledge & Kegan Paul. 1957.

象派诗人的'纯粹民主'来替代庞德的'专政'。"（彼得·琼斯，1986）尽管庞德在人际关系处理上可能确实存在某些问题，但如此上纲上线，以"民主"革"专政"之命，显然是意识形态之争了。就后者而言，庞德也并不认为抑扬格就是英国性，自由诗体现美国性，也没有想过建设一种民族的文学。而洛威尔则在《现代美国诗歌趋势》中开篇就提及民族性的问题，"我们不再是这个或那个国家的殖民地，而是我们自己，与其他所有人都不同。"[18]

庞德的世界主义维度，在邵洵美的《美国现代诗坛概观》中有所提及，尽管主要分析的文本是艾略特的《荒原》，"全历史是他们的经验，全宇宙是他们的眼光；他们所显示的情感，不是情感的代表，而是情感的本身。古人的作品中也许有不自觉的流露，但是他们却可以有意识地去运用。"（邵洵美，1934）这种对人类共通之情感的强调，对广阔时间、空间的推崇，处理不当就容易失于泛泛，容易滑向洛威尔在1915年宣言第四条的末尾的批评："正是此原因，我们反对宇宙的诗人，对我们来说，他们看起来在逃避艺术的真正困难。"[19]在邵洵美的译文中，"cosmic"被译为"广阔无边的"固然没有错，但没有注意到"cosmic"与"cosmopolitanism"拥有同一词根。这恰恰是庞德与洛威尔的紧张所在之一。

其次，对于意象派作为一场实验运动所倾向的层面理解不一：庞德倾向于语言的形上层面，即哲学维度、伦理维度；相较而言，洛威尔则更专注于语言的形下层面，即技法、装置。而中国的新诗建构也多半集中在形下，缺少形上的思辨。

表面上看，庞德的三原则讲词、节奏，是技法、装置层面，但实际上，从"物"到"词"的"顺序"才是核心线索——在1918年庞德整理发表的费诺罗萨的《汉字作为诗歌媒介的特征》（"The Chinese Written Characters as a Medium for Poetry"）中得到了进一步的深入阐释。需要注意的是，庞德接受费诺罗萨遗稿，将视线转向东方是在三原则提出之后。由此，不是汉字启发了庞德，而是庞德为他的理论发明找到了汉字、古典诗的依据。庞德在对汉字的研究中看到了"词"与"物"贴近的可能性——诗之语言的本质规定性——这并非狭隘地局限于汉字的图画性，而是在于汉字的"及物性"。这种"及物性"并非狭隘地像动词不依赖介词就可以带宾语那样，而是意味着运动中"物"与"物"的相互关联。庞德

18　We are no more colonies of this or that other land, but ourselves, different from all other peoples whatsoever. Amy Lowell, Preface to Tendencies in Modern American Poetry, New York: Macmillan Company, 1917.http://www.english.illinois.edu/maps/poets/g_l/amylowell/tendencies.htm.

19　It is for this reason that we oppose the cosmic poet, who seems to us to shirk the real difficulties of his art.

非常认同，"在自然界不存在真正的名词、孤立的物""自然界里也不可能存在纯粹的动词、抽象的运动"[20]。在运动中把握事物的相互联系，进而理解人在宇宙中的位置，这才是庞德"直接性""具体性"的真正含义。

这种"及物性"不是现代的产物，而是对原始的保留，是自然秩序的体现——能量传递的顺序。后来，庞德由自然秩序转向孔子思想体系中的社会伦理秩序也是相当"自然"。由此也可以看出，庞德的语言观其实非常类似语言是堕落的，而非语言是进化的。庞德通过汉字试图找寻或重建的是一种理想的语言、诗的语言，也是未堕落前亚当的语言，所反抗的是中世纪以来的逻辑和概念。那些装饰性的词、语法标记等，则自然被视为对能量传递的阻碍，是人为的，而非自然的，所以为庞德所抵制。

第三，关于"意象"的认识有别。这也是庞德与洛威尔决裂的又一重要原因。

尽管刘延陵、徐迟、邵洵美都讲意象派、意象派六原则，但对于什么是"意象"，却少有译介庞德的观点，更多的是自我的解读。事实上，在《意象主义者的几个"不"》中，庞德开篇就定义了"意象"："意象"是瞬间之中理智与情感的复杂的呈现。[21]也正是这一"意象"带来了"自由"的感觉，"瞬间呈现出的这一'复杂'，赋予了突然自由的感觉，从时空限制解放出来的感觉，在所有最伟大艺术作品呈现中我们所经历过的突然成长的感觉。"[22]显然，这种"意象"无法简单地与"图像""图画"画上等号。庞德自己也意识到需要辨别"意象"与"图像""图画"等的区别，并将之列为诸"不"之一：

> 不要"空想"——把它们交给漂亮、短小的哲学散文的作者们。不要描写；记住画家能比你更好地描绘风景，并且他必须知道得更多。[23]

由此，庞德不仅要把"意象"与"图像""风景"之类区分开，也要把意象派诗人与画家区分开。也就是说，庞德反对照搬绘画之法写诗，反对诗歌的肤浅、表面的描写性、图画性，这与庞德反对未来主义、印象主义的相关主张是一致的。此时，我们再回顾1915年洛威尔宣言中的这句话，会觉得格外地意味深长：

20　A true noun, an isolated thing, does not exist in nature. …Neither can a pure verb, an abstract motion, be possible in nature.

21　An "Image" is that which presents an intellectual and emotional complex in an instant of time.

22　It is the presentation of such a "complex" instantaneously which gives that sense of sudden liberation; that sense of freedom from time limits and space limits; that sense of sudden growth, which we experience in the presence of the greatest works of art.

23　Don't be "viewy"—leave that to the writers of pretty little philosophic essays. Don't be descriptive; remember that the painter can describe a landscape much better than you can, and that he has to know a deal more about it.

我们不是画家的派别……（We are not a school of painters...）

表面上看，这是旗帜鲜明地对庞德 1913 年理论的继承才是，但事实可能并非如此。康拉德·艾肯在对 1915 年洛威尔主导的《意象主义诗人》的评论中就毫不客气地批评，"这些诗歌缺乏'情感的力量'，只呈现出'易碎的图片'，也没有提供任何新的或重要的东西。"[24] 类似的批评愈来愈尖锐，如 1918 年爱丽丝·科尔宾·亨德森在《诗刊》上对 1917 年《意象主义诗人》的批评，"不幸的是，意象派已经落到了这个地步：它意味着任何一种不押韵、不规则的诗，而'意象'——仅指其视觉上的意义——被人理解为仅意味着一种如画的印象。"[25] 从"意象"到"易碎的图片""如画的印象"，说明了洛威尔口中的"意象"并不是庞德所指的那般要有坚硬的情感与理智内核，而是庸俗化了、肤浅化了，甚至是走到了"意象"的反面。这一堕落并非一日完成，而是在缺少"武断"的编辑审查之下的逐渐放任所致。由此，宣言中的这句话完全可以做出相反的解读：这是对庞德的辩护性回应。一次辩护不够，再来第二次，1916 年，《意象主义诗人》的序言第二段，"洛威尔们"再次声明道，"首先，'意象主义'并不仅仅意味着图像的呈现。'意象主义'指的是呈现的方式，而非对象。"[26] 仔细推敲，比起 1915 年的判断句，1916 年的声明在句式上变成了否定，而且是有保留、不彻底的否定陈述句，由此，虽将争论的焦点从客体对象转到方式、手段上，但也未见得切中"意象"的要义，反而给人以避重就轻之嫌、辩护底气不足之感。

对于"意象"与"图画""图像"等的辨析，虽然 30 年代有徐迟等人进行译介，但并未予以足够重视。事实上，再次核对胡适摘录意象派六原则的日记题目——"印像派诗人的六条原理"，则隐隐然有将"意象派"与"印象派"混淆之嫌；而查考闻一多等新格律派人所主张的"绘画美""建筑美""音乐美"，则无一不与洛威尔的意象派关系密切。事实上，闻一多留学美国时也确与洛威尔的意象派中人有过交集。

庞德不也强调音乐性吗？可是，庞德所强调的音乐性是在强调诗歌作为一种

24　A review of the 1915 volume by Conrad Aiken in the New Republic complained that the poems lacked "emotional force", presented only "frail pictures", and offered nothing new or significant. 转引自 Neil Roberts. A Companion to Twentieth-Century Poetry. Oxford: Blackwell Publishing Ltd, 2001, p135.

25　Unfortunately, imagism has now come to mean almost any kind of poetry written in unrhymed irregular verse, and "the image"-referred solely to the visual sense-is taken to mean some sort of pictorial impression! [英] 彼得·琼斯. 裘小龙·译，《意象派诗选》，桂林：漓江出版社，1986 年版，第 18 页。

26　In the first place "Imagism" does not mean merely the presentation of pictures. "Imagism" refers to the manner of presentation, not to the subject.

时间的艺术的运动性。对于音乐本身，庞德认为，"诗歌应该依赖音乐，这并非必须，但如果诗歌确实依赖音乐的话，那么这音乐必须是那种可以使专家都感到愉悦的。"[27]

四

综上所述，在中国 20 世纪早期译介中的庞德，并非西方文学思潮中的庞德，其面目沾染了太多洛威尔这一"论敌"的色彩，甚至被混为一谈。这是应该予以澄清的。无论是白话自由诗，还是新格律诗，抑或是"海派"大潮中的现代主义诗歌，都对洛威尔的意象派各取所需，各自"发明"，影响的痕迹是比较明显和确定的。于此，洛威尔确实如一些评论者所认为的那样，是中国新诗乃至新文化的教母（旷新年，1999）。但庞德这一"教父"地位，恐怕还有待于学术史、思想史进一步梳理的成果予以支撑。以历史时期先后的这种"自然"追溯，显然并不自然，而是别有用意的"发明"。

而即便是这一"发明"中想象的庞德，从 20 年代到 30 年代，其遭遇也为中国新诗乃至新文学的建构史勾勒出一条隐约的线索：从左翼"革命"话语到"第三种人"对"革命"的疏离与反思，从"运动"到"商业"，从"启蒙"与"救亡"的合流到"世界主义"与"民族主义"的分裂，从苏联到美利坚……相关的争论在引入庞德之后也许会获得新的阐释的可能。在此过程中，上海及这座城市中的刊物们，主要是《诗》与《现代》，显现出特别的媒介之功。而这实有赖于进一步的研究。但总体而言，时至今日，我们仍然没有对庞德的史诗性著作《诗章》有完整译介，更谈不上研究。庞德的面孔仍然是模糊待明的。

参考文献 ┤

[1] 耿云志，主编.胡适遗稿及秘藏书信（第 33 册）.合肥：黄山书社，1994.

[2] 胡适.胡适留学日记.上海：上海书店，1948.

[3] 胡适.谈新诗——八年来一件大事.星期评论，1919-10-10.

[4] 蒋洪新，郑燕虹.庞德与中国的情缘以及华人学者的庞德研究——庞德学术史研究.东

27　It is not necessary that a poem should rely on its music, but if it does rely on its music that music must be such as will delight the expert.

吴学术，2011(3).

[5] 旷新年 . 胡适与意象派 . 中国文化研究，1999(3).

[6] 梁实秋 . 现代中国文学之浪漫的趋势 . 晨报副镌，1926-2-15.

[7] 刘延陵 . 美国的新诗运动 . 诗，1922, 1(2).

[8] 梅光迪 . 评提倡新文化者 . 学衡，1922(1).

[9] 邵洵美 . 现代美国诗坛概观 . 现代，1934, 5(6).

[10] 徐迟 . 哀慈拉·邦德及其同人 . 现代，1934, 5(6).

[11] 徐迟 . 徐迟文集 . 北京：作家出版社，2004.

[12] 徐迟 . 意象派的七个诗人 . 现代，1934, 4(6).

[13] 赵毅衡 . 诗神远游——中国如何改变了美国现代诗 . 上海：上海译文出版社，2003.

[14]〔英〕彼得·琼斯 . 裘小龙译 . 意象派诗选 . 桂林：漓江出版社，1986.

[15] Carol Kort. A to Z of American Women Writes (Revised Edition). New York: Facts on File, 2007.

作者简介 ┃

　　吴可，1989 年生，毕业于北京大学，文学博士、博士后、讲师。主要研究方向为批判理论、比较诗学以及理论视阈下的明清小说研究。

〔英文修订稿刊于《国际比较文学（中英文）》2019 年第 3 期〕

才子佳人小说中的"旅行"及其"难题"

吴 可

▶ **摘 要**：才子佳人小说可以视为"旅行"与"寻找"母题的类型化展开。在展开过程中存在两个需要注意的问题：一是欲望，二是比较。就前者而言，山水之"色"与佳人之"色"不仅形成了同构关系，而且存在"以山水代粉黛"的对于欲望的"治疗"，尽管这种"治疗"是反讽的。尤其是屠隆所提之"文字亦欲也"的判断，点破了才子佳人小说的欲望基石。就后者而言，比较也是一种欲望，但它更关键地是在权力话语表述的层面将才子佳人小说引向了有关"最高级"、主权决断者的法哲学维度，使小说叙事本身成为了一种难题。尽管才子佳人小说的作者未能对这一难题给出正面而直接的回应，但难题开启了当代读者对古典小说再阅读的新可能。

▶ **关键词**：才子佳人；"旅行"；欲望；"最高级"；"治疗"

一、"旅行"与欲望

在才子佳人小说的诸多"套路"之中有一套值得注意，即"旅行"。当然，相较于《西游记》西天取经之旅等带有冒险、宗教隐喻色彩的小说，或者如《在路上》一般迷惘、反叛的"青春文学"，才子佳人小说中的"旅行"虽然也是为了寻找彼此——更主动地踏上外出寻找之旅的往往是才子，而佳人则常常守在深闺，这在相当程度上是性别身份导致的空间局限，但并不意味着佳人永远是完全被动等待的一方，相反，她们开诗社、"摆擂台"（可与江湖儿女的"比武招亲"一节相互为文），亦是在种种遮掩之下进行着自己的寻找与筛选，比如《两交婚》中的辛荆燕小姐所开之红药诗社，既如她自道"指望选一淑女，为吾解愠兄弟作配"（[清]天花藏主人，1985），又正应了小说中的"人多谓"（由酒楼上众人的闲谈揭示出来），"若有少年敌得他来，几早嫁去了，也等不到今日。"（［清］天花藏主人，1985）——但显然，才子佳人小说并不着重于具体展开"旅行"的自然环境、风土人情，抑或文化版图、地缘政治的想象，也少有戏剧性的冲突相伴随，且"旅行"在位移的意义上也经常三言两句便带过，很快就完成。不过，还是不能因为这些原因而以鸡肋视之。这不仅是因为"旅行"始终与"寻找"的母题相关联——从空间的位移，转向内在精神、心灵的匹配、契合，其叙事的外在表现形式发生了转变，还与山水、名胜在"秀色可餐"的隐喻修辞上跟佳人，乃至情欲紧密关联——

> 一日，到了湖广武昌地方，浏览那些汉阳形胜与鹦鹉风流。就在一个临江的阁上，沽了一壶独酌。酌到半酣，心中暗想道："词曲称三楚精神。又佳人之美腰，称为楚腰；又佳人之妙舞，称为楚舞。则楚地亦佳丽之所锺也。今过于此，须当细访。"（［清］天花藏主人，1985）

登临送目之际，酒酣兴发之时，才子甘颐想到的不是宇宙人生、历史旧事，而恰恰是佳人。这显然与所谓"游学"的宿志——"太史公为汉代伟人，即闭户著书，亦堪千古；尚欲遨游四海以成名。我甘颐香非幽兰，而隐僻过于空谷；才非太史，而足迹不涉市廛，岂能成一世之名哉？况椿庭失训，功名姻娅，皆欲自成。株守于此，成于何日？我不成名，妹妹愈无望矣。"（［清］天花藏主人，1985）以及传统士子之游多出于"求学、求宦、行道"等目的的文化范式（张映丽、于师号，2018）形成了微妙的反讽。行文中插入的"正是"，如"谁知一片遨游志，只为温柔别有乡"（［清］天花藏主人，1985），"琴剑偏偏促去装，不辞辛苦到他乡。尽疑负笈求师友，谁道河洲荇菜忙"（［清］天花藏主人，1983），亦应作反讽观。而反讽处即为"旅行"之张力所在。

尽管反讽，但佳人的呼之欲出是非常有道理的，因为"佳人乃天地山川秀气所钟，有十分姿色，十分聪明，更有十分风流"（［清］崔市道人，1981）。《平山冷燕》中的燕白颔也感慨道，"天地既以山川秀气尽付美人，却又生我辈男子何用。"（［清］荻岸山人，1982）等到《红楼梦》中，贾宝玉更是将风景，乃至宇宙与女子的关系推向了极致，"他便料定，原来天生人为万物之灵，凡山川日月之精秀，只钟于女儿，须眉男子们不过是些渣滓浊沫而已。"（［清］曹雪芹、高鹗，2005）至此，形成了一条鲜明的性别二元对立的界线，并分出了高下。更进一步，甚至我们可以说，山水不仅构成了佳人的内在精神世界，亦应视为佳人外在肉身的显现——正如柳如是对稼轩句"我见青山多妩媚，料青山见我应如是"的刻意"误读"而为自己取字"如是"。由此，才子（事实上并不局限在才子，佳人也大量参与）在名山大川之处、历史古迹之所，或是花园粉墙内外的诗词题咏，则成了对"身体"的直接"触碰"，并保留下了"触碰"的痕迹，或者说是类似于奥德修斯脚上的"伤疤"一类证明式的"标记"，成为可以追踪、发现的线索，使"旅行"得以可能。在此意义上，与其说才子佳人小说缺乏具象的身体描写，或流于"概念式的虚写"（林辰，1985），不如说他们的身体在山水之间、花园内外的题诗游戏中得到了落实。

另一方面，在"山水—佳人"的同一性结构之外，还有一层相替换之意蕴，或者说滑动的可能，如袁中道在《答钱受之》一文中明确讲道，"读书看山，尚是馀事，真大快也。山水可以代粉黛"（[明]袁中道，1989），"兄书中道及嘲胡仲修语，将谓世间人游山水者，乃不得粉黛而逃之耳，非真本色道人也。此真觑破世人伎俩也。弟则谓不得繁华粉黛，而能逃于山水以自适者，亦是世间有力健儿。"（[明]袁中道，1989）袁中道似乎在构想一种"山水疗法"，即用寄情山水的情与欲来治疗世俗生活中男性对女性的肉体情欲，尤其是得不到满足的情欲。当然，粉黛并不能完全等同于佳人，因为后者乃其中出类拔萃者方可以当之。由此一来，才子佳人小说中关于山水、名胜的提及与描摹，就不仅是交代空间的转换、勾勒事件发生的背景，更有了一层隐秘的情欲书写线索，这与小说中往往正色所谈之谈婚恋经权问题以及潜藏之政治伦理，又形成了一组明暗的互文关系，并使小说叙事也多多少少带上了"治疗"的意味——当然，它可能更多地以作者跳出来说教的口吻表现。由此，我们或许可以更好地理解《玉娇梨》中《缘起》一篇的意义所指——"一曰秘本，是惩续本之过而作者。男为苏友白，女为红玉，为无娇，为梦梨。细摹文人才女之好色真心，钟情妙境，盖欲形村愚之无耻，而反刺之者也。"（[清]荑荻散人，2000）——是对"续本"《玉娇梨》（或曰《玉娇李》），更是对自《金瓶梅》以来的市井欲望书写的反拨和"治疗"。

不过，对于袁中道"山水可以代粉黛"之说，即欲望的转移或替代性满足，还是有很多质疑的，比如当时的屠隆就指出，"登临山水，旷望俯仰，必思佳丽。思佳丽必营楼台，营楼台必及声色，嘲风吟月必耽光景，耽光景必动才情，动才情必生欢恋。"（[明]屠隆，2012）这与前文所引甘颐之"想入非非"（在此意义上，与他妹妹的字"非想"构成了一组奇妙的互文关系[1]）简直如出一辙。由此，女色之色与山水风景之色其实终究难以区分，二者互为表里，这既是才子佳人小说中所谓"好色"的双重意蕴，也是"色中饿鬼"之类被反正为正面评价，不堕负面的原因之一。也正是在这层意义上，才子佳人小说中的自然风景并没能另辟一路，生长出其"现代性"意义——如卢冶所说，"那风景乃是为说明这'国家'而被'看见'的。"（卢冶，2014）甚至屠隆还进一步指出，"文字亦欲也"，且与近浊的五欲（财、色、名、食、睡）相较，"文字之欲近清，故为喆士所驰"（[明]屠隆，2012）。如此，要彻底根除欲望，就必须连文字、写作都一起放弃掉，而这对于才子佳人小说来说是不可想象的。即便《红楼梦》中的批评——"不过作者要写出自己的那两首情诗艳赋来，故假拟出男女二人名姓，又必旁添出一小人其间拨乱，亦如剧中之小丑然"（[清]曹雪芹、高鹗，2005）也从反面证明了这一点。由此，在"文字亦欲"的思路下，才子与佳人确实都是欲望中人，并且他们的欲望往往都是经由诗词的中介而得以激发并蓬勃生长的。更甚，一夫二妻制的理想进一步说明了才子与佳人对舜与娥皇女英之圣人事迹的摹仿。因此，才子与佳人的欲望结构确实如勒内 · 基拉尔的"欲望三角"这一理论模型所揭示的，亦是一种"摹仿性欲望"（勒内 · 基拉尔，1998）。在此意义上，也就无所谓纯情的才子佳人小说与艳情小说之分野了，也就无所谓才子主动而佳人被动之分了，因为才子和佳人从本质上讲都是"被动的"。相较于《金瓶梅》等直接暴露、承认欲望的叙事，才子佳人将欲望隐蔽得更深——这也是才子佳人小说之所以无法称得上现代小说的原因之一：它们立足于屠隆一针见血的"文字亦欲也"这一最为关键的欲望基石，但在叙事中却又试图掩盖。

　　"治疗"也是自我解构与反讽的。然而，这或许还没有触及到"旅行"的关键问题，即到底以何风景之色为旨归？或曰"河洲"应该落实于何处？这看起来首先像是个有关方向的问题，在原型批评的解读路数中很容易被回答为"圣处女的诱惑"，如李志宏认为，"在明末清初才子佳人小说中，'才子追寻佳人'作为叙述建构的基本表达模式，与原始英雄神话中有关'邂逅神女'（Encountering

---

1　甘氏兄妹的命名显然是作者特别设定的。就哥哥甘颐而言，甘颐谐音甘之如饴。《诗经 · 大雅 · 绵》有云："周原膴膴，堇荼如饴。爰始爰谋，爰契我龟。曰止曰时，筑室于兹。"堇荼性苦，却也有食之如甘之时，寓意如周人先祖亶父那般迁国开基，迁歧、授田、筑室，以"游历"为机寻觅沃土、建立家室，无非怀揣一功业梦耳。甘颐、甘梦分别作为才子与佳人，以不同方式寻找着相匹配的佳人和才子。他们虽名义上分出兄妹，但实则合为一体，为遨游、"旅行"之志的名实两面。

the Goddess）的冒险旅程的结构形式颇为相近。"（李志宏，2004）但是，从甘颐的"燕赵情结""荆楚记忆"，再到从别人口中听得而勾起自家心中的"扬州想象"，旅行方向的调整中其实已经暗藏了古今之变的历史、政治维度，而不仅仅是原型所注定的方向那么简单。只可惜，作为出门的才子，他们"看山是山，看水是水"（《指月录》中所谓第一层次），方向感在一开始似乎并不清楚——

> 双星上了大路，青云挑了琴剑书箱，野鹤负了行囊衾枕，三人逢山过山，遇水渡水。双星又不巴家赶路，又不昼夜奔驰，无非是寻香觅味，触景生情，故此在路也不计日月，有佳处即便停留，或登高舒啸，或临流赋诗，或途中连宵僧舍，或入城竟日朱门，遇花赏花，见柳看柳。又且身边盘费充囊，故此逢州过府，穿县游村，毕竟要留连几日，寻消问息一番，方才起行。（[清]天花藏主人，1983）

> 甘颐自离了蜀中，随路而来，原无正事。逢着名胜之地，必留连游赏。（[清]天花藏主人，1985）

尽管可能大方向是东南一带，但"旅行"是随意而任性的，既没有确切目标和具体计划，亦无任何紧迫之感。这其中还包括没有经济上的窘迫，与《玉娇梨》中的苏友白遭遇穷途卖赋之境况简直一天一地；又或者说即便是身无分文，胸中之才亦足以变现，所以经济根本不会成为才子乃至作者关心的问题，而小说中也几乎难觅有关银钱的"闲笔"。显然，才子的旅行与士大夫诗文传统中的"羁旅行役"及其美学风格完全不同——处处都是风景，便处处可见粉黛，所谓"遇花赏花，见柳看柳"，或"随地求才，逢花问色，一才一色何曾得"（[清]天花藏主人，1983），这固然是套话，仿佛演义小说中的"逢山开路，遇水搭桥"，但背后却可能隐藏着，或者说遮蔽了一种话语逻辑：一方面，才子完全是纵情任性，不选择，不决断；另一方面，风景没有"比较级"，或者说更美或最美的限定对才子而言并不显现什么意义。这也应该在"色"的二重性上来理解。由此，青楼楚馆并不必然沦为纯洁情感之"禁地"或"污点"，相反，它可以构成联通才子"旅途"与佳人所居之"花园"的重要节点，或者说"驿站"，比如《两交婚》的甘颐就是在青楼女子瑶草的指点，甚至可以说全盘谋划之下，才得见并最终娶回佳人辛荆燕。

尽管旅途中的才子不必完全禁欲，但也没有蜕变为某种"宫廷秘史"，所谓

"八美图"一类的想象可能已经超出了才子佳人小说所能处理的极限。更重要的是，佳人不能失去与才子旗鼓相当的匹配、对称之位置——这是才子佳人的类型小说所要守住的底线。甚至像《平山冷燕》中的山黛，心中首要的想法根本就不是嫁个才子，而是自己要"变身"才子，经世治国（在这个意义上，婚姻倒是性别跨越实践之退而求次的一种实现方式），"只可惜，我山黛是个女子，沉埋闺阁中。若是一个男儿，异日遭逢好文之主，或者以三寸柔翰再吐才人之气，亦未可知。"（[清]荻岸山人，1982）

二、比较与"最高级"难题

相较才子在旅行途中对风景之色的无所决断，花园中的佳人则整体显现出选择的慎重与保守，"恐异日失身非偶"（[清]荑荻散人，1981）。或许正是因为有这一份忧虑，才使得她们在选择的问题上进行更深入的思考，比如《玉娇梨》中的卢梦梨在女扮男装的"面具"之下，给苏友白抛出了一道"难题"——

　　卢梦梨道："仁兄既不欲弃捐弟妹，将无于意中之艳作负心人也？"苏友白道："负心则吾岂敢。"卢梦梨道："吾固知兄不负心也，使仁兄怜予弟妹，而有负于前，倘异日复有美于弟妹者，不又将以弟妹为刍狗耶？无论前人怨君薄幸，亦非予弟妹所重于兄而仰望以为终身者也。"（[清]荑荻散人，1981）

从苏友白以及读者的角度看，卢梦梨无疑是一个"第三者"。当然，卢梦梨自己也接受了这个层面的先来后到。可是，小说并没有发展走向一个"第三者"故事，反倒是令读者钦佩卢梦梨的见识、勇气真不愧一个"侠"字。其中的原因或许有相当程度就在于她提出了为"旅行"途中的才子所忽视的"比较级"的问题——"倘异日有复美于弟妹者，不又将以弟妹为刍狗耶？"这里，负不负心的道德评判或许还可以暂且不论，首先要关注的是"复美于"的比较级表述。这个表述明显在提示苏友白和读者：与山水之"色"的无比较级，或者比较级不显示意义不同，佳人是有，而且应该特别考虑"比较级"的，正所谓"任凭弱水三千，我只取一瓢饮"（[清]曹雪芹、高鹗，2005）。这"只取一瓢饮"背后潜藏而未点破的正是"最高级"。宝玉固然有此觉悟[2]，但也相当程度地被困在如何在黛玉和宝钗二人之间作进一步比较之后的唯一性选择（当然，这选择不仅仅是他的，更是整个家族的，亦是古往今来的红楼读者的。因意见之分殊，故而只能以拖延的形式出现）。

"比较级"问题的出现与"最高级"的凸显到前台，使得才子佳人的择偶与婚恋变得困难重重。这困难倒还不主要是现实层面的，比如门当户对的考量等，一如今天的"婚恋经济学"所显现的那样，而首先是理论层面的——要想正面回应，或者说避免陷入卢梦梨所提之"复美于"的难题，那么解决的方式自然应该是找出并选择那唯一的"最高级"，将其作为婚恋的合法性基础（当然，前提是此唯一的"最高级"必须被证明是确实存在的）。只有在这唯一的"最高级"面前，一切"比较级"才会失去意义，并自动排列形成一套秩序。于是乎，对才子佳人的"旅行"的思考就要突破点明其"原型"的层次；才子佳人小说竟然召唤着又一个故事文本，或者说理论模型，即所谓"苏格拉底—柏拉图"的"最大的麦穗"。

所谓"麦穗"是一种隐喻，它可以指涉很多想要得到的东西，或者说欲望的客体。面对无边的候选对象，如果只有一次选择的机会，而且只能线性向前，不能回头，这使得作比较、挑选"最大的麦穗"成为一件极其困难的事情。这也是该故事中的弟子柏拉图之所以空手而归，而"苏格拉底"展开谆谆教诲的指向所在。因而"最大的麦穗"又往往被称为"麦穗问题"或"麦穗难题"。只是如果细究此处"苏格拉底"的教义——"人的一生仿佛也在麦地中行走，也在寻找那最大的一穗。有的人见到了颗粒饱满的'麦穗'，就不失时机地摘下它；有的人则东张西望，一再地错失良机。当然，追求应该是最大的，但把眼前的一穗拿在手中，这才是实实在在的"，我们不难发现，所谓的"时机"或"良机"仍然是个非常抽象的东西，一如"钗在奁中待时飞"一样，但是，最后导向的竟然是某种实用主义——手里好歹得有"麦穗"。

毫无疑问，所谓"最大的麦穗"完全是一则后人的"伪托"之作，如若想要网络"考古"，挖掘出"伪作"的具体出处，几乎是件不可能的事情，因为其流

2　但具体来看，宝玉回应黛玉的问题显然不同于卢梦梨的"比较级"问题。黛玉的问题在小说中被表述为——黛玉道："宝姐姐和你好你怎么样？宝姐姐不和你好你怎么样？宝姐姐前儿和你好，如今不和你好你怎么样？今儿和你好，后来不和你好你怎么样？你和他好他偏不和你好你怎么样？你不和他好他偏要和你好你怎么样？"至少从文字的表层看，将自己与宝钗相比较之意是隐藏的。参见［清］曹雪芹、高鹗．红楼梦．中国艺术研究院红楼梦研究所校注，北京：人民文学出版社，2005 年，第 1270 页。

传实在是太过广泛，甚至被收编进了小学语文课本，并承载了令人感到奇怪的教化功能——或许也反映出了某些真理的碎片。尽管其意义可能不堪一辨，但它的奇异性在于文本叙述的强大生产性，重复、变异出了更多版本，与卢梦梨所提之"复美于"的问题可以互文对读——

有一天，柏拉图问苏格拉底：什么是爱情？

苏格拉底说：我请你穿越这片麦田，去摘一株最大最金黄的麦穗回来，但是有个规则——你不能走回头路，而且你只能摘一次。

于是柏拉图去做了。许久之后，他却空着手回来了。

苏格拉底问他怎么空手回来了。

柏拉图说道：当我走在田间的时候，曾看到过几株特别大特别灿烂的麦穗，可是，我总是想着前面也许会有更大更好的，于是就没有摘；但是，我继续走的时候，看到的麦穗，总觉得还不如先前看到的好，所以我最后什么都没有摘到……

苏格拉底意味深长地说：这，就是爱情。[3]

这一版本剔除了蹩脚的实用主义教义，使"麦穗难题"摇身一变成了有关"爱情"的叙事，而空手而归也有了完全不同的指向——爱情是在"比较级"中的徘徊与犹疑，是持续的延宕。这固然切中了今日现实生活里坠入爱河中的人的患得患失的真实经验，但又甚或从本质上来讲，爱情本就是不可能的。如此，大团圆的故事不太像是"爱情"。在古典小说世界，要想处理日常生活中的爱情是困难的，更多看到的是成为传说的悲剧爱情，或者喜剧性的偷情与私奔。才子和佳人固然有偷窥、偷听、私下传递诗文，但也仅限于此。显然，相较于《红楼梦》中的讲情——又可细分为"情情""情可情""情不情"等既丰富又复杂的序列，才子佳人小说确乎是不讲情的——如果硬要找出一点，比如类似卢梦梨在高楼之上对苏友白的"一见钟情"，结果恐怕也只能仿佛是回头多看了一两眼贾雨村的娇杏，是"侥幸"也。

而所谓"婚姻"和"爱情"的区别就在于，手里要有"麦穗"：

又一天，柏拉图问老师苏格拉底：什么是婚姻？

苏格拉底说：我请你穿越这片树林，去砍一棵最粗最结实的树回来好放在屋子里做圣诞树，但是有个规则——你不能走回头路，而且你只能砍一次。

3　可以参见：https://zhuanlan.zhihu.com/p/25258732。

于是柏拉图去做了。许久之后，他带了一棵并不算最高大粗壮却也不算赖的树回来。

苏格拉底问他怎么只砍了这样一棵树。

柏拉图说道：当我穿越树林的时候，看到过几棵非常好的树。这次，我吸取了上次摘麦穗的教训，看到这棵树还不错，就选它了，我怕我不选它，就又会错过了砍树的机会而空手而归，尽管它并不是我碰见的最棒的一棵。

这时，苏格拉底意味深长地说：这，就是婚姻。[4]

变化的只是具体的喻体以及最后的结果及阐释。"爱情"的教训是要务实——不要再想着永无止境的"比较级"，陷入无从选择的困境，而要在一定限度数量的比较内作出决断，选择一个相对"还不错的"，尽管可能并非"所碰见的最棒的"。这种固然有所收获，但又留有一些遗憾或无奈的"结果"被阐释为"婚姻"——确实揭示出了"婚姻"中往往难以十全十美的现实真相，比如民间有俗语云"一块馒头搭块糕"，形容的便是夫妻在般配中的"不般配性"。有意思的是，这种从"爱情"之理想向"婚姻"之现实的下坠——在两则文本对读的基础上而言，乃在于婚姻最终背离了"最高级"的初衷，是退步；就今日现实生活经验而言，亦是从所谓"最契合"，比如灵魂之共鸣的诉求，到柴米油盐的日常生活，又或是众所周知的"婚姻是爱情的坟墓"，都是一种下坠，甚至是向恐怖深渊的急坠——都显示出了有关"最高级"的叙事是不可能的；或者说，在以"最高级"为"经"的前提下，叙事只能是曲线救国的"从权"，或者是不断的延宕与无果的遗憾；或者是退而求其次的务实，以放弃理想或乌托邦指向为代价，实现了嘲讽的自反。

某种意义上，直面"最高级"就是在直面"神"，直面不可言说之物。这正是卢梦梨"复美于"之难题的真正困难所在——无法回答，只剩下震惊或者崇高体验。这是因为，无论才子还是佳人，看似文文弱弱，但他们都不是日常生活中的普通人，而是经过一场接一场的比试，历经一次又一次"比较级"的淘洗，最终逼近甚至炼成"最高级"的存在。在这个意义上，认为才子与佳人是神话中接受并克服命运挑战的英雄，认为才子佳人小说的叙事是对英雄神话的摹仿，是有合理性的。但将才子置换成"英雄"，将婚姻视为才子佳人成长、成熟的标志，就容易忽视才子佳人小说中明显存在的"鄙视链"——以"才"（主要是诗文）为绝对核心和明显主线，以"色"（主要是颜值）为副线 [但事实上，"才"即"色"，

4　同上。

"色"即"才",二者互为表里,不可分割,一如《春柳莺》的《序》所指出的,"情生于色,色因其才,才色兼之,人不世出。所以男慕女色,非才不韵;女慕男才,非色不名,二者具焉方称佳话。"([清]吴门拼饮潜夫,1983)]。显然,对站在"顶端"的才子佳人而言,成长不仅没有空间,也没有意义。但是在叙事层面,垂直维度的"比较级"往往容易被转换为"真假"之分的价值判断(佛道思想资源占据主导),或"诚伪"之别的道德判断(与阳明心学的推波助澜有密切关联),并为有关它们的讨论所进一步遮蔽。事实上,"旅行"的主体(更多是才子)是"最高级","旅行"的目的(更多是佳人)亦是"最高级",寻找"最大的麦穗"是同种同属的两个"最大的麦穗"之间的相互寻找与匹配,是两个"最高级"之间的关联,而不是"最高级"只单纯是对客体的限定。这是才子佳人小说与所谓"苏格拉底故事"在相似外壳之下的重大精神内核分野。

所以,卢梦梨的"复美于"的比较基准不是别的,正是白红玉和她自己所表征的"最高级",这是"难题"的又一方面,更隐蔽,但也更难以回答,因为她所提问的是"最高级"是否存在"比较级"的问题,亦即最高权威之上是否还有权威的问题。这问题已经远远超出所谓爱情或者婚姻的层面,甚至也不只是逻辑的问题、语言的问题、皇权政治的问题,而更是有关"创造"本身,或曰做出决断之主权者本身的难题。

这是法哲学的困境。也就是说,才子佳人的"旅行"与一般的"寻找"不同,它始终由"决断"的难题所主导和推动。这也就是为什么才子或佳人总是要离开家乡的根源——要自己为自己立法。正是在此意义上,"旅行"途中的种种"比较"与各种波折就不能简单地视为一种磨难——"金不炼,不知其坚。檀不焚,不知其香。才子佳人,不经一番磨折,何以知其才之慕色如胶,色眷才似漆?虽至百折千磨,而其才更胜,其情转深,方成飞花咏之为千秋佳话也"([清]天花藏主人,1983),这显示出小说作者在"难题"面前的退却:将"难题"转化成了道德层面的考验与批评。

最高的主权者只能是唯一的[隐含其中的深刻追问是:到底应该是有"才"者掌握决断的权力,还是皇权政治的"血统"与"在位"者居之?《平山冷燕》正是在此意义上调和二者的矛盾,使"才"出于皇权政治的授命与认可,使"才"成为盛世天下的符号性表征(卢冶,2014)],因此,才子和佳人便是这唯一"身体"的两个化身,或者说两个要件。他们的结合并不是差异性的结合与创造,而是同一性的自我识别。这是"知己"在这个层面的含义所在。

三、"难题"的解决策略

小说作者安排苏友白对这一不可能做出回应的"难题"的回答是——"既不独弃,除非两存"([清]荑荻散人,1981)。对此,之后有过将薛宝钗雪白胳膊"嫁接"到林黛玉身上的念头的贾宝玉也并没有更进一步的突破。显然,苏友白并没有直面"复美于"的内在逻辑所赋予的无限比较性,而是就着字面的一次比较之义,搁置"最高级"的争议,转而寻求一条"两存"的道路。不仅如此,更荡开一笔,将"两存"问题的关键又"翻译"成了女性的嫉妒与否,"但恐非深闺儿女之所乐闻也"([清]荑荻散人,1981),从而使自己从困境中脱身。尽管这看起来像是不负责任的投机取巧,但毕竟有舜与娥皇女英的圣人之迹在前,故而也竟成了一种解决。

苏友白的成功在相当大的程度上有赖于才子佳人这一类型的小说都分享有一项共同的重大前提:才子与佳人,即"最高级"的化身都确实存在(这是毋庸置疑的先验性存在),并且是个数有限[更准确地讲,两对才子佳人或许已经是它所能处理的极限,比如在《平山冷燕》中,借晏知府之口出现的"正副"之说,"前日于考试中自取了燕生员,不便独荐,意欲再求一人,以为正副。"([清]荻岸山人,1982)正副之分说明了比较实存,而笔墨难以均分,故叙事必须另寻重心。或许此处的处理方式也影响了红楼十二钗的正、副、又副的三册之分],以及他们最终都必然会找到彼此。这不仅为才子佳人故事增添了一份强力的决定论色彩,注定"最高级"难题不仅不会无解,或有遗憾之解,而一定是完美之解,即所谓大团圆;而且封上了卢梦梨"复美于"的比较难题——"最高级"可以配备类似于"正副"的职官,有所侧重地分享权威,但"最高级"之上不再有比较级。相较之下,小人拨乱等根本算不上正经、严肃的偶然性挑战,相反,都是促进因素;才子与佳人也从不讲天荒地老的恒久誓言——他们并不是从偶然性开始,如巴迪欧所言,需要不断地说"我爱你"的宣言,"保证建构一种绵延,从而使得相遇从偶然性中解放出来"(阿兰·巴迪欧,2012)。究其原因,或许亦是才子佳人小说作者普遍认同的一个原则性前提,即天地生才甚难,故而怜才的最主要表现就是才子与佳人必然相配——这一观念直接继承自最早发出此等呼声的《董西厢》：
"从今至古，自是佳人，合配才子。"（[金]董解元，1980）这其中所蕴含的是儒
家温柔敦厚的美学理想，"所以才子务配佳人，不失室家之好，关雎之雅矣。"（[清]
震泽九容楼主人松云氏，1987）又或者说，才子佳人小说的作者之格局其实并不
高于，甚至可以说远低于作品中的才子与佳人，因为作者事实上先在地"困住"
了才子与佳人的手脚，纵使他们提出了使爱情、婚姻变得陌生化，从而在此意义
上竟然真正回到了爱情或婚姻的严肃思辨，也迅速地被日常经验中的所谓"常识"
而"自动化"地更正甚至瓦解了。这或许可以视为"最高级"问题的第三个层面，
即从文本内部跃迁到了作者与叙事及故事中人的反讽性关系层面。

对于"最高级"的难题，文学叙事似乎只能是迂回地接近，真正尝试给出解
答的是数学中的概率论和博弈论，即著名的"秘书问题"。然而，这种解答也只
是一种寻求最优解的策略。略过纷繁复杂的数理计算，最终呈现在我们面前的答
案是 $1/e$，约等于 0.368。这意味如果有 100 名候选者，那么应以前 37 名作为观察、
比较的样本，却不从中选择，真正的选择要从第 38 名开始，只要他比前 37 名都
好，那么便选择他成为"最大的麦穗"。尽管听起来似乎有点难以置信，但这确
实是数学所能给出的概率最高也最为经济的一种策略。事实上，"最高级"的问
题被置换成了"最优解策略"。

如果数理计算与建立在此基础之上的经济学原理确实能告诉我们有关爱情或
婚姻的真谛的话，那么事情反而好办了很多，甚至在这样的思路之下，我们可以
将才子在"旅行"中的"来者不拒"视为一种理所应当的"采样"，而同样的，
那些在佳人诗社、赛诗等活动中被过滤掉的男性，也无妨被视为那不可避免的
前 $1/e$ 的"样本"。只是如此一来，才子佳人小说便是不及欲望，甚至完全不及
情了。

然而，才子佳人小说还是宣称要写情、写婚姻的。只是，除去"才子合配佳人"
的决定论前提，小说的作者还往往试图从另一个层面解决卢梦梨"复美于"的难
题——之所以会存在"复美于"的比较，乃在于才子与佳人心中仍然存有欲望，
不管这种欲望是对形而上问题的思索，还是对形而下物质、肉身的寻找，那么苏
友白的"只能两存"也只是某种权宜之计，而真正的解决方法似乎只能在消解欲
望方面去寻找。于是，问题似乎又回到了本文的开头，即某种"治疗"。这一次，
才子佳人小说的作者开出的药方是——"定"，特别是"定情"。这也正是小说《定

情人》的题名所指。

>　……但我为婚姻出门，从蜀到浙，跋涉远矣，阅历多矣，方才侥幸得逢
> 小姐一个定情之人，定我之情。情既定于此，婚姻能成，固吾之幸；即婚姻
> 之不成，为婚姻之不幸以拼一死，亦未为不幸。决不可畏定情之死，以望不
> 定情之生，而负此本心，以辱夫妇之伦。……（［清］天花藏主人，1983）

双不夜的这一段花园中的自我暗忖，将"最高级"难题置换得一清二楚，旅
行途中的"阅历"——显然是包括山水风景之色与粉黛之女色，与可堪定情之人
的关系，竟然生出了一种仿佛《西游记》式的"修心"的意味，即从"情动"（动 1，
游动无所定，情不定或情未定）到"情定"（动 2，即动情、情生，再到定情）再到"情
坚"（无转移，忠贞）的过程。对此，双不夜与友人的一段辩论说得明白——

>　双不夜："吾之情，自有吾情之生灭浅深，吾情若见桃花之红而动，得
> 桃花之红而即定，则吾以桃红为海，而终身愿与偕老矣。吾情若见梨花之白
> 而不动，即得梨花之白而亦不定，则吾以梨花为水，虽一时亦不愿与之同心
> 矣。今蒙众媒引见，诸女子虽尽是二八佳人，翠眉蝉鬓，然觌面相亲，奈吾
> 情不动何！吾情既不为其人而动，则其人必非吾定情之人。……"（［清］天
> 花藏主人，1983）

这里所谓的"情动"，显然是动 2 意义上的，即情的发生，是"动情"。而"动
情"的一刻，便是"情动"的结束，是"定情"的开始。这里好像有一层绕口令
似的语言游戏，但有意思的是，这似乎意味着所谓的"情"其实就在电光火石之
中转瞬即逝，因为整个小说便转向了对于如何"定情"，特别是如何坚定、忠贞、
无所转移的伦理叙述，并进而带来大量的道德教训。

当然，"情动""情定"的说法背后，很明显能看到朱熹的讲法：

>　"性是未动，情是已动，心包得已动未动。盖心之未动则为性，已动则为情，
> 所谓'心统性情'也。欲是情发出来底。心如水，性犹水之静，情则水之流，
> 欲则水之波澜。但波澜有好底，有不好底。欲之好底，如'我欲仁'之类；
> 不好底则一向奔驰出去，若波涛翻浪；大段不好底欲则灭却天理，如水之壅
> 决，无所不害。"（［明］朱熹，2002）

以水作比是关键。所谓"定情"便是节流。流已节，则波澜自然不兴，从而
实现了对欲望的"治疗"。在《定情人》的《序》中，小说作者把"定情"的道
德教化意思说得更加明确——

风不波则水定，云不掩则月定。情有所驰者，情有所慕也。使其人之色香秀美，饱满其所慕，则又何驰？情有所移者，情有所贪也。使其人之姿态风华，餍饫其所贪，则又何移？不移不驰，则情在一人，而死生无二定矣。情定则如磁之吸铁，拆之不开；情定则如水之走下，阻之不隔。再欲其别生一念，另系一思，何可得也？虽然，难言也。……因知情不难于定，而难于得定情之人耳。此双星、江蕊珠所以称奇足贵也。惟其称奇足贵，而情定则由此而收心正性，以合于圣贤之大道不难矣。此书立言虽浅，而寓意殊深，故代为叙出。（[清]素政堂主人，1983）

显然，情的游移、流动代替了"复美于"的比较级提问，从而把一个本应该上升到不可言说之物的哲学之思的不可能叙事拉回到了日常生活之中，成了作者对忠贞的教化。这忠贞当然是两方面的，既是婚姻，又是其所隐喻的政治。并且，作者尤其强调的是这种忠贞所蕴藏的巨大能量——"如磁之吸铁，拆之不开""如水之走下，阻之不隔"。颂扬忠贞的指向还不单单是"情正"——"至于夫妻，因是情，尤有情中之情。用情之正，则为淑女君子。用情之笃，则为贞夫烈妇。用情之邪，则为姣童淫女。"（[清]渭滨笠夫，1987）——更在于"收心正性，以合圣贤之大道"。由此，小说中的"性"和"情"并没有像朱熹那样完全对立，即未动与已动之分，正如双不夜自道，"君臣父子之伦，出乎性者也，性中只一忠孝尽之矣。若夫妻和合，则性而兼情者也。"（[清]天花藏主人，1983）而这正契合了美国学者黄卫总的判断，"对于'情'这一词汇的偏爱并不完全是由于'欲'的名声不佳。这里还有修辞策略之外的考量。因为'情'在汉代以前的文本中与'性'有着密切的联系，如果需要的话，它有更强的正面性。"（黄卫总，2012）

四、结语

才子与佳人的恋情或婚姻不见日常生活的细节。他们以"游学"为名的"旅行"也与日常生活，以及对它们的写实性摹仿拉开了很大距离。正因为这种疏离，给了原型、象征等阅读、阐释的空间。而距离意味着才子与佳人尽管身处现实空间，但实际上都居于日常生活的"例外"。在这一"例外"之中居于核心位置的是"最高级"的难题及其表述。

作为"最高级"化身的才子与佳人，一方面与山水之诗与色在精神与肉身两个层面存在着相当程度的同构，但另一方面山水的无所比较性显示出它们纯粹的外在性、客观性。而才子和佳人更重要的是他们自身表征的符号性意义。

作为"最高级"化身的才子与佳人，与作为全知全能的小说作者之间其实存在着权威的比较与争夺。按照一般对于才子佳人小说作者乃中下层乃至底层文人的惯常看法，则才子佳人与小说作者恐怕是两种完全不同的人。二者的紧张关系中也可以见出作者的很多局限与努力，比如分出正副双线，比如试图通过"定情"来摆脱无限"比较级"的困境，等等。所有的努力都不同程度地带上了"治疗"的色彩。"治疗"的背后是希望各色人等各安其位、各守本分，维护既定的政治伦理秩序。显然，在才子佳人的叙事系统中，是不存在上升通道的，尤其是从普通人上升为才子佳人的通道。所谓的自命才子佳人，最后只能证明是如《玉娇梨》中的"赵千里""周圣王"之流的江湖滑稽骗子。某种意义上，自从《平山冷燕》之后的才子佳人小说都在回应、解答，甚至是在矫正《玉娇梨》中卢梦梨所提之比较与最高级的难题。这似乎又构成了才子佳人小说内部的自我审查。

当然，更关键的，"最高级"的难题其实也尤其考验着今日的读者，即采取什么样的方法，突破既有的对才子佳人小说的常识性印象，实现文本内外历史化的知己知彼。

参考文献

[1] [清] 曹雪芹, 高鹗 . 中国艺术研究院红楼梦研究所校注 . 红楼梦 . 北京 : 人民文学出版社, 2005.

[2] [清] 荻岸山人 . 李致中校点 . 平山冷燕 . 沈阳 : 春风文艺出版社, 1982.

[3] [金] 董解元 . 凌景埏校注 . 董解元西厢记 . 北京 : 人民文学出版社, 1980.

[4] [清] 崔市道人 . 于文藻校点 . 醒风流 . 沈阳 : 春风文艺出版社, 1981.

[5] 李志宏 . 试论明末清初才子佳人小说叙事建构的原型模式——以才子的"追寻"及其"冒险旅程"为论述中心 . 台北师范学院学报, 2004 (2).

[6] 林辰 . 从《两交婚小传》看天花藏主人 . 载《两交婚》. 沈阳 : 春风文艺出版社, 1985.

[7] 卢冶 . 否定的日本 : 日本想像在两岸当代文学／文化中的知识考掘学 . 秀威资讯科技, 2014.

[8] [清] 天花藏主人 . 李落, 苗壮校点 . 定情人 . 沈阳 : 春风文艺出版社, 1983.

[9] [清] 天花藏主人．王多闻校点．两交婚．沈阳：春风文艺出版社，1985.

[10] [清] 天花藏主人．序．载《定情人》．沈阳：春风文艺出版社，1983.

[11] [清] 天花藏主人．序．载《飞花咏》．沈阳：春风文艺出版社，1983

[12] [明] 屠隆．与王太初田叔二道友．鸿苞卷40．载《屠隆集》第10册．杭州：浙江古籍出版，2012.

[13] [明] 屠隆．欲清浊．鸿苞卷38．载《屠隆集》第10册．杭州：浙江古籍出版社，2012.

[14] [清] 渭滨笠夫．褚家伟校点．孤山再梦．春风文艺出版社，1987.

[15] [清] 吴门拼饮潜夫．序．载《曹惠南校点．春柳莺》．沈阳：春风文艺出版社，1983.

[16] [清] 荑荻散人．韩锡铎校点．玉娇梨．沈阳：春风文艺出版社，1981.

[17] [清] 荑荻散人．冉休丹校点．玉娇梨．北京：中华书局，2000.

[18] [明] 袁中道．答钱受之．载《珂雪斋集（下）》卷24．上海：上海古籍出版社，1989.

[19] 张昳丽，于师号．论孔子"游"的文化范式意义．江苏师范大学学报（哲学社会科学版），2018(1).

[20] [清] 震泽九容楼主人松云氏．邓荫柯校点．英云梦．沈阳：春风文艺出版社，1987.

[21] [明] 朱熹．朱子语类卷5．载《朱子全书》第14册．上海：上海古籍出版社；合肥：安徽教育出版社，2002.

[22] [法] 阿兰·巴迪欧．邓刚译．爱的多重奏．上海：华东师范大学出版社，2012.

[23] 〔美〕黄卫总．张蕴爽译．中华帝国晚期的欲望与小说叙述．南京：江苏人民出版社，2012.

[24] 〔法〕勒内·基拉尔．罗芃译．浪漫的谎言与小说的真实．上海：生活·读书·新知三联书店，1998.

作者简介 ▸─────────────────────────────────

吴可，1989年生，毕业于北京大学，文学博士、博士后、讲师。主要研究方向为批判理论、比较诗学以及理论视阈下的明清小说研究。

〔原载《明清小说研究》2020年第2期，（稍有修改）〕